有形之手的管治

CHINA NEXUS

THIRTY YEARS IN AND AROUND THE CHINESE COMMUNIST PARTY'S TYRANNY

羅傑斯 Benedict Rogers ——著

我與中共周旋三十年

譯者序

梁思嘉

凌晨時分，睡前的溫牛奶被遺忘在窗台上，我伴著樓下公車報站語音，回想過去三個月埋首翻譯的日子，一字一句敲下這篇序文。遙想當日接下這份翻譯工作，也是凌晨四點接到編輯的電話，迷糊間敲定初步合作細則，將近四百頁的原著在一段頗長的時間裡，成為我的枕邊讀物。獨力翻譯將近二十萬字雖頗為吃力，但也收穫頗豐。

這本書總結了羅傑斯過去三十年來在西藏問題，以及亞洲人權議題的付出和貢獻，資料翔實，旁徵博引，是典型的「報導與紀實文學」作品。Ben 以第一身視角所述之事，讀來仍有怵目驚心之感，我更無法想像在某些生死關頭，他是如何克服內心的恐懼，又是以何種心情將之寫下，我希望將這份情感和經驗如實傳達給讀者。然而，因為書中所提到的大部分事件均在中國境內發生，其所徵引之報道、刊物、宣言及條文原為中文，特別是中國政府長落落的律法條文和官樣文章，簡直逼瘋龜毛星人。故此，校稿過程中，我和編輯討論最多的問題是如何精簡文章，同時又能保留原文的精髓。最終，我決定盡可能保留已公開的宣言、法律條文和媒體報導，在「精簡文章」和「忠於原著」之間反覆橫跳，艱難地生出中譯本。

最初我懷抱獵奇心態，書中超過三分之二的人名於我全然陌生，某些更是只在課本上讀過，或是新聞上聽過的名字。我在翻譯過程多次重複以下過程：不認識的人名先求助谷歌大神，接著查考當事人的生平，最後不知不覺間把資料全部看完。交稿前最後一次校對重讀本書，不由自主地生出滿腔悲戚，不禁為書中遭遇侵害或壓迫的人感傷，盼望各界能明白他們所處的困境，並伸出援手。

編輯曾問我如何定義這本書。我最初認為這是一本「訪談錄」或「回憶錄」，如今，我認為這是一本「秘聞錄」，皆因書中所載大部分事件與姓名或不見於經傳，或無人報導，或迫於壓力被刪減，更有甚者已無從查考。我期盼每一個在書中出現的名字，每一件現下無法刊載的事件以及書中所述或在某天成為事實，或是史實，刊載在人人都能閱讀的媒介之上。

最後，我以寫在英文原著扉頁上的一段話作結：

僅將此書，獻給每一位為自由奮鬥，或是因而深陷牢籠的人，誠盼它能抵抗歷史巨輪的侵蝕。如果一切被遺忘，甚至消亡，大家至少還能在這裡找到某事曾發生過的證據。

梁思嘉

二〇二四年台北冬夜

目錄

第一章

從包餃子到「愛麗絲夢遊仙境」：我在中國任教的六個月

孔子曾說過：「父母在，不遠遊。」但是，他又睿智地補充道：「遊必有方。」

我在中國的冒險之旅始於一九九二年。當年我十八歲，先飛往北京，隨後在沿海城市，盛產啤酒的青島市開始近六個月的英語教學體驗。這六個月是我在升讀大學之前「休學年」（GAP year）的一部分。我的家人們雖然經常旅行，但他們從未到訪過中國，這也是我選擇到中國度過「休學年」的其中一個原因。我雖違反了孔子所說的前半句，卻遵從其後半句的建議，父母都鼎力支持。

一九九二年，我參與了英國組織 GAP（現稱為 Lattitude Global Volunteering）的「休學年」

計劃。該組織，當年由退役准將約翰．康奈爾（John Cornell）負責推行，在世界各地開展「休學年」計劃。當時我從一百位申請者中脫穎而出，成為該年度被選中的二十位幸運兒之一，與另一位年輕的申請者結隊而行，派往青島教學。啟程（一九九二年九月二日）當天，當其他參與「休學年」計劃的學生與他們的隊友見面時，我的隊友並未現身倫敦希思羅機場。當時計劃的負責人到服務台播報尋人，他回來時給我帶來了一個壞消息：和我組隊的學生因為非常害怕這次旅行而情緒崩潰了，我只能獨自前往青島。

……

我們乘坐巴基斯坦國際航空公司（PIA）的航班途經卡拉奇，與巴基斯坦板球隊同行。然而，我們抵達北京時，所有的行李都被滯留在卡拉奇，只能請求北京機場的 PIA 辦事處協助。

「你想讓我做什麼？」一位脾氣暴躁的航空公司官員問道。

「把我們的行李送來這裡。」我們回答道，可是下一趟從卡拉奇飛往北京的航班是三天後，這意味著我們接下來三天行裝俱無。

志願者到埗後會先入住北京工業大學，經受三天的「迎新」活動，才被派往不同的城市擔任義教。作為一個將在陌生文化和城市中獨自冒險的人，團隊的其他成員，尤其是女孩們特別照顧我。這三天裡，我們參觀了北京主要的旅遊景點，包括故宮、十三陵、長城等。由於行李滯留未至，我又需要換洗衣服，所以我買了一件短袖衫，上面用中文寫著「不到長城非好漢。」這是毛澤東的名言。幾年後，我真的睡在了中國長城的星空下，那時我大概成為了毛澤東口中所言的「好漢」。

在北京的第一個早晨，早上六點我便在紛沓而至的街頭嘈雜聲中醒來。單車鈴聲、市集攤位的叫賣聲以及人們隨地吐痰的響亮喉音充斥耳旁，我逐漸明白，後者是中國日常生活的一個特點。我想如果痰是一種有價值的商品，中國應該早就成為一個經濟大國了。

此外，我們觀察到中國老人深夜會坐在街上打麻將，其他人則會在街上跳廣場舞。同時，我們還品嚐了不同中國菜系，從北京烤鴨到粵式點心、竹筍、海參和蛇，我更學會了用筷子吃煎雞蛋和夾花生。

有一天，志願者們被帶到友誼商店，那是一家專為外國遊客開設的禮品店。出乎意料之外，我在裡頭看到有個中國男人穿著一件印著「JM 4 PM」標語的短袖衫，是一九九二年英國保守黨黨魁馬卓安（John Major）競選連任總理（PM）的造勢禮物。細問之下，那人姓王，衣服就是他一位當時在牛津讀書是帶回來送他的。更令我訝異的是，王先生還說他想在北京設立青年保守派支部。我不確定當時的中國最高領導人鄧小平會不會批准，毛澤東又會否氣得棺材板也壓不住。

北京的迎新活動結束後，志願者們紛紛前往機場，再各自前往不同目的地。當時我排在最後一班航班，一一向成雙成對地飛往南京、杭州、福州、廣州的新戰友揮手告別。然而，在等待登上飛往青島的航班的途中，我突然間意識到我孑然一身，不僅離家萬里，還不會說中文，而且剛剛離開學校，由是莫名地生出孤寂。但這種情緒並未持續太久，在飛機上遇到的一位美國人給了我鼓勵。他說：「如果我要住在中國，青島將是我嚮往城市，你能去那裡真是太幸運了。」我想他是對的。

在青島的六個月，我結識了很多朋友，玩得很開心。我每週會在兩所學校教英語，分別在市裡最有學術性的學校「第九中學」教三天，和在專門培訓旅遊和款待的職業學校「第二十九中學」教三天。「第九中學」主樓的牆上掛著用英文寫成的校訓：「團結、高雅、勤奮、嚴謹」（Be United, Decorous, Diligent, and Rigorous）。第二十九中學名下有一家招待所，學生們會在這裡實踐他們在課堂上學到的知識，而我就住在那裡的一間小臥室裡。它被稱為「埃斯佩羅酒店」

（Espero Hotel），有時也被稱為「希望酒店」（Hope Hotel），這個名稱讓我不自覺地聯想到「世界語」（Esperanto）的含義。當我深夜從北京抵達青島時，我向後退了一步，被落在我身後的行李絆倒。列隊迎接我的酒店工作人員忍俊不禁。我的狼狽讓我和他們之間的尷尬消散一空。

每天早上，收音機都會傳來 BBC World Service 的新聞，我房間對面的公共浴室裡則會傳來人們刷牙、吐痰、漱口的噪音，伴隨外面的呼喊聲、中國國歌和刺耳的口號漸大，學校的學生便聚集在一起進行晨早升旗儀式和早操，我也從睡眼矇矓中醒來。

在青島的第一週，課程還沒有開始，我趁還是個自由人，周圍探索這座城市。青島是一座美麗的沿海城市，最初被德國人在一八九八至一九一四年佔領，並改造成通商口岸。青島的歷史中心地帶，尤其是市中心的新教教堂和天主教堂，以及風景秀麗的德國總督官邸所在的八大關地區，至今看起來仍然更像巴伐利亞而非中國。據聞，當德皇聽說這座宅邸的造價後，建造這座宅邸的總督立即被召回了，可見官邸之奢靡與富麗堂皇。

在青島的第二天晚上，市教育局設宴款待，我因此第一次體驗了中式宴會。當時圓桌圍坐著局長、兩名官員，以及兩所學校的班主任。其中一位班主任是個有趣的人物，笑容有些陰險，聲音聽上去也帶些邪氣，鼻孔大張，眼神輕蔑，頗有笑裡藏刀，陰陽怪氣的感覺。

「不要覺得孤獨，我們全是你的朋友。」他這麼對我說，並鼓勵我「多吃，多喝，想吃多少就吃多少，想喝多少就喝多少。」這並不是句空話，因為菜不斷地上桌，而我面前永遠擺著三杯酒。一杯啤酒，一杯茅台，一杯米酒，一空就續杯。

酒桌上常用「乾杯」表敬酒之意，在中國，這指向字面意義上的「空杯」，即一飲而盡，但通常被簡單地解釋為「乾杯」。作為訪客，我用心觀察，模仿著主人家的一舉一動，所以當我看到他們一下子飲盡杯中酒時，我也試著照做。我另一杯酒喝到一半時，有人說乾杯，我又跟著一飲而盡。這時，一位中國官員飲得臉色通紅，看到我正準備一下子喝下時，用英語對我解釋：「不，本，這一次不是『一口悶』，只是『乾杯』而已！」作為主賓，我所做的事情會有其他人附和，但他們都想放慢喝酒的速度，因為已經喝了很多了，若我再「乾杯」，就恐防醉倒。我原本以為自己只需要跟著他們把杯中酒「一飲而盡」而已，卻不知道原來是我主導了他們「乾杯」的行為。

宴會上的談話很有趣，從青島的歷史說到戴卓爾夫人（Margaret Thatcher，再談到香港。一位官員告訴我，中國政府「期待能夠降低香港人民的生活水平」，但馬卓安在中國很受人尊重，而戴卓爾夫人也很受歡迎。當我告訴他那天我獨自外出，在這座城市到處遊蕩時，他顯得很驚訝。我想他大概希望我整天呆在房間裡，未經批准或沒有同伴的情況下不會隨意在外走動吧。

最初幾天我走在青島的街道上，觀察到了各種有趣的行為：似乎有很多老人一邊褲管捲起站著，另一條腿高高地靠在燈柱上，以一種看起來最不舒服的姿勢注視這個世界；還有很多老年人出去打太極拳；小孩子們則不穿尿布，而是在短褲上開一道小口子，就從那裡街上隨心撒尿。

隨著正式開始教學的時間臨近，第一週的「自由時間」也到達尾聲。時逢中國教師節，「第九中學」便安排了六輛公共汽車送老師們去嶗山，那是青島附近一座以天然泉水而聞名的山，我受邀請加入他們的活動。我們先爬到山頂，到達所謂的「天堂口」，然後乘坐纜車返回。隨後，他們舉辦了一場盛大的宴會，校長和他的兩位副手以及黨委書記分別致辭，與會的兩位當地漁民想過來和我說話，因為他們是英格蘭足球迷，想經我之手向保羅・加斯科因（Paul Gascoigne）、加里・萊因克爾（Gary Lineker）和其他英格蘭隊球員敬酒。

第一堂課，當我走進教室，向學生們打招呼說早安時，他們沉默以對。我認為他們的英語能力足以理解這句問候語，因為我確信他們不是完全的初學者。我重覆了一遍，但回答我的仍是一片寂靜，然後一把朝氣蓬勃的聲音從後排用流利的英語回應道：「事實上，現在是午安。」

他是對的。

我在兩所學校每個班級第一節課的安排大抵如下：先自我介紹，談論我在英國的生活，隨後讓學生輪流自我介紹。這花了整節課的大部分時間，因為大多數班級都有五十到六十名學生。他們的自我介紹大抵相似，因為他們都遵循一個公式：「我家裡有四個人，分別是我的母親，我的父親、我的兄弟和我。我的父親是一名工人。我媽媽也是一名工人。我弟弟是學生。」無論是在工廠車間還是在銀行工作，人們的職業均為「工人」。此外，他們大多數人都有兄弟姐妹，這個事實讓我感到驚訝，後來我才知道，中國的「一孩政策」是在他們出生後的二十世紀八十年代初方才實行。

有一天，我走進教室，發現學生們靜靜地隨著音樂慢慢按摩著眼皮。我好奇地問老師他們在做什麼，她的回應讓我覺得我像是問了一個愚蠢的問題。她說學生們在做眼保健操，並反問我：「你們在英國不做眼保健操嗎？學生們一定要保護好自己的眼睛。」顯然，這是毛澤東擔心太多學生需要戴眼鏡而推行的。

有一天，我得了重感冒，「第二十九中學」的老師們都很擔心。我向他們保證我很快會痊癒，因為我會吃很多橘子來補充維生素C，但他們堅持讓我去看校醫。我本以為我會接受一些簡單的治療，但我卻收到了五盒附有相關藥物成分和藥用守則說明的藥片和藥膏。仔細一看，大部分藥品的主要成分都是蛇膽。

幾週後，我收到一輛單車，我興高采烈地騎著它去第九中學上課並進一步探索青島。然而，這輛單車並非可靠的交通工具，它的剎車經常鬆動，輪胎亦常被刺穿，我很多時要停在路邊自己緊急維修。有一天，我去市場買水果，撞到了一位也是騎著自行車的老人。水果和書本散落一地，這座城市其中一個最繁忙的十字路口也因此停擺。

我和許多學生與某些老師成為了真正的朋友。學生們的年齡與我差不多，有些年輕的老師只比我大幾歲。當時教育局有規定，學校教職員工和學生不得邀請外教到家中，好幾個人無視了此項規定，都私底下邀請了我。因此，我每週都會收到很多去朋友家吃飯的邀請，但前提是我不能告訴任何人。其中一個有趣但尷尬的情況是，有不同的學生都邀請我學習包中國餃子。每次我赴會，都得假裝自己從來沒有學過包餃子，是個徹頭徹尾的新手。其實，就在上一週，我就已經在另一個同學家裡學過了。如此循環往復，我幾乎吃了所有餡料的餃子。

我經常拜訪一位老師的家人，她是一位出色的年輕女士，英語說得很好。她很多朋友來自美國，儘管她從未離開過山東省，英語卻帶有濃濃的美國口音。她對語言的掌握力令人印象深刻，且了解西方文化和幽默感的精髓。此外，她收藏了大量西方電影和節目，因此最初的幾周裡，我和她一起觀看了BBC製作的《簡愛》和幾集《天才老爹》（The Cosby Show）。後來，我們還一起看了布殊・克林頓・佩羅的總統辯論。我母親讓我感謝她向我「介紹了中國文化」，這聽起來相當諷刺。

有一天晚上，我到她家與她的家人共進晚餐，這就像我每週的例行公事一樣。她在門口迎接我，板著臉說：「本，我知道這對你來說可能不太舒服，但是我媽媽今天在市場上看見狗肉賣得很便宜，所以我們今晚晚餐吃狗肉。我們一家人以前從未養過狗，這不是北方菜，所以我們想嘗試一下。希望你不要介意。」我做好了心裡準備，當肉端上來時，我禮貌地吃掉了。

「如何？」她問。

「好。」我禮貌地說。

我們就這樣度過了一晚，但她送別我時問了一句：「你相信那是狗嗎？」

我回答說我相信她的話。

她卻頑皮地笑著說道：「不，那是豬肉！」

……

除了吃「狗肉」，我還被朋友拉去唱卡拉OK，因為卡拉OK在中國非常流行。我自詡是一個很出色的歌手，被一個和我關係良好的家庭說服去卡拉OK唱《鈴兒響叮噹》，然後我們一起唱了《雪絨花》。

那時有人會來「希望賓館」探望我。其中一名戴著法國貝雷帽，留著小鬍子的中國男子，不僅是海洋研究所的翻譯，也在夜校擔任英語老師。那天晚上他順道過來探望我，我們聊了一會兒，他漫不經心地問：「我可以用一下你的浴室嗎？」

「請便。」我假設他只是想上廁所。

「謝謝，我想洗個澡。」他回答道。

話音一落，他開了水龍頭，脫光衣服在我的浴室裡洗澡，因為大多數中國家庭只有淋浴沒有浴缸，所以對他來說，在浴缸裡洗澡是一種難得的奢侈。

到達青島大約一個月後，所有的 GAP 志願者都在上海集合，我準備乘火車前往中國人口最多的城市。從我第一次到訪中國至今，中國陸續建成了世界上最大的高速鐵路網絡。正如《經濟學人》在二〇一七年所說，「不到十年前，中國還沒有通過高鐵連接任何城市。如今，中國已經擁有二萬公里（一二五〇〇英里）的高鐵線路，超過了世界其他地區的總和。」[1] 正如某位朋友向我所言，世界赤道周長是二四九零一英里，因此中國的高鐵軌道的長度貫穿了半個地球。這條鐵路大部分建在西藏[2]和新疆的原因與這兩個地區的血腥鎮壓有關，由此他們既用高鐵把將漢族工人送入這些地區，又將維吾爾奴工轉移到中國其他地區。

儘管如此，在高鐵時代之前，一九九二年從青島到上海的旅程需要二十四小時，買火車票的難度近乎是不可能。中國的火車分為四等：「軟臥」、「硬臥」、「軟座」和「硬座」。我一直更喜歡硬臥，因為它比軟臥便宜，但非常舒適。軟臥是一個與三位陌生人共享的封閉車廂，而硬臥是一個帶有一排排舖位的開放式車廂。我設法買到了一張去上海的硬臥車票，但回程時，我不得不在硬座上忍受二十四小時的煎熬，與隨地吐痰、吸煙、吃葵花子和橘子的人擠在不舒服的座位，身處果皮撒滿一地的車廂。

在上海，我們沿著上海著名的黃浦江畔外灘，找到了上海的主要購物區南京東街。我們住在上海音樂學院，該學院建於一九二七年，但在文革期間關閉，並於一九七九年重新開放。不久後，英國小提琴家耶胡迪・梅紐因（Yehudi Menuhin）來訪，並邀請十一歲的小提琴家金力去英國學習。根據我的旅遊指南書所言「金力一九九二年演奏的貝多芬作品讓倫敦的觀眾著迷。」雖然音樂學院的住宿條件很簡陋，但每天早上六點被合唱練習聲、音階和小號聲叫醒，也是相當有趣的經歷。

當年我從青島出發的唯一一次旅行是前往蘇州和南京。蘇州因其運河、橋樑和花園而被馬可・波羅形容為「東方威尼斯」。馬可・波羅顯然也說過：「上有天堂，下有蘇杭。」我騎車在城裡轉了一圈，參觀了一些名字很優美的園林：有留園、修身園、退思園、拙政園，還有北塔、雙塔、和靈隱寺。

在中國的那段日子，人們經常在公共場合跟我說話，僅僅是因為他們想練習英語。那時，北京和上海等主要城市以外的外國人比今天更少，而且中國共產黨無論是民族主義或意識形態的打壓，未如今日這般強烈，所以中國人似乎真誠地想與西方人交朋友。當我坐在蘇州的一家路邊餐館時，一位有點古怪的中國男人走近我，他讓人想起《粉紅豹》電影中的克魯索探長。他問我從哪裡來，當我回應他時，他很高興地說：「啊，你來自英國。我的女朋友也在英國，在牛津大學。」但隨後，他指著身邊的女人補充道：「噓！但這位是我的妻子！哈哈！」

參觀完南京後，我又陸續拜訪了中山陵、古城牆、文廟，隨後我坐硬座火車返回青島。回程當天，我買到的是深夜出發的「不劃號硬座」，這意味著我沒有座位，無法在擁擠的火車車廂擁有「一席之地」。我只能蜷縮在報紙上，坐在車卡中間過爐的走廊旁邊，與地板的痰、嘔吐物、雞骨頭、橘子皮、葵花子殼為伍。可幸同車的中國人非常友善，早上八點，我在車站認識的一對夫婦找到了我，邀請我和他們一起坐，並享用他們的啤酒和雞肉作早餐，與此同時，他們還教了我一些中文。

「沒有什麼比一個外國人說中文更可怕。」這是一句古老的、或許也很公道的中國諺語。那時我只會幾句從短語書上自學的短語，又或者是從青島的老師和同學那裡學來的諺語，並未上過正式的中文課。說實話，無論我走到那裡，總有英文說得很好的人，亦不缺借我練習的人，我的中文因而漸見進步。

但我渴望努力學習更多中文。我發現學習中文最大的挑戰是音調。普通話是一種有四個聲調的語言，如果你的聲調錯誤，你所說的整個意思就會改變。在青島的頭幾週，我一直在在商店裡，對女店員說「請問？」，但要麼被忽視，要麼她聽完我說的話便臉紅，要麼聽完便偷笑。後來我從「第九中學」的老師那裡得知我用錯了聲調。我以為自己在說「請問」，卻說成了「請吻我」。可惜，他們從來沒有依我說錯的話來吻我！

人們有時會問我在中國做什麼，我總是自豪地回答：「我是英語老師。」但我太強調「老師」的平音結尾，將結尾第一聲改為第三聲，由「老師」變為「老蛇」。因此，我沒有「正確地」告訴他們我是一名英語老師，而是讓他們以為我是一條古老的英國蛇。幸運的是，我從來沒有在一句話中同時犯下聲調和捲平舌不分的錯誤。

儘管學習中文很難，但我還是堅持了下來，幾週之內，我已經可以用中文點一杯啤酒（我要買一瓶青島啤酒），和告知別人我已經吃飽（我吃飽了謝謝），這是兩個非常有用的短語。

有一天，我走在街上，遇到一群八歲左右的小學生在開懷大笑，他們指著我說「美國人，美國人」。我給了他們一個大大的微笑，告訴他們：「我不是美國人。我是英國人」，這讓他們驚呆了。

還有一次，青島中山路的一些人誤以為我是一位住在北京、能說一口流利中文、在中國做電視節目的加拿大名人。這位加拿大名人以「大山」這個名字為人熟知。當他們指著我說：「大山」時，我調皮地回答：「你們好，我是大山」，令他們驚訝不已。

此外，當你缺乏某些詞彙量時，手勢會有所幫助。有一次我和外國朋友在一家餐館裡點餐，我們忘記了豬肉、牛肉和雞肉的中文單詞。因此，我們模仿了上述動物的聲音，向女服務員發出豬叫聲、哞哞聲和咯咯聲，並畫了豬、牛和雞的圖片。女服務員立即明白了我們的意思，她看上去對這種「猜謎」遊戲樂在其中。

不過，令我覺得有趣的是，中國某些公共場所的英文標誌偶有出錯。青島一個地下市場的禁煙標識上寫著「安全起見，嚴禁開火」；在與香港接壤的經濟繁榮城市，深圳的一個公共廁所裡則貼著這樣「文明和衛生的廁所」的標語。某列火車上則貼著四則滑稽的告示：「請勿將自己放出窗外」、「請勿從火車內丟東西」、「請勿將髒物放在地板上」以及「請勿吸煙」。但遺憾的是人們通常只會遵守前兩條，而忽略了後兩條。

此外，西方流行音樂此時開始在中國流行，但其中很多曲目對我而言已經過時一九九二年，木匠兄妹（Carpenters）樂隊的《昨日重現》（《Yesterday Once More》）在商店和餐館裡傳唱。當我有學生要我為他們唱這首歌時，我只好承認我不知道這歌曲，讓他們感到難以置信。

此外，我還和我的學生交換了中英繞口令。我教他們「彼得．派珀摘了一配克醃泡椒」（If Peter Piper picked a peck of pickled peppers, where's the peck of pickled peppers Peter Piper picked?），他們教了我一個對應的中文繞口令。我在「第九中學」藝術節上，在青島人民禮堂當著兩千名學生和教職員工面前，朗誦了這兩個繞口令，贏得熱烈掌聲。

我的大多數學生都有英文名字，但那些沒有英文名字的都要求我給他們起一個。他們大多數人的名字都很普通，比如約翰、詹姆斯、馬丁、愛麗絲、珍和溫蒂，但也有一些人決定發揮自己的創造力。兩個男孩在課堂上坐在一起，一個叫魚，另一個叫電飯鍋，還有兩個女孩叫月亮和星星。還有羅賓漢、詹姆斯．邦德、喬治．巴頓、桑迪．克拉克、倫敦、華盛頓和埃里伯斯等。一個男孩把他的中文名字翻譯成英文，叫「Stonecliff」。

與此同時，他們也決定給我起一個中文名字。有人向我提供了幾個建議，其中一個建議是「李嘉成」，意思是「偉大的成就者」，也是香港大亨李嘉誠的普通話音調。還有人建議我用「油菜」

（一種中國蔬菜）來起名。我最終使用的是我姓氏的翻譯，中文變成了羅傑斯。我聽說羅是一個真正的中國姓氏，也有「聚集」的意思，而「傑」的意思是「英雄」或「傑出人物」。顯然，「羅傑斯」的意思是「聚集其他英雄的英雄」，這比使用我的名字「Ben」的發音更好，「Ben」中文讀起來就是「笨」。

我學會用漢字寫自己的名字，並開始學習其他漢字。隨後，我掌握了第一句漢語句子，我在課上鉅細無遺地將之寫在黑板上，台下掌聲如雷。我逐漸地學到更多新的字詞，一段時間後，我已經能親筆給中國其他地方的人寫信了。

在教學過程中，我會用各種文字遊戲和課文來活躍課堂氣氛。其中一項活動是要每個人寫一篇自我介紹，聚集起來再朗讀，然後學生們必須猜測每一篇文章是誰寫的。有些回答很有趣：

「我是個男孩。我不高。我聰明又充滿愛心。我很誠實。」

「我不高，有時我很聰明。」

「我很高，我很壞。」

「其他人都說我：『瘦』。我想『不是』。其他人都說我『愚蠢』。其他人都說我『聰明』。我說『不不不』。」

「其他人對我說『你的頭髮已經白了。』我說『是』」

「我很喜歡唱歌，但沒人喜歡聽。然後我就自己唱。」

我也寫了自己的，並將其混入其中：

「我很高，有一頭捲髮，戴眼鏡，英語說得不錯，而且有一個長鼻子。」

他們花了相當長的時間才猜出來這是我。

我與當地人的互動出奇地輕鬆。老師們之間總是開玩笑，一位老師問我是否願意給我找一個中國女朋友，當我說：「我知道我們只是在開玩笑，我不介意」時，他指向一位相貌不好看且身材肥胖，五十歲左右的女老師。被點名的女老師則一邊大叫，一邊把一桶水倒在他身上。當然，這一切都是無傷大雅的玩笑。

在酒店裡，一對不會說英語的夫婦總是用中文熱情地叫我「朋友」來打招呼。有一天，丈夫拿著瓶啤酒過來分享，用中文說「是朋友就該喝一杯」。

我所經歷的善意書不盡言，言不盡意。我記得嚴冬之日，在零下五度之下，我只穿著牛仔褲，裡面沒有穿平時能保暖的秋褲，只因秋褲被暖氣機燒焦了。我最親密的朋友之一（一名學生）問我：「你穿了多少條褲子？」當我告訴她我只穿了一條，並向她解釋我的秋褲發生的「慘劇」時，她嚇壞了。第二天，一個包裹送到了我的房間，裡面躺著一條全新的秋褲和我朋友寫的一張紙條：

「昨天很冷啊！我把這件事告訴我媽媽時，她說你的父母和妹妹現在不在這裡，但我們是你的朋友，我們應該照顧你。她說如果有一天我出國或者去別的地方，她會非常擔心我，如果她知道我寒冷或飢餓會很難過。將心比心，她並不希望你挨寒受凍。加上我們是好朋友，所以她給你買了一條新褲子，還有一些藥給你。希望你明天會感覺好一點。」

第二天，另一個朋友問我是否還只穿著一條褲子。當我說「不，我們的朋友非常友善」時，送我褲子的朋友看著我，將手指放在嘴唇上要我閉嘴。事情完結後拂袖而去，深藏身份與名字。

在青島的教學體驗過半時，我忽發奇想，詢問「第九中學」可否用英語出演話劇。因為他們以前從未辦過話劇，故此這個大膽想法不僅要班主任首肯，還需要黨委書記批准。我提出這個想法後，用我在青島一家書店找到的劉易斯．卡羅爾的《愛麗絲夢遊仙境》作為話劇底本提交演出申請，結果獲得了許可。我負責選角和導演，特意找了一位中等身材的女學生來扮演正常版愛麗絲，再找了一為很矮的女學生來扮演縮小版愛麗絲。隨後，我們陷入由誰來扮演長高版愛麗絲的困境。當我提出這個問題時，所有的學生咧嘴大笑地看著我。顯然，我們只有一種選擇，因為當下只有一個人比其他人高得多，那就是我——我扮演了長高版的愛麗絲。我當時中文尚未學成，無法流暢地說出台詞，唯有閉口不言。更為這部話劇加入了「默劇」元素。

除了故事主角愛麗絲外，一位非常有趣但有點令人惱火的學生出演了「白兔」的角色。

「我不想戴尾巴。我一定要戴尾巴嗎？」她問。尾巴或許過火了。

「我必須跳嗎？我不想跳，」她抱怨道。

「好吧，」我說，「你不用跳了。」

我在兔子的「耳朵裝扮」和「跳躍行為」上讓步了，但當她抱怨不想戴兔耳或穿白色衣服時，我義正辭嚴，告知她必須這麼做：「你是白兔子，所以你必須穿白色的衣服，你需要戴兔子耳朵。」

現在回想，有問題的應該是我，是紅心皇后的專制殘暴而不是白兔本身的問題。考慮到當今中國共產黨政權的一些怪異和可怕的行為，我當初選擇《愛麗絲夢遊仙境》作為青島的學校戲劇演出的劇本也許是有先見之明的。然而，無論我對這個政權多麼反感，我對中國的熱愛從未減弱，這種熱愛是從青島的那個休學年中萌芽的。

我最親密的朋友之一是一位了不起的老人，他的英語是學校所有老師中最好的，但他從未上過大學。他在文化大革命期間憑藉非凡的勇氣和能力，通過偷聽外國廣播秘密地自學英語，他深知自己一旦被發現，就很可能會被殺。我們經常在他家裡見面，喝著嶗山啤酒吃中餐，他還會私下告訴我他對共產黨的真實想法。他讓我稱呼他為「三隻耳朵先生」，這是他的姓氏「聶」字分拆的意思。

另一位老師也是如此，他勇敢地講述了他對中國的民主夢。他告訴我他曾想將傑弗裡・阿徹（Jeffrey Archer）的小說《榮譽問題》（A Matter of Honour）翻譯成中文，並問我是否可以請求阿徹勳爵的許可。我如實轉述了他的請求，作者對這一舉措「印象非常深刻」，但無法給予許可，因為這本書已經在中國出版了。

還有一個人充滿對自由民主的熱愛，但她對變革的前景不抱希望。此時一九八九年天安門大屠殺過後僅三年，她沮喪地對我說：「我們無法改變這個制度，我們很無助。如果學生再次嘗試表達他們的不滿，政府也只會再次以同樣的方式回應。」

儘管上述這些朋友在我心中播下了終生渴望看到中國人民自由的種子，然而，在這旅途中，我還遇到了其他人，他們表現出對自由的渴望，但最終還是遵循了黨的路線，捨棄了的初心。

有一天，我在市場上遇到了建設銀行的馬先生，並與之攀談。他聲稱自己是一九八九年上海抗議活動中的學生領袖，認為在上海中被捕者的數字都被西方媒體誇大了，因而他現在相信政府對當時事件的立場。

馬先生在西藏問題上也抱有這個信念。他說每個中國人，從上到下，都相信西藏是中國的一部分，不應該是一個獨立的國家。過去一直如此，將來也永遠如此。同時，他指出西方對西藏問題的看法並不明智，而西藏人民在人民解放軍解放他們之前一直是奴隸。他對台灣的看法也類似，認為世上只有一個中國，並不存在「一個中國，各自表述」的情況。

然而，他也堅持自己對民主的渴望，他指出三十年或四十年後，中國將成為世界上最強大的經濟強國，而且將是一個民主國家，將比我想像的更早地實現民主。

大多數時候我並沒有感受到中共的鎮壓。我與人的互動總體上是友好和輕鬆的。但正如美國學者佩里・林克（Perry Link）所描述的那樣，這個政權就像「吊燈裡的蟒蛇」，它一直在那裡暗地窺伺和觀察，偶爾才會落到你身上。

我短暫地感受到了這一點。有一天，我在九校一間辦公室裡等待下一課的時候。我問老師我身處的特殊房間有何用途。她告訴我這裡是政治教育辦公室，是負責學生思想教育的老師批判學生思想不當的地方。她說：「如果學生思想錯誤，就必須受到批判。」然後她再告訴我，學生們很快就要到農村去接受她稱之為「再教育」的「勞改」。另一位老師無意中聽到我們的談話，插話道：「『所謂』的『再教育』。」她的發言引起了該位官員的斥責：「不，摘掉『所謂』二字，這就是『再教育』。」我聽完後感到脊背發涼。

有一次，我接受一位盧先生的邀請，去夜校英語課上演講，分享我在英國的生活，但他強調不能發表政治上的論述。當我結束演講並邀請學生提問時，盧先生再次向學生們強調不能提出政治方面的問題。夜校的學生們都是成年人，當我詢問他們都從事什麼工作時，其中一個學生回答說：「在中國，根本不存在失業問題，社會主義是一個非常偉大的制度。」我咬住嘴唇，阻止自己脫口而出的回答：「但那不是政治層面上的『偉大』。」

其他人也很快迴避了任何敏感的對話。當我問三個來跟我聊天的學生是否期待一九九七年香港回歸中國時，他們回答說：「我們不喜歡政治。」我本來並非出於政治目的提出這個問題，但很明顯這是他們不想討論的話題。當我問其他更願意談論政治的人同樣問題時，他們表示對此漠不關心。他們告訴我，香港在中國的另一端，他們無論如何，可能都沒有機會去那個遙遠的地方，因而他們無需為此浪費心神。

但有些人確實想談談這個問題。一位在英國待過一年的老師告訴我，她欣賞基督教，並希望中國在民主和自由方面變得更像英國。另一位老師則告訴我，她非常不喜歡用「解放」這個詞來形容中國的共產主義革命。她認為現在的生活可能比毛澤東領導下的以前更好。但她們還沒有「解放」，她們並不自由，她只能反覆地詰問她們為何不能自由地說和做她們喜歡做的事。

第九中學英語教師辦公室裡的一幕讓我記憶猶新。中國每個城市都有人民代表大會，每個工作單位如學校、工廠、公司等都有一名代表。有一天，學校正在「投票」選出他們的代表。那天，一位經常和我討論政治的老師走到我面前拍手說「民主來到了中國。」並讓我投票給N先生，因為他說他會投給N先生。這時，前述的N先生站起來，鞠了一躬，發表了模擬的勝選宣言。「謝謝，謝謝。我會竭盡所能為大家服務。」當然這一切都是玩笑話，但令我驚訝的是，人們能如此公開地嘲笑這個「選舉」程序。

黃昏時分的上海，一名男子在公園的陰影中向我走來，想和我說話。他告訴我他是通過聽

BBC World Service 自學英語的，在他看來，人民感到被政府欺騙了。他不僅抱怨薪資水平，還談到女服務員的收入比大學教授高，以及政府經常屏蔽外國廣播的問題。他認為如果有國民黨的話，中國會過得更好，因為國民黨在一九三〇年代和一九四〇年代與共產黨作戰，後來逃到了台灣。說著說著，他停了下來，告訴我可能有一名便衣警察潛伏在灌木叢後面，他們經常在這裡出現，說完，他就匆匆離開了。

我偶爾也會聽到潛伏行動的例子。聖誕節前夕，青島一所大學的部分外教組織了聖誕報佳音活動。他們繞著學生宿舍轉了一圈，同學們也紛紛加入報佳音。不一會兒，校園裡歌聲繚繞，燭火通明。保安因此勾起了一九八九年的回憶而驚慌失措，並報了警，隨後警察到來，把外教和學生都驅散了。更糟糕的是，一名在西安工作並回來過聖誕節的中國人，因其太太是一位英國教師而遭到審問——作為一名外來人，他被懷疑煽動這場騷亂，儘管他與這件事無關。

一九九二年，我在青島度過了人生中第一個離家的聖誕節和新年。平安夜，我們在第九中學舉辦了一場聚會，之後一群朋友搖搖晃晃地來到青島海天大酒店打保齡球。夜色漸濃，大家紛紛唱起歌來，心裡想著孔子的學說：「樂其可知也。始作，翕如也。從之，純如也，皦如也，繹如也。以成。」音樂與人心相通，能讓人得到心靈的皈依和平靜，故此，我們在青島的街道上用熱情洋溢的「聖誕快樂」向每一位路人致意和傳達我們的祝福。

聖誕節那天我在第二十九中學上課，青島電視台轉播了那天的聖誕聚會。學生們竭盡全力準備聖誕聚會，他們不僅裝飾了一座巨大的聖誕樹，一名學生還打扮成聖誕老人。此外，我們還玩了遊戲和唱歌，我教學生們演唱聖誕歌曲，包括約翰．列儂的《聖誕快樂（戰爭結束）》，但遺憾的是，我沒有勇氣給他們播放下一首歌《權力屬於人民》（Power to the People）。

我的教學體驗即將結束，但我與他們的聯繫如此緊密，以至於我們誰也不希望它結束。臨別依依，學生們給我送來了很多卡片和禮物，我都一一讀了，它們分別寫著：

「我們不想說『再見』。」

「我們會永遠想念你。請不要忘記，你還有很多要好的中國朋友。」

「我們希望您再次回到青島請記住『隨時歡迎您』。」

「聖誕節是一個充滿歡樂和美好的節日，也是好運和祝福降臨在像你一樣優秀的人身上的時刻。」

「親愛的本：你離開家鄉來到中國教我們英語。你的課堂給我們帶來快樂。祝您在中國度過一個快樂的聖誕節。也祝你回到英國後學業和工作一切順利。」

我們在希望酒店周圍唱著聖誕歌告別聖誕節，住客們都很喜歡這個安排，然後我們步行到海灘，看著海浪拍打沙灘。一週後，一輪跨年聚會如期而至，就像我們在新年看到的那樣，兩所學校的所有班級都舉行了新年聚會。誠如當時一位老師所說：「我們那時的聚會很愉快。」

離別在即，我在青島一家餐廳與三個朋友共進告別晚宴中途去了洗手間。當我出來時，所有的燈都熄滅了。在我詢問發生何事之前，其中一個人說：「請不要把燈重開，至少現在還不行。」同時我的耳邊傳來抽鼻子和擦眼淚的聲音。當我打開燈時，周圍的臉上都是淚痕。

晚宴後，我送所有朋友回家。不管你信不信，在分別的時刻，我們手拉著手，沿著街道蹦蹦跳跳，唱著「床上有三個人，小傢伙說，滾過去。」第二天，我決定推遲離開的時間，因為我知道與朋友一起度過美好的時光，比參觀旅遊景點要好得多。

我原本計劃元旦過後離開青島去中國各地旅遊，例如去西安看看兵馬俑，或是參觀其他的景點。但是我的朋友告訴我，「如果你留到期末考試，我們就可以和你一起去玩。」我因此下定了決心，改變我的旅遊計畫。因為在我即將離開青島之前，當我與一些最親密的朋友告別時，我被一些意料之外的情感和那些我未曾預料的情誼打動了。

送君千里，終須一別。我最終離開青島時，幾位朋友前送行，儘管當時已是凌晨，但他們毫不在意。當我們等待辦理登機手續時，其中一個人說：「本，引我們笑一笑。」我微笑著用很蹩腳的中文回應他：「Zen-me-shuo？」，意思是「怎麼說？」我用帶一點青島口音的普通話引得他們哈哈大笑。我答應他們會再見，然後他們目送我離開。

在這段短暫的青島之旅後，我與當時認識的許多中國朋友都保持著定期書信往來，我收到的許多信件都令人深感動容：

「親愛的本：外面下雪了，下了一場足以覆蓋地面的大學。很遺憾你不在這裡，否則我們可以到外面留下我們的腳印，現在正是唱《雪絨花》的好天氣。」

另一位朋友則寫道：「我無法面對你已經離開的事實。你不在嗎？我總是反覆問同樣的問題：本已經離開了嗎？這不可能是真的！……但我相信，友誼長存，就會有再見的一天，是嗎？」

這位朋友在另一封信中寫道：「喲，伙計！今天是全體學生返校打掃衛生並開會的日子。今天我買了很多書，包括《亂世佳人》、《一位女士的肖像》、《艾瑪》和《浮華世界》。啊，它們很重！但我非常喜歡他們，尤其是《亂世佳人》。我記得你說過我們最好不要看被翻譯成中文的書，是嗎？」

另一位朋友又寫道：

「親愛的本：今天我收到了你的信，這讓我熱淚盈眶，我真的好想你。我知道你喜歡笑。但你也要知道，放任情緒流動對你來說很重要。我還記得那些日子裡，我們在一起笑得很開心，所以當我想起你的時候我就會笑。有時我的父母會問我「你為甚麼笑？」因為那個時候只有我自己。這是不是很有趣呢？我快讀完了你給我的那本《魯賓遜漂流記》，我非常喜歡它。雖然這對我來說有點困難，但我想努力完成這個目標。」

隨後她又補充道：「我要告訴你一個好消息。我在《青島晚報》上找到了一篇關於你的文章，是第二十九中學的學生寫的。上面說你已經離開了青島，學生們想你想到哭了。我拜讀時深受感動。你給我們留下了深刻的印象。在我們心目中，您是我們慈祥的老師、好朋友，同時也是一個有趣的男孩。因為你能讓我發笑，而我們是你在中國最好的朋友。」

此後幾年我又多次回到青島。青島的朋友說我是半個青島人，我學會了說「青島是我第二個家」。一九九五年和一九九七年，我以大學本科生的身分，用了近兩個月的暑假，在青島一家醫院教醫生和護士們英語，那時我住在醫院，在參加課程的醫院工作人員中結識了許多新朋友。同時，我還和第九中學、二十第九中學的老朋友、已經畢業、在讀大學的學生以及仍在任教的老師們一起度過了美好的時光。

自我第一次來到青島來，大學裡發生的兩件事改變了我的生活。首先，我成為一名基督徒，並積極參與人權運動。一九九四年，我遇到了考克斯男爵夫人（Baroness Cox），她是一位不知疲倦且勇敢的人權倡導者，也是英國上議院議員。她邀請我這個年輕的大學生和她一起前往飽受戰爭蹂躪的亞美尼亞飛地納戈爾諾．卡拉巴赫，一處位處亞美尼亞和阿塞拜彊之間，面臨多年殘酷衝突的地方。我和她、美國國會議員弗蘭克．沃爾夫以及其他人一起乘坐一架滿載人道主義援助物資的貨機。彼時停火協議剛剛簽署，但當我在斯捷潘納克特被炸毀的酒店裡徹夜難眠時，我仍然能聽到前線零星的狙擊槍聲。我為我的大學學報寫了一篇關於這次訪問的文章，並把它分享給青島的朋友們。令我驚訝的是，其中一位朋友有說他想把它翻譯成中文並在當地報紙上發表。幾天後，它出現在《青島日報》上。

我並未主動與青島人分享我新的基督教信仰，但我在該市由國家批准的三自愛國教會的基督教教堂裡參加了擁擠的教堂禮拜。有時人們問我有關宗教的問題。有一次，一位十六歲的學生在我們出海游泳後，回程走在街上時問我是否相信上帝。我說我相信，另一位和我們在一起的醫生朋友則說他想相信，但因為他是共產主義青年團的成員，所以不被允許相信上帝。還有一次，一位黨員醫生從醫院樓頂指著兩座教堂的尖頂，問我是不是基督徒。三天後，在我的晚間課堂中，他突然問可否和我一起去教堂。出乎意外的是，他隨後請我和全班同學分享一些關於聖經的經義。這堂課是一個非正式的會話班，由醫院共青團主辦，被稱為「英語角」。我事先小心翼翼地詢問全班同學是否希望我談論聖經，得到了熱情的回應，他們中的大多數人從未接觸過聖經，所以我分享了我所知道的內容。

儘管有這些積極的事例，我還是看到了黨國對宗教自由的限制。有一位身為解放軍高級將領女兒的基督徒朋友告訴我，去國家控制的教堂的人必須登記，可見政府知道誰是基督徒，他們仍在控制著宗教。

在一次每週的英語角聚會上，有人問我對戴卓爾夫人、馬卓安、彭定康、毛主席以及香港的看法。這場談話並不在我的意料之中，直到一位共青團領袖平靜而堅定地建議我們談論「旅遊、日常生活和其他事情！」，很顯然，我們當時的談話十分接近紅線。

我與一個在香港長大的家庭共進晚餐，餐敘時他們表示喜歡彭定康為加強民主所做的努力，卻不喜歡共產黨。其中一位更明言：「我們喜歡彭定康，但北京不喜歡！」

另一位朋友也同意他的話：「彭定康試圖為香港做的事情是正確的。他試圖保護他們的自由。」隨後，他又說：「我是中國人，我很高興中國和香港重新統一，但我了解我的政府，我為香港人民感到但又……。彭定康一定是個好人，中國政府如此嚴厲地批評他，說明他一定是個好人。如果你對中國政府評價外國政客彭定康的措辭感到驚訝，想想他們會對我這個普通中國公民做些什麼吧。我老了，我不想進監獄，如果我在我這個年紀進監獄，我一定活不下去。」

很多人私下也和我說過類似的話，但也有一些人勇敢地站出來反抗這個制度。一位三十多歲的年輕朋友向我表達了他對中國未來的擔憂，並描述了他如何就文化大革命和大躍進向他的老闆（一位頑固的共產主義者）發起挑戰。他的老闆否認文化大革命和大躍進期間任何挨餓、飢荒、不公或迫害的行為，並辯稱這些都是西方媒體的謊言。我的朋友則回應這些全是中共報紙上的謊言和政治宣傳。我問他這些發言對他不危險嗎？他回應說：「這就是我所有朋友擔心的問題。他們都說『槍打出頭鳥』，他們寧願把『出頭鳥』的位置讓給別人來做，如果每個人都不願意出頭，那麼誰會為這些不平發聲？」

儘管那些年中國的言論和宗教自由受到限制，但我遇到的大多數人都強調「當下」與一九六〇年代和一九七〇年代的文化大革命時期相比，生活已經好得多。一位老師告訴我，如果我早十五到二十年來到中國，我們甚至無法互相交談，更不用說談論政治議題了。有人還告訴我，一九七五年的時候有一位老師在青島碼頭附近游泳時，見到了一位平日罕見的外國人。她只說了一句「你好」，他也同樣打招呼回應，然後繼續往前走。第二天，那位老師便被召喚到警察局，被迫就當日和外國人「討論」的內容寫一份完整的悔過書，並被警告不要再與外國人交談。相較之下，我不僅可以在中國朋友家裡見到他們，還在我的房間接待他們，和他們一起去餐廳，並進行一些深入的交談，已經比當年的狀況好得多。

一位醫生給我講了一個笑話。老布殊、戈爾巴喬夫和鄧小平正在路上行走，前面有一頭驢子擋住他們的去路，因此他們都同意他們需要讓驢子動起來。布什給這頭驢美元要它讓開，它拒絕了；戈爾巴喬夫威脅要發射核彈頭，但驢子依然拒絕讓步；鄧小平則說：「你不走，我就帶你走社會主義道路。」驢子就跑了。那位醫生評論說：「那頭驢不喜歡社會主義，我們中國人也同樣不喜歡！」今天，在習近平治下的中國，你不太可能聽到如此公開的「否定」言論。

當我離開醫院時，醫生和護士送給我一本他們手寫的留言簿，我在此與各位讀者分享，不是因為他們對我的良好評價，而是希望以此說明我當年收穫的深厚情誼。

「本：你不僅一位好老師，而且還是一位很好的合作夥伴，請不要忘記我正在等你在另一個英語聚會上合作。我相信我們所有人都想說我們愛你，本。」

「本：我認為你真的是一位好老師，也是一個誠實的人。他們都說『患難見真情』。我想和你成為患難之交，願友誼長存。」

「本：你不僅是我的老師和朋友，你還是我認識的最優秀的年輕人之一。你不但熱愛生活，熱愛你的事業和朋友，最重要的是你還熱愛中國。我們相處的時間雖然短暫，但從你身上，我們知道英國人對中國人懷有深厚的友誼。我們愛你，我永遠不會忘記你，永遠不會忘記英國。」

「光陰如梭，今年夏天是我經歷過的最短的季節。謝謝你為我們打開了一扇通往世界和展現美麗人性的窗。中國人是一個害羞而內向的民族，我們並不善於表達情感。但此刻我相信我們所有人都想說：本，我們愛你！不要忘記中國。這裡是你的第二個家。我們正在等你。」

除了上述留言外，我還收到了一條來自為我安排課程，並在需要時為我翻譯的醫生的留言，上面的內容十分有趣：

「親愛的本：我真的很高興與你一起工作。我希望我們各自都能夠實現我們的夢想——你能成為英國首相，而我則成為名人學者。期盼有一日我可以收到首相邀請去倫敦訪問的信函。祝你好運！」

以上種種，我知道我與這些朋友和中國之間已經建立初深厚情誼。我萬萬沒有預料到，三十年後，我與中國人民的友誼會導致他們殘暴的統治者對我產生如此巨大的敵意。

註釋

1 *Economist*, "China Has Built the World's Largest Bullet Train Network," 13 January 2017, https://www.economist.com/china/2017/01/13/china-has- built-the-worlds-largest-bullet-train-network.

2 *Economist*, "China Will Soon Open a New Stretch of Rail across Tibet," 3 June 2021, https://www.economist.com/china/2021/06/03/china-will-soon- open-a-new-stretch-of-rail-across-tibet.

第二章

「一國兩制」：我在香港的第一個五年

一九九七年七月一日凌晨，香港末代總督彭定康（Chris Patten）與威爾斯親王乘坐皇家遊艇「不列顛尼亞號」出港，將香港主權正式移交給中華人民共和國。幾個小時前的中英交接儀式上，彭定康最後一次以港督身分發言。他鄭重地宣告：「現在，交由香港人來管理香港。這既是承諾，也是不可動搖的命運。」

「歷史不僅僅只是一個『日期』，在此日期之前或之後發生的事情也建構了值得銘記的歷史。這座偉大城市的故事，不僅包含過去的時間，也將成功延續至未來的歲月。」

首先，彭定康承認英國因鴉片戰爭奪得香港，但其殖民方式並不理想。他指出，香港與英國的關係是「立足當下，以後預見下個世紀末的事件」，並承認就其殖民方式而言，在場的殖民者無法尋求人民的諒解。儘管如此，他認為香港的故事還是值得慶祝的：「今晚我們為那些書寫香港成功故事的移民男女們歡呼。他們當中的大多數人孑然一身地來到香港，以永不停歇的精力辛勤地工作，以無畏的精神，克服困難，取得了非凡的成就。」

此外，他認可英國對香港價值觀之建構。他補充說：「我們國家對這片土地的貢獻，是為香港人民建構了向上流動和攀升的基礎。我們不僅帶來法治和廉潔，創造「不干預」的政府角色，也灌溉自由社會的價值觀，設立代議制政府和民主問責制。香港是一座中國城市，更是一座極具英國特色的中國城市。沒有一個附屬領土比這裡更繁榮，也沒有一個附屬領土擁有以專業、教會、報章、慈善機構、最廉潔的公務員，以及對公共利益最堅定的承諾。上述種種組成了香港豐富且穩定的公民社會結構。」

他毫不諱言自己對香港的期許：「我毫不懷疑，只要這裡的人們堅守他們所珍視的價值觀，香港會繼續聲名遠播。香港的價值觀是正確的價值觀。它們不僅是普世價值，還是亞洲和其他地方未來的價值觀。我期許在未來，香港仍然是最幸福、最富有、最自信、最穩定的社會，亦是將政治和經濟自由最好地結合在一起的社會，就像我們今天所見的這樣。」

彭定康乘船離開香港兩個月後，我乘飛機抵達香港。此時距離我第一次到青島「探險」已經過去五年，其間我不僅數次再訪中國，還在倫敦亞非學院（SOAS）完成了中國研究碩士學位，即將開創我的職業生涯。

第一次到訪青島，我便對中國產生了迷戀和熱愛。作為一名本科生，我成立了中國學會，旨在提高人們對這個偉大國家的認識和了解，並邀請演講者談論中國歷史、政治、藝術和文化方面的議題。在我宿舍的房間裡，有一個總是盛滿茉莉花或綠茶的中國茶壺。毫無疑問，我一畢業就渴望回到中國。

我的夢想是成為報導中國新聞的記者。最初，我認為這需要數年時間才能實現，而且我必須像大多數新聞工作者一樣，先在當地或地區媒體工作，再不斷「晉級」。一般來說，一名應屆畢業生首先需要為《伯恩茅斯迴聲報》、《伯明翰郵報》或《索爾茲伯里日報》報導法庭聽證會，又或是貓咪困在樹上等瑣碎事情累積經驗，才有可能擔任一名駐北京的外國記者。儘管有少數幸運兒，或是極少數有才華的人，一畢業便會被全國發行的報紙機構聘為實習生，但他們在最初工作的幾年裡，也花了不少時間從事複印和網絡監控的工作。

我很幸運，當我翻閱報紙的招聘版塊時，看到了一份名為CHINA STAFF的商業雜誌的編輯職位招聘廣告。它著眼於中國的人力資源管理，讀者群主要是外資企業家。我對管理或商業既無太大興趣，也沒有相關經驗，但我看到「中國」和「雜誌」這兩個詞語就申請了。

《China STAFF》是香港一家名為「亞洲法律與實踐」（Asia Law and Practice）的法律出版社旗下的定期刊物，也是「國際金融出版公司」（Euromoney/Institutional Investor）的子公司之一。提交申請後，我回到中國，繼續蒐集關於碩士論文所需，關於中國政權與宗教政策的研究材料，並在青島任教了幾個月。在那裡，我收到了「亞洲法律與實踐」出版社的回覆，邀請我去香港面試。一九九七年七月下旬，也就是香港主權移交後幾週，我從南京飛往香港。

我分別和總經理和總編輯會面，然後他們帶我去外國記者俱樂部吃午餐。我後來成為了該機構的正式會員。午餐結束時，總編輯對我說：「下午五點回來核銷機票，我認為我們很有可能聘請你，如果我提出這個建議，你會接受嗎？」我迅速思考了一下，儘管我極想得到這份工作，但我不想立即做出任何切實承諾，於是我回答道：「如果你給我這份工作，我想我很可能會接受。」在香港剛剛回歸中國的歷史時刻，再加上可以在「中國」工作，這怎麼看是一個不容錯過的好機會。自香港回英國短暫地「休假」後，我在一九九七年九月登上了飛往香港的航班。

我在 China STAFF 工作了近三年。雖然我有「編輯」的頭銜，但事實上我是該刊物唯一的全職記者。我們有一個設計師和一個銷售團隊，但只有我負責編審報刊內容。那一年，我二十三歲。我的職責是思考刊物內容，委託專家和自由職業者，並撰寫文章。在 China STAFF 所處的專業領域裡，它是一份非常值得信賴的刊物。對於外國企業的人力資源總監和經理、就業律師、諮詢公司、獵頭公司、智庫及在這個領域專精的學者而言，這也是他們「必看」的雜誌。此外，雜誌主題廣泛，涵蓋中國管理勞動力的所有挑戰和機會，從勞動法和薪酬福利，談到跨文化溝通、培訓和領導才能發展。我編輯的第一期頭版標題是「外國公司在勞資糾紛浪潮中機會渺茫」；第二期雜誌則收錄一篇關於商業和人權的專題，採訪美國商人約翰・卡姆（John Kamm），他將大部分時間放在中國釋放政治犯的談判。另一期則以我寫的「獵頭公司涉足中國，言論自由箝制持續」為題，講述有關外國招聘公司在中國面臨壓制傳聞的故事。後來，我們還報導了童工、貪污、性別歧視等議題，也談論中國經商可能面臨的危險。

Euromoney 的創始人兼董事長制定了嚴格的編輯風格指南。我在該公司工作的早期，我和世界各地的所有其他員工（我們有數千名員工）一起收到帕德里克・法倫（Padraig Fallon）發來的一封電子郵件，上面只寫著一句話。那句話至今仍深深地印在我的腦海中：「任何使用『正在進行中』這個詞的人很快變成『正在離職中』。」直到今天，我仍然害怕使用「正在進行中」這個詞語。

我成功讓一期雜誌在中國被禁止發行。我採訪了中國大陸勞工維權人士韓東方，他曾是一名工會主義者和基督徒。韓東方參與過天安門廣場抗議活動，被判入獄兩年，因健康原因獲釋到美國，然後逃到香港，從事有關中國勞工權利的熱線電話和廣播電話節目的工作。與西方激進的左翼工會主義者截然不同，韓東方是一個溫和且節制的人，他所做的一切只是為中國勞工尋求體面的工作條件。

韓東方是一名鐵路工人，由母親撫養長大，每月生活費為三十元人民幣（按當時匯率計算約為四美元）。他曾向我描述中國一些工廠令人髮指的工作條件。工人每天工作十六小時，如果工作表現欠佳，就會遭到毆打，必須生活在擁擠且不衛生的環境。他還告訴我，一名工人從中國南方的一家鞋廠給他打電話，說他被誣告偷竊，老闆隨後解僱了他，並強迫他當著數百名工人的面，像狗一樣爬出工廠。

在採訪中，他告訴我：「這些不是與知識分子、經濟學家、專家的對話。那與數字無關，只關乎現實生活。經濟影響個人的生活。若是你忽視個人生活，只談論數字，那麼你是欺騙自己。」這句話蘊含著深深的哲理。

這次採訪並非當期的封面故事，我把這則故事放在該期雜誌中間，附上韓東方的照片和下列標題：「勞工異見者警告，有一天工人將走上街頭」。韓在採訪中警告說，「勞工問題是一顆定時炸彈，總有一天會爆炸」，並毫不諱言中國紙面上的法律是一回事，實踐中的法律又是另一回事。

他接著說道：「中國人民直到他們無法再保持沉默的那一天，都不會站出來。這一天會突然到來，他們肯定會在不引起任何人注意的情況下走上街頭。我看不到政府會對體制進行根本性改革，他們沒有任何動機，他們也無法停止腐敗。我們將會有更多的國有企業倒閉，更多的腐敗，而工人們會更加憤怒。這一切都會推動工人們前進，直至爆發。政府仍不允許工人有代表推進和平談判，且一切都在室內而非街頭發生，所以你無法想像會發生甚麼事。」

向大陸訂閱者寄送雜誌的郵遞公司，通常會將雜誌帶過邊境後，再寄出訂閱用戶，即雜誌必然經過海關的檢查。一般情況下，無內容爭議的雜誌可以通過檢查，但這一期雜誌以及文章的標題，乃至韓的照片顯然都引起了海關人員的關注。它被封殺了，無法寄到訂戶手上。經驗豐富的前輩記者說過，如果你是一名像樣的記者，你至少會被中國政權封殺一次。

擔任編輯期間，我經常去中國出差，不僅去北京、上海和廣州，還去過其他城市。我回到青島，參觀了海爾工廠，寫了一篇關於這家卓越企業轉型的案例研究，以及華東酒莊和青島國際高爾夫俱樂部的簡介。我還撰寫了有關加拿大航空和法國建材生產商萊芙吉（Lafarge）的案例研究，並參觀了他們位於北京附近的水泥工廠。我更在整個亞洲金融危機和「禽流感」危機時，在中國商業峰會和世界經濟論壇上發表講話。如今看來，那是 SARS 和 COVID-19 即將到來的前兆和警告。此外，我還兩次到訪國外，一次參加了在巴塞羅那舉行的國際律師協會會議，另一次參加了在泰國清邁舉行的亞洲開發銀行（ADB）會議。

在亞洲開發銀行大會（ADB）的第一天，我和兩位同事前往會議中心註冊。當時沒有出租車，但有很多突突車（tuk- tuks），那是一種在泰國、印度和孟加拉國常見的摩托三輪車。當時的情境是我們三個人穿著西裝，擠進一輛突突車，至少有一個人懸掛在車側。當國際銀行家和政治家們都坐在豪華轎車裡到達會場，我們這三個不修邊幅，滿身汗水且頭髮散亂的記者從冒煙的突突車裡爬出來，場面非常滑稽。Euromoney 一向注重成本，所以我們的老闆們一定會為我們感到自豪。

那週我們每天都乘坐突突車。有一天晚上，我原定要參加清邁市長舉辦的招待晚會，因為我早前有活動行程，所以我遲到了。當我的突突車停在一座宏偉的豪宅時，我讓司機把我送到門口。他不明白我的意思，於是直接開車穿過大門，沿著車道向房子走去。我以為一開始的簽到場合已經結束，可以悄悄地溜進接待處，所以我付錢後便直接走進大門。然而，在入口處，我遇到了一位攝影師，專責為客人拍照，當我走上台階時，一位非常時髦的紳士走上前，伸出了手對我說：「晚上好，先生。我是清邁市副市長。」雖然見面的時機不太對，但我希望他會對我乘坐突突車出行，支持當地經濟和文化的行為留下深刻印象。

對於應屆畢業生來說，這些經歷難能可貴。在「亞洲法律與實踐」工作期間，我設立了中國年度員工人力資源獎，後來獎項成為該地區人力資源管理界的「奧斯卡」。此外，我領導的編輯團隊還製作了一本以小說形式寫成的商業指南——《中國互聯網公司的生與死》，容我自吹自擂一下，這是一本非同凡響的書。

《中國網絡公司的生與死》（*The Life and Death of a Dotcom in China*）在二〇〇〇年出版，是長期居住在中國的路透社前分社社長晏格文（Graham Earnshaw）、我的同事克里斯・亨特（Chris Hunter）和我在某個晚上，於上海共進晚餐時提出的構想。它是《中國合資企業的生與死》

（*The Life and Death of a Joint Venture in China*）的續作，該書在幾年前由同一家公司出版，且取得亮眼的成績。我們設想由我們三人撰寫虛構的敘述框架，然後交由律師、顧問、稅務專家、投資者和互聯網企業家，讓他們根據自己的專業知識，揉合我們的故事框架來撰寫每個章節。

當時晏格文、克里斯和我坐在 M on the Bund 餐廳裡，俯瞰上海歷史悠久的濱水區和黃浦江對岸的浦東商業區，一起創造了故事的中心人物和主線故事。故事圍繞著一支出售毛澤東紀念品的創業團隊展開。記述他們如何創立線上企業 MaoPortal.com，以及他們如何從風險投資家那裡獲得投資，然後與律師和顧問一起發展企業的過程。這本書從以下場景開始：

「叫我豺狼吧。」他笑著說道。（譯者按：豺狼在英文裡多隱喻「騙子」或「奸詐小人」。）

這裡是香港的致富廣場（Get-Rich-Quick Square）的第一九八層。這是他們與風險投資家的第一次會面。豺狼（Jackal）喜歡這樣介紹自己，當別人聽到他名字時感到驚訝，又或是當旁人因他咧嘴一笑而稍微晃動身體，都讓他感到愉悅。他的老闆傑佛遜（Jefferson）坐在他旁邊，對他的自我介紹方式也略感不自在，但他無能為力。畢竟，他的英文名字就是豺狼，這實在無可指摘。

坐在會議室長桌旁的其他人也紛紛自我介紹。風險投資公司的三名員工站在那裡，兩男一女，都穿著擦得一塵不染的衣服，整齊的頭髮。一副嚴肅認真的樣子。然後是「『毛』傳送門」（MaoPortal.com）的首席執行官，Jefferson Huang，以及他的團隊：門戶的市場經理 Jackal，首席運營官 Miracle Liang；以及代理首席財務官 Stanley Chen。

在第一章後段，我們描述了 MaoPortal.com 的「誕生」。Jefferson Huang 回憶起他的叔叔老張是第二號毛澤東紀念品工廠的董事長。

「我們為甚麼不把他毛澤東的東西放到網上呢？我們可以出售毛澤東紀念品二廠生產的徽章和所有其他毛澤東物品……」

Miracle Liang 考慮了一下：「『毛』商業嗎？」她若有所思地說：「叫『毛』郵件怎樣？」

「『毛』約會！」Jefferson 繼續說道。「『毛』占星術！我的『毛』！！我們就這樣稱呼它……」

「MaoPortal（『毛』傳送門）！」兩人同時說道，同時笑了起來。

這個名字收受到一致好評。

搜狐高級副總裁表示這本書會「帶你走進互聯網投資者和企業家的內心」；新浪網首席運營官則將其描述為「中國互聯網世界的一個扣人心弦的生活故事」；I&I Asia 的 Jonathan Hakim 則表示這本書是「對中國互聯網淘金熱的絕佳洞察」。我從來沒有想到我們會以如此有趣的方式把互聯網和「毛」概念結合一起。

工作以外的閒暇時間，我的人權活動在香港逐漸成形。身為一名學生，我受一個名為全球基督教團結組織（CSW）的人權組織啟發，並加入了他們。當我搬到香港時，CSW 問我是否願意在那裡設立香港分據點，於是我便在跑馬地與他人合租的公寓臥室一角設立了 CSW「香港分行」。

我當時關注的重點並非中國人權，而是著眼於亞洲其他地區。我開始前往緬甸邊境，參與東帝汶的抗爭，與曾經流亡至澳門的東帝汶抗爭者同行，並開始深入了解朝鮮的情況。此外，我協助來自巴基斯坦、塞拉利昂和蘇丹遭受迫害的難民，並幫助他們向在香港的聯合國難民事務高級專員公署（UNHCR）提出庇護申請。儘管香港本身沒有庇護制度，但它是少數允許落地簽證的地方之一，因此有源源不斷的人來香港向聯合國難民署提出申請。

我認識的兩名巴基斯坦基督徒，在某天晚上因逾期居留被捕。他們從尖沙咀警署給我打電話，告訴我警署的食物很難吃，請我為他們準備「麥當勞」外帶。

與警方確認外帶食物並不違法後，我趕緊去麥當勞，買了一些漢堡包，並把它們帶進了警察局。值班人員堅持要逐層搜查這些漢堡包，連帶一併檢查麵包、酸黃瓜、薯條等食物，然後才允許我將這些被徹底搜查過的麥當勞餐點，給兩名被拘留的巴基斯坦人。

這兩位朋友隨後被轉移到域多利監獄，在我同意成為他們的擔保人後，以每周向入境署報到一次的條件保釋外出。如果他們違反保釋條件，我將被處以罰款。此後，我連續多日工作到深夜，不停寫信和發傳真給聯合國難民署，希望他們能一起支援兩名巴基斯坦人，當兩人的簽證到期時，我召集教會領袖、政治人物和媒體遊說香港政府延長簽證期限。最後我們成功了，香港政府延長了他們的簽證。然而，因為難民署三度駁回他們的庇護申請，他們必須返回巴基斯坦。

當年，香港是一個非常開放和自由的城市。它既是我開始參與亞洲其他地區人權抗爭的基地，也是一個教會、民間組織和媒體多方合作，以提高人們對某地區遭受迫害認知的地方。我在外國記者俱樂部組織了演講，為香港媒體撰稿，在教堂發表演講，並在香港街頭發起支持東帝汶和緬甸的抗議活動。在東帝汶危機的高峰期，我主導了一次穿越灣仔和中環街頭的示威遊行，並在外國記者俱樂部舉行了一次反對印尼暴行的新聞發布會。此外，我也定期探訪澳門的東帝汶僑民，並帶領香港教會團體前往泰緬邊境和東帝汶進行人道主義訪問。另外，我在香港組織了人權會議，並與香港傑出的貧窮鬥士（champion of the poor）潘靈卓（Jackie Pullinger -To）密切合作，她的回憶錄《追龍》中生動地講述了她的故事。此外，我還有許多「新嘗試」。我在一位令人敬佩的，為油麻地的露宿者、妓女、吸毒者和三合會提供協助的牧師所經營的教堂裡演講；我和第一個在中國合法領養的英國家庭成為好朋友，他們為收養了山東濟南的一名盲童長時間與相關機構「鬥智鬥勇」，這個案例後來改變了中國和英國的收養法，為其他面臨相同情況的人鋪平了前進的道路。當時我絕不會想到，有一天，我會需要為香港人的權利發聲。

二〇〇〇年，我從「亞洲法律與實踐」轉到香港兩家英文日報之一的《英文虎報》任職。該報紙由星島控股擁有，正在新領導層的領導下「重塑品牌」。它把自己定位為一份規模小，但內容質素高的報紙。它改名為《香港郵報》（Hong Kong iMail），傾向支持民主和自由，對香港政府和北京則均持批評態度。我最初受聘為一名商業記者，撰寫每週的商業管理專欄（a weekly management page），但入職後數日，編輯安德魯．林奇（Andrew Lynch）將我叫到他的辦公室，說他認為我有潛力成為該報的社論作者，撰寫每日社論，以及偶爾以我的名義寫專欄和一般特稿。

我寫的第一篇社論在二〇〇〇年八月十九日刊登，當天艾爾．戈爾（Albert Arnold Gore, Jr.）在民主黨全國代表大會上發表演講，正式宣布他成為民主黨總統候選人的那一天。安德魯說：「我們要寫戈爾的專題。」我問我們對戈爾的立場應該是甚麼？他在椅子上靠了一會兒，然後說：「我不喜歡戈爾。」我停了下來，等待進一步的指示，他愉快地揮手示意：「走吧，你去寫吧！」

我讀了戈爾演講的筆錄，包括觀眾對其演講的回應，並以「民主黨代表大會的代表們高呼『加油，艾爾，加油』」開篇，繼而概述我對戈爾的評論，並以「也許美國人民會告訴戈爾先生十一月該去哪裡」作結。我提交了這篇社論，當晚便收到了安德魯的來信，祝賀我開啟了我的社論寫作生涯。

從那時起，我每天都寫社論。大多數時候，社論的話題和立場，都是在我與安德魯的談話中決定的，就像當時決定對戈爾報導立場一樣簡短的對話，偶爾則完全由我決定。只有評論重大的事件，如財政預算案、行政長官的施政報告或其他歷史事件時，我們才會召開編輯會議深入討論。

二〇〇〇年十月的某一天，時任香港天主教助理主教，後來成為樞機主教和榮休主教的陳日君樞機，大膽地公開反駁北京就梵蒂岡將中國一百二十位位新聖人列聖的批評。那個週日，我致電安德魯，商討社論的大致方向。

「做關於主教的社論吧！」他說。

「好吧，那麼我們對主教的立場是甚麼？」我問。

「我們的立場一如既往，止惡揚善。」安德魯說。「我們這次表面上站在教會一方，事實上，我們是站在天使的哪一方。」

於是，那天晚上我寫了一篇社論，評價那位後來成為我的英雄和朋友的人。

隨著北京對天主教、基督教、穆斯林和法輪功等宗教團體的打壓力度加大，政府「懲戒」任何不守規矩的香港宗教領袖易如反掌。儘管當時香港的宗教自由並未遭受迫在眉睫的脅迫，但北京的威脅言辭卻讓人不得不思考這些問題。無論發生甚麼，陳主教如此大膽地發聲是正確的。香港能有像他這樣，敢於發聲和捍衛自己信仰的宗教領袖，是十分幸運的事。

我在報社工作的兩年裡，以自己的名義撰寫了各種專欄和專題文章，涉及一系列我密切關注的議題，包括中國的人權、東帝汶的危機，以及新加坡的一名出租車司機讚揚「大師」李光耀美德的有趣經歷。

同時，我寫了兩篇嘲諷時任保安局局長葉劉淑儀的文章，還有一篇提議任命主張民主的前民政事務局局長陳方安生（Anson Chan）為香港特首的社論。

我曾見過香港大亨何東家族的人兩次，採訪過他一次，談論他的生活、事業和慈善事業。第一次，我向他展示了我寫的一篇關於東帝汶的文章，這是他所關注的事件之一。

他看了我遞給他的文章。然後他看著我，問我是否認識李嘉誠先生。我坦誠我並未親自見過李嘉誠，他的臉上瞬間浮現出失望之色。後來他把秘書叫了進來，當著她的面告訴我，只要我想見他，他都會向我「敞開大門。」「只要羅傑斯先生打電話找我，就把他的電話接進來。」他當著我的面告訴秘書。

同時，我還採訪了律師出身的作家章家敦，並與他探討其著作《中國即將崩潰》的某些觀點。

此外，我寫了一篇呼籲中國民主的文章，並描述與天安門廣場大屠殺倖存者的會面的場景：

世界應當謹記中國的陰暗面。本月初，我第二十一次來訪北京。一九八九年六月四日，我在天安門廣場遇到了一位剛剛逃出的學生抗爭者。那天，一輛坦克毫無徵兆地出現在他和他的兩個朋友身後，沒有停下來的跡象。他的朋友把他推離坦克前進的路徑，自己卻不幸地倒在坦克之下。逃出生天的學生眼睜睜地看著他的兩位朋友被坦克壓死。

我們絕不能把「天安門事件」單純地視為歷史，因為它象徵著當代人爭取自由和反對腐敗的持續鬥爭。如果我們忘記一九八九年，我們將失去一切價值和意義。

這名學生現在經營著一家生意不錯的小企業。但他告訴我，十月一日，中國國慶，當其他人慶祝大陸的成功時，他和他在天安門抗議的老兵朋友們都哭了。他告訴我：「中國政府不是在治理國家，只是在暗地裡維持它的統治。」

我在該篇文章的結尾對中國時任國家主席江澤民說了這樣一席話：

「如果江先生希望名垂青史，你應該邁出最大膽的一步。毛澤東創立了中華人民共和國，鄧小平改革且開放了中華人民共和國的經濟，那你應該給中華人民共和國帶來民主、問責制和政權認受性。」

在如今香港嚴苛的國家安全法之下，這樣的文章以及我關於葉劉淑儀和香港政府其他人的專欄評論都構成犯罪。但在二十年前，我可以自由地為這座城市的媒體撰稿，最糟糕的情況也不過是葉劉淑儀在一次酒會上與我的編輯會面，非正式地向他怨我的文章。

我寫過一篇關於喬治·布殊提名的美國駐華大使桑迪·雷德律師的簡介，我因在「亞洲法律與實踐」工作時，編輯過他與中國做生意的書而相識。我最後一次見到他是在美國俱樂部主辦的選舉日早餐會上，我們聚集在一起觀看選舉結果出爐。他為每個共和黨勝出的州份歡呼，每當一個州「轉藍」時，他就發出噓聲。正如我在簡介中所言「他不僅僅是一名共和黨選民，還是一名社運積極份子。」此外，他也是總統大學裡的老朋友，他對選舉結果的熱情可能是因為他知道一些我們不知道的事情，我猜測那關乎他下一份潛在的工作機會。

在政治爭議較少的時候，我還認識了鼓舞人心的哈里拉家族。

哈里拉家族可能是香港最富有、最有影響力的印度家族，共有至少一百一十五名家庭成員，其中六十五人共同居住在九龍塘的一棟分為四十間獨立公寓，富麗堂皇的豪宅內。每逢週日，所有家庭成員都會聚集在一起。

我曾兩次受邀與哈里拉夫婦共進晚餐，一次是參加一位美國外交官的告別會，一次則是參加簡單的家庭聚會。這個家庭很有魅力，儘管他們很富有，但完全不張揚。哈里萊拉博士向我描述了他們如何創辦自己的企業，從一九二〇年代剛到香港時貧困潦倒，到如今的繁榮昌盛。哈里萊拉博士說，他是根據他父親的教誨創建了這家公司：「不貪婪，不欺騙。君子愛財，取之有道。」

我最喜歡的專欄之一是名為「在平凡的地方發現非凡的人」的文章。二〇〇一年，由於我倡導東帝汶人權工作，我有幸接待了東帝汶抵抗運動領導人沙納納・古斯芒（Xanana Gusmao），他後來成為該國第一任總統和總理。他的妻子克斯蒂（Kirsty Sword- Gusmao）帶同新生兒亞歷山大（Alexandre）與他一同前來。在會議間隙，我們在太古廣場的麥當勞坐下來。克斯蒂想給亞歷山大買一根香蕉，所以我自告奮勇去找一根香蕉，並把這則插曲變成了一個有趣的專欄，起首如下：

當我把一根香蕉放在收銀檯上，付了一元並伸出手索要二毛錢的找續時，太古廣場「Great」超市的收銀員女士非常驚訝地看著我。這是我在香港第一次花一元錢並索要二毛錢的找續。她可能想知道我來自哪個星球，會特地到 Great 來花八毛錢。但她不知道那根香蕉到底是給誰吃的。（譯者按：在香港買東西一般不會特地找續零錢，因此收銀員對羅傑斯要求找零的行為感到驚訝。）

同時，我還提及了我與沙納納和克斯蒂的友情，以及我們離開麥當勞時的有趣遭遇：

正當我們準備離開的時候，一個我以前見過的人走過來跟我打招呼。在沙納納聽不到的地方，他低聲說道：「那不是那個東帝汶政客嗎？」我肯定了他的猜測。隨後，他用一種完全驚訝的表情看著我。「那麼他到底在香港太古廣場的麥當勞做甚麼呢？再說了，你找他做甚麼？」

我簡要地向他解釋了前因後果，並告訴他，我成功地為亞歷山大找到了一根香蕉。他的眉毛不禁高高揚起，我離開時，他嘴巴大張，臉上露出困惑的表情。他之所以感到驚訝，是因為大多數來訪的政治領導人都住在君悅酒店的總統套房，開著保安嚴密的豪華轎車到處走動，乘坐直升機進出，後面跟著一隊僕人。相反，沙納納以出租車代步，還和一位年輕的記者坐在太古廣場的麥當勞裡聊天，實在讓人嘖嘖稱奇。

凡是見到沙納納的人都會被他迷住。他的魅力非常大，他的過去也令人印象深刻。他從詩人轉變為游擊戰士，再到國際政治家，一路走來非比尋常。此外，他在講台上的存在感也不容忽視，因為他擁有今天世界上許多政治領袖已經失去的東西——偉大的人性。

我在《香港郵報》工作的大部分時間裡，這份報紙都兌現它所宣稱的價值觀，並給了我極大的編輯自由，讓我可以以此為媒介發展且踐行個人理念。我們的社論毫不掩飾地支持民主。

然而，好景不常，情勢急轉直下。二〇〇一年一月，從胡仙（Sally Aw Sian）手中收購了星島集團的基金管理公司 Lazard Asia 決定接受香港煙草公司和泛華科技集團所有者，煙草大亨何柱國的出價，以三點五六億港元出讓手中持股。何先生和大陸有業務往來，並雄心勃勃地進一步拓展其中國業務。

收購報紙之後，何先生並沒有立即改革報紙。幾個月後，在一個「長刀之夜」（譯者按：此典故來自一九三四年納粹政權政治清洗之夜。），他大刀闊斧地解僱了編輯和許多資深記者。週六上午，一百四十名左右員工中的八十多人收到 DHL 寄出的解僱信函。直到被解顧者收到信函之前，沒有人知道何柱國的打算，包括那些即將離任的編輯們。

當時，新聞編輯室裡擠滿了保安和熱心的人力資源部員工，他們密切關注員工清理辦公桌的情況。管理層相當迅速地取消了外籍員工的工作簽證，並向他們提供了一份名為「如何離開香港」的文件。我的一位朋友說，這幾乎就像天花板上掛著一條橫幅，上面寫著「鬼佬（外國人），回家吧」。

一位名叫 Tim Jim 的加拿大籍香港人被任命為新編輯，從那一刻起，這份報紙的未來已是「大難臨頭」。他在新聞編輯室裡對我們說的第一句話是：「我們不能再在內容上如此大膽，但我們應該在設計上保持前衛和創新。大量的色彩、圖形、圖片能讓一切變得生動活潑且令人興奮。我們必須與電視競爭。請記住，我們現在要跟隨新華社的腳步。」他幾乎每天都提醒我們「殖民統治的時代已經結束」。他還將自己比作「九一一」恐怖襲擊後，走過世貿中心廢墟的紐約市長魯迪・朱利安尼。這起可怕的悲劇剛剛過去十二天，以此作喻似乎非常不合適。他還告訴我們，如果編輯內容不足，我們可以使用《今日心理學》（Psychology Today）的文章。

我很驚訝自己沒有像其他人一樣「被解僱」，但我知道我已進入倒數時，我的良心不允許我留下來。我立即告訴新編輯，如果要求我寫親北京的宣傳材料，我將不再寫社論。他叫我坐下，居高臨下地對我說：「本，我曾經年輕而激進。」

然後他開始向我講述他年輕時的記者生涯。他說他的一些朋友曾被英國人監禁過；他親眼目睹警察使用警棍毆打抗議者；外國記者與香港本地記者的薪酬差距很大。他說的這些可能都是真的，但是這與我的擔憂有甚麼關係呢？更何況，我拿的是當地人的工資，而不是外籍人士的工資。

「我經常想知道為甚麼西方人的工資比當地人高，」他停頓了很長時間。然後他總結道：「原因是中國人吃米飯，外國人吃牛排，而牛排比米飯貴，外國人就得付更多錢。」

我被他的話繞暈了。不過，他接下來說的一些話，讓我看到了一線希望：「民主和自由是我們與生俱來的權利，我不會允許任何人篡改它。」

有鑑於此，我敦促他承諾我們將繼續撰寫「符合公眾利益」的社論，並追究政府的責任，並再三重申，以確保了他同意上述原則。他不希望我們只是批評，而是盡可能提供想法和解決方案。我極為贊同他的說法，我們也不應該為了批評而批評。如果政府做了好事，我們應該願意給予讚揚。事實上，這一直是我的立場。

但是，我很快發現，吉姆先生出爾反爾。他剛從反殖民主義轉向支持民主，就宣稱在生活的各個領域，包括人權，中國現在「相當不錯」，儘管不完美，但相當不錯。

然後，當他宣布希望《香港郵報》成為一份更加保守、親建制的報紙，成為「建制派的喉舌」時，我氣得眉毛倒豎。我問他我們到底推崇建制派還是公共利益？他告訴我兩者並不相悖。於是我堅決維護公眾利益。

人們永遠不知道吉姆先生嘴裡接下來會說出甚麼樣的話：「我們不應該被定位為《南華早報》的「妻子」，而應該被定位為《南華早報》的『小妾』」；或是「我們不應該迎合那些坐在南丫島吸食大麻的反政府人士」等。我指出我們的目標受眾從來都不是他口中所說的那些人，但無功而回。

最後，他總結自己的立場，指出我們真正應該寫的是「如何賺錢」，這是這座城市的人感興趣的一切。當他被問及政治編輯被解僱一事時，他告訴員工，《香港郵報》將重新定位為商業報紙，政治和商業毫無關係，因此我們不需要政治編輯。他聲稱「香港不是一個政治城市」。這一說法在隨後幾年被戲劇化地證明是錯誤的。他繼而補充「現在政治全部來自北京。」諷刺的是，歷史又證明了這句話是極有見地的預言。

編輯領導層更替變動的五天後，報紙上出現了一篇何柱國署名的專欄。何先生以前從未在報紙上寫過專欄，雖然作為東主他有權這樣做，但他應先行申報利益，且應符合我們的編輯標準。事實上，這篇分為上下篇的專欄文章，上部中沒有提及他身為報刊擁有者的事實，只在下篇略有提及。此外，該文章本質上「複製貼上」了一家由何先生資助的律師事務所的報告，上面提出了將香港發展為國際金融中心的構想。它可能是一篇真正的專欄評論，但應將其視為技術性文件的連載，當然也不值得他署名。由此，我認為何先生不過是在公然濫用報紙媒介來宣揚自我意識。

Five days after the change of editorial leadership, a column appeared in the newspaper with Charles Ho's byline. Mr. Ho had never before written a column in the newspaper, and while as the proprietor he had the right to do so, his inter- est should also be declared and his piece should be consistent with our editorial standards. It turned out it was a two-part series, and in the first piece his position as proprietor was not mentioned, though it was in the sequel. It was essentially a copy and paste of a report by a law firm funded by Mr. Ho, setting out ideas for developing Hong Kong as an international financial centre. It might have merited a genuine op-ed commenting on it, but not a serialization of such a technical document—and certainly did not deserve his byline. It was a flagrant abuse of the opinion pages to promote Mr. Ho's ego.

繼續幾個星期發表的社論，我都故意加入親民主議題來試水溫，看看我會得到甚麼回應。其中許多社論，包括一些對當權派抱持極端批評的社論都一一被發表了。我不確定這是否因為吉姆先生沒有閱讀這些社論，或者他是否允許這些社論刊登，以製造「編輯自由」的假象。

二〇〇一年十月，我寫了一篇關於董建華第一個任期內第五份也是最後一份施政報告的社論。前兩段內容如下：

「行政長官董建華昨天表現了高超的「語言『偽』術」。他第一任期的最後一份施政報告口若懸河，其政策非常匱乏。這是一份內容重覆且搪塞敷衍，混雜了顯而易見的政治套語的『施政報告』。

董先生講話的大部分時間著眼於總結他之前的四份施政報告。他表示，建設知識型經濟的一個重要因素是『擁有創意』。然而，幾乎沒有跡象表明他本人擁有任何『創意』」。

上述段落原封不動地出版，但我的結論段落被修改了。原件如下：

「董先生今年發表的施政報告講話，唯一可取之處就是他沒有說任何不該說的話。雖然他的發言模糊且毫無意義，但實際上並未對香港造成實質損害。如果他連任，他應該更好地利用施政報告。」

第二天早上，當我打開報紙時，最後幾行已經變了：

「董先生今年發表的施政報告講話，唯一可取之處就是他沒有說任何不該說的話。至少他通過創造就業、降息和額外減稅等措施，來努力緩解香港目前的經濟困難，上述政策將為當下努力維持收支平衡的人帶來幫助。」

除了在社論和專欄中努力堅守立場之外，我還給朋友寫了兩封電子郵件，描述了《香港郵報》的變化。它們本來是私人信件，但最終還是流傳出去了。

英國和澳大利亞總領事收到了這些電子郵件，香港電台引用了這些電子郵件的內容，自由論壇也在其網站上引用了這些電子郵件。

民主黨主席李柱銘的一名幕僚寫信給我說：「我很高興你仍然堅定地捍衛我們的民主和人權。在這樣的時代，並不容易。我希望事情很快就會好起來。請知道，有人非常欣賞你的努力，一直默默地支持你。」

另一個我不認識的人（暫稱他為 Khan 警司）打電話給我回應我的專欄文章。他說：「香港媒體裡敢說真話的人很少，你就是其中之一。」

一位公關顧問則寫道：「你的意見令人耳目一新，我們的友誼令人愉快，願友誼常在。」

（Your voice is refreshing and your friend- ship enjoyed. Here's to extending both.）

吉姆先生知道了我的電子郵件，但沒有對我說甚麼。大概，他也不希望新聞自由成為政治犧牲品。

《南華早報》的一位朋友給我寫信說：「發生這樣的事實在令人遺憾。這對您和《香港郵報》的其他人來說是個壞消息，乃至對我們每個人來說也是個壞消息。我想說，這也是香港新聞界的根本問題。報紙的命運僅由利潤決定，而不是新聞內容。老闆們關心報紙利潤是有合理的。但在香港，盈利能力是唯一標準。有時人們不得不想，為甚麼當公司的利潤不如預期時，管理層們為何就能如此輕易地為自己開脫。在某種程度而言，這令人十分驚奇，因為這種特權幾乎是香港商界獨有的。」

《香港郵報》的「解體」並非新聞標準下降的唯一例子。這與二十年後新聞界發生的情況相反，回歸後頭五年新聞自由的侵蝕，並不是因為北京甚至香港當局的直接干預，而是一些報紙老闆和編輯希望討好北京而「自我審查」。一個小例子是，迪士尼首席執行官邁克爾・艾斯納（Michael Eisner）訪問香港時，駁斥了有關迪士尼可能在中國大陸開設公園的報導，稱其為「錯誤消息」。他承認長遠而言在大陸開設迪士尼樂園是有可能的，但目前沒有相應的計劃。我為《香港郵報》寫了一篇文章，標題是「大陸迪士尼開幕可能會推遲」，然而《南華早報》竟將其解讀為「大陸可能會擁有迪士尼」。

南華早報社論的傾向，我在香港時已經日趨薄弱。我的社論傾向於表達一種觀點，而他們的社論，用一位我在該報工作的朋友的話來說，則是傾向總結故事。有時他們還向北京阿諛奉承。例如，二〇〇一年九月，北京宣布香港和澳門媒體可以在內地設立分社。《南華早報》是極少數已經設有北京、上海和廣州分社的報紙之一，聲稱北京決定「向香港和澳門媒體開放內地的大門，這無疑代表著現行政策的重大轉變，也代表中國對新聞機構審查的日益寬鬆」。在我看來，北京政權並不歡迎媒體對他們的監督。（In my view, welcoming scrutiny was not something on Beijing's mind.）。

事實上，《南華早報》的中國組編輯林和立就是最好的例子。他撰寫了無數有關北京政權的專欄，令該報當時親中的老闆郭鶴年感到不安。該編輯要求他的專欄文章在發送到評論版之前須預先審查。隨後，《南華早報》通知他，他的中國組編輯職位將被中共喉舌，國營企業《中國日報》的前記者王向偉取代。我和林很熟稔，他於二〇〇〇年十一月辭職，隨後在《華爾街日報》上發表了一篇題為「我為何離開南華早報」的文章，詳細闡述當時所發生的一切。

企業家黎智英創辦的中文《蘋果日報》是為數不多的捍衛香港自由的大膽聲音之一。二十年後，報紙被迫結業，黎智英和他的高級編輯因而被控告並監禁。當我還住在香港時，對新聞自由的壓迫早以一種更微妙的方式開始了。當時我並不認識黎智英，我後來才認識他，但我認識他的一些重要助手和朋友。他們告訴我，香港親北京的企業和大亨正在抵制《蘋果日報》，拒絕在報紙上刊登廣告。長江實業集團的所有者、香港首富李嘉誠是最早對這份報紙進行積極的商業抵制的人之一。《蘋果日報》被關閉的二十年前（二〇〇一年七月），匯豐銀行撤回他們在《蘋果日報》上的廣告。白宮和美國國務院對上述影響新聞自由的行為表示關切。二〇〇〇年，在其關於香港人權狀況的國情報告中，國務院指出「香港幾家地產商業者明顯減少了在《蘋果日報》的廣告」，因為該報紙冒犯了北京。報告聲稱，香港日益普遍的看法是，如果某份報紙被認為「損害了中國或其他本土利益」，其廣告收入將下降。

《蘋果日報》企業客戶總監馬克・西蒙（黎智英的得力助手之一）告訴我，當時對報紙的干預並非直接來自北京，而是來自向政權卑躬屈膝的香港大亨：「那些抵制我們的人似乎相信，北方會為他們的行為提供某種獎勵。但大多數漢學家會告訴他們，這一些舉動毫無意義。」他對因此類行為而損害香港形象表示擔憂。他認為有人正在尋找香港言論自由的缺口，而《蘋果日報》正是他們會找到的缺口。《蘋果日報》已經成為美中關係的一個轉捩點。這已經蓄勢待發，只需要有人推一把。有許多身在香港以外的人關注香港，但香港似乎忘記了這些人的關注。二十年後，香港問題已惡化到出乎所有人的意料。然而，早在回歸後的頭五年裡，麻煩的種子已經埋下，導火索已顯而易見。（There are people who are looking for faults in Hong Kong," he argued. "This is exactly the kind of fault that they will find. The handlebars are there [to make it an issue in U.S.-Hong Kong relations]—it just needs somebody to ride it. There are people out there who watch Hong Kong and pay attention. Hong Kong seems to forget that these people pay attention." The situation would deteriorate beyond all expectations two decades later, but the seeds of trouble were already evident in the first five years after the handover.）

在二〇〇一年中國國慶日的一篇社論中，我指出香港「似乎失去了勇氣」。我補充道：

香港的主要問題是持續存在的隱密自我審查和事後批評。自一九九七年取得主權以來，北京本身的行為一直非常克制。只要香港特別行政區不破壞中國其他地區的穩定，北京不太可能真正關心誰在香港說些甚麼。然而，香港由太多人通過壓制批評人士來討好中央，這是香港衰落的根源。我們已經失去了勇氣。

過去四年，北京還沒有表態，政府就向北京低頭的例子比比皆是。香港要重新「找回」自己，破而後立，就必須表現出更大的勇氣。我們必須加強獨立思考，而不是向北京尋求答案。我們必須願意實行「一國兩制」，同時意識到我們是「一個國家」。我們必須提出解決方案，制定未來願景，為香港發聲。如果我們這樣做，我們將在未來的國慶日，才可擁有更多值得慶祝的事情。

當我辭去《香港郵報》的職務，準備返回英國時，很明顯香港已經醞釀這一場風暴。永安國際董事長郭嘉當時預測，到二〇四七年，香港與毗鄰的深圳將合併為一個大都市，由中國直接管轄。經濟學人智庫亞洲區首席經濟學家肯・戴維斯（Ken Davies）對香港缺乏「有力明確，且可信的長期願景」表示擔憂。他說，香港領導人並非通過普選民主選舉產生，是香港面對的主要問題之一。他認為，「如果沒有優秀的政治領導，那麼對領袖的最好的期望就是誠實、有效率和有能力」（the best to be expected is honesty, efficiency, and competence）。但是，這使得政策制定變得「被動而非主動」。喬治・索羅斯呼籲香港通過引入民主牽頭，並表示「民主的進步將向市場發出積極的信號」。他警告說，如果沒有政治改革，中國的經濟增長就無法持續：「中國的開放必須超越市場，包括言論自由和信息流通。沒有上述條件，中國就無法繼續繁榮。」《香港郵報》以這篇報導為頭條，但《南華早報》只刊登了一張索羅斯的照片，並附有兩段簡短的段落，講述了他提出的國際援助資金的想法，徹底「掩埋」了這則報導的核心意念。

我在香港期間還報導過其他爭議和醜聞。

香港民意研究所主席，香港大學學者鍾庭耀博士調查了行政長官董建華的民意支持率，他聲稱自己受到來自資深學者和董建華領導層的壓力。當董建華的支持率下滑時，特首特別顧問路祥安停止了該項民意調查。一個獨立小組為此進行了一項調查，雖然調查看起來很複雜，但鍾博士的指控似乎反映了某些事實。香港大學大學新聞與媒體研究中心主任陳英（Ying Chan）表示，副校長鄭耀宗對指控的反駁缺乏說服力，且「未能表現出令人無可指摘的誠信」。主持調查的法官將路祥安描述為「可憐且不誠實的證人」。立法會提出一項要求董建華解僱路先生的議案，僅以一票之差被否決。

此外，還有親中政黨民建聯議員程介南的爭議。二〇〇〇年立法會選舉前幾週，有消息指出程先生未能申報他所持有的公關顧問公司，且擔任該公司的大股東的利益。更糟糕的是，他向一些客戶洩露了政府和立法會的機密文件。他的客戶包括九廣鐵路公司、煤氣公司和李嘉誠旗下的長江實業等主要香港公司。然而，由於《立法會條例》規定候選人可以在提名結束前退選，但不能在提名結束後退選。因此，儘管程介南受到極大壓力，他仍可參選，並成功連任。不過，他後來辭去了立法會議員職務。

二〇〇〇年十一月，香港政府嚐到壓力後，不尋常地提出了一項立法會動議，要求議員們支持《公安條例》。這是一條嚴格規定抗議和示威活動的陳舊殖民地法律。現在回望，香港政府顯然已經在二〇〇〇年便未雨綢繆，該條例在未來幾年裡，用於起訴許多香港的親民主派的抗議者。正如李柱銘當時所說：「我從未見過世界上任何地方的政府，會要求其立法機關說現有法律是好的，因此應該保留。」提出動議是為了修改法律或引入新法律，而不是認可現有法律。「如果該條法律是好的，你就永遠不需要去立法機關為其背書。」李柱銘如是說。

自回歸以來，香港接連由無能的行政長官和政府主導。現任政府是迄今為止最糟糕的，即使在早年，執政者也做出了許多令人憂慮的舉措。例如，時任政制事務局局長的孫明揚提議，二〇〇二年的行政長官選舉（選舉委員會僅由八百名建制派選民組成）應在星期四舉行，而非週日舉行。週日是恆常選舉日。因此當孫明揚被問及此安排時，令所有人驚訝的是，孫先生竟然解釋說，週日對一些選舉委員會成員來說可能不方便，因為他們可能出差或「打高爾夫球」。如此非比尋常地迎合香港精英的慾望和享樂，足見香港的選舉制度是何等荒謬。

時任中國國家主席江澤民早年就明確表示，北京對「一國兩制」的理解與香港人、英國和世界其他國家的理解截然不同。二〇〇〇年，他在澳門回歸一周年的講話中，強調「一國」多於「兩制」，斷言「兩制」更多地涉及經濟領域而非政治領域：「中國大部分地區應堅持社會主義制度，而澳門（和香港）則保留資本主義制度。」事後看來，這或許是北京的早期預警，即香港的「高度自治」並不意味著自由和民主。

江澤民有時會對香港記者發脾氣。二〇〇〇年十月，當董建華訪問北京時，香港新聞界向江澤民主席詢問他是否支持董建華連任。他用粵語回答「好」，但隨後有記者問這是否意味著事情已經早有定案，選舉委員會的投票只是一個形式。江先生把皺著眉頭，抿起嘴唇，指向記者並大聲喊道：「我生氣了！」然後他語帶威脅道：「我真的為你們所有人擔心！」

我的一位朋友是一位經驗豐富的記者，自二十世紀七十年代以來一直在報導中國，那天晚上，他在晚餐時告訴我：「就是這樣，這是共產黨終結的開始。」我問他何出此言，他解釋說：「皇帝在他的人民面前從來不會失控。『江皇帝』剛剛在記者面前失儀了。在重要的時刻，這種爆發表明黨領導層的嚴重失控、軟弱和恐懼。這個體制即將崩潰。」我的朋友並沒有給出「政黨崩潰」時間表，二十年後，香港的自由或許會隨著共產黨的繼續掌權而瓦解。他所說的不無道理。顯然，共產黨無論是過去還是現在，都是讓人不安的存在。

我在香港期間認識的政治人物中有陸恭蕙，她在二〇〇〇年之前一直擔任立法會議員、民權黨主席以及智庫思匯政策研究所（Civic Exchange）的創辦人。近年來，她似乎走了一條截然不同的道路，不僅在政府任職，還已一種讓她作為民主派的同僚深感不安的方式，與北京妥協。她是我在東帝汶和更廣泛的人權問題上的重要盟友，也是思想和分析的寶貴來源。我記得她在一次談話中總結了香港的問題：

「人們不敢說出來，每個人都害怕打擾別人。這使我們無法好好審視當下面對的問題。人們只會私下抱怨，但在正式場合，沒有人會發聲。」

她呼籲社會各界提供意見，而非簡單地向政府尋求解決方案。「香港的部分問題是我們這座城市並不具有吸引力」她補充道。「我們認為全世界都認為上海和北京有吸引力，而我們目前的競爭力很低。之所以如此，是因為我們忘記了是甚麼驅使著我們前進。事實上，推動我們前進的是廣泛而深刻的法治。」

她還評論了一個當時被廣泛認同，但二十年後的今日被證明是謬論的觀點：香港人迴避任何「政治」議題。她在分析二〇〇一年施政報告時寫道：「經濟和社會政策都是政治決策，儘管香港常常把它們當作與政治無關的東西來對待。在這個城市，「政治」的定義往往很狹隘，僅限於選舉、政黨政治、憲政改革或香港與北京的關係。「厭惡」或「迴避」政治是中國文化和殖民主義的遺留物。很少人有意義地參與「政治」。異議往往被認為是高風險的。反對派從來不會被認為是忠誠的。迄今為止，政治並非人們願意涉足的領域。」

然而，出生於她發表這些言論時的年輕社運人士，如黃之鋒、羅冠聰、鄒家成、梁天琦、黃台仰、邵嵐等，則用事實證明她完全是錯的。在我離開香港的兩年前，我在灣仔告士打道乘計程車，司機問我甚麼時候來到香港，我告訴他我是在一九九七年九月抵達的。

「哦，真可惜。」他說。「你錯過了回歸。」我點了頭。

「更糟糕的是，你想念彭定康。」他繼續說道。

「是的，我知道。」我回答道。

「最糟糕的是，你會想念彭定康的女兒們。」他笑著說。

一九九七年，香港最後一任港督的女兒們淚流滿面地離開香港的畫面，深深烙印在香港人的腦海中。也許北京討厭彭定康的原因之一是，他與中國統治下，授命治理香港的所有「繼任者」不同，他能夠走在街上買他最喜歡的蛋撻，去購物，結識朋友，與香港人打交道，並且確信自己會受到熱情歡迎。

儘管在回歸後的頭五年，香港已經出現了明顯的問題，但總體而言，香港的自由基本上完好無損。正如彭定康勳爵在二〇二〇年在香港監察（Hong Kong Watch）首次舉辦的帕迪・阿什當紀念講座（Paddy Ashdown Memorial Lecture）中所言，香港早年在崩潰的邊緣搖搖欲墜，所幸事情並沒有朝最差的方向發展。若是香港自由是一份讓人批改的考卷，它的「成績表」上大概會寫著：「中規中矩」。我上面提到的那些醜聞都被曝光了，並且進行了獨立調查。然而，與當年的中國大陸或今天的香港不同的是，那時人們可以大聲疾呼並抗議。我住在香港的期間，每年六月四日，我都會與數十萬人一起在維多利亞公園參與燭光晚會，紀念一九八九年的「天安門廣場大屠殺」事件。一九九九年，大屠殺十週年，已被釋放並流亡美國的前學運領袖王丹，出現在屏幕上向人群發表講話，然後通過電話與他在北京的母親取得聯繫，在場的人都聽到一場激動人心的談話。二十二年來，紀念活動風雨無阻地持續舉行。但到了二〇二〇年，在新冠肺炎（COVID-19）的干擾下，活動被取消。二〇二一年，在嚴苛的國家安全法下，六四集會被定義為非法集會，相關組織者現已入獄，遂成絕響。

我在一篇社論中寫道：「如果不記得六月四日天安門大屠殺，就等於放棄了身為人的道德。這也會違反了我們的自身利益。一旦我們忘記了北京學生為自由付出的犧牲，我們就失去了捍衛我們所擁有的自由意志。」我認為，天安門事件「永遠不應該被忘記」，從我們的記憶中抹去天安門事件，就等於「放棄我們的良心」。只要我們還想「生存下去」，「天安門精神」就應該繼續在香港熊熊燃燒。」寫下這些話時，我並不知道我如此有先見之明。

在香港的五年來，我自由地在香港漫遊。我沿著太平山頂徒步，漫步新界，週末遊覽長洲、南丫島、大嶼山和其他島嶼，並定期前往澳門。有時，有錢的外國人邀請我去港口坐船出遊，我因此學會了滑水。我熱愛這座城市及其附近的島嶼，享受工作、社交生活和休息的結合。我在尖沙咀彌敦道的聖安德烈教堂參加崇拜，也參觀了其他教堂，包括當時屬於地產大亨郭炳江的中環廣場頂層的香港社區教堂。在接近雲端的地方祈禱和讚美神是一種卓越的體驗。

作為外國記者俱樂部的一員，我經常去俱樂部喝酒或吃晚飯。我常和偉大的戰地記者元老克萊爾・霍林沃斯（Clare Hollingworth）一起，她是戰地記者的大姐大。在那個我成為終身會員的俱樂部裡，我總是從她和其他人身上找到靈感。

當我在二〇〇二年秋天離開香港時，我已經在這座城市呆了五年之久。整體而言，我真切地感受到，香港的「一國兩制」運作良好。它並不完美，但考慮到香港已經將主權移交給中國，我欣慰於日常的自由尚算完好。至於它是否開始磨損和受到壓力？正如本章所言，這是顯而易見的。當時，民間和社會組織仍然活躍，媒體也勇於發聲，保障學術自由和宗教場所不受干擾，人民可以舉行抗議活動，立法機構仍然舉行部分選舉，且擁有充滿活力的民主陣營。由此可見，當年仍有適當的政治架構、民間機構、社會制度和各界人員相互協作以保持它完好無損。

我是否同意英國下議院外交事務委員會的議員代表團在二〇〇〇年十一月的呼籲，按照香港基本法承諾那樣實施行政長官普選？答案毋庸置疑，我在《香港郵報》上寫過有關這個問題的文章。

我是否同意他們的結論，即民主「既是香港人民的基本人權，也是抵禦內地干預的最有力的防禦手段」？我對此表示強烈贊同。

我是否同意他們對媒體自我審查，導致報紙業主在中國商業利益受到負面影響表示擔憂？又是否同意「新聞自由對香港作為國際中心的未來仍然至關重要」的說法？不必贅言，我自是同意的。

但當我在二〇〇〇年離開香港時，我是否對二十年後這座城市災難性的命運有任何預感？

答案是，這出乎我的意料。

在香港度過了非常愉快的五年後，我離開了這座城市，儘管心裡充滿擔憂，但滿懷希望。

我從未想過，二十年後發生的事件，毫不留情地抹煞了二十年前的期許。

第三章

從「改革開放」到「封閉社會」：不斷收緊的法律、公民社會、媒體和異議空間

當我在北京時，我最喜歡的活動就是在一天的會議結束之後，與朋友一起，或是獨自一人，去紫禁城邊緣一家座落在中式四合院裡的漂亮餐廳吃晚飯。晚飯後的午夜時分，我會在月光下，沿著紫禁城的城牆漫步，聆聽運河的水拍打著對岸，沉浸在古老歷史的洗禮中。

然後，我會穿過這座古老堡壘的最後一道城牆，越過中國人民解放軍的站崗哨兵，通過懸掛著毛澤東畫像的城門，進入燈光明亮，空蕩且寂靜的天安門廣場。

當我這樣做時，我能感受到那些先於我為這片土地獻身的英靈們。當我閉上眼睛，擋住午夜燈光和月光時，我能在自己的靈魂中感受到一九八九年逝去之人的聲音，他們呼喊著：「站起來，

大聲說出你的訴求，永遠不要忘記。」

我經常走那條路，每次我都會聽到那些聲音。在我正式入職《香港郵報》前，我特別到訪了北京。這是我最後一次與「亞洲法律與實踐」一起到北京進行商務訪問。因為我知道在新工作到大陸出差的頻率會減少，更不確定我甚麼時候能再回到北京。所以，會議之後，我留在北京度過了一個週末。我問我的朋友們，是否可以做一些令人難忘的事情，他們建議我們睡在一起長城上。這提議聽起來就足以令人難忘。

我們成群結隊地前往長城某段較為偏僻的區域，那是一個距離北京幾個小時車程的非旅遊景點。我們在一家簡單的鄉村餐館吃了晚餐。不幸的是，我猜測我在晚餐時吃了不潔的食物，或是感染了病毒，一路上嘔吐不止。雖然病得很厲害，但我還是堅持下去了。那晚，我們在離塔樓很近的地方露宿，躺在長城上，仰望璀璨星空。

在我離開香港之前，最後一次訪問中國大陸時，我決定參觀孔子的出生地曲阜，並嘗試登泰山。因為毛主席登泰山觀日出，並說那裡是「東方紅」！在香港工作的五年裡，我經常以商務或是休閒為由，多次到中國大陸旅行。有一年，我去了廣西壯族自治區的桂林市和陽朔市過年。那裡以漓江綿延的群山聞名，還是許多中國傳統山水畫靈感的發源地。桂林，因為桂花樹盛放，綿延成林而得名，是一個幅員遼闊，山水壯麗的城市。與之相對，陽朔在我二十年前初次訪問時，只是一座較小的城鎮，到處都是背包客，但相對桂林而言，陽朔保留了較多原始生態。

在陽朔時，我租了一輛自行車，每天騎車去遊覽附近的鄉郊。有一次，我差點被困在一條偏僻的鄉村小路上。當時自行車上的鏈條掉了下來，距離最近的村莊或城鎮還有幾英里。任何熟悉我的人都知道我對修理一竅不通，我嘗試自己動手，但結果弄得自己渾身都是黑油。稻田裡除了幾頭牛之外，再無其他活的東西。然而，就在這時，一輛摩托車向我駛來，驚訝地看到鄉村道路中間有一個西方人。好心的過客停了下來，快速掛上掉落的鏈條，讓我可以繼續旅程，我十分感謝這位陌生人的好意。

一九九九年復活節，我去了雲南省昆明市，然後去了位於洱海之濱的迷人小鎮大理。在那裡，我雇了一個船夫帶我去湖上玩，在湖心島上吃鮮魚，去鸕鷀釣魚，還爬上當地的蒼山。我還在大理基督教會慶祝復活節。這座由國家批准三自愛國運動（TSPM）創立的基督教教堂裡面擠滿了人。此外，我還在一九九六年創辦的「中國先生之子咖啡館」裡見到了來自白族的何立義先生（Mr. He Liyi）。七十多歲的何先生安靜且謙遜，坐在角落裡抽著煙斗看電視。他向我笑了笑，但沒有主動說話。最後是我要求看他的書，我們才開始交談。

何先生寫了一本自傳，講述了他在二十世紀五十和六十年代，大躍進和文化大革命期間的生活經歷，書名為《中國的兒子：一個村民的生活》（Mr. China's Son: A Villager's Life）。儘管直到一九八八年，何先生才獲得參加 BBC 英語暑期學校的獎學金，離開家鄉雲南省，但在此之前，他還是用英語寫了這本書。不知何故，這本書最終落入一家國際出版社的手中，並於一九九三年在歐洲出版。

一九五六年，何先生被選為北京社會科學院轄下「少數民族社會史研究所」的翻譯。由於他是白族人，會說當地語言，普通話也很流利，大學裡又學過英語，所以他被選為翻譯員，將英文資料翻譯成中文供研究之用，或者陪同專家進入山區擔任口譯員，幫助他們與當地白族村民交流。

何先生在書中提及他很高興能做這件事。他說：「我一直在政府辦公樓工作，一天八小時就像六十四小時似的漫長。但當我被調去做翻譯工作時，工作日的八小時就像八分鐘那樣快速流逝。為了這份工作，我打開佈滿灰塵的盒子，拿出我的書，開始思考和計劃如何再次使用我的英語。」

何先生在二十世紀五十年代放棄了其他瑣碎的追求，把學習英語當成唯一的目標。為了儘快把丟掉的書「撿回來」，他把貧窮的山區當作永久的家，以英語當作日常的「精神食糧」。

隨後，何先生回憶起一九五七年夏天，那場舉世聞名的反右派鬥爭政治運動在中國各地展開。毛澤東發起的「百花齊放，百家爭鳴」運動最初被解讀為言論自由的新曙光。然而，事實證明這是一個揭露政權批判者的陷阱，很快導致「香花與毒草」[1] 劃清界限的狀況。

何先生是這場鬥爭的直接目標。一方面是因為他對英語的熱愛，另一方面則是因為他的家人被歸類為「地主」階級。他被打成反黨右派，遭受酷刑、毆打和監禁，並且被剝奪工作權利，且不斷受到騷擾。他被指控批評蘇聯，「熱愛敵人美國」的人。紅衛兵們告訴他：「你討厭我們的黨！沒錯，你就是我們大家都在尋找的右派！」他被送到勞教農場，被拘留並被強迫勞動，直到一九六二年。

一九七九年，鄧小平領導下的中國，剛剛邁出向世界開放的第一步。何先生的妻子賣掉了自己最肥的豬，給他買了一台短波收音機。他一有空就聽 BBC 和美國之音，重拾他在五十年代初學到的英語，且不斷精進自己的英語能力。一九八五年，他的第一本中國民間故事譯本《蝴蝶之春》（The Spring of Butterflies）在國際市場出版，八年後，《中國之子》出版。我買了這兩本書。

何先生於一九九九年四月三日在自傳中，寫下了這樣的話：

親愛的本：

非常感謝您前來，一同慶祝咖啡店的三歲「生日」。在某種意義而言，我的人生故事看起來就像一扇「窗戶」。您將在裡面「看到」並了解我的家人和我自己在一九四九年，我國成為共產主義國家前後，究竟發生了甚麼事。我希望您會喜歡閱讀這本書。祝您旅途愉快！你的白族朋友，何立義。

何先生還寫下了他的「人生箴言」，並懸掛在咖啡館裡展示：

1. 你將收到一具「身體」。你可能喜歡它，也可能討厭它，但在你走過人間的這一遭，它只屬於你。

2. 你要吸取教訓。你將進入一所名為「生活」的全日制非正式學校。在這所學校的每一天，你都有機會「摔一跤」。你可能喜歡這些「課程」，也可能認為它們無關緊要或是愚蠢。

3. 沒有「錯誤」，只有「經歷」。成長是一個不斷嘗試和犯錯的過程。失敗乃成功之母。

4. 「教訓」會不斷重覆直到你學會為止。它們會以各種形式呈現，直到你學會為止。學會之後，你才可以繼續學習新的課題。

5. 學習不會結束。生活中沒有任何部分沒有包含「教訓」。如果你還活著，總有學到的東西。

6. 「那裡」並不比「這裡」更好。當你的「那裡」變成了「這裡」時，你只會得到另一個「那裡」，它總看起來比「這裡」更好。

7. 別人只是你的鏡子。除非另一個人映照出你的喜好憎惡，否則你不能只愛或討厭他人的某些方面。

8. 你的生活取決於你。你擁有一切所需的工具和資源。你想對它們做甚麼都取決於你，這是你的選擇。

9. 你的答案深藏心中。生活遇到的所有問題，答案就在你心中。你所需要做的就是看、聽，並且全心信任。

10. 你會忘記這一點。

何先生的幽默、智慧、洞察力、勇氣和非凡的語言能力令人十分敬佩。我在大理的時候，每天都會去他的咖啡館聊天，並且向他學習。在中國的不同地方，我以不同的方式遇到了雖經歷很多苦難，但仍擁有安靜、謙遜、勇氣和尊嚴的人。他們身上有許多值得我們學習的地方。

不幸的是，我在中國的旅行，並非都像我在大理和陽朔的時光一樣美麗和鼓舞人心。在上海，我就被人強行「搶劫」了。我在《香港郵報》上寫過這件事，該則標題為「不再純樸的南京路」（Innocence Lost in Nanjing Road），這則標題可能具有誤導性。

二〇〇一年六月，那時我已經在中國及其周邊地區旅行了九年。多年來，我已經意識到，一個陌生人走到一個外國人面前，真誠地希望練習英語的情況並不罕見。這種事經常發生在我身上，而且絕大多數情況下，都是誠摯而單純的。但這次在南京路的經歷，讓我知道我還是太年輕了。

午夜時分，我和朋友在和平飯店聽著爵士樂一邊享用晚餐，一邊眺望外灘。二〇〇一年和平飯店裡的爵士樂隊，看起來就像一九二〇年代，非常受歡迎的樂隊。上了年紀的演奏者表演老歌，垂垂老矣的鼓手趴在鐃鈸上，瀰漫著暮氣沉沉的氛圍。

飯後，我在南京路散步，腦海迴旋著晚餐的爵士樂。當時，一位年輕的中國男子走近我，開始向我介紹一家新酒吧。我向他表示我不感興趣，隨後繼續往前走，但他仍堅持不懈地向我介紹著：

他說：「積極的態度是成功的源泉。」他確實秉持著這種態度向我「推銷」，我承認我相當喜愛這項特質。

「你是美國人嗎？」他問。

基於禮貌，我告訴他，我是英國人，他幾乎立即就回覆說：「我九月要去威爾斯的洗衣店工作。」

聽到這裡，我的好奇心更勝一籌。

「你能過來和我一起喝杯茶嗎？我想在去英國之前了解一下。」他問道。

現在已經是深夜，我已經非常疲倦，而且和一個陌生人深夜喝茶，聽起來不明智。我本來有點猶豫，但後來我想：「為甚麼不呢？一杯茶有甚麼壞處呢？」

於是我們進了一家茶館，他帶我進了一間包間。這讓我感到有些擔心，但他看起來並無惡意。

他說要點一些小吃，我說不用了，就點茶吧，因為我已經吃過飯了。但他堅持，並承諾只是點一些小吃。隨後服務員送上一盤涼菜和一碟花生，我們同意「ＡＡ制」。

令我驚訝的是，過了一會兒，一條大魚被端上了桌。我提醒他我已經吃過了，而此時已經是凌晨一點了。但他說他還沒吃，邀請我和他分享這條魚。他還給我倒了一杯啤酒，並告訴我，他的英國簽證申請過程。

他是一個可愛、聰明且有趣的年輕人，我們進行了一次愉快而有趣的談話。我打消了我的疑慮，隨後一直聊得很愉快。凌晨兩點，我們打算結帳。

侍者走進房間，我注意到他關上門。然後他把賬單放在桌子上。我看了看，價格為二千七百人民幣，折合約三百英鎊，即四百二十美元。

我認為這中間一定出了甚麼差錯。當時服務員解釋說這是包間、魚和延遲服務的費用時，年輕人假裝看起來很驚訝。事實上，我並沒有要求上述服務。

服務員提供了特別折扣，將帳單減至一千六百元人民幣，即略低於二百英鎊或二百五十美元。但這仍然意味著我必須支付八百元（如果我的「年輕朋友」堅持平均分攤費用的話）。我對此表示不滿，然後服務員抓住了我的錢包，氣氛變得很糟糕，服務員越來越兇惡。我意識到如果不付錢，可能就無法全身而退。我把錢放在桌子上，然後逃了出去。

後來我才知道，這是「人所共知」的潛規則。這些年輕且聰明，英語說得很好的中國人往往是有組織黑社會的一部分。他們利用自己的智慧和魅力引誘外國人去高價餐廳「用餐」，並且從中分一杯羹。有人告訴我，幸好是在上海，而非廣州或深圳，我在那裡難以安然無恙地走出餐廳。

上面的經歷過於沉重，還是說一些有趣的話題吧。有一次，一位大學老朋友來香港看我，我們決定一起去青島旅遊，並決定住在同一個酒店房間。到達青島後，行李搬運工把我們的行李搬到房間，我發現身上沒有零錢，不能給他們小費，所以我覺得自己不懂中國，也不知道人民幣面額的朋友給他們一點小費。他們的反應很搞笑。我的朋友如我所言給了他們小費。然而，收到我朋友的一張紙幣後，兩個搬運工用難以置信和厭惡的眼神看著我們。隨後非常緩慢地倒退著走出房間。他們走後，我有點困惑，問我的朋友給了他們甚麼。

他舉著一張一角紙幣，說他給了他們每人一張。一角大約相當於十美分，這比向他們扔髒襪子更侮辱。我現在明白了搬運工們的反應。所以過了一會兒，我用我最好的普通話去找他們道歉，解釋說我的朋友不懂中國貨幣的面值，並給了他們應得的小費。他們因此很高興地笑了。

那次和大學的朋友去青島，我們又一次近距離接觸了中國的黑社會。我們和一位名叫道格拉斯的加拿大朋友，去了八大關一棟由德國殖民時期老宅邸改建的酒吧。那是一個有木板牆、古董家具和美麗畫作的地方。

道格拉斯在談話中提到他會說西班牙語，酒吧女侍應顯然無意中聽到了這一點。過了一會兒，她走近我們問道：「你們會說西班牙語？」道格拉斯說是，她解釋說有一位中國客戶需要他的幫助。隨後，道格拉斯收到了一份看不懂的西班牙語傳真。由於道格拉斯會說普通話和西班牙語，因此他很樂意提供幫助。

我和另一位朋友看著道格拉斯被帶到一個角落裡，四個穿著雨衣的男人坐在煙霧中打牌。他們一起呆了一段很長的時間。當道格拉斯回來時，臉色蒼白，建議我們立即離開。我們問這到底是怎麼回事，他解釋說，該傳真來自玻利維亞的一家銀行，確認將數百萬美元轉入某個私人賬戶。有多少中國商人在玻利維亞擁有銀行賬戶，他們為甚麼會在那裡開設帳戶？

二〇〇二年離開香港後，我在接下來的十幾年裡繼續在中國旅行。在我與世界基督教團結會合作的工作中，我經常來往雲南和中緬邊境，還曾去過中國北部和朝鮮邊境，這些話題將在後面的章節中介紹。此外，我還多次前往中國進行人權狀況的研究和記錄，特別是關於宗教或信仰自由的部分。由於顯而易見的原因，我無法詳細介紹這些訪問。在我訪問的過程中，我從未被阻攔、質疑、審問、限製或阻礙。雖然我從未對中國共產黨的危險程度，和鎮壓行為抱有任何幻想，但我希望隨著經濟的持續增長和開放，中國社會甚至政治可以進一步自由化。

當時中國開放的標誌之一，是一家名為「北京書蟲」（Beijing Bookworm）的英文書店。誠然，它的客戶大多是外國人或非常國際化的中國人。它雖避開任何直接與政權對抗的話題，但它定期舉辦活動，邀請演講者討論一些敏感的話題，並出售未經審查的國際書籍。大約在二〇〇六年，我受邀在「北京書蟲」就緬甸的人權危機發表演講。遺憾的是，十四年後（二〇一九年），這家書店關門了。

不久之前，習近平就任中國共產黨總書記，我在北京一家餐館與一群中國人權律師共進晚餐。他們的坦白和放鬆讓我印象深刻。他們告訴我，在一定限度內，他們仍能為客戶辯護，包括神職人員和勞工，也可以為土地權利和財產糾紛案件辯護。他們知道自己受到監視，並定期受到低程度的騷擾和恐嚇，但總的來說，他們仍然能夠開展他們的工作。

他們是中國在二〇〇〇年代初興起的維權律師網絡的一部分。滕彪是這一運動的早期倡導者之一。他不僅是一名律師，也是北京中國政法大學的講師。二〇〇三年，他深度參與外來務工人員孫志剛的案件。孫志剛是在廣州「收容遣送」期間因受虐身亡的民工。所謂的「收容遣送」是一九八二年制定的一項行政程序，允許警方拘留沒有居住證（戶口）和暫住證的人員，將其送回可以合法居住、工作的地方。

「我給全國人大寫了一封公開信，質疑這些規定和『收容遣送』的合憲性。」滕彪回憶道。二〇〇三年，隨著孫志剛去世和滕彪的抗議，「收容遣送」被廢除。滕彪說這件事是維權運動的開始，也是一群律師和人權捍衛者試圖利用憲法、法律和法律體系來促進中國的人權和法治的結果。他估計二〇〇〇年代初，全中國可能只有二十或三十名人權律師。到二〇一五年，數量已達數百甚至數千。

此外，滕彪也接手不少有爭議和危險的案件，包括為法輪功學員、藏人、維吾爾人和地下基督教會辯護；捍衛言論和宗教自由；反對強迫驅逐、強制墮胎和死刑等。其中最為引人注目的案件，是其為農村盲人維權人士陳光誠、異見人士胡佳和宗教自由捍衛者王波提供法律諮詢服務。二〇〇三年，他與其他人共同創立了「中國反對死刑組織」和「公盟」，倡導加強憲法對人權的保護。

滕彪認為，這場運動之所以日益壯大，是因為當時中國共產黨正在形成「法治」的新論述，並且有意加強和發展法律界，因而有更多人獲得律師資格。與此同時，在滕彪看來，互聯網、社交媒體和市場經濟增長為公民社會提供了更多的空間。滕彪認為，和習近平時代與毛澤東相比，他們在二〇〇〇年代確實有更大的發展空間。滕彪說：「我們能夠挑戰政府官員，鼓勵人們以獨立候選人身分參與地方選舉，組織抗議和示威活動。並且活躍於微博、推特和臉書等社交媒體。即使在二〇〇九年 Twitter 和 Facebook 被封鎖之後，使用 VPN 和其他軟件來繞過『防火牆』也不是甚麼難事。回顧過去，令人驚奇的是，我們曾有這樣的空間來發展人權活動。」

然而，在某個時刻，當局不再容忍滕彪的活動了。據滕彪所言，他某些論文和文章強烈地批判共產黨，所以他被政府視為異見者。滕彪回憶，他的身分從「學者」和「人權律師」、變成了「政治異見份子」。由於他的異見和人權活動，其律師資格被註銷，時常遭受軟禁，還被北京政法大學解僱。他的護照也被沒收，還被秘密警察綁架了三次，遭受酷刑和拘留。

二〇一二年，滕彪與法律學者許志永一起創立中國新公民運動。次年，他在香港作為訪問學者時，許多與該運動有關的維權人士和同伴被捕。他說：「很明顯，如果我回到大陸，肯定會被捕，所我以決定在香港呆幾個月。隨後，我收到了哈佛法學院的邀請。二〇一四年，就在香港雨傘運動發生前兩週，我去了美國。二〇一五年，我的妻子和女兒偷渡出中國來到我身邊。」

馬蘭娜（Nicola Macbean）是一名律師和人類學家，自上世紀八十年代以來一直參與中國事務，深入了解中國改革開放的進程和近來的打壓。作為英國外交、聯邦與發展辦公室主辦的非政府部門公共機構「英中中心」主管，她花了十四年多在各個政策領域，特別是法治領域與中國進行交流。她說：「中國對其他國家的做事方式非常感興趣。這是改革和開放的時代，人們極大地興趣是了解法律體系和原則。」

例如一九九二年，當我在青島教書時，英中中心首次接待了來自法學院的中國代表團來訪，專門探討人權問題。馬蘭娜認為這相當重要，她回憶道：「人們開始認識國際法、律師的作用和民間社會，也開始倡導少年司法和婦女權利。例如我們在一九九四年在中國為年輕女性提供了一所暑期學校，籌備一九九五年的世界婦女大會。」

此外，代表團在北愛問題期間、《受難日協議》簽署前幾年訪問了北愛爾蘭。因為在馬蘭娜看來，如果他們要與中國接觸，就必須誠實和開放地對待自己國家面臨的挑戰。

一九九五年，馬蘭娜離開英中中心，並於二〇〇二年成立了 The Rights Practice，這是一個非政府組織（NGO），在其與中國律師合作的基礎上，專注於「彌合人權法與日常實踐之間的差距」。

據馬蘭娜所言，早些年，他們試圖為中國的刑事司法系統帶來系統性變革。首先，他們試圖幫助中國律師和學者思考如何帶來新的思維和改革，與向政府提供研究和政策建議的學術界和大學密切合作。此外，他們討論政治敏感度較低的少年司法、審前拘留、打擊酷刑和死刑。他們發現人們真正想要改變，由此，他們看到了一些政策改革的必要。The Rights Practice 的方法是開放和協作的，試圖擺脫乏味和各說各話的論壇，以研討會方式來解決問題。她說：「幾年下來，事情變得有趣。但這個情況只有在中國有一位致力變革的倡導者時，才有可能實現。」

然而，中國共產黨對思想交流有多開放，對於人權捍衛者、公民社會活動人士、公民記者、博客作者、宗教信徒和持不同政見者的寬容空間便有多大。許多人為此感到擔憂。

根據馬蘭娜的說法，到二〇〇五年，採用幾年前的方式進行互動「開始變得越來越困難」。他們遇到更多的阻力，互動變得更加困難，官員們不希望外國人告訴他們該做甚麼，已經不再是最初充滿好奇心和渴望改革的狀態。」

儘管正如本章後描述的那樣，各方面的鎮壓在習近平過去領導的十年間明顯加強。然而，早在胡錦濤的第二個任期時，鎮壓就已經趨向強硬。

專門研究中國問題的前英國外交官查爾斯・帕頓（Charles Parton）認為，在二十世紀九十年代和二十一世紀初期，存在著「一個默認的協議」，即專注於發展經濟。因為中國共產黨正在嘗試淡化天安門事件的創傷。根據這項不言而喻的「協議」，人們擁有「比以前有更多的空間」。它遵循了共產黨歷史上隨處可見「外鬆內緊」的傳統模式（of loosening and tightening）。查爾斯又補充說，至胡錦濤時代，黨內有人感覺開放變得有點危險，有可能威脅到他們長期控制中國的因素正在崛起。習近平的一系列鎮壓行為只是「加速」呈現上述狀態。

馬蘭娜認為，二〇〇八年北京奧運會是「鎮壓的催化劑」，「維穩」的討論越來越多，但二〇一〇年底中東的「阿拉伯之春」，尤其是突尼斯的「茉莉花革命」，導致被長期任命的總統宰因・阿比丁・本・阿里（Zine El Abidine Ben Ali）在二〇一一年一月下台。其他「顏色革命」也標誌著鎮壓「加速」的必要。

馬蘭娜說：「中國領導人環顧世界，發現不僅在阿拉伯世界，在格魯吉亞、烏克蘭和其他地方，公民社會被逐漸政治化，這對他們來說是一個警告信號。如果他們不控制那些有能力的組織和表達想法與批評的異見人士，他們可能面臨同樣的挑戰。」

她隨後指出，過去十年在中國被拘留的人，往往是那些特別善於闡明問題的人。例如，在二〇〇八年四川地震後帶頭抗議劣質建築標準的人，或者二〇一一年浙江鐵路事故，因當局掩蓋真相而憤怒的人。該則事故導致至少三十二人死亡、一百九十二人受傷而引起眾怒。二〇〇〇年代初期，中國發生了相當多的抗議、罷工、勞資糾紛事件，引發不安和對政府的批評。

馬蘭娜續指出，在江澤民領導和胡錦濤政府的第一階段，人們「多了一點寬容，多了一點試圖管理不滿情緒的感覺」。當時，出於某種積極的原因，政府會讓人們表達不滿：「政府可以收集關於人們不滿的信息，以便他們能夠回應和改進。」二〇〇八年，一名拘留者在雲南警方拘留期間死亡。有人聲稱這是一場的用力過重的「捉迷藏」遊戲。該男子當時明顯地被毆打致死，北京隨後加強對看守所的調查和監管。

馬蘭娜提到，二〇〇八至二〇〇九年，律師們會在微博和互聯網上公開談論這些問題。他們試圖戰略地利用醜聞和虐待案件作為挑戰體制的方式。但這也挑戰了黨國控制的基礎。律師和自由主義者熱衷於此，但當局總比他們先一步利用輿論。

這一切在異見人士和作家劉曉波領導的《零八憲章》運動中達到頂峰。二〇〇八年十二月，包括劉曉波在內的至少三百〇三名中國社會運動家發表請願書，呼籲中國更加尊重人權和民主自由。《零八憲章》在中國第一部憲法頒布一百週年，恰逢《世界人權宣言》頒布六十週年、中國民主牆誕生三十週年，及中國簽署《公民權利和政治權利國際公約》十週年。同時，異議者魏京生發表了「第五個現代化」呼籲民主時「誕生」。

《零八憲章》前言如下：

「在經歷了長期的人權災難和艱難曲折的抗爭歷程之後，覺醒的中國公民日漸清楚地認識到，自由、平等、人權是人類共同的普世價值；民主、共和、憲政是現代政治的基本制度架構。抽離了這些普世價值和基本政制架構的『現代化』，是剝奪人的權利、腐蝕人性、摧毀人的尊嚴的災難過程。二十一世紀的中國將走向何方，是繼續這種威權統治下的『現代化』，還是認同普世價值、融入主流文明、建立民主政體？這是一個不容迴避的抉擇。」[2]

隨後指出：「二十世紀後期的『改革開放』，使中國擺脫了毛澤東時代的普遍貧困和絕對極權，民間財富和民眾生活水平有了大幅度提高。」報告承認，個人的經濟自由和社會權利得到部分恢復，公民社會開始生長，民間對人權和政治自由的呼聲日益高漲。執政者也在進行走向市場化和私有化的經濟改革的同時，開始了從拒絕人權到逐漸承認人權的轉變。」

儘管中國簽署了一些重要的人權條約並承諾制定《國家人權行動計劃》，《零八憲章》卻認為：「這些政治進步迄今為止大多停留在紙面上；有法律而無法治，有憲法而無憲政，仍然是有目共睹的政治現實。執政集團繼續堅持維持威權統治，排拒政治變革，由此導致官場腐敗，法治難立，人權不彰，道德淪喪，社會兩極分化，經濟畸形發展，自然環境和人文環境遭到雙重破壞，公民的自由、財產和追求幸福的權利得不到制度化的保障，各種社會矛盾不斷積累，不滿情緒持續高漲，特別是官民對立激化和群體事件激增，正在顯示着災難性的失控趨勢。」

為了緩解上述緊張局勢，在決定「中國的未來命運」的歷史關頭，劉曉波概述了自由的基本理念，包括人權、經濟、民主和憲政原則，詳細闡述憲政改革的主張，包括權力分立、立法民主、司法獨立和人權保障等。

我們看到的「春天」並沒有持續下去。中國共產黨迅速鎮壓了《零八憲章》的組織者，於二〇〇八年十二月八日羈押了劉曉波，並於次年六月以「煽動顛覆國家政權罪」正式逮捕他。二〇〇九年聖誕節，劉曉波被判處十一年監禁和剝奪政治權利兩年。後一個判決頗具諷刺意味。劉曉波一直努力爭取的，是中國人民已被剝奪的政治權利。次年，劉曉波獲頒諾貝爾和平獎，成為第一位在中國境內獲得該獎項的中國人，也是第三位在獄中獲此殊榮的得獎者。七年後，他因肝癌去世。有人說他是被政權殺害的，因為政權剝奪了他出國接受醫療的權利，只允許他在癌症晚期的時候住院治療。

根據馬蘭娜的說法，從二〇〇八年起，中國政府便逐漸加緊控制輿論：「我們開始看到那些在社交媒體上表達不滿的人被壓制。中國政府沒有問責制，人民和政府拉鋸的結果，是政府獲得壓倒性的勝利。他們阻止信息曝光，限制互聯網的消息，並抑制民眾討論敏感的政治問題。」

二〇一二年十一月十五日，新的權力輪替開始了。習近平就任中共中央總書記。四個月後，即二〇一三年三月十四日，他就任中國國家主席，成為自文革以來，繼毛澤東、華國鋒、鄧小平、江澤民和胡錦濤之後的第六位中國領導人。人們希望他是能夠成為在政治上解放國家的人。可是，民眾很快就發現，習近平不但沒有「解放國家」，還使中國的政治和人權倒退。「中國倡議」創始人、中國異見人士楊建利在二〇一六年告訴我：「這是中國人權多年來，最黑暗的時刻。」

二〇一三年一月，習近平就任中共新任總書記後，首次在政治局發言，表明了他的雄心壯志。習近平說：「最重要的是，我們要集中力量，建設對資本主義具有優越性的社會主義，為我國在全球競爭中贏得主動、贏得優勢、贏得未來積蓄力量，為全面建成社會主義現代化強國和實現中華民族偉大復興打下堅實基礎。」正如查爾斯・帕頓（Charles Parton）所言，習近平這次發言特別使用了「鬥爭」這個詞，意為通過長期艱苦的搏鬥，可以獲得對西方的「優勢」或「更優越的統治地位」。此刻，我們沒有人可以指責他隱瞞自己的計劃，因為世界上其他地方，要麼沒有註意到他的言論，要麼沒有認真對待這番話。十年後，我們才了解到他說的是肺腑之言。

中國政治和人權倒退的轉捩點，是臭名昭著的九號文件以及另外兩份重要文件發佈的時刻。這些文件甚至在習近平上任之前就已經準備好了，並在他掌權前六個月開始執行。

有六份關鍵文件對於理解習近平政權的想法至關重要。

第一個是二〇一一年十一月中共第十七屆六中全會公報，其透露了黨計劃加強對文化、宗教、文學、教育、媒體、互聯網和社會的控制。它加強了共產黨在文化領域的作用，製定一條以意識形態為導向的路徑。值得注意的是，習近平負責起草這份文件，帕頓認為該文件「闡述了隨之而來的各項文化緊縮政策」。

二是上述提到，也是最重要的九號文件，即二〇一三年四月發布的《關於當前意識形態領域狀況的公報》。其中明確禁止了七項行為：即宣揚西方憲政民主、宣揚「普世價值」、宣揚公民社會、宣揚新自由主義、宣揚「西方新聞觀」、宣揚「歷史虛無主義、企圖否定中國共產黨歷史和新中國歷史」、以及「質疑改革開放，質疑中國特色社會主義的社會主義本質」。帕頓認為，這是直接斥責《零八憲章》，完全拒絕《聯合國人權宣言》中規定的普世價值。（該宣言的部分主要起草者是中國人）

第三個是繼九號文件發佈後一年發表的三十號文件。它禁止在大學和學校教授自由主義價值觀。教育部長袁貴仁表示：「決不能讓傳播西方價值觀念的教材進入大學課堂，也決不允許各種攻擊誹謗黨的領導、抹黑社會主義的言論在大學課堂出現。」（引用原話三個「決不允許」）[3]

第四個是二〇一五年出台的《中國國家安全法》，時任聯合國人權事務高級專員扎伊德·拉阿德·侯賽因（Zeid Ra'ad Al Hussein）指出其範圍「極其廣泛」，措辭含糊：「進一步限制中國公民的權利和自由，為中國政府進一步嚴格控制民間社會敞開大門。」[4]

第五個重要文件是自二〇一七年一月起生效的《中華人民共和國境外非政府組織境內活動管理法》。該法賦予公安前所未有的權力，不僅限制外國組織在中國的工作，還限制國內團體接受外國資金或與外國組織合作的條件。境外非政府組織必須有中國政府組織作為發起人，須在公安機關登記，接受公安局的監管。此外，公安有權任意傳喚外國組織的代表、扣押文件、檢查銀行賬戶和撤銷登記。另外，被認為有「分裂國家、破壞國家統一、顛覆國家政權」等犯罪行為的組織會被公安取締，羈押其工作人員，情節嚴重者或禁止離開中國，或被驅逐出境。正如旅美社運家盧軍所言：「境外非政府組織法的真正目的，是限制外國人在中國的活動，同時限制國內維權非政府組織的活動，以及切斷兩者的聯繫。中國政府認為，外國和一些國內非政府組織，會對政權構成威脅。」[5]

第六份關鍵文件是二〇一九年十一月出台的《新時代愛國主義教育綱要》，是近年來鎮壓框架的「集大成者」。帕頓在《立場》雜誌的一篇文章中將這份文件描述為「習近平的極權主義宣言」（Xi's manifesto for totalitarianism）。教育是「實現這一目標的主要手段。」[6] 二〇一九年六月發布的《關於深化新時代學校思想政治理論課改革創新的若干意見》，中國詳細概述了如何引導學生，在小學到高中、大學的教育體系中循序漸進，引導學生形成愛黨、愛國、愛社會主義、愛人民、愛集體的情感，讓學生矢志不渝聽黨話跟黨走，爭做社會主義合格建設者和可靠接班人。（垃圾中文，原話。）

孔傑榮（Jerome Cohen）是世界著名的中國法律專家之一，他認為習近平正在讓共產黨「回到史太林主義」。現任紐約大學教授的孔傑榮於一九五九年開始研究中國，於一九七二年首次訪中，並會見了時任總理周恩來。一九七七年，他陪同參議員泰德・肯尼迪（Edward Moore "Ted" Kennedy）會見了鄧小平。他在紐約家中與我聊天時，將習近平與史太林而非毛澤東相比。他認為習近平政權「不能有異議，不能有集體領導，只有全面鎮壓。現在存在極權主義制度，它在向人們灌輸恐懼。即使在自己的內部菁英階層，領導層也不會受到正常的批評。」

同時，孔傑榮指出習近平與毛澤東相比，雖仍有個人崇拜、一人管理、強調意識形態的傾向，但他與毛澤東確有很大不同：「毛澤東煽動人民革命，並試圖摧毀自己的政黨，因為他失去了對它的控制。」毛澤東製造了十年動亂，而習近平的目標與此恰恰相反：「他正在創造穩定，他沒有煽動群眾，反而害怕群眾被煽動。」

在孔傑榮看來，習近平喚起人們對中國歷史上第一位獨裁者秦始皇的記憶，採用法家思想，嚴厲懲罰異議者。他「冒充儒家」，復興「儒家思想」以推動民族主義。但他無論如何都不是儒家。如果習近平是儒家，他會聽從父親的建議。習仲勳曾寫道：「黨始終必須允許意見分歧，否則黨的目標就永遠不會實現。」習近平談論他的父親如何偉大，因此他想為父親建造更多博物館，但忽略了父親的基本政治智慧。這樣做不是「儒家」，而是一個法家思想者。

很快，上述關鍵文件中概述的政策逐漸生效，人權律師和維權者、民間社會、博客作者、公民記者和持不同政見者的言論空間迅速消失，連帶個人的敘述空間也一樣急速縮小。

例如，二〇一五年七月九日，中共政權在全國發起一場針對律師及其助理、民間維權人士和相關人員的大規模鎮壓，史稱「中國七〇九維權律師大抓捕事件」。七月九日至十六日期間，警方約談了一百二十多名律師，雖然大多數在數小時內被釋放，但仍有十三名律師和法律助理被判入獄。其中至少八人被控「顛覆國家政權罪」，包括著名律師王宇和李和平。他們最初都被秘密拘留和單獨囚禁，並且不允許與律師代表接觸。據中國維權律師關注組稱，「七〇九事件」中有超過三百一十七人受到鎮壓影響，其中二十一人被正式逮捕和起訴。

但滕彪強調，鎮壓並沒有隨著逮捕而停止：「許多人被拘留或失蹤數月甚至數年。有些人仍在監獄中，例如陳武權[7]，面臨『顛覆國家政權罪』的指控和重刑。從那時起，已有七十多名人權律師被取消執業資格。」

據獲釋的律師說，他們被暴力地剝光衣服、戴上腳鐐，被恐嚇或拳打腳踢，每天長達二十小時被迫坐在腳不著地的椅子上，極度痛苦。更有人被強制灌藥，剝奪睡眠權利。

事實上，根據中國人權捍衛者網絡（CHRD）的說法，酷刑在中國是普遍存在和具有系統性的，暴力襲擊、剝奪適當的醫療、單獨監禁、剝奪食物供應和長期束縛手腳均非空穴來風。[8]刑罪不符相當盛行（A culture of impunity prevails）。二〇二〇年，保護衛士（Safeguard Defenders）表示：「中國公安和國家安全部門對被拘留者執行酷刑的情況仍然普遍存在。而且由於中國未能進行適當的法律改革，故其必須改革，因為他們承認了《聯合國禁止酷刑公約》。」[9]

二〇一九年六月，王全璋律師的妻子，自丈夫二〇一五年失蹤後第一次見到他。然而，她說他完全變了，變得更瘦了，掉了一顆牙，而且似乎失去了理智。她寫道：「全璋抬頭看了我一眼。他的表情依然是呆滯的、麻木的。他看著我流淚，彷彿在看一個外人，而不是他四年未見的妻子。」[10]

很多時候，酷刑是在一種被稱為「指定居所監視居住」（RSDL）的情況下發生的。其本質上是一種「強迫失蹤形式」，在一份名為「失蹤者人民共和國」的報告中，詳細記錄著此措施的細則：個人通常無法獲得法律顧問的協助，也無法與家人聯繫，警察甚至不必告訴家人他們在哪裡。「指定居所監視居住」存在於拘留系統之外，超出任何「正常」監督或監管範圍。根據《刑事訴訟法》第七十三條，「指定居所監視居住」可以將個人羈押在公安選擇的任何地點或建築物達六個月。實際上，他們可以被關押更長時間。

中國最著名的維權律師高智晟自二〇一七年八月十三日失蹤，至本文截稿時，仍杳無音信。滕彪說：「甚至他的家人、妻子、女兒和兒子也無法得到他的信息，他們甚至不知道他是否還活著。」

二〇一九年，即他失蹤兩年後，國際特赦組織（Amnesty International）致函中國政權要求告知高智晟的下落。該組織表示：「高律師遭遇了『強迫失蹤』，引發了人們對酷刑和其他虐待的擔憂。」尤其令人震驚的是，這已是高先生十二年來第八次「失蹤」。這句話可能看起來有語法錯誤，但它現在已成為中國律師和社運人士的既定表達方式。人們不是「消失了」，而是政權令他們「被消失了」。

二〇〇一年，高律師被中國司法部認定為全國十大傑出律師之一。他致力捍衛中國受迫害的宗教少數群體，包括基督徒、法輪功練習者和其他人。此外，他勇敢地向中國領導人發出公開信，呼籲他們尊重人權，這讓中國共產黨及其鎮壓機關開始對他產生敵意。他的律師事務所被迫關閉，執業執照被吊銷，他開始了被捕、監禁、失蹤和酷刑的循環，這種「循環」伴隨著簡短的「假」釋，一直持續了十多年。

二〇〇六年，高智晟被控「煽動顛覆國家政權罪」，被判處五年緩刑，期間至少被強迫失蹤六次。有一次，他被單獨監禁，遭受酷刑六個星期。

二〇一〇年四月，高智晟在新疆探親時再次失蹤。二〇一一年十二月，官方媒體報導稱，他因違反緩刑條件，被判處三年徒刑。二〇一四年八月出獄後，他的妻子說高智晟被單獨監禁，該處光線不足，導致高先生的體重下降了近二十公斤，有營養不良的跡象。三年後，高智晟再次失蹤。

二〇一六年，高智晟剛從獄中的磨難中恢復過來，便繼續挑戰中國政權，撰寫了一份長達四十頁的文件，詳細介紹了中國侵犯人權和相關社會問題的情況。高智晟被認為是仍居住在中國的人權律師。他撰寫的第一篇綜合人權評論中指出，中國的局勢已惡化到前所未有的程度。他聲稱，這是「自毛澤東執政以來最嚴厲、最殘酷的政治壓迫」。[11]他再次失蹤三個月後，全球基督教團結聯盟、對華援助協會和人權基金會，三個人權組織均向全世界發布這份報告。

滕彪認為，高先生之所以受到如此嚴厲的對待，是因為他是「最勇敢的中國律師」。在為最敏感的案件辯護時，高智晟直言不諱，絕不妥協。這就是他受到如此殘酷對待的原因。

二〇一七年，我在倫敦有幸見到了他的女兒耿格（Grace Gao）。二〇〇九年，耿格與她的母親和兄弟一起成功逃離中國，現在她在走遍全球，勇敢地為她的父親和中國的人權發聲。她說：「我發現自己能夠像父親一樣成為一名人權捍衛者，真相就是力量，我會一直說下去，直到父親重獲自由。」[12]

高家人很明智，也很幸運能夠逃離中國，這並非所有律師和持不同政見者的親屬都能做到。許多人權捍衛者不僅面臨監禁和酷刑的恐懼，還面臨配偶、兄弟姐妹、子女和父母被騷擾的恐懼。此外，他們在學校或大學要忍受半夜的敲門聲、持續的威脅、監視、驅逐、歧視和拘捕。例如，王宇律師和包龍軍律師的兒子包卓軒最初於二〇一五年七月九日與父母一起被拘捕。包卓軒與兩名朋友唐志順和幸清賢一起成功逃往緬甸。但正如倫敦國王學院的中國法專家伊娃・皮爾斯（Eva Pils）教授所言，他們被強行從邊境地區帶回中國，而包卓軒本人則受到最嚴格的監視。[13]

此外，在拘留期間，被捕者往往會被剝奪獲得醫療服務的權利。例如，二〇一六年四月二十七日，人權捍衛者、作家楊茂東（網名郭飛雄）的妻子張青給聯合國人權事務高級專員寫了一封公開信，她在信中表示丈夫病情嚴重，自二〇〇五年以來已被拘留四次。她寫道：「郭飛雄的身體受到了嚴重的摧殘，身體多處流血。我相信他的情況會危及生命，但他沒有接受所需的醫療檢查和治療。我非常擔心，中國政府不僅利用監獄剝奪了他的人身自由，還直接損害了他的健康，讓他面臨生命危險。他提出的醫療評估和治療請求均被當局拒絕。」[14]

二〇二二年一月，張青在美國流亡期間因癌症去世，而郭飛雄在她去世前請求離開中國，探望病危的妻子和孩子後失蹤。[15]這只是政權阻撓社運人士探望病重或垂死親人的眾多例子之一。

當然，對人權的打壓不僅僅針對律師。滕彪指出：「中國是關押博客作者和作家多的國家。現在至少有五百或六百名社運人士，異見者被關在監獄裡。而且這些只是已知的、有名有姓的人，並不包括那些媒體未報導的人權捍衛者，也不包括法輪功學員、維吾爾人和藏人。」

中國人權捍衛網路的報告指出，截至二〇一九年底，已知至少一千一百〇六宗「任意拘留良心犯」的案件。[16]（譯者按：良心犯即因行使人權，或表達其信念而被監禁或迫害的人）二〇一七年至二〇一九年，「聯合國任意拘留問題工作組」發布了十項意見，聲稱二十名人權捍衛者在中國遭到任意拘留。中國人權捍衛網路續指：「工作小組於二〇一九年五月提出，在機構二十七年的歷史中，已採納了八十九項與中國有關的意見。其中八十二宗案件認為「自由」是被任意剝奪的。在某些情況下，這種剝奪自由可能構成『反人類罪』」。

最近被捕的人包括社會運動家陳兵，他因紀念天安門廣場大屠殺，於二〇一九年四月被判處三年半監禁；人權網站「六四天網」創始人黃琦，二〇一九年七月因「洩露國家秘密」罪被判處有期徒刑十三年；異議人士秦永敏，二〇一九年七月則因「顛覆國家政權罪」被判處十三年有期徒刑；記者黃雪琴，則因撰寫有關中國 #MeToo 運動和香港抗爭活動的文章。於二〇一九年十月被拘留；「長沙三人組」程淵、劉永澤（原名劉大志），及吳葛健雄，於二〇一九年七月二十二日被拘留，更被單獨監禁，無法會見律師。「長沙三人組」甚至不是異議人士，而是一個名為「長沙富能」的民間社會組織活動者，該組織捍衛弱勢群體的權利，包括個人健康和不受歧視的權利。

習近平鎮壓手段中，其中一個最令人毛骨悚然的是「強迫電視認罪」，這讓中國的人權直接倒退到文革時代。居住在香港的瑞典籍公民桂民海，是最先受到此對待的人之一。桂民海是香港「銅鑼灣書店」的經營者，他於二〇一五年十月，在泰國海濱度假勝地芭堤雅被中國特工綁架，並於二〇一六年一月，在中國國家電視台，「承認」自己捲入據稱是十多年前發生的致命交通事故，並譴責給予他公民身份的瑞典。隨後，他在寧波被單獨囚禁，包括兩年監禁和幾個月的軟禁。二〇一八年，瑞典外交官通過外交談判將他釋放，但在他們一起乘坐前往北京的火車時，桂民海再次被綁架。兩年後，他因向「海外」當事人「非法提供情報」而被判處十年監禁，這與「交通事故」相去甚遠。

曾為反對拆除和破壞基督教十字架辯護的律師張凱，在二〇一六年二月保釋前，也被迫在電視上認罪。他於二〇一五年八月二十五日被拘押，遭指控「擾亂社會秩序」、盜竊及「間諜活動」等罪名。在「指定居所監視居住」羈押期間，張凱被禁止與家人和律師聯繫，在電視認罪中，他承認「擾亂社會秩序」、「危害國家安全」以及「言行不檢」三項罪名。（behaving in an unprofessional manner.）。

英國商人彼得・漢弗萊（Peter Humphrey）和妻子在監獄裡度過了兩年，他兩次被迫錄製電視認罪的錄影，並在中國官方媒體上播出。據他所言：「我被放在鐵柵欄內的一把金屬椅子上，膝蓋上有一根鎖桿，戴著手銬，穿著橙色監獄背心。他們給我下了藥，然後中央電視台記者將攝影機對準我，並拍下我說的話。我讀出了公安已經準備好的『標準答案』，過程中沒有任何人問任何問題。」[17]在案件開庭審理之前，他的「認罪」就在中央電視台播出了。

漢弗萊遭受了一系列非人虐待，包括牢房過度擁擠、衛生條件惡劣、糧食匱乏、睡眠不足、與家人分離、「拒絕」法律代表或領事探訪，以及不允許接受癌症治療等。他認為上述不同類型的脅迫加起來，構成了聯合國所說的「酷刑」。

瑞典社會運動家彼得・達林（Peter Dahlin）於二〇一六年一月在北京被捕，被羈留不到一個月，便被迫在電視上認罪。達林當時在人權組織「中國緊急行動工作組」服務，被指控對中國國家安全構成威脅。

達林在二〇〇四年首次來到中國。大學畢業後，他以背包客的身份乘坐火車環遊中國四個月。據他回憶：「那個時候，個人自由相對較多。人們至少可以私下交談，我偶然間遇到了一些非常有趣的人。其中一個曾是一家中國航空公司的飛行員。他在德國受訓，並寫過一篇幾乎沒有人會讀的個人博客，宣示他對多黨民主的信仰。當他回到中國時，他被解僱了，並被禁止從事除街道清潔和駕駛出租車之外的大多數工作。他的故事，以及後來我聽說的其他故事都給我留下了深刻印象。」

首次中國之旅結束後，達林回到瑞典政府任職。二〇〇七年他回到中國，打算為一個名為「賦權與權利研究所」（Empowerment and Rights Institute）的小型非政府組織工作。他在馬德里的新駐地接受採訪時告訴我：「然而，當我到達時，這個機構已經將近停止運作，負責的女士稍後不得不逃往加拿大。隨後，我認識了一些中國人權律師，我們決定一起成立一個新的非政府組織，加強民間社會的力量。我們的組織沒有真正的名字，因為我們知道這些事永遠無法公開，但它在八年的時間裡不斷成長。二〇一六年，一切塵埃落定時，我們的足跡已遍及中國大陸的大部分地區，幾乎每個省份都有。我們設有十一個法律援助站，展開緊急行動，支持面臨迫害的人權維護者。這是一次規模相當大的行動，我們設法保密了一段很長時間。當然，這也意味著我們基本上要藏起來生活。與我們一起工作的人幾乎都不知道我的存在。我們有一個良好的風險評估系統。」

這個風險評估系統一直持續到二〇一五年。當二〇一五年針對律師的七〇九打壓開始時，達林知道自己也可能成為打壓的目標。他說：「『七〇九事件』中許多被政權攻擊的目標律師，都與我們合作。顯然，我們都意識到當局的監視，而且脖子上的套索越來越緊。」

二〇一六年一月上旬，達林原定與家人一起前往泰國度假。他擔心自己會受到監控，在女友的堅持下，提前了外遊行程，計劃於一月三日午夜，乘飛機出發。他說：「當局的監控在出發前兩週越發明顯，我意識到可能無法回來，所以我開始行動了。我們粉碎了文件，把碎紙機裡的廢紙裝在運動袋裡，把所有東西都打包好，做好最壞打算。」

那天晚上，距離他出發去機場的兩個小時，達林和女友剛在西湖附近的傳統北京四合院裡享用了最後一頓家常飯，大約二十名國家安全部特工闖了進來，開始敲門。

達林打開門，映入眼簾的是一排強光何膠片攝影機，整個庭院裡擠滿了保安人員。據達林回憶：「他們告訴我們，我和女朋友因涉嫌危害國家安全而被羈押。」

達林被帶到指定居所監視居住，隨後他發現了這個地點與關押加拿大人邁克爾・康明凱（Michael Kovrig）的設施相同。他說：「公安封鎖了道路，我們以每小時二百公里左右的速度行駛，在凌晨一點左右到達北京南部的這個設施。被拘留二十四小時後，我被叫進審訊室。」

達林被關押了不到一個月的時間裡，遭受了包括剝奪睡眠的折磨。他回憶道：「每天晚上都要進行一次審訊。人被綁在『老虎椅』（一種嚴刑拷打的工具）上六個小時，審訊總是晚上的睡眠時間進行。然後你在另外十八個小時裡，會坐在一個裝有最小刺激度的自殺監視裝置的牢房裡。你被迫盯著灰色的牆壁，不准在房間裡走動，也看不到窗外任何東西。儘管有兩名警衛時刻監視，並注意你的一舉一動，但他們不允許交談。你開始希望接受審訊，只是為了與另一個人進行一些交流。」

達林相信作為外交界熟知的外國人，並且患有罕見的疾病，當局他們不會對他的身體施行酷刑，因此他決心不提供任何可能危及他人的信息。他說：「我拒絕讓他們解密我的電腦硬碟，也不讓他們開啟我的電子郵件，因為我知道其中的信息足以讓一千人陷入困境。當時我們已經與數千人一起工作，所以我無法向他們提供這些信息。如果我這樣做，同事們就會終身受苦。因此，我試圖為他們描繪一幅盡可能廣闊但空洞的畫面，不提供任何具體細節和名字，說我只是一名管理員。我不能直接撒謊，尤其是當他們使用測謊儀測試時，但為了保護其他人，我盡可能含糊其辭。」

有一天，負責審訊達林的人從中央電視台帶來了一名女記者和攝影師。據達林回憶：「他們沒有告訴我這是為了在電視上播放。他們只是簡單地說想錄製一段短片給法官們看。在那之前，我幾乎每天都會寫認罪書。他們把一切都安排好，給了我必讀的台詞，然後我們就開始表演這個劇本。記者會問我劇本裡的問題，我給她劇本上的答案。我們身後跟著十幾個國家安全部的人。整個過程持續了好幾個小時，他們指導我說甚麼、用甚麼語氣和語速說話。當我被釋放並被驅逐出境後，我才發現這段影片，已經在國家電視台上以『認罪』的形式播出了。」

達林的組織「保護衛士」出版了兩本關於中國強迫電視認罪的書，分別是《劇本和策劃：中國強迫電視認罪的幕後》和《媒體審判》。達林解釋說，認罪通常分為「辯護」、「否認」和「譴責」三疊。發表聲明的人必須捍衛中共證券，否認任何被虐行為，並譴責自己的「罪行」和批評該政權的人。

二〇一八年十一月，漢弗萊和達林向英國廣播監管機構 Ofcom，就中央電視台及其國際分支電視台「中國環球電視網」（CGTN）在英國的牌照許可提出申訴，該機構剛剛在倫敦建立了一個新的大型歐洲總部。漢弗萊在向 Ofcom 提交的投訴中寫道：「中央電視台與公安和中國政府積極勾結。」[18] 二〇一一年，Ofcom 裁定伊朗新聞台（Press TV）播出的強迫電視認罪影片，違反英國廣播法，其在英國的執照因而被吊銷。這個成功的先例，促使漢弗萊向 Ofcom 提交了一份長達十七頁的投訴，詳細說明中央電視台違反廣播守則的十五項行為。被綁架的出版商桂民海的女兒耿格，和在中國被捕的英國總領事館前僱員鄭文傑，隨後也向 Ofcom 提出了類似的投訴。二〇二〇年，Ofcom 裁定「中國環球電視網」（CGTN）在上訴指控中有罪，並吊銷其在英國的廣播許可證。[19]

二〇一九年末與二〇二〇年初，一種新病毒開始在中國流行，進而蔓延至全球。COVID-19 的起源仍有爭議，但這場疫病大流行的原因毋庸置疑，中國共產黨的謊言和鎮壓，在一定程度上有直接關係。

南安普頓大學的一項研究認為，如果中國政府共享信息並採取干預措施，哪怕「提前一周、兩週或三週」，病例也可以分別減少百分之六十六、八十六和九十五。[20]

總部位於倫敦的智庫亨利・傑克遜協會（Henry Jackson Society）在二〇二〇年四月一份題為《冠狀病毒賠償？評估中國的潛在罪責以及法律回應途徑》的報告中總結道：「中國政權未能履行《國際衛生條例》（二〇〇五年）規定的義務，報告及時、準確和詳細地報告的公共衛生信息。」此外，他們更指出上述行徑是「故意撒謊的行為。」[21] 該報告認為：「由於中共決定不分享有關 Covid-19 爆發初期的信息，該疾病的傳播速度遠遠快於其他情況，全球各國的反應都受到阻礙。」報告接著指出：「在疫情爆發的早期階段，中國當局一次又一次隱瞞真實狀況，鎮壓討論病毒的醫生，有些人更被警察拘留。」換言之，該政權壓制的是真相而不是病毒。

李文亮醫生的慘案象徵著該政權行為造成的災難性後果。二〇一九年十二月三十日，武漢的年輕眼科一生李文亮向其他醫生發出信息，警告可能爆發類似嚴重急性呼吸道症候群（SARS）的疾病。據醫學雜誌《柳葉刀》（The Lancet）報導，李文亮的呼籲本是一條私人信息，旨在提醒醫生們保護自己免受感染。幾天後，他被傳喚到武漢市公安局，並被要求簽署一份聲明，指控他發表虛假言論，擾亂公共秩序。[22] 他與另外七人因「散佈謠言」而被一同拘留。《柳葉刀》報導稱：「在一段視頻中，李文亮被要求籤署一份聲明，同意停止非法活動，否則將面臨法律懲罰。」儘管如此，李文亮還是決定說出自己的經歷，因為他認為一個健康的社會不應該只有一種聲音。不幸的是，他也感染了 COVID-19，並於二〇二〇年二月七日去世。

另一位醫生、武漢市中心醫院急診科主任艾芬也傳播了有關 COVID-19 的信息。隨後在接受媒體採訪時，她聲稱收到醫院的信息，要求她不得透露病毒的相關資訊。隨後，她被傳喚到紀律委員會，並因「散佈謠言」和「危害穩定」而受到訓斥。[23] 緊接著，她就消失了。

公民記者陳秋實於二〇二〇年一月二十三日，開始在武漢街頭和醫院進行報導，隨後於同年二月失蹤。同樣情況也發生在李澤華和方斌身上，前律師和基督徒人權捍衛者張展，亦因發布有關 COVID-19 的短片和文章於二〇二〇年五月被捕入獄。

據「人權組織全球基督教團結聯盟」報導，一位因安全原因必須匿名的消息人士稱：「二〇二〇年二月初，當所有人都試圖逃離武漢時，人權捍衛者張展反而前往武漢報導。她的視頻和文章發佈在 Twitter 和 YouTube（這兩個網站在中國都被屏蔽），以及其他社交媒體平台上。她質疑當局應對疫情的做法是否侵犯人權。她為李文亮醫生發聲，質疑當局是否掩蓋疫情的嚴重性。她深切關心那些面臨貧困、在 COVID-19 中失去生計的普通武漢公民。」[24] 在監獄裡，張展開始長期絕食，人們對她健康狀況表示嚴重擔憂。

張展曾擔任律師，但因維權活動而被吊銷律師執照。她此前於二〇一九年九月，在上海被捕，並因支持香港民主運動抗爭者而被拘留六十天。她在之前的羈押期間遭受嚴重虐待，兩次被迫接受心理檢查，她為此絕食了四天。她還被單獨關押七天，期間她的手腳都被綁在地板上，無法上廁所。

她曾寫道：「若人生只剩下恐懼，那我能做的就是只有和恐懼反覆地較量，直到跨越恐懼為止。若不是如此，恐懼之外的一切情緒都是面具。如果讓我面對上帝，我要為他們誠心禱告，求神赦免他們的罪，不是我有任何殘存的道德。而是我必須這麼做。」[25]

高智晟和滕彪等勇敢的中國社運人士，與中國共產黨的對比就像白天與黑夜。社會運動家們除了善心之外，其他一無所有。在某些情況下，他們需要具備法律知識，和利用各種媒體進行良好的溝通，以面對一個擁有所有酷刑和鎮壓工具，以及世界上最大的軍隊和世界第二大國防預算的政權。然而，習近平和他的政權似乎處於恐懼和不安的境地。正如滕彪告訴我那樣：「共產黨面臨著一場政治危機。人民與政府之間的衝突，以及信任的喪失，讓越來越多的人不相信黨的宣傳。它喜歡表現出自己非常強大，很有自信，但實際上代表某種危機感。他們擔心政治制度會反噬。」

習近平終結中共領導人的任期限制，因此他可以終身掌權。他廢除了集體領導，恢復自毛澤東時代以來，在中國消聲匿跡已久的個人崇拜。他清洗了競爭對手，不指定任何繼任者，並將「習近平思想」作為憲法的附錄。由是，滕彪總結：「黨內似乎沒有人能夠挑戰習近平。」

儘管共產黨一直實行鎮壓，但今天中國的人權危機，與我當年在月光下穿過紫禁城，步入燈光明亮的天安門廣場的情況相去甚遠。今天，中國在政治上和精神上都陷入了黑暗，儘管經濟之燈仍然閃耀。隨著，習近平開始反對私營企業，這一點現在也受到質疑了。

達林認為，事後看來，中國共產黨在二十世紀九十年代和二十一世紀頭十年，相對寬鬆的時代只是「曇花一現」。他表示，今天的鎮壓「始終是黨國意志」，雖然部分是因為習近平，但它也代表了共產黨的心態。他說：「我一位熟悉共產黨的前中國同事認為，二十世紀九十年代和二〇〇〇年代初放鬆個人自由的決定。完全是為了促進經濟起飛，這一直是中共的意圖。一旦中國的經濟增長和實力達到一定水平，黨內元老就會鎮壓。他們想奪回控制權。由於習近平的個人信念，他加快了這一進程。這是意料之內的事，因為習近平，這一切發生得更快。」

中國民主運動之父魏京生對此表示贊同。他在華盛頓的家中打電話給我時，告訴我：「中國共產黨是一個罪孽深重的制度，它給中國帶來的災難越來越深。所謂的中國模式已經變得非常不穩定。一方面，黨很腐敗，另一方面，人民也很不滿。中共政權意識到，如果只控制政治而不控制經濟，就無法控制社會。於是他們面臨抉擇：改革體制建立民主，或是回到毛澤東時代。黨害怕失去權力，所以習近平正在重蹈毛澤東的覆轍。」

儘管近年來公民社會的空間幾乎消失，但達林相信它永遠不會完全消失。他認為：「中共政權可以監禁人權捍衛者，折磨他們，但他們永遠無法徹底消滅公民社會。他們可以將之邊緣化，將其驅入地下，除非你想完全切斷這個國家與世界其他地區的聯繫，否則你無法摧毀公民社會。如今，在中國開展人權項目變得相當困難，為中國的人權團體籌措資金也十分艱難，與中國的社運人士溝通更是難上加難。人們更加害怕政權了。但還是可以做點甚麼的。」

現在是全世界的覺醒，看清正在吞噬中國的恐怖政權的時候了。用公元一一一年寫成，毛澤東和鄧小平經常引用的中國史書《漢書》的話來說，必須要「實事求是」。

註釋

1 意指 1957 年的反右運動，原是「百花齊放，百家爭鳴」的「雙百方針」，希望人們給予改善藝術和學術的意見。後來，反映意見的人被批成「香花毒草」，政府將他們打成右派，使他們多年成為被批判的對象。

2 Blake Hounshell, Charter 08, *Foreign Policy*, 8 October 2010, https:// foreignpolicy.com/2010/10/08/charter-08/.

3 *Financial Times,*"'Western Values'Forbidden in Chinese Universities," 30 January 2015, https://www.ft.com/content/95f3f866-a87e-11e4-bd17- 00144feab7de.

4 UN OHCHR, "UN Human Rights Chief Says China's New Security Law Is Too Broad, Too Vague," 7 July 2015, https://www.ohchr.org/en/NewsEvents/ Pages/DisplayNews.aspx?NewsID=16210&LangID=E

5 *Guardian,* "China Passes Law Imposing Security Controls on Foreign NGOs," 28 April 2016, https://www.theguardian.com/world/2016/apr/28/china- passes-law-imposing-security-controls-on-foreign-ngos.

6 Charles Parton, "Engineering the Soul of China," *Standpoint*, August/ September 2020.

7 The Conservative Party Human Rights Commission, *The Darkness Deepens: The Crackdown on Human Rights in China 2016–2020*, p. 9, https://conservativepartyhumanrightscommission.co.uk/wp-content/ uploads/2021/01/CPHRC-China-Report.pdf.

8 Ibid., p. 37.

9 原書誤寫，應為 Chen Wuquan.

10 Ibid., p. 37.

11 CSW, "China: Commentary by detained human rights lawyer," 16 October 2017, https://www.csw.org.uk/2017/10/16/press/3758/article.htm.

12 Grace Gao, "Truth Is Power and I Will Keep Speaking It Until My Father Is Free," International Service for Human Rights, October 2016.

13 The Conservative Party Human Rights Commission, *The Darkest Moment: The Crackdown on Human Rights 2013–2016,* p. 26, https:// conservativepartyhumanrightscommission.co.uk/wp-content/ uploads/2020/03/CPHRC_China_Human_Rights_Report_Final.pdf. Ibid., p. 26.

14 Ibid., p. 26.

15 *Hong Kong Free Press*, "Wife of Activist Barred from Leaving China Dies in US after 15 Years Apart," 11 January 2022, https://hongkongfp. com/2022/01/11/wife-of-activist-barred-from-leaving-china-dies-in-us-after- 15-years-apart/.

16 The Conservative Party Human Rights Commission, *The Darkness Deepens: The Crackdown on Human Rights in China 2016–2020,* p. 32, https://conservativepartyhumanrightscommission.co.uk/wp-content/ uploads/2021/01/CPHRC-China-Report.pdf.

17 Ibid.

18 Kris Cheng, "'My Ordeal Haunts Me': UK Regulator Must Ban Chinese State TV, Says Man Who Appeared in 'Forced Confession,'" *Hong Kong Free Press*, 23 November 2018, https://hongkongfp.com/2018/11/23/ordeal-haunts-uk- regulator-must-ban-chinese-state-tv-says-man-appeared-forced-confession/.

19 Alex Hern "Chinese State Broadcaster Loses UK Licence after Ofcom Ruling," *Guardian*, 4 February 2021, https://www.theguardian.com/world/2021/feb/04/ chinese-news-network-cgtn-loses-uk-licence-after-ofcom-ruling.

20 University of Southampton, "Early and Combined Interventions Crucial in Tackling Covid-19 Spread in China," 11 March 2020, https://www. southampton.ac.uk/news/2020/03/covid-19-china.page.

21 The Henry Jackson Society, "Coronavirus Compensation? Assessing China's Potential Culpability and Avenues of Legal Response," April 2020, https:// henryjacksonsociety.org/publications/coronaviruscompensation/.

22 Andrew Green, "Li Wenliang—Obituary," *Lancet*, 18 February 2020, https:// www.thelancet.com/journals/lancet/article/PIIS0140-6736(20)30382-2/ fulltext.

23 Lily Kuo, "Coronavirus: Wuhan Doctor Speaks Out against Authorities," *Guardian*, 11 March 2020, https://www.theguardian.com/world/2020/mar/11/ coronavirus-wuhan-doctor-ai-fen-speaks-out-against-authorities

24 CSW, "Fears for Health of Christian Activist on Hunger Strike in Detention," 13 October 2020, https://www.csw.org.uk/2020/10/13/press/4848/article.htm.

25 Ibid.

第四章 烈火烹油：政權對基督徒變本加厲的打壓

「中國的基督徒就像籠子裡的鳥。」坐在我身旁的北京老牧師如是說。「鳥在籠子裡，可以自由飛翔。如果基督徒逃離籠子，尋求真正的自由，他們就會被『獵人』追緝，捕獲，然後被關在更小的籠子裡。它們的翅膀往往會因此折斷。」

一九九七年，中國最著名的家庭教會領袖之一袁相忱（Allen Yuan），和我在北京會面時，如此描述中國政權對待宗教的態度。多年來，隨著政治時代的變遷和省政府的態度，籠子的大小也隨之變化。然而，自一九四九年來，中國的基督徒如同籠中鳥，無法自由飛翔。

我和袁相忱是偶然認識的。為了準備這次特別的中國之旅和研究中國的基督教狀況，我與一些專家和中國基督徒對話。一位流亡的中國基督徒推薦我訪問幾位家庭教會的基督徒。另外，前外交官托尼．蘭伯特（Tony Lambert）也向我推薦了袁相忱，他曾寫過兩本優秀著作，分別是《中國教會的復興》（The Resurrection of the Chinese Church）和《中國百萬基督徒》（China's Christian Millions）。同時，他也建議我向袁牧師詢問另一位家庭教會領袖謝模善（Moses Xie）的狀況。

抵達北京後，我聯絡了一些低調的中國基督徒朋友。我決定將與袁相忱的會面安排在行程的最後。因為我認為，儘管他接待了許多外國訪客，但他家極有可能受到官方監控。因此，如果我在行程結束前，而非在行程開始時和他會面，相對安全。如果我被拘留，我會危及到其他會面者的安全。

有一天晚上，我與一對夫婦和他們的一位朋友在一家餐廳共進晚餐。他們非常好客，邀請我隔天去他們家做客。

第二天見面時，他們告訴我一起到婆婆家去。我不知道他們的父母是誰，但很高興能跟他們打成一片。

我們到達公寓後，一對老夫婦出來迎接我們。隨後我們開始聊天，我發現我這位新朋友的父親是一位非常資深的家庭教會領袖。晚餐時，這位老人家短暫地離開了房間。由於我還不知道他的名字，我便趁機詢問了一下。

「謝模善。」他們回答道。

我腦子裡靈光一閃，想起托尼．蘭伯特讓我向袁相忱詢問有關「Moses Xie」的事情。我想「Moses Xie」和謝模善可能是同一個人。然而，出於敏感和安全考量，我不想直截了當地問。因此，當他回來時，我用中文向我面前的老紳士問了這個簡單的問題：

「你認識一個自稱謝摩西的人嗎？」

他微笑著說道：「我就是謝摩西。」

那是一個令人毛骨悚然的時刻。我向他解釋說托尼讓我向袁相忱代為問候謝摩西，然而，在見到袁相忱之前，我就和謝摩西見面了。

他聽後又笑了。

「你想見見袁相忱嗎？」他問。

我確認我想見他，謝模善便安排我們會面。

我後來見到袁牧師時，他告訴我，會面的前一天他剛為數百人施洗。他的教會在附近的公園租了一個公共游泳池為教徒施洗。

「你沒被監視嗎？」我問。

他看著我，好像我問了一個愚蠢的問題，而事實上我確實是問了一個非常愚蠢的問題。

「當然有，周圍都是公安局的人員。」他回答道。

我問發生了甚麼事。

袁牧師回答：「我利用這個機會向那些公安解釋洗禮的意義，為甚麼它很重要，告知他們福音的意義，以及為甚麼他們也需要它！」

在袁牧師的家中，我遇到了其他令人鼓舞，且勇敢地與袁牧師一起工作的基督徒。其中一位八十歲出頭，名叫瑪貝爾（Mabel）的老婦人告訴我，她定期前往西藏，鼓勵拉薩一群不斷遞增的信徒。她描述了她如何從北京乘坐火車到四川成都，適應高原的海拔，然後再飛往西藏。我問她有誰和她一起去。

她說：「通常沒有人和我一起，大多數人我邀請的人都不敢來。」

袁相忱是中國地下教會的巨頭之一，與倪柝聲、王明道，以及林賢高齊名，是未註冊教會最資深的領袖之一，也是最偉大的英雄。一九五八年，四十四歲的他被捕入獄，被監禁二十二年。他被送往靠近俄羅斯邊境的黑龍江省，在稻田裡勞改。在他親自向我提供的證詞中寫道：

「文化大革命期間，我沒有收到過家人的來信。勞教所裡天氣非常寒冷，工作艱苦且食物匱乏。但讚美主，我在那裡的二十二年裡，從來沒有生過病。雖然我變得很瘦弱，但我還是活著回來，而這二十二年裡，許多人都死了。二十二年來，我沒有《聖經》，也沒有見到其他基督徒。」

在這段困苦的時光裡，儘管困難重重，但袁牧師始終堅守自己的信念：

「有兩首歌繼續鼓勵著我。一首來自《詩篇》第二十七篇《大衛的詩》，另一首是《那古老的十字架》（The Old Rugged Cross）（譯者按：兩首皆為聖徒讚美上主指引和帶領的詩歌）我們每天必須工作九個小時，中間有短暫的休息時間。許多人會在休息時間返回牢房抽煙。因為我不抽煙，所以我通常站在外面，一遍又一遍地唱那些讚歌。」

我問他是否有甚麼話想對更寬闊的世界說，他點了點頭：「很多朋友問我可以為中國教會做些甚麼。答案就在這一個詞裡：祈禱！」

那已經是一九九七年的事了，但他的話放諸現在仍然適用。

中國共產黨一直敵視宗教。在意識形態上，黨是無神論的，並要求黨員對其教義絕對忠誠。因此，它對任何擁有追隨者的「另類想法」或信仰都持懷疑態度，且它對無法控制的大規模人群聚集感到不安。然而，它對一般宗教（尤其是基督教）的態度卻有所不同，從控制、拉攏到脅迫，再到試圖消除，緩緩從放鬆變成徹底鎮壓。

一九四九年，共產黨執政後開始驅逐外國傳教士。一九五〇年，中共政權強迫新教領袖成立國家由控制，以自治、自養、自傳的「三自」原則為基礎的「三自愛國運動」。幾年後，中國天主教徒被迫成立「天主教愛國會」，但該機構未獲教廷承認，因此與教廷斷絕來往。

周恩來總理試圖安撫人心，將這新的組織稱為「共融的契機」。他告訴基督徒：「你們是有神論者，我們是無神論者，但我們並不是想與你們就『無神論』和『有神論』展開辯論。我們相信「唯物主義」和「唯心主義」在政治層面上可以共存並合作，因此我們應該相互尊重。我們真誠地希望黨和教會之間能夠走一條合作之路。我們的原則是「不強求任何共識，但我們應該互相尊重和靈活變通。」[1]

然而，上述「不求同，可存異」的言論並未持續太久。不到一年，共產黨在一九五一年四月十九日，發起了針對教會的批鬥運動。中國新教基督徒領袖被迫譴責以前的傳教士朋友和中國基督徒同胞。情況隨後愈演愈烈。緊接著一九五七年「百花運動」之後的「反右運動」，大部分基督徒遭受嚴重迫害。許多教堂被關閉。北京的教堂從六十五座銳減到四座，而在上海，二百座教堂中只剩下二十三座仍然開放。

這只是文化大革命的前奏。從一九六六年到一九七九年，基督教在中國基本絕跡。教堂被關閉，基督徒被送往勞改營，《聖經》被燒毀。托尼・蘭伯特寫道：「從一九六六年到一九七九年的十三年裡，制度化的基督教在中國被『連根拔起』。」[2]

丁光訓在文化大革命爆發時，任南京神學院院長，後來擔任三自會主席愛國運動，及其姊妹國營組織「中國基督教協會」的主教。一九九七年，我見到丁主教時，他告訴我紅衛兵如何接管神學院，並給他和家人四小時離家。他的家後來成為南京大學紅衛兵總部，而神學院則成為當地中學紅衛兵的根據地。丁主教被分配到「毛澤東思想學習班」和農場做體力勞動。一九八二年，他在坎特伯雷大主教蘭貝斯宮（Lambeth Palace）的一次聚會上說道：「按照所有人的推測，這也許基督教在中國歷史上第四次『斷氣』。然而，我們當年並未領悟到，當我們虛弱至死亡邊緣時，它即將『向死而生』。」[3]

事實上，儘管毛澤東和紅衛兵嚴禁基督教機構，勇敢的中國基督徒卻秘密地保持著對神的信仰。像袁相忱這樣的牧師，從一開始就不接受三自愛國運動招安，拒絕接受共產黨的權威。他向我強調：「基督是教會的領袖，沒有其他人可以擔當這個位置，即使是牧師也不行。」那麼，一個信奉「無神論」國家怎麼可能成為教會的領袖呢？

一九七八年，毛澤東逝世後，中國從文化大革命的混亂和噩夢中甦醒，開始改革開放。丁主教和其他神職人員得到平反，他被任命為「三自愛國運動」和中國基督教協會主席，直至他一九九六年退休。

丁主教於二〇一二年去世，他是一位頗具爭議性的人物。對許多未註冊家庭教會運動中人來說，他是「背叛者」，是共產黨政權的一部分。他在一九六四年至一九九三年期間擔任全國人民代表大會代表，一九八三年至一九九三年，擔任全國人民代表大會常務委員會和外事委員會委員。這位中國基督教領袖究竟是做了甚麼，才能在這樣重要的共產黨機構中擔任要職呢？

另一方面，一些人認為他是一位動機良好的溫和派，他在體制內盡其所能地為基督教發聲。例如，一九八八年，他給國家宗教事務局寫了一封信：「我覺得政府實在是過多介入屬於教會本身的事情……我們看到共產黨員被宗教事務局抽調，進入教堂擔任無神論教會領袖。」[4]

一九八九年，他出人意料且大膽地將學生絕食描述為「愛國活動」，敦促政府「盡快與學生進行對話」，並為「基督徒參與示威」感到高興，並宣稱「我們全心全意地肯定學生的示威活動。」[5]

據報導，因下令進行天安門屠殺而被稱為「北京屠夫」的李鵬總理，將丁主教的言論描述為反革命。[6]丁主教否認了這一點，他告訴我：「我認為李鵬沒有評論。當時有很多人發聲。我懷疑他是否注意到我的言論。即使他注意到了，我的評論也不能被描述為反革命。我並不是在反對革命或政府，我只是在支持反貪腐的學生。」

一九九二年七月，丁主教再次發聲，呼籲停止對未註冊教會的「打壓風潮」。值得注意的是，第二年，他沒有被再次任命為全國人民代表大會代表。[7]

然而，儘管他公開支持學生抗議，但在一九八九年天安門大屠殺之後，他保持沉默。有人堅信丁主教是一名秘密的共產黨員，是一隻披著羊皮的狼。我直接向他詢問，他否認了：「我從來沒有加入過共產黨，也沒有加入過任何政黨，我也永遠不會加入它。我從來都不想成為黨員，我認為黨也從來沒有希望我成為黨員。要成為一名共產主義者，就必須是無宗教信仰的無神論者。所以我不能成為黨員。即使沒有這樣的規定，我也不想參與黨內政治。」

當我在丁主教南京的家中見到他時，他對未登記的家庭教會持溫和的態度。他告訴我，他同情那些不喜歡來大教堂的基督徒。他認為這些基督徒更喜歡在家裡一起閱讀聖經和祈禱，不應該強迫他們解散和去官方教堂。」

然而，他堅持他們應該註冊：「政府已宣佈，家庭教會基督教團體只要滿足六項要求即可註冊。這六點很容易實現：他們必須有固定的聚會場所、指定的領導人、委員會、固定的合法收入以及一套組織章程。加入三自愛國運動並非必要條件，不屬於三自愛國運動的團體也可以登記。」

他補充登記是防止基督教受迫害的保護措施，因為登記在冊的教會將是合法的。然而，他承認在某些省份，「極左思想」導致對基督教徒的持續鎮壓。他認為人們不應該害怕註冊，他希望每個地下教會都可以「光明正大」地表達對神的信仰。

丁主教的立場表面上聽起來很合理，但事實是，如果登記並提供所有信息，教會就完全暴露在政權的監視、干預和控制之下。而且，正如過去幾十年或歷史的「前車之鑑」，如果該政權決定鎮壓教會，「註冊」並不能提供任何保障。

一九九四年十二月四日，二百名便衣警察進入北京缸瓦市教堂，從這個由國家認證的大型基督教教堂，強行將楊毓東牧師從講壇上帶走。楊毓東在國家控制的教會中被稱為「福音派人士」，他的會眾數量從最初五百人增加到二千人。當局顯然不喜歡這樣，並派于新粒牧師（一位強硬的黨幹部）取代了他的主牧位置。

一九九七年我在北京見到于牧師。我覺得自己不像面見一位牧師，更像是會見一位政治局委員。我們坐在一個大會議室裡，還有其他幾位教會官員在場。

于牧師說我想問甚麼都可以，但他的表情看起來並不友好，甚至充滿敵意。在我開口之前，他對我說：「在你問我問題之前，我想知道為甚麼西方不斷批評中國的人權、宗教自由和西藏問題。但在英國，你們也有北愛爾蘭問題，而中國對此並未多加置喙。」

然後，他不由自主地讚嘆「共產黨是中國最好的政黨！」

我為此大吃一驚。我未發一言，卻遭到無端的政治宣傳和謾罵。後來，一位值得信賴，且曾在港瓦市教堂禮拜過的基督徒朋友告訴我，于牧師的宣講不是給我聽的，而是要表現給他旁邊的官員看，向他們證明自己對黨的絕對忠誠。

除了國家控制的教會機構之外，外界對位於南京的愛德基金會（The Amity Foundation）也褒貶不一。一九九七年，我參觀了它的辦公室和印刷廠，該廠獲批准印製中文版《聖經》。基金會聲稱自己是非政府組織，致力於孤兒、殘疾人和貧困人群以及農村發展等問題，但被嚴格限定只能在政府控制的範圍內運作。我在那次訪問中遇到的一位高級代表，向我坦白他們的使命和局限：「我相信每個人都需要相信一些東西。人們正在尋找可以填補馬克思主義消亡後的空虛心靈。基金會的工作很有效，人們對我們的信仰和工作很感興趣，並且會就之發問。然而，這在中國是有限制的。我們只能在非公共場合的教會宣道。我們可以邀請人們來教會，但不能在教會外講道。」

從一九九〇年代末到二十一世紀初，中國基督徒的處境複雜且多變。該位高級代表表示我所說關於中國教會的一切，在中國的某個地方是真實存在的。對基督徒的箝制，在中國的一些地區會比較寬鬆，而在其他地區則會相對嚴謹。這很大程度上取決於該當地省政府的態度。總體而言，當局傾向對公寓內的小型基督徒聚會視而不見，但對註冊教會的大型公共禮拜活動更加警惕。然而，即便如此，也有一些未註冊的教會，其存在和規模一度被當局容忍。例如北京的守望教會擁有一千名會眾，北京錫安教會吸引一千五百名禮拜者，貴州的活石教會招收了七百名會員，成都的早雨教會約有八百名成員，陝西臨汾的金燈臺教會更坐擁五萬名信眾。這些教會完全沒有註冊，卻要麼擁有自己的建築，要麼自租辦公空間，因此一度非常引人注目。

然而，習近平上台後，這一切都發生了變化。二〇一六年四月，習近平在宗教會議上向共產黨高級官員發表講話，他表示「宗教團體必須堅持中國共產黨的領導」，黨員必須是「堅定的馬克思主義無神論者」，必須「堅決抵禦境外利用宗教滲透中國，防範宗教極端思想侵害」。[8] 宗教事務似乎不再由地方或省級管理，而是直接由中央管理。

本書訪談的一位中國基督徒證實了這一猜測：「自習近平上台以來，政策顯然是由高層協調，宗教不再是省會或區域性問題，它影響著今天的每一個家庭教會。我相信政權對教會進行了

「SWOT」評估。（譯者按：「SWOT」即優勢（strength）、劣勢（weakness）、機會（opportunity）與威脅（threat））。宗教一直被中國政權視為「眼中釘」，因為基督教、伊斯蘭教、佛教、法輪功等不同宗教，擁有海外聯繫和支持，被視為其權力的潛在威脅。」

引發共產黨擔憂的事態是越來越多的黨員開始接受基督教信仰。二〇一五年五月，中共中央紀律檢查委員會發表新聞通訊，指出某些黨員「轉向宗教」，引起嚴重關注，目前已列入紀律工作範圍。[9]同年，浙江省黨政部門警告，如果發現入黨申請者「擁抱宗教信仰」，將會拒絕其入黨申請，現有成員則需提交「拒絕宗教信仰承諾書。」[10]

有人認為自文化大革命以來，政權對基督信仰的打壓，最引人注目和明顯的跡象之一，是中國當局摧毀數千座十字架和數百座教堂。該行動於二〇一四年和二〇一五年從浙江開始，隨後擴散到其他省份。二〇一五年七月二十四日，溫州天主教主教朱維方在政府機關外帶頭抗議，三天後發公開信譴責當局「試圖拆毀每個教堂上的十字架」的行為。[11]

十字架被毀之後，教堂接連被關閉和拆除。最引人注目的是二〇一八年一月陝西金燈檯教堂爆破、二〇一七年強制關閉貴陽活石教會、二〇一八年十月解散北京錫安教會、二〇一八年十二月遣散成都秋雨教會、二〇一九年一月拆除北京守望教會等事件。上述例子只是九牛一毛。許多牧師被逮捕、起訴和監禁，活石教會的仰華牧師於二〇一七年一月六日被判處兩年半監禁，二〇一八年十二月，秋雨教會的王怡牧師和他的妻子蔣蓉牧師，以及一百多名會眾一同被捕。一年後，聖誕節的隔天，王怡被判處九年監禁。

王怡曾是成都大學的法律學者，也是一位人權先驅律師，後來創立秋雨教會，成為全職牧師，他一直持續批評中國共產黨政權。二〇〇四年，他被《南方人物周刊》評為「中國最具影響力的五十位公共知識分子」之一。次年，他皈依基督教並受洗。二〇〇六年，他與其他中國基督教人權律師在白宮會見了喬治·布殊總統，探討中國宗教自由問題。二〇〇八年，他創立了秋雨教會，三年後被按立為牧師。（譯者按：「按立」是教會任命牧者的專用詞，意為教會對牧者的肯定）他每年都會舉辦天安門廣場大屠殺的紀念活動，他說：「很多人問我們為甚麼要為富政治性的六月四日祈禱。我說我並未從中沒有看到政治，我只看到人們被殺害、壓迫和受苦的不公義行為。在一個被高度政治化的社會，僅僅維護良心自由就已經被認為是政治行為了。」[12]

二〇一八年夏天，秋雨教會組織抗議活動，王怡與來自全國各地的四百多名牧師一起連署，反對當局變本加厲地打壓基督徒。同年十月二十八日，他在佈道中稱，政權正在新疆、西藏乃至整個中國發動「一場針對靈魂的戰爭」。但是，他嚴辭警告政權：「人的靈魂永遠無法被拘留和摧毀，他們為自己樹立了一個不會投降，也不會被征服的敵人，所以他們注定會輸掉這場戰爭，註定要失敗。」[13]

驚人的是，美國國際宗教自由大使薩姆・布朗巴克（Sam Brownback）二〇一九年三月在香港外國記者俱樂部發表演講時，使用非常相似的語言。他認為「中國政府似乎正在與信仰交戰。這是一場他們不會贏的戰爭。中國共產黨必須傾聽人民要求宗教自由的呼聲。」[14]

二〇二二年一月，布朗巴克大使接受我採訪時，分享了這個故事：

「在我準備離開華盛頓的前一兩天，我在美國國會大廈前慢跑，突然有個念頭闖進我的腦海：「中國正在與信仰交戰，這是一場他們贏不了的戰爭」。我停了下來。六個月來我一直試圖發表這篇演講，但幾次都被政府拒絕，原因各不相同，比如說「我們害怕中美關係因此惡化，你必須取消這次行程。」最後，演講全文審查通過，他們允許我發表演講，但上面那句話不在通過審查的稿件中。」但我覺得這句話是來自聖靈，所以我在沒有得到政府批准的情況下加上了這句話。作為一名前參議員和州長，我不習慣讓別人批准我所說的話，但作為政府成員，我應該先這樣做。不管怎樣，我到了香港，見到了美國總領事，把演講稿交給了他。我對他們說：『伙計們，這句話沒有事先獲得許可，但這是一個有力的反駁。』總領事說這句話似乎沒問題。所以我說：『好吧，我已經得到了他的批准，我會這麼說的。』」

布朗巴克大使之後來到外國記者俱樂部。作為俱樂部的「前常客」，我很熟悉這個地方，我發現這裡每個人都很緊張，就像熱鐵皮屋頂上的貓一樣，坐立不安，身處其中，你能感受到房間裡的緊張氣氛。那天晚上，布朗巴克大使應邀參加晚宴，預計有三十位客人，然而，這場晚宴只有他、東道主及另一位客人出席了。他告訴我：「晚宴在我演講發表之後舉行，其他人都害怕這會影響他們的生意、旅行和安全，所以他們不想被人看到與我有任何關聯。但當我回到華盛頓時，國務卿的高級顧問告訴我，這是政府涉外其中一個最好的演講。我很榮幸發表那次演講，因為它開闢了一條需要開闢的新戰線。」

二〇一八年十二月，王怡發表了長達七千三百字的〈宗教戰爭的沉思錄〉，敦促中國基督徒參與公民抗命。他指責共產黨通過將習近平提升到羅馬皇帝或埃及法老的地位，以此推行「凱撒崇拜」。他認為這種意識形態「在道德上與基督教信仰，以及所有維護心靈和思想自由的人不相容。」[15]

為此，王怡預計自己可能被捕和監禁，還寫了一封公開信，題為〈我的聲明：信仰上的抗命〉，指示教會在他被捕後四十八小時內發表這封信。王怡與一百名教會成員於二〇一八年十二月九日被捕，一年後受審並判刑。他在信中寫道：「我同時相信，中共政權對教會的逼迫是極其邪惡的犯罪行為。作為基督教會的牧師，我必須對這樣的罪惡發出嚴厲和公開的責備。」[16]

一位不願透露姓名的貴陽活石教會前成員告訴我，貴陽活石教會是最早的打壓目標之一，因為它在短時間內快速地發展，引起共產黨的憂慮。他說：「這是一個二〇〇九年才成立的年輕教會，當時只有四、五個家庭，大約二十人。但在短短幾年內，會員人數就快速增長至七百人，這引起了政府的注意。教會購買了會址的土地，投資至少五百萬元人民幣。這可能是貴州第一個有能力負擔自購房產的家庭教會。這是一筆不小的數目，說明教會擁有財力和一定影響力。因而引起了政府的警惕。」

最初，當局敦促活石教會加入三自愛國運動。正如其前成員所說，大多數教會成員和牧師們並不接受，所以他們多次拒絕了：「這就是為甚麼政府開始騷擾、威脅和試圖摧毀我們的原因。騷擾和威脅始於二〇一三年，終於二〇一五年十二月。教堂被關閉，牧師和其他人紛紛被捕和監禁。」

活石教會與成都秋雨教會一樣，之所以成為政權攻擊的目標，既因其快速發展，也因其牧師在家庭教會運動中具有影響力。一位中國基督徒朋友告訴我：「兩位牧師積極支持全國其他家庭教會的抗爭，幫助其他基督徒面對迫害。他們走遍全國，尤其是農村地區以支持家庭教會發展。」

如今，活石教會所有被監禁的人都已被釋放，他們並沒有被嚇倒，而是轉以較小的團體形式活動。一位前教會成員說：「警察持續不斷地接觸他們，並密切監視他們。」

政權對宗教自由的打壓仍在持續，還實施了新的法規，加強對宗教事務的控制。二〇〇五年首次實施的《宗教事務條例》於二〇一八年二月一日修訂後正式施行。據基督教團結國際組織（CSW）稱，這些規定「加強了國家對中國宗教活動的控制」，一些地區關閉了此前一直容忍未註冊教會的「灰色地帶」，加大對未註冊教會「註冊」或「解散」的壓力。據「對華援助協會」（China Aid Association）所言：「被稱為『家庭教會』的非政府教會已被徹底取締。當中許多人被命令加入官方教會系統，接受政府審查。當局經常告知這些教會領袖，他們的教會是『非法的』，並指控參加這些教會的基督徒干犯各種罪行。」

現在，兒童均被禁止參與宗教活動。對華援助協會創始人兼和主席傅希秋說：「十八歲以下兒童、共產黨員、沒有大學、高中或小學的學生、共青團團員和軍人被稱為『五禁』，這些類別不得參與宗教活動，甚至禁止接近教堂建築。」

傅希秋續稱：「數以百萬計的中國基督教兒童被迫簽署共產黨要求的聲明，放棄信仰，謊稱他們被誤導而相信基督教。警方威脅他們的父母，警告他們如果孩子不簽署放棄基督教信仰，他們的工作、職位、社會福利，甚至退休福利都可能被取消。上述情況同樣適用於教師。他們也被禁止信仰基督教。每個教堂都被要求安裝面部識別鏡頭，龐大的社會信用體系也在發揮作用。成為一名基督徒會對民眾的『社會信用』造成負擔，可能會影響一些細小且平凡的日常活動，甚至包括給地鐵票卡充值。這很瘋狂。」

據基督教團結國際組織稱，教會已被禁止在線直播服務。二〇二一年底，中國發佈新指導方針以規範在線宗教活動，包括禁止外國人在網上講道，禁止海外組織和個人在網上分享宗教信息，並要求中國組織和個人需向當局申請許可，才能在線查看宗教材料。這些法規的範圍故意放寬，囊括文本消息、圖像、音頻和短片消息，而不僅只是網站。儘管仍有許多未釐清的疑慮，但總體而言，這是一系列限制宗教自由的新措施中，又一個悲觀的發展。我們已經看到基督徒退出社交媒體聊天群，其他人則採取「觀望」的態度。線下空間已被關閉，現在連虛擬空間也正被消除。

除此之外，國家控制的教會也面臨著壓力。他們必須在宗教圖像旁邊展示習近平肖像和共產黨宣傳口號，有時甚至取代宗教圖像；崇拜開始時需唱共產黨歌；祭壇處也安裝監控鏡頭監視信徒。對華援助協會所指出，政權「打算將基督教完全置於政府控制之下。」[17]

根據傅希秋的說法，最令人毛骨悚然的事，是中國共產黨計劃重新翻譯《聖經》。另一位不願透露姓名的中國基督徒也證實這一消息，他認為中國政權希望有一種不同的「中國式」神學，即中共版《聖經》。主管民族宗教事務的全國政協主席汪洋更呼籲：「對現有宗教經典進行全面評估，針對不符合時代進步的內容。」

據一位中國基督徒稱，基督徒最近面臨主要威脅是針對基督教教育的打壓，包括基督教學校或家庭教育，以及對一些基督徒的「恐怖主義」指控。他說：「一些基督徒因試圖給孩子提供基督教教育而被監禁。一些基督徒被指控非法擁有宣揚恐怖主義的材料，特別是支持香港民主抗爭活動的材料。政權試圖將基督教定性為『暴力宗教』，這令人深感不安。」

二〇二一年七月的一宗案例可以支持這一觀點。其時，山西省太原市郇城歸正教會同工趙維凱被捕。這位基督徒同工被指控「非法持有宣揚恐怖主義或極端主義的物品」，二〇二一年七月，因其案件涉嫌「危害國家安全」，趙維凱被拒絕與他的律師會面。兩個月前，警方在沒有搜查令的情況下，突擊搜查趙維凱的家，沒收他的電腦和書籍。與他關係密切的人稱，鼓吹恐怖主義或極端主義的指控是「超出想像」的。[18]

傅希秋認為，現在中共打著「宗教中國化」的旗號，對基督徒的迫害是「全面且完全合法化」。過去，在江澤民和胡錦濤的領導下，情況不盡相似，有些地區迫害嚴重，有些地區則比較寬鬆。傅希秋說：「胡錦濤和江澤民容忍城市大型基督教會的存在，甚至包括王怡的秋雨聖約教會。現在，所有大型教會都被宣佈為非法組織，即使是政府認可的教會，如果不完全遵守『宗教中國化』運動，也會受到迫害。」

傅希秋指出，一名牧師因拒絕在教堂停車場放置共產黨旗桿，而被判處七年徒刑，另一名來自國家批准的教會牧師也因類似罪行被判處十二年徒刑。貴州女傳教士因設立奉獻箱被判處十二年有期徒刑，深圳另一名女性因製作「語音《聖經》播放機」被判處六年徒刑。二〇一六年一月二十七日，中國基督教協會全國常委、浙江省三自愛國運動主席顧約瑟牧師被剝奪職務和頭銜被公安拘留。顧約瑟牧師所屬的杭州崇一堂是該地最大的教會，其成員曾寫信給全國三自愛國運動，抱怨十字架被毀，至今仍被軟禁。

顧約瑟被捕兩天後，另一位受國家認可的教會牧師李冠中也被拘留。二〇一六年二月二十五日，鮑國華牧師和妻子邢文祥分別以「貪污罪」和「聚眾擾亂社會秩序罪」被判處十四年和十二年有期徒刑。[19] 二〇一六年三月九日，張崇柱牧師被指控「盜竊、刺探、收買或非法向中國境外實體提供國家機密或情報」。[20] 事實上，上述所有人均因反對拆除和毀壞十字架而被捕。據對華援助協會稱，僅浙江就有超過五百名基督徒因抗議拆除十字架而被拘留，超過一百三十人遭到毆打和襲擊，超過一千人受到其他方式的懲處。

二〇一六年四月十四日，據報導，河南省李建功牧師的妻子丁翠梅因抗議教堂被破壞，而被活埋。三天前，六名家庭教會領袖在新疆被捕，罪名是「聚眾擾亂社會秩序」。[21]

自二〇一六年以來，政權對基督教的迫害從未減輕。二〇二〇年，對華援助協會向英國保守黨人權委員會提交的中國人權調查報告中指出，二〇一七年共有一千二百六十五宗迫害事件記錄在案，而二〇一八年更有接近一萬宗案件。同樣地，報告中也指出二〇一七年有三千七百名基督徒被拘留，其中六百五十名是教會領袖；二〇一八年則有五千名基督徒被拘留，其中一千名是教會領袖。對華援助協會指出：「二〇一八年有超過一百萬人遭受迫害，是二〇一七年受迫害人數的三倍半，超過五百人被判入獄，比二〇一七年增加了百分之四十四。」[22] 這些數字僅涉及基督徒。

COVID-19大流行不但沒有減緩基督徒受迫害的狀況，更加劇了對宗教的打壓。據中國社會工作者協會的研究指出，即使是在疫情最嚴重的時期，各地拆除十字架和取締教堂的行為也從未停止過。[23]二〇二〇年五月三日，二百多名警察突襲未登記的福建省廈門市杏光教會，並毆打信徒。教眾徐文平肋骨骨折，胸部和前臂挫傷，其他教眾也受到不同程度的傷害。在山東省淄博市，孫峰因在微信上發帖，稱他將為受COVID-19疫情影響的人們祈禱和禁食而被拘留二十四小時。二〇二一年一月，在河北省，天主教作家兼社運人士龐健在進行新冠病毒檢測時被警方帶走。公安隨後向龐健的父親發出拘留和正式逮捕通知書，稱他因涉嫌「煽動分裂國家」被捕。龐健此前曾報導過農村地區強行拆除十字架和教堂，並驅逐天主教徒，以及河北省天主教團體的情況。他還曾向香港媒體談及河北地下天主教會。

二〇二一年一月四日，中共中央委員會和國務院宣佈了一系列措施，旨在「推進農村振興，加快中國特色農業和農村現代化進程」。奇怪的是，這些措施包括「加大對農村非法宗教活動和境外滲透活動的打擊力度，依法制止利用宗教干預農村公共事務」。這些舉措預示著政權對基督徒的新一輪打壓。二〇二一年一月，浙江省溫州三座教堂的十字架被強行拆除，次月，新疆伊寧市聖心教堂也被威脅拆除。[24]最後，可能迫於國際壓力，聖心教堂沒有被摧毀。但據中國人權捍衛者（CSW）稱，因為水、電和其他服務已被政府切斷，該教堂無法使用，形同廢棄。

二〇一九年，潘永光牧師和深圳歸正聖道教會的數十名成員逃離中國，前往韓國濟州島，這或許是中國基督教團體，對現狀感到最絕望和極端的例證之一。[25] CSW 表示，面對中國當局的騷擾和越來越大的壓力，教會成員覺得他們別無選擇，只能背井離鄉，到海外尋求安全和自由。CSW 的報告指出，留在中國或被韓國入境部門遣返的教會成員，將受到警方監視和審問。至少一名被拒絕進入濟州島的教眾，遣返回國後遭受「監視居住」並被禁止離開家中。證據表明，即使在濟州島，也有中國政府人員正在密切監視教會成員。

二〇二一年底，中共進一步增強對基督教的打壓，明確要求所有基督教牧師講道須強調對黨的忠誠和對黨領導的服從。二〇二一年十二月三至四日，習近平主持召開全國宗教工作會議，要求廣大宗教活動人士深入學習馬克思主義著作。據宗教雜誌《寒冬》（Bitter Winter）報導，習近平的講話被描述為「九個必須」，對宗教領袖提出了九項要求，這將「成為每個牧師和宗教團體的行動綱領。」[26] 除了宣講對黨忠誠和服從，學習馬克思思想外，基督教牧師和會眾還必須學習黨的教義，追求宗教「中國化」，並明白「每個基督教團體的主要目標是把基督教信徒團結在中國共產黨周圍」。那些違反規定的人必須受到懲罰。

二〇二三年三月，中共中央統戰部副部長、國家宗教事務局局長王作安下令，指示三自愛國運動教會牧師學習宗教「中國化」。這是習近平十二月講話的後續行動，點出中共將採取必要措施以「加強對宗教界的思想政治指導」、「提高宗教界的政治覺悟」、「引導宗教界廣大人民群眾擁護中國共產黨的領導和社會主義制度，緊密團結在以習近平同志為核心的黨中央周圍，堅定不移走中國特色社會主義道路」。同時，也要「鼓勵宗教界認真學習習近平新時代中國特色社會主義思想，學習黨的歷史、新中國的歷史、改革開放的歷史和中華人民共和國的歷史。有針對性地開展社會主義建設，深入開展『愛黨、愛國、愛社會主義』主題教育。」[27]

傅希秋說：「我們沒想到有一天會看到習近平時代對基督教的迫害。至少有三十至四十個不同的政府機構參與其中。習近平發起一場『信仰之戰』，宗教被視為國家安全問題。西藏人和維吾爾人長期以來因領土問題被視為威脅國家安全的一員，但我從未想過共產黨也會把基督徒歸入其中。」

傅希秋是一九八九年天安門廣場抗爭活動的學生領袖，六月四日天安門大屠殺後，成為基督徒和家庭教會領袖，並在北京校園從事傳福音活動。他甚至找到一份在中共黨校教英語的工作。傅希秋開玩笑說：「那是我作為上帝雙重間諜的時期。白天，我在教導中國共產黨的領導人，晚上，我組織教會且學習《聖經》，為基督徒建立一個地下培訓中心。」

最終，他和妻子被捕入獄兩個月，然後被軟禁，但他們於一九九六年成功逃離中國。傅希秋說：「那時我們即將迎來第一個孩子，因為中共政權臭名昭著的計劃生育政策配額不足，我們面臨著被迫墮胎的處境。所以我們逃到農村，逃到香港。我們就在香港回歸前三天，於一九九七年六月二十八日抵達美國。」

在美國，傅希秋開始每天都會收到在中國受苦的基督徒發來的傳真。據他回憶：「你不能只是坐著不動，保持沉默。我們一直在思考他們在中國所遭受的苦難。尤其是在晚上，當教堂遭到襲擊時，我可以在電話裡，聽到孩子們的哭聲。人們在叫喊：『傅牧師，幫助我們。』我們可以聽到警察敲門，闖入教堂，拿起《聖經》、長椅和奉獻箱，大喊大叫地毆打教眾。我們會覺得我們還在那裡，和他們一起生活，所以我必須做點甚麼。」

於是，傅希秋寫信給美國總統，詳細列出他所知道的全部被捕牧師的名字，至少有十八宗案件：「令我驚訝的是，我收到了一封由比爾・克林頓總統（William Jefferson Clinton）親自簽署的回信。然後助理國務卿約翰・沙特克（John Howard Francis Shattuck）邀請我去見他。」二〇〇一年，傅希秋在馬里蘭州一次靜修會中受密友啟發，成立了「對華援助協會」，以倡導和維護中國宗教自由。

傅希秋回憶說：「靜修會上有一些國會議員和他們的工作人員，還有幾位中國異議人士，包括後來被中國政權從緬甸綁架並被判處無期徒刑，後來被發現死亡的彭明，以及被稱為「現代中國民主之父」的王炳章博士。王炳章持有中國籍和加拿大永久居民身分，後來從越南被綁架，目前仍在中國監獄服無期徒刑。」

傅希秋接著說：「在『基督教信仰與中國的未來』的靜修會上，我們得知有五名家庭教會領袖被判處死刑，還有許多其他人被捕並被判處四至十五年的監禁。這促使了對華援助協會的誕生。前《時代周刊》中國組記者戴維・艾克曼（David Aikman）指導我撰寫第一份新聞稿，它成為《紐約時報》、《愛爾蘭時報》和《華盛頓郵報》的頭版頭條。布殊總統對此表示關注，我與白宮最高層的互動就此開始了。」

傅希秋確信共產黨一直是無神論者，並且「敵視基督教」，但習近平將鎮壓力度提升到一個全新的水平：「有關宗教事務、宗教人員、外國人宗教活動的新規定通過，所以中共可以打著法律的旗號，將他們對宗教的迫害合理化。此外，政權向人們提供金錢誘因，舉報所謂的『非法宗教活動』。例如，人們舉報廣州的『非法』宗教活動，最多可獲得十萬元人民幣獎金。這是文化大革命式的批鬥風格。」

另一個令人深感不安的事態發展，是中國共產黨政權成功脅迫教廷，並買通教宗方濟各（Jorge Mario Bergoglio），使其對維吾爾族種族滅絕、香港自由被剝奪、西藏持續鎮壓以及加劇迫害中國基督徒等議題保持沉默。儘管方濟各是一位因經常就正義、衝突和迫害問題發聲而聞名的教宗，但大多數週日，他都只會在聖彼得廣場上的窗戶上誦念《三鐘經》，並在他的「城市」中，為世界的某個地方或另一個地方祈禱。在復活節、聖誕節和其他場合的發言，教宗方濟各幾乎從未提及中國對宗教的鎮壓。

只有一個例外的情況。他在《讓我們夢想：通向更美好未來的道路》（Let Us Dream: The Path to a Better Future）一書中，他提到了維吾爾人。他只有在需要從「外圍」看世界的時候，才點名了他們以作佐證。在書中，他談到充斥「罪惡和苦難」、「排斥和痛苦」以及「疾病和孤獨」的地方，並說：「我經常想到受迫害的人民，包括羅興亞人、可憐的維吾爾人、雅茲迪人。伊斯蘭國對他們所做的一切確實很殘忍，或者想到埃及和巴基斯坦的基督徒，他們在教堂祈禱時被炸彈炸死。」[28] 但僅此而已，除此之外，教宗並沒有談到當代世界最新的種族滅絕。

儘管教宗方濟各在教宗本篤十六世於每年五月二十四日設立的「為中國教會祈禱日」的年度聲明中，籠統地為中國教會禱告，但他並沒有具體談到日益加劇的宗教迫害。這與其他宗教領袖形成鮮明對比，特別是來自主導維吾爾族運動的猶太團體領袖，甚至他自己教會中神職人員和信眾，也對此直言不諱。

例如，緬甸樞機主教薄茂恩（Charles Maung Bo）在二〇二〇年四月的一篇評論文章中，批評中國政權在新冠肺炎（COVID-19）病毒首次爆發時的處理方式：「有一個政府需為其所做的，和沒有做到的事情負上基本責任，那就是中共北京政權。疫症的罪魁禍首是中共的鎮壓、謊言和腐敗。」[29]同時，他還指出該政權「日益壓迫」的本質，尤其是其「反宗教運動」。他也曾在其他場合譴責過維吾爾族的種族滅絕議題，呼籲為香港祈禱，並在二〇二一年三月十四日以亞洲主教聯盟主席身份發表聲明，呼籲延長一年一度的世界祈禱日，為中國教會和人民祈禱一週。為響應薄茂恩樞機主教的號召，來自六大洲的信眾團體，包括知名的天主教徒聚集在一起，共同推動全球祈禱週的活動。[30]

那麼為甚麼教宗和教廷如此沉默呢？

二〇一八年九月，教廷與北京政權簽署一項協議，試圖「正常化」天主教會在中國的地位。在這項協議達成之前，官方批准的中國愛國天主教會與教廷斷絕了聯繫（儘管個別主教和神職人員得到了教廷和北京的承認）。拒絕加入政權教會的「地下」天主教徒，仍然忠於教廷，選擇與教廷保持聯繫，並在地下教會禮拜的天主教徒面臨著騷擾、逮捕、監禁和酷刑的風險。

因此，教廷優先解決這種情況本身並沒有錯，教宗方濟各對中國這個國家和人民的愛也沒有錯。作為一名耶穌會士，他受到利瑪竇（Matteo Ricci）的啟發。利瑪竇是第一個於一六〇一年作為皇帝顧問踏入北京紫禁城的歐洲人。利瑪竇讓幾名中國官員信奉天主教，在北京建立最古老的教堂「聖母無染原罪主教座堂」，將中國文化視作自己的文化。他學習漢語，穿著中國長袍，捍衛中國傳統和儒家價值觀。

方濟各表示，他希望追隨利瑪竇的腳步，成為第一位訪問中國的教宗。但利瑪竇對中國文化的遷就和現在教廷對中國共產黨的綏靖（譯者按：意為姑息妥協）是不一樣的。教廷應該能夠區分人民和黨的差異，並真切地為受黨鎮壓的人民的尊嚴和自由發聲。

梵中協議在保密性、實質內容、時機和影響在四個方面存疑：

協議宣佈幾年後，文本內容仍然保密。如果這對於中國的天主教徒來說是一件好事，那麼他們以及整個教會，是否有權知道其中內容？

我們所知道的是，它似乎包括關於主教提名的協議。從協議成立的時刻開始，中國共產黨政權，一個官方的無神論機構，將有權提名主教候選人。理論上，教宗擁有最終決定權，鑑於羅馬不願與北京對抗的態度，教宗是否有可能否決中共提名的人？

至少七名先前被北京政權任命，被逐出教會的主教現在重新與教廷聯繫，而至少兩名忠於教廷的地下主教，被教廷要求放棄其職位，讓位給支持北京政權的主教。

二〇一八年十二月，福建省閩東地下主教郭希錦，被先前逐出教會的主教之一詹思祿蒙席取而代之。據報導，曾多次被捕的郭主教在隨後躲避當局抓捕過程中失蹤。隨後，他被降職為輔理主教。緊接著，二〇二〇年一月，他被當局強迫離開住所，該住所被封鎖。這位六十一歲的主教最終睡在教堂辦公室的門口，直到國際社會強烈抗議後，他才被允許返回自己的公寓，但公寓內的公共設施被切斷。

二〇二〇年六月，七十歲的宣化地下教會助理主教崔泰在已經被關押了十三年之後，再次被當局帶走。

二〇二〇年九月江西省，持不同政見的天主教神父被軟禁，違反了保護神職人員免受脅迫的協議。餘江教區的神父因拒絕加入當局所謂的「愛國教會」而受到監視，被禁止「以神職人員的身份從事任何宗教活動」，陸新平主教也被禁止慶祝彌撒。[31]

汕頭市地下主教莊建堅蒙席也被要求讓位給國家認可的黃炳章主教。即使與北京和解是可取的，但為此犧牲那些長期以來為教會冒著巨大風險和遭受苦難的人，不僅是一場悲劇，更是一宗醜聞。

任何協議的先決條件都應該是釋放監獄中的天主教主教、神父和信眾。然而，據我所知，教廷並沒有嘗試，仍不知道有多少人被關押在監獄中。

已經入獄四十多年的河北省保定市蘇志民主教，是最著名的被監禁神職人員之一，至今下落和健康情況不明。一九九六年，蘇主教在帶領宗教巡遊時被警方拘留，之後杳無音訊。在毛澤東的統治下，他已經被監禁了二十六年，承受嚴刑拷打。二〇二〇年七月，國會議員克里斯・史密斯（Chris Smith）在美國國會舉行了題為「蘇主教在哪裡？」的聽證會。[32]

就在中梵協議宣佈兩個月後，另一位溫州主教邵祝敏兩年內第五次被捕。他於當月晚些時候被釋放，但仍面臨騷擾。崇禮西灣子教區張貴林神父和王忠神父於二〇一八年底被拘留，目前下落不明。

即使協議的實質內容更有希望解決政權打壓，但簽署的時機是錯誤的。如果這樣的協議是在十年前達成的，儘管當時政權有打壓傾向，但有一些跡象表明宗教自由和公民社會的空間正在擴大，可能會更容易理解這個決定。但如前所述，這項協議是在習近平政權對宗教發動自文化大革命以來，最嚴厲鎮壓之際宣佈。雖然教廷簽署協議的意圖大概是為了更好地保護和團結天主教徒，但它產生相反的結果，導致教會內部分裂，宗教自由也沒有改善。事實上，中國天主教徒的生活已經變得更加糟糕。中國的許多教區都沒有主教，一些幾十年來忠於教廷被迫退休，被北京任命的主教取代。

即使如此，儘管該協議只是為期兩年的臨時協議，教廷還是在二〇二〇年悄然續簽了，並沒有進行公開審查，不對外解釋，也不具透明度。美國前國務卿蓬佩奧在宗教雜誌《要事》（First Things）上發表文章，概述中國共產黨的殘酷鎮壓，敦促說：「中國人民現在比以往任何時候都更需要教廷的道義見證和權威，來支持中國的宗教信徒。」[33]

可悲的是，中國的宗教徒沒有得到他們的支持。相反，教廷社會科學院院長馬塞洛．桑切斯．

索隆多主教（（Marcelo Sanchez Sorondo））等高層人士似乎欽佩中國共產黨。索隆多主教將北京政權描述為「天主教社會教義的最佳實施者」[34]，並於二〇一七年在世界各地主辦了一場關於器官移植的會議，邀請前衛生部副部長，強制器官移植負責人之一的黃潔夫，作為唯一一位代表中國的講者。[35]教廷拒絕邀請器官移植主題的專家研究人員。唯一值得讚揚的讓步，是教宗退出與中國代表的會晤，從而剝奪中國官員渴望的拍照機會。

國務卿蓬佩奧以「真理將使你自由」作為文章的結尾。然而，真理和自由的這兩大支柱正受到中梵協議的直接威脅和破壞。

中國的基督徒正面臨數十年來最嚴重的迫害。隨著香港的自由被剝奪，香港的基督徒也將面臨更嚴重的鎮壓。[36]這個曾經為商人和傳教士提供進入中國的門戶城市，正逐漸成為一個被監控和侵犯宗教自由的城市。香港市民進行禮拜的自由可能仍然完好無損，但廣泛的宗教和良心自由已經受到威脅。

以新教牧師陳凱興為例，他的好鄰舍北區教會於二〇二〇年遭到警方突擊搜查，報復他對年輕民主抗爭者的支持。[37]陳凱興說：「要打就打我，不要打年青人。」結果他遭到警察的毆打。

除此之外，匯豐銀行也在香港政府施壓下，凍結了教會、陳牧師及其家人的銀行資產。

早在香港加強打壓宗教自由之前，香港伍華牧師便於二〇一五年七月在中國失踪，並因印刷基督教書籍而被中共當局起訴。同一時間，他的同事鄔小鶴牧師也在深圳被警方傳喚，並被勒令停止在中國大陸傳教。

素有「民主捍衛者」之稱的香港榮休主教陳日君樞機，長期直言不諱地批評中共，樹立勇敢的榜樣，但香港天主教教區已經表現出投降的跡象。二〇二〇年，當一群信眾受到貌波主教呼籲為香港祈禱的啟發，試圖為香港組織一場公開祈禱活動時，被香港教區積極勸阻。幾週後，香港宗座署理湯漢樞機發出指示，要求神職人員在講道時「注意自己的語言」，教區此後出版了中小學宗教倫理科的教科書，指導香港學生如何「為國家做出貢獻」，顯出明顯的親中傾向。無論願意與否，教區無疑感受到，或者預見中共對其施加的壓力。[38]

二〇二二年一月，親北京的《大公報》發表了至少四篇文章，譴責陳樞機和其他基督教會支持民主運動。

北京對九十歲高齡的陳樞機的攻擊並不是甚麼新鮮事。二〇一九年，我在葡萄牙朝聖地法蒂瑪參加了一次由天主教立法會議員主辦的私人聚會，邀請了樞機主教，「香港民主運動之父」兼虔誠的天主教徒李柱銘與會。中國駐里斯本使館派出十幾名外交官組成代表團，佔領我們對面酒店整個一樓，多次試圖滲透我們的聚會。中國共產黨對兩位香港民主派八十多歲老人，與一群天主教議員一起參觀宗教朝聖地感到如此震驚，充分說明北京對宗教的偏執和恐懼。

香港宗教自由的最新進展，是親北京媒體現在公開談論香港宗教限制。據《大公報》報導，香港法律交流基金會執行董事馬恩國呼籲香港政府廢除舊有的殖民地法律《華人廟宇條例》，重新將之應用於所有宗教。換言之，其意圖對宗教實施新的行政措施。

馬恩國進一步表示「西方」宗教與中國文化不相容，錯誤地認為它們「鼓勵人民忘記我們的祖先」。那麼，我請問他對天主教的聖人崇拜有何看法？他難道沒有讀過第五條誡命：「孝敬父母」嗎？

也許比馬恩國的干預更令人毛骨悚然的是，英國聖公會前省秘書長管浩鳴的言論，他最近當選為北京的傀儡，號稱「橡皮圖章」香港立法會議員（譯者按：橡皮圖章指只需執行蓋章程序，無實際權力的政府人員）。

管浩鳴從英國聖公會神職人員搖身一變成為中國共產黨官員。他將鐮刀和星星放在髒兮兮的狗項圈旁邊，支持實施修訂後的《華人廟宇條例》，攻擊支持二〇一九年抗爭活動的基督徒，指他們「對西方意識形態過度地依賴」。（譯者按：鐮刀和星星是中國共產黨黨徽和中國國旗出現的圖案，也是最常見的共產主義符號。）作為一名被收買的宗教領袖，列寧稱之為「有用的白痴」，管浩鳴也許是中國政權為香港三自愛國運動孕育的「胚胎」。

香港退休英國聖公會大主教鄺廣傑，是北京嚴苛的國家安全法堅定支持者，也是中國共產黨中國人民政治協商會議的熱心成員。值得慶幸的是，他的繼任者陳謳明大主教對中國的狂熱程度較低，並選擇保持沉默。

香港新任天主教主教周守仁，可能會為現狀帶來一絲輕微而脆弱的希望。他不是北京的選擇，儘管他也不像陳樞機和輔理主教夏志誠那樣認同民主運動。但周守仁主教在任命以來的公開聲明中，在首次新聞發布會上，[39] 在祝聖儀式上，以及在他的第一次媒體採訪中，均表明他必須小心行事，他也堅持人的尊嚴和良心自由原則。[40]

然而，隨著香港整體自由被剝奪，我們將目睹宗教自由受到扼殺。我們必須警惕香港的宗教機構潛在的微妙滲透，可能進入會被北京控制，由中國統戰部門領導的情況。已經被習近平「推廣」的三自愛國運動、天主教愛國會及其發起的宗教「中國化」運動，已是前車之鑑。

一九九七年，國會議員克里斯．史密斯在北京會見中國共產黨領導人後得出結論：「這些人只關心一件事，控制，控制和不停地控制。他們根本不關心宗教自由。」[41] 他是對的，習近平不斷強化對中國絕對控制的目標。但像王怡牧師這樣的中國基督徒明確表示，他們不會「不戰而屈人之兵」。儘管基督教在歷史上遭受嚴重的迫害，但仍然在中國「倖存」。正如基督教華僑佈道會（Chinese Overseas Christian Mission）前主任王光霞（她的家人在二十世紀五十年代從青島逃亡出來，我有幸認識她）在她的著作《不會消亡的中國教會》（The Chinese Church That Will Not Die）中所說：「中國教會不會死，但它受了重傷，在陰影中靠著棍子一瘸一拐地前進。然而，只要不放棄耶穌基督，中國教會就不會滅亡。」[42]

註釋

1 Bob Whyte, *Unfinished Encounter: China and Christianity* (Fount Paperbacks, 1988), p. 216.

2 Tony Lambert, *The Resurrection of the Chinese Church*, 1994, OMF IHQ, p. 18.

3 Bob Whyte, *Unfinished Encounter: China and Christianity,* (London: Collins Fount Paperbacks, 1988), p. 292.

4 Tony Lambert, *The Resurrection of the Chinese Church*, OMF IHQ, p. 63.

5 Human Rights Watch, *Freedom of Religion in China*, 1992, p. 5.

6 Tony Lambert, *The Resurrection of the Chinese Church*, p. 61.

7 Human Rights Watch, *Freedom of Religion in China*, p. 2.

8 *Hong Kong Free Press*, "Religious Groups 'Must Adhere to the Leadership of the Communist Party'—Pres. Xi Jinping," 24 April 2016, https://hongkongfp. com/2016/04/24/religious-groups-must-adhere-to-the-leadership-of-the- communist-party-pres-xi-jinping/.

9 UCANews, "Chinese Communist Party Issues Warning to Members Harboring Religious Beliefs," 25 May 2015, https://www. ucanews.com/news/ chinese-communist-party-issues-warning-to-members-harboring-religious- beliefs/73667#.

10 The Conservative Party Human Rights Commission, *The Darkest Moment: The Crackdown on Human Rights in China 2013–2016,* p. 37, https://conservativepartyhumanrightscommission.co.uk/wp-content/ uploads/2020/03/CPHRC_China_Human_Rights_Report_Final.pdf.

11 Ibid., p. 37.

12 Liao Yiwu, "A Brainwashing War: An Appeal for the Poet-Preacher Wang Yi," China Change, 4 March 2019, https://chinachange.org/2019/03/05/a-- brainwashing-war-an-appeal-for-the-poet-preacher-wang-yi/.

13 Ibid.

14 The Foreign Correspondents' Club, Hong Kong, "Religious Freedom: Global Threats and the World's Response," 8 March

2019, https://www.fcchk.org/event/ club-breakfast-religious-freedom-global-threats-and-the-worlds-response/.

15 CBN News, “Letter from a Chengdu Jail by Wang Yi,” 16 December 2018, https://www1.cbn.com/cbnnews/cwn/2018/december/early-rain-church- releases-letter-written-by-pastor-arrested-by-chinese-authorities.

16 Wang Yi, “My Declaration of Faithful Disobedience,” China Partnership, 12 December 2018, https://www.chinapartnership.org/blog/2018/12/my- declaration-of-faithful-disobedience.

17 The Conservative Party Human Rights Commission, *The Darkness Deepens: The Crackdown on Human Rights in China 2016–2020*, p. 25, https://conservativepartyhumanrightscommission.co.uk/wp-content/ uploads/2021/01/CPHRC-China-Report.pdf.

18 CSW, “Church Leaders Facing Terrorism and National Security Charges,” 26 July 2021, https://www.csw.org.uk/2021/07/26/press/5359/article.htm.

19 CSW, “Chinese Christian Couple Sentenced,” 1 March 2016, https://www. csw.org.uk/2016/03/01/press/3000/article.htm.

20 The Conservative Party Human Rights Commission, *The Darkest Moment: The Crackdown on Human Rights in China 2013–2016*, p. 38, https://conservativepartyhumanrightscommission.co.uk/wp-content/ uploads/2020/03/CPHRC_China_Human_Rights_Report_Final.pdf.

21 Ibid., p. 39.

22 The Conservative Party Human Rights Commission, *The Darkness Deepens: The Crackdown on Human Rights in China 2016–2020*, p. 26, https://conservativepartyhumanrightscommission.co.uk/wp-content/ uploads/2021/01/CPHRC-China-Report.pdf.

23 CSW, Exclusive Briefing on Targeting of House Churches amid the Covid-19 Pandemic, 21 September 2020, https://www.csw.org.uk/2020/09/21/ press/4814/article.htm.

24 CSW, *China Voices*—a quarterly update, January–March 2021.

25 CSW, China: Shenzhen Holy Reformed Church, August 2021, https://www. csw.org.uk/2021/08/13/report/5371/article.htm.

26 Zhang Chunhua, “Christian Pastors Told to Preach in Sermons Confidence in the Party and Xi Jinping,” *Bitter Winter*, 21

December 2021, https:// bitterwinter.org/three-self-church-preaching-confidence-in-ccp/.

27 Xia Qiao, “New Directives on Sinicisation of Religion: ‘Love the Party, Love Socialism,’ ” *Bitter Winter,* 24 March 2022, https://bitterwinter.org/new- directives-on-sinicization-of-religion-love-the-party-love-socialism/.

28 Pope Francis, *Let Us Dream: The Path to a Better Future* (Simon & Schuster, 2020), p. 12.

29 Cardinal Charles Bo, “The Chinese Regime and Its Moral Culpability for Covid-19,” UCANews, 1 April 2020, https://www.ucanews.com/news/the- chinese-regime-and-its-moral-culpability-for-covid-19/87609.

30 Cardinal Bo, “Cardinal Bo Urges Prayer Octave for China,” GlobalPrayerforChina.org, 7 May 2021, https://globalprayerforchina.org/ cardinal-bo-urges-prayer-octave-for-china/.

31 *Catholic News Agency,* “Report: Chinese Government Imprisoning More Priests, Bishops,” 19 September 2020, https://www.catholicnewsagency. com/news/45889/report-chinese-government-imprisoning-more-priests- bishops%C2%A0.

32 Tom Lantos, “Religious Freedom in China: The Case of Bishop James Su Zhimin,” Human Rights Commission, 30 July, 2020, https://humanrightscommission.house.gov/events/hearings/religious-freedom-china- case-bishop-james-su-zhimin.

33 Michael R. Pompeo, “China’s Catholics and the Church’s Moral Witness,” *First Things*, 18 September 2020, https://www.firstthings.com/web- exclusives/2020/09/chinas-catholics-and-the-churchs-moral-witness.

34 *Catholic Herald,* “‘China Is the Best Implementer of Catholic Social Doctrine,’ says Vatican bishop,” 6 February 2018, https://catholicherald. co.uk/china-is-the-best-implementer-of-catholic-social-doctrine-says- vatican-bishop/.

35 *Guardian,* “Vatican Defends Inviting Chinese Ex-Minister to Organ Trafficking Talks,” 6 February 2017, https://www.theguardian.com/ world/2017/feb/06/vatican-defends-inviting-chinese-ex-minister-huang- jiefu-to-organ-trafficking-talks.

36 *Daily Telegraph*, “Hong Kong Churches Face Christmas under Beijing’s Shadow,” 29 December 2020, https://www.telegraph.co.uk/news/2020/12/29/ hong-kong-churches-face-christmas-beijings-shadow/.

37 *Guardian,* “Hong Kong Police Raid Church Hours after Pastor SaidHSBC Froze Accounts,” 8 December 2020, https://www.theguardian.com/ world/2020/dec/08/hong-kong-church-pastor-says-hsbc-froze-personal-and- charity-bank-accounts.

38 *Catholic News Agency*, “Hong Kong Cardinal Warns Priests to ‘Watch Your Language’ in Homilies,” 1 September 2020,

https://www.catholicnewsagency. com/news/45680/hong-kong-cardinal-warns-priests-to-watch-your- language-in-homilies.

39 Benedict Rogers, "Hong Kong's New Bishop Faces Delicate Balancing Act," UCA News, 4 December 2021, https://www.ucanews.com/news/hong-kongs- new-bishop-faces-delicate-balancing-act/95231.

40 *AsiaNews*, "Bishop Chow: My Hong Kong Has Hope in Young People," 30 January 2022, https://www.asianews.it/news-en/Bishop-Chow:-My-Hong- Kong-has-hope-in-young-people-55030.html.

41 Congressman Chris Smith, quoted in W. Grigg's article "For the Sake of Their Faith," *New American*, 17 March 1997.

42 Mary Wang, *The Chinese Church That Will Not Die* (Hodder & Stoughton, 1971), p. 159.

第五章

血染雪山紅：西藏問題

在羅馬法爾內塞宮的金普尼斯治餐廳（Rome's Piazza Farnese），這家號稱艾爾・戈爾（Al Gore）、西蒙・佩雷斯（Shimon Peres）、米哈伊爾・戈爾巴喬夫（Mikhail Gorbachev）等世界領導人以及西爾維斯特・史泰龍（Sylvester Stallone）和麗莎・明內利（Liza Minnelli）等好萊塢明星經常光顧的餐廳，我坐在西藏流亡政府「藏人行政中央」司政（Sikyong）的身邊。那是二〇二一年十一月，也是我近兩年來第一次出國訪問。當年因 COVID-19 大流行使倫敦處於封鎖狀態，我因而無法出國旅行。二〇一九年十二月，我在疫情爆發前最後一次出國訪問，前往立陶宛的維爾紐斯。當時我站在該城市的西藏廣場上，反思中國對西藏長達七十年的佔領和鎮壓行動。我還在維爾紐斯觀看了一部關於西藏的電影《甜蜜鎮魂曲》（Sweet Requiem），由此，我在心裡埋下深切關懷西藏的種子。因此，當我在兩年後重新開始外訪時，第一時間與司政會面，似乎是非常合情合理的。

邊巴次仁（Penpa Tsering）於二〇二一年五月當選，接替第一任司政洛桑森格（Lobsang Sangay,），擔任西藏世俗政治領導人，為期五年。我有幸在洛桑森格訪問了倫敦國會大廈時見過他。那次訪問由國會議員兼跨黨派主席西藏問題議會蒂姆．羅夫頓（Tim Loughton）主持。時任下議院議長約翰．伯考（John Bercow）出席了會議，司政向他致送「哈達」，以示友好。（譯者按：「哈達」是西藏傳統贈予友人的白色禮儀圍巾）G20高峰會前夕，在對華政策跨國議會聯盟（IPAC）的聚會上，我在常被稱為羅馬最好的餐廳裡，與來自世界各地的議員，一起與邊巴次仁會談。我對這位西藏領導人謙遜、莊嚴和果斷的風格印象深刻。我們在一頓有五道菜的傳統意大利晚宴上，非正式地討論了西藏目前的局勢，以及中共政權日益加劇的境外侵略，乃至世界應如何對抗北京等議題。經過七十多年的鬥爭，邊巴次仁和所有藏人比任何人都清楚，當你面對中國共產黨，你必須做好長期抗戰的準備。

「司政」的職位於二〇一一年確立。當時達賴喇嘛宣布決定放棄政治領導權，只是一名精神領袖。在此之前，西藏流亡政治機構，藏語稱為「噶廈」（Kashag），由「噶倫赤巴」（Kalon

Tripa）管理，隸屬於達賴喇嘛。二〇〇一年，藏人第一次直接選舉「司政」。此後，流亡印度喜馬偕爾邦北部地區的達蘭薩拉流亡藏人社區，以及世界各地的藏人僑民都經由民主選舉推舉領導人。據《西藏評論》報導，「司政」一詞的意思是「政治領袖」，此前曾被達賴喇嘛未成年時，統治西藏的攝政者所使用。西藏流亡政府前外交部長迪基・喬揚（Dickyi Choyang）表示，「司政」一詞可以追溯到達賴喇嘛七世，即從一七〇八年到一七五七年，這個稱號「確保了從達賴喇嘛五世始，傳統領導之歷史連續性和合法性」。[1]

與司政談話後的第二天晚上，一群住在意大利的藏族婦女給我送來人生中的第一條「哈達」。當他們把哈達放在我肩上時，我低下了頭，心裡充滿對藏人的深深敬意。無可否認，我在中國從事人權工作的這些年裡，我一直關心西藏，與藏人一起抗爭。我不僅在西藏人權組織的研討會上發言，還與自由西藏等組織合作。儘管我走遍了中國大陸，又在香港生活過，但我從未去過西藏，公平地說，我並沒有像為香港、維吾爾人、被迫害基督徒、法輪功學員和人權捍衛者那樣，積極深入地為西藏辯護。然而，我越來越意識到，有必要確保中國的其他人權問題，尤其是維吾爾族和香港問題受到全世界更大關注，我們決不能讓西藏被遺忘。

自一九五〇年十月，四萬人民解放軍越過長江進軍西藏以來，西藏一直遭受殘酷鎮壓和佔領。

一九四九年，毛澤東和中國共產黨在中國奪取政權後，他們通過廣播宣佈和聲明西藏是中國不可分割的一部分。根據薩姆・範沙伊克（Sam van Schaik）在《西藏：一段歷史》（Tibet: A History）中的說法，任何不認同這一點的人都會「在解放軍的鐵拳面前被打得頭破血流。」[2] 一九五〇年一月，毛澤東在莫斯科向約瑟夫・斯大林（Joseph Vissarionovich Stalin）講述了他征服西藏的計劃，斯大林承諾支持毛澤東的行動。西藏政府已經意識到這一危機，並呼籲國際社會提供幫助。英國在一九〇三至一九〇四年期間入侵並佔領了西藏，但隨後撒手不管。範沙伊克在書中寫道：「西藏人把第一個希望寄託在他們的老盟友英國身上。但自其從印度撤軍後，英國不想再與西藏糾纏。故此他們只是暗示英國與西藏的舊有利益，而現在應歸於新獨立印度政府處理。在印度人而言，他們熱衷於與中國建立密切的關係。當西藏向美國提案也被拒絕時，西藏人意識到他們將獨自面對中國。」[3]

西藏有一支決心與侵略者作戰的軍隊，但他們在兵力和武器上完全處於劣勢。範沙伊克如此形容西藏政府官員阿沛・阿旺晉美（Ngapo Ngawang Jigme）：「他告訴任何關心西藏的人，西藏無望擊退中國。他本質上是一名外交官而非將軍，但他對西藏的機會評估是現實的。」[4] 範沙伊克認為，西藏並非「和平主義國家」，但如果沒有重大的國際支持，西藏是不可能抵抗中國的。

範沙伊克指出毛澤東侵略西藏的動機不僅是出於共產主義意識形態，更是是出於民族自豪感。範沙伊克認為：「上個世紀以來，中國在英國、日本等列強的手中遭受了一次又一次的屈辱，如果中國要重新站起來，就必須首先重新控制西藏。」[5]

面對中國的軍事入侵，藏人同意談判，阿沛被派往北京展開談判。範沙伊克寫道：「阿沛從拉薩收到的指示表明他必須主張西藏獨立，並主張歷史上西藏與中國之間的關係一直是僧人與施主（priest and patron）。談判隨後陷入僵局。阿沛被拉薩政府授權，只要西藏能夠保持內部獨立，並且沒有中國士兵駐紮在西藏，就接受西藏作為中國的一部分。」[6]

然而，即使是這種程度的妥協，北京也無法接受。中國堅持主張其對西藏的歷史主權，毫不妥協。最終，西藏人做出了兩項巨大讓步並達成了協議。一是西藏人民將「回到中華人民共和國大家庭」，二是「西藏地方政府應積極協助人民解放軍進入西藏，以鞏固國防」。[7] 作為回報，中國將保證達賴喇嘛的權力不會改變，並保護西藏宗教自由不受侵害，任何對西藏的改革都將是漸進的，並且未曾提及共產黨在治理西藏中的作用。

《十七條協議》（The Seventeen-Point Agreement）隨後在央視廣播中被通報全國。據範沙伊克稱：「這是西藏政府第一次聽說該協議。[8] 阿沛並未向拉薩通報上述情況，因此許多人對協議的讓步程度感到震驚。」[9] 達賴喇嘛和西藏國民議會別無選擇，一個月後，達賴喇嘛給毛澤東發電報，接受了這項協議。在接下來的幾個月裡，中國軍隊抵達拉薩。範沙伊克寫道：「軍隊舉著毛澤東肖像在街上游行，到年底時，拉薩有八千名中國士兵，使該市人口增加了一倍。」[10]

在佔領西藏的第一個十年裡，中國與西藏的領導人合作。一九五四年，達賴喇嘛十四世親自訪問北京會見毛澤東。他在自傳《流亡中的自在》（Freedom in Exile）中回憶道，他與毛澤東至少會面十幾次，認為他們已經達成了「可行的妥協」。[11] 然而，他在自傳中詳述自己的震驚，提及儘管雙方之間已經取得共識，但在他們的最後一次會面中，毛澤東向他說：「宗教是毒藥。首先，它減少了人口，因為僧侶和尼姑必須保持獨身，其次，它忽視了物質層面的進步。」達賴喇嘛回憶說：「我突然感到臉上有劇烈的燒灼感，覺得非常害怕。所以我認為他終究是佛法的破壞者。我的恐懼和驚訝由此變成困惑。他怎麼如此誤會我？他怎麼認為我骨子裡不虔誠呢？」[12]

西藏對中國的抵抗日益增強，局勢變得更加暴力，中國也加強對西藏的鎮壓。達賴喇嘛描述西藏遭受的眾多暴行之一。一九五六年，他在理塘長青春科爾寺（the monastery at Lithang）遭到空襲時寫道：「當我聽到這件事時，我哭了。我不敢相信人類能夠如此殘忍對待彼此。這次空襲之後，中共虐待和折磨參與抵抗運動的男藏人，更禍延藏人妻兒。更令人難以置信的是，僧侶和尼姑也遭受令人作嘔的虐待。這些單純的宗教人士被捕後，被迫在公開場合互相違背獨身誓言，甚至殺人。」[13]

一九五九年，達賴喇嘛終於逃離西藏，在印度達蘭薩拉市的郊區麥克勞甘吉開始流亡生涯。正如他所寫，他在西藏近十年，一直努力與中國維持和平，儘管中國派遣一支軍隊入侵他的國家，但事實證明這項任務是不可能完成的。達賴喇嘛「心不甘，情不願」得出了一個令人不快的結論：他可以從外部，更好地為他的人民服務。[14]

在達賴喇嘛尊者為本書撰寫的評論中，他反思了七年流亡生涯的意義。他告訴我：「自從我成為難民以來，我就認為自己是世界公民。二十世紀七十年代，當 BBC 駐德里的資深記者馬克．塔利（Mark Tully）問我為甚麼想出國旅行時，我就明確表達了這一觀點。自從我流亡以來，我不受管制，隨心進出國境，並回應各個教育機構和組織的邀請，致力宣揚和爭取和平。」達賴喇嘛尊者認為「銘記人類的一體性，培養普遍責任感，比效忠特定國家或族群更重要。」作為一名藏人，達賴喇嘛自覺地「肩負保護西藏文化的重大責任」。因為西藏文化以同情心和不為惡作為重點，故其對世界和平與相互理解有巨大的潛力和貢獻。

達賴喇嘛向我強調，他們並不主張與中華人民共和國分離。相反，他倡導所謂的「中間道路」，即西藏仍屬於中國主權範圍內，但享有高度自主和自治權利。達賴喇嘛認為：「這對藏人和中國人來說都是互惠互利的。在中國的幫助下，藏人將能夠發展西藏，同時保持自己獨特的佛教文化，保護西藏脆弱的環境。如果中國在兼顧共同利益的情況下，和平解決西藏問題，也可加強自身的團結與穩定。與此同時，越來越多的中國人、佛教徒和學者會對西藏豐富的佛教文化產生興趣。這就是我們可以為中國提供的東西。」

達賴喇嘛指出：「生活中，我們會遇到困難。但我們不應該讓自己變得垂頭喪氣。反之，我們總是可以運用智慧，從更廣闊的角度看待任何困擾我們的複雜問題。我們擁有奇妙的人類大腦，應該果斷地使用它。」他隨後補充，他終身致力於「讓人們認識到幸福最重要的源泉就在內心，懇切和熱情就是幸福的源泉。」

在《20/20 西藏簡報》（Tibet Brief 20/20）中，兩位國際法專家麥可．沃爾特．範．普拉格（Michael van Walt van Praag）和麥克．博爾傑斯（Mike Boltjes）表示中國佔領西藏的行為顯然違反國際法。兩國互動的歷史已長達數百年，由一九一二年英國撤出，直至一九五〇年中共入侵期間，西藏於法於理均為獨立國家。[15] 此外，他們指出：「與中華人民共和國的說法，以及許多人認為的情況相反，西藏在歷史上從來不是中國的一部分。西藏是一個被佔領的國家，中華人民共和國不擁有其主權。因此，我們需要立即修正政府政策，使其符合國際法。」[16]

西藏不僅被中國佔領，還遭到殘酷的鎮壓。正如普拉格和博爾傑斯所言：「中華人民共和國不僅非法佔領西藏，還剝奪西藏人民合法行使自決權的權利。中華人民共和國積極反對和否認這種說法，及其現在對西藏自治區、地區和縣市行政邊界的修改，都違反了國際法的基本規範。」[17]

一九五九年，國際法律家委員會（International Commission of Jurists）發表了一份報告，得出的結論是中國非法入侵和占領西藏，並根據表面證據認定其存在種族滅絕疑慮。[18] 達賴喇嘛回憶道：「直到我讀到他們的報告，我才完全接受所聽到一切。釘十字架、活體解剖、剖腹和肢解受害者都是司空見慣的。同樣普遍的還有砍頭、焚燒、活毆、活埋等行為。更不用說把人繫到奔馳的馬後面拖死，或者把人倒吊起來，綁住手腳扔進冷水中的酷刑。而且，為了防止受害者大喊大叫『達賴喇嘛萬歲』，在行刑途中，他們還會用肉鉤扯掉受刑者的舌頭。」[19]

當我們談論今天的西藏局勢時，有必要澄清我們所指的「西藏地區」。「西藏」不僅指向西藏自治區，即範沙伊克將其稱為「政治西藏」（political Tibet）的地區，還包含一個更廣泛的地理區域，範沙伊克將其描述為「西藏民族」（ethnographic Tibet）。前者在歷史上的不同時期都是西藏的一部分，包含藏族人口、語言和文化；後者則包括中國青海省、四川省、甘肅省和雲南省的部分地區，以及喜馬拉雅山王國不丹、尼泊爾、錫金和拉達克。藏人自己所說的西藏中部相當於西藏自治區，「大西藏」則包括了上述更廣闊的領土。[20]

如今，西藏是世界上飽受政權壓迫的地區之一。無國界記者將西藏的新聞自由指數中列為一百七十六名，在共計一百八十名參與者中位列榜尾，自由之家（Freedom House）將西藏列為世界上最差的國家之一，其公民權和政治權得分最低。據國際西藏郵報回覆英國保守黨人權委員會二〇二〇年的調查，[21] 該報指稱：「朝鮮的外國記者比西藏還多。西藏各方面的生活都受到圍困，西藏人的公民和政治權利比共產黨統治下的中國人還要少。中共通過威逼和任意懲罰的方式（有時包括嚴重暴力），來加強對西藏各方面的控制。任何被視為威脅其統治的行為均構成刑事罪行。」

在習近平領導下的過去十年裡，中共政權進一步加劇對西藏的鎮壓。自由西藏（Free Tibet）和西藏觀察（Tibet Watch）在二〇二〇年指出，中共政權在過去五年裡大規模地改革西藏，不但強行將藏人從他們的牧場或宗教社區遷移，還加強安全管控，更鉗制宗教、西藏文化和限制使用藏語的自由。」[22]

有大量的證據支持上述說法。二〇一九年八月下旬或九月初，西藏自治區定日縣當卓寺的四十六歲藏族僧人曲吉．萬波（Choegyal Wanpo），不小心將手提電話遺在拉薩的一家咖啡館裡。據人權觀察報導，咖啡館老闆把手機交給警方，警方隨後發現這位僧人與尼泊爾流亡藏人的信息來往，以及他曾捐款幫助二〇一五年尼泊爾地震中受災藏人的證據。人權觀察續稱：「拉薩警方立即拘捕了曲吉，並多次對其進行毒打和審問」。[23] 隨後，警方突襲了他的家鄉德拉納克村（Dranak）和當卓寺，數名僧侶和村民遭到毒打，至少二十人被拘留，未經審訊而被關押數月之久。

自二〇〇六年以來，中共政權實施了大規模的藏民「安置」計劃，強行搬遷青海省和青藏高原東部地區的藏族牧民。官方數據顯示，二〇〇六年至二〇一二年間，多達二百萬藏人（超過西藏自治區總人口的三分之二）由原本的村落逼遷至城市，脫離原生地。據人權觀察稱，二〇〇六年至二〇一二年期間，其中百分之二十的人被重新安置。同時，二〇〇六年和二〇一〇年，大約有二十八萬人不得不搬遷，有些人遷移至原址附近，有些人則搬到很遠的地方。[24]

人權觀察解釋說：「該政策的核心是『讓許多重新安置或搬遷的人定居下來，離開遊牧的土地，進入永久建築的房屋居住』，這一點讓許多藏人感到不安，因為其對西藏文化產生深遠的影響」。二〇〇五年至二〇一二年間，大量藏民非自願搬遷或重新安置，當局從未諮詢藏民，或提供任何替代方案。許多藏人認為，該計劃的目的是「促進中國政府對藏人的控制」。二〇一一年，當局宣布計劃派出兩萬多名黨政幹部駐紮在藏族村莊，與當地群眾「同吃同住」。由此可見，西藏人已經面臨政治、宗教和文化方面的嚴厲限制。

其他令人擔憂的趨勢還包括減少地區學校中使用藏語的頻率。據人權觀察的另一份報告稱，西藏小學甚至幼兒園正在引入中文作為教學語言。[25] 藏民們普遍擔心年輕一代日益喪失使用流利藏語的能力。一九八八年至二〇〇五年間，藏族學校中不會說藏語的教師增加了三倍。根據二〇一七年中國的一項研究指出，拉薩一個縣市有百分之三十的教師不懂藏語。二〇一六年一月，藏語倡導者扎西文色（Tashi Wangchuk）被捕。他告訴《紐約時報》青海省某個縣市不再使用藏語作為教學語言後，被控「危害國家安全」，並因「煽動分裂國家」被判處五年徒刑。[26]

三個聯合國人權專家委員會多次對中國處理母語教學的方式表示擔憂。二〇一八年，聯合國消除種族歧視委員會對「西藏自治區（TAR）學校的藏語教學在法律、政策和實踐上未能與漢語享有同等地位，且受嚴重限制」表示擔憂。與此同時，中國還被指控違反《兒童權利公約》。[27]

限制藏民接受母語教育似乎還不夠糟糕，中共還利用龐大的寄宿學校系統，向西藏兒童宣傳中國政權及和灌輸「中國化」進程。據西藏行動中心（Tibet Action Institute）表示，至少有八十萬名六至十八歲的藏族兒童，相當於百分之七十八藏族學生生活在「殖民地寄宿學校」中。由於缺乏替代方案，家長被迫將孩子送到這些學校，學生面臨失去母語和文化認同的風險。因為學校的課程用中文授課，他們被迫與家人分開居住，同時接受高度政治化的課程，旨在讓他們認同自己是中國人。[28] 報告指出，這些學校是「中國國家主席習近平本人推動同化議程的基石，旨在透過消除種族差異，以預防其對中國共產黨掌權產生威脅。」學校教育對藏族兒童和家庭，以及整個藏族世代和藏族的身分認同造成嚴重影響。

不斷擴大的監視範圍是北京的「長臂」深入西藏的另一種方式。正如西藏人權與民主中心所說：「西藏近十年來的變化體現了一種忽視人權的社會控制機制。這種機制包括線上監控、架設閉路電視攝像頭和竊聽房屋。此外，設立檢查站一類的監控基礎設施，則允許國家密切觀察和監視人口。[29] 報告接著特別指出：「自二〇〇八年以來，藏人舉行廣泛的抗議活動，要求自由和達賴喇嘛回歸。結果是，中國當局加強控制該地區，以確保類似事件不會再發生。」

倫敦西敏寺大學社會科學學院院長，暨西藏問題專家迪比耶什·阿南德教授（Dibyesh

Anand）對這報告表示同意，他說重度監控旨在防止抗議活動，因為「每個房子都安裝了監視用攝像頭」。[30]

國際聲援西藏運動（The International Campaign for Tibet）於二〇二一年發表一份報告，進一步描繪西藏的受監視狀態，認為僧侶和尼姑持續被監視和控制，生活在令人窒息的環境中。[31]在習近平的領導下，政權對寺院團體的鎮壓進一步升級。二〇一一年至二〇一六年（恰巧是習近平執政的第一個五年），自臭名昭著的陳全國擔任西藏自治區黨委書記，實施「安全化」政策以來，更加注重意識形態控制和轉型，變本加厲地「支持」國家。[32]習近平「中國化」所有宗教的努力並不是「空洞的威脅」。

西藏觀察研究員丹增曲吉（Tenzin Choekyi）對此表示同意。她告訴我：「陳全國有條不紊地鎮壓，派黨干部駐紮在每個街角、派出所和偏遠村莊。到處都是線人，營造出一種令人窒息的氛圍。」

次仁・達瓦（Tsering Dawa）是前拉薩西藏銀行的員工，他於二〇二〇年逃離西藏並前往印度。毫無疑問，自習近平上台以來，政權對西藏的鎮壓變本加厲。陳全國以雷霆萬鈞之勢打壓西藏，他後來在二〇一六年至二〇二一年擔任新疆黨委書記的新職務期間，運用了這些技巧。他也曾在二〇〇九年至二〇一一年河北省擔任副黨委書記時，負責迫害和打壓法輪功。達瓦回憶道：「陳全國在西藏各地加強了監控，到處設置檢查站和監控攝像頭，並進行DNA檢測和面容識別。我的母親當時在一家政府醫院工作，我記得他們採集了每個人的血液樣本，更用眼部掃描儀來收集面部識別技術的數據。許多人僅僅因為參加達賴喇嘛尊者的『時輪金剛灌頂法會』就被判三年有期徒刑。」

最終，次仁．達瓦認為：「中國政權的主要政策目標是把藏人和維吾爾人變成中國人。因此，為了真正地了解中共在各地實行的鎮壓模式，研究其在西藏和新疆的政策顯得非常重要。目前人們對西藏缺乏關注，但作為西藏境內的人，我學到的是，在西藏實施的政策日後都會在新疆實施，現在又在香港實施。因此，如果我們不了解西藏的情況，我們就無法了解中國共產黨。」

旺登．嘉布（Wangden Kyab）出生於西藏東部的安多，現為達蘭薩拉的西藏監察研究經理，於一九九八年逃亡至印度。他來自一個投身於反對中國佔領西藏的家庭。他說：「我家族的三代人，包括曾祖父、祖父和父親，一直在從事對抗中國入侵的抗議和抗爭活動。他們被監禁、遭受酷刑、被拖去批鬥，在勞教所裡經歷了難以想像的艱苦歲月，最後迎來死亡。」有時，旺登會和祖父一起在山上和河邊放牧牛羊，祖父會給他講中國入侵西藏的故事。他回憶道：「他會談論他和其他人如何被監禁，監獄裡的生活又是甚麼樣的，也會講述批鬥大會和勞教所的艱辛歲月，並告訴我，他和我的曾祖父與中國人民解放軍的抗戰史，和親眼目地戰爭的殘酷。這些故事銘刻在我心中，激勵我追隨他們反抗中國佔領的腳步。我在西藏長大，當我還是個頑皮孩子的時候，村裡的長老總會告訴我和其他年輕人，我們必須經歷悲劇，才能懂得如何做一個好人。他們會回憶起一九五八年和一九五九年，想起中國的入侵以及早年的佔領和抗議事件。那段歲月充斥著戰爭、打鬥和飢荒，他們會試圖用這些記憶來嚇唬我們。其他出生在中國佔領下的年輕一代，有時無法換位思考，也無法辨別是非。因為他們從未見過外面的世界，從未經歷過其他社會。」

旺登回憶起一段經歷。有一次，附近一座寺廟的一名僧人從印度返回西藏，帶來一面被中國政權封禁的西藏國旗。旺登回憶道：「那面西藏國旗就掛在一個僧人的房間裡，我看到了它，覺得很驚訝。對我來說，這是獨一無二的，所以我問他們我是否可以複製它。我喜歡畫畫，所以我畫了很多西藏旗，並向我的朋友們展示。很快，許多家庭的家裡都掛上了西藏國旗。」

這樣的行為本來是非常危險的，但旺登所在的村子位於西藏一個非常偏遠的地區，政府官員很少上門，也不太關注那裡：「人們把國旗掛在家裡，政府並不知情，所以在我逃走之前，並沒有遇到太多問題。然而有一天，有人在距離我村一兩公裡的鄉鎮小學的牆上寫下了『西藏獨立』、『中國滾出西藏』等標語。政府發現了這些，情況急轉直下。他們試圖調查是誰做的。他們來到我的村莊，搜查了整個村莊、寺院，並詢問了僧侶和所有他們懷疑的人。」

這件事發生的幾年後，旺登決定逃往印度。他回憶道：「我知道達賴喇嘛尊者在印度，那裡還有和他一起生活的藏人，還有達賴喇嘛尊者率領的西藏士兵，在反抗中國政權和試圖解放西藏，讓我燃起革命的火花，所以我決定離開西藏。」家人試圖規勸和阻止他，因為他是長子，而西藏傳統均認為長子需留在家照顧父母、家庭和家族，但旺登去意已定。他告訴我：「我不知道印度在哪裡，我在印度不認識任何人，但我知道我必須去。由於家人不同意，我試圖偷偷逃跑，但他們一次又一次地抓到我。於是我對他們說：『好吧，你想留我多久都可以，但總有一天我會離開。無論是五年、十年、十五年還是二十年後，我有一天總會去印度。』最後，他們把我放走了。」

這段旅程充滿危險。從安多到尼泊爾，旺登徒步一個月，翻越喜馬拉雅山。他告訴我：「當我旅行時，我總在想為甚麼我在這麼年輕的時候，就如此堅定地拼命逃離西藏，加入這場運動。我知道我只有兩個選擇，要麼到達印度，要麼死在路上，但我下定了決心。其他逃離西藏的藏人也有類似的故事可以分享。逃亡路上有很多風險，許多人在邊境被中國士兵槍殺，許多人被逮捕並帶回中國，也有許多人儘管翻越雪山，但死於飢餓，葬身於喜馬拉雅山，還有許多人被凍傷，在冰川上面臨著各種危險。這不僅是我的故事，而是每一個翻越喜馬拉雅山脈，逃離西藏的藏人縮影。」

如前所述，次仁達瓦於二〇二〇年越獄，是我有幸採訪到剛出逃的藏族逃亡者。他在達蘭薩拉通過網絡電話接受採訪：「我於二〇二〇年二月二十四日，藏歷新年的第一天抵達流亡地。我離開西藏是因為沒有自由，西藏境內沒有人權。我想為西藏的自由而努力，放大西藏人民渴求自由的聲音。」

五年前，次仁達瓦因申請護照後，在社交媒體（微博和微信）上發表「中國人可以獲得自己的護照，但藏人卻不能獲得自己護照」的言論被捕。他告訴我：「我從拉薩前往日喀則，但當局認為我正在逃跑，所以我在日喀則被捕，被拘留了十一個月。我先被關押在日喀則扎西寺前的監獄裡三天，然後轉移到另一所監獄。居留期間，他們綁住我的手腳，用文件盒和塑料容器毆打我。」達瓦給我看了他至今還留在頭上的傷疤：「十一個月後，他們找不到我參與政治運動的證據，於是試圖將我與政治工作聯繫起來，指責我與達蘭薩拉有聯繫。我說我唯一做過的事，就是評論我無權獲得護照的事實。最後他們把我放了。」

經過一年的休養，從監獄的磨難中恢復過來後，次仁達瓦在西藏金川一個北京直屬的政府機構找到了一份工作，負責監督西藏的工業、農業、游牧社區、教育和經濟活動。據他回憶：「當我在那個辦公室工作時，收到了有關新疆局勢的信息，也發現藏人面臨著與維吾爾人類似的情況。所以我決定公開這些信息，並將其全部發送到達蘭薩拉。這些信息包括新疆集中營、西藏農民和游牧民被迫搬遷以及其他侵犯人權的詳細信息。這讓我處於危險之中。當局正在搜尋向外界發送信息的人。因此，我決定逃跑。」

次仁達瓦沒有像大多數藏人逃亡者那樣翻山越嶺前往尼泊爾，他採取了一條不同但一樣危險的路線。和他同行的母親當時已經六十多歲，顛簸的山路對她來說極具挑戰性。於是，他們拿了中國護照，設法從拉薩飛往重慶，然後再飛往昆明，從那裡飛往泰國和尼泊爾，然後轉機到印度。次仁達瓦回憶道：「在昆明機場，我和媽媽被保安攔住了，因為我們是那裡唯一的藏人。由於我們的原因，航班不得不延遲十五分鐘。那是一個非常可怕的時刻。即使在泰國，我們也很害怕，因為泰國與中國關係密切。」

尼瑪拉莫（Nyima Lhamo）年僅十三歲時，她的叔叔丹增德勒仁波切（Tenzin Delek Rinpoche）於二〇〇二年四月七日在四川省甘孜藏族自治州尼亞曲卡縣的寺院被捕。丹增德勒仁波切喇嘛是德高望重的藏傳佛教僧人，因其人道主義和從事社區工作，包括建造孤兒院、學校和老人院而廣受讚譽，但他被錯誤地指控參與四川省成都市的炸彈襲擊事件。同年十二月二日，他以「恐怖主義和顛覆罪」被判處死刑，緩期兩年執行。二〇〇三年一月二十六日，他的助手及遠親洛桑敦珠（Lobsang Dondrup）被處決。

丹增德勒仁波切在監獄中忍受著酷刑和虐待，就這樣度過了十三年。他的家人被剝奪每月定期探望的權利，儘管根據中國法律他們有權這樣做，當他的健康狀況變得危急時，連保外就醫也被拒絕了。據尼瑪拉莫回憶：「我們知道警察經常毆打他，搶走他的衣服，把他扔到地板上，把他推到熱水裡。他們嘲笑他，說如果你是喇嘛，就給我們看看你的神通吧。他總是說自己沒有犯罪，被捕是因為熱愛西藏和達賴喇嘛尊者。」

二〇一五年七月十二日，丹增德勒仁波切於獄中逝世，當局聲稱他因心臟病發逝世。但據火化前為他清洗身體並更換衣服的僧人說，他的手指甲、腳趾甲和嘴唇發黑，頭後部有一處凹陷。據《西藏觀察》報導，僧侶們及其家人相信丹增德勒仁波切是被毒死的，[33] 儘管目前無法證實這一說法。

在這的前一年（二〇一四年），被逮捕並拘留的尼瑪拉姆決定逃往印度。她在流亡的新家告訴我：「由於叔叔在西藏所做的工作，他在藏人群體中非常受歡迎。中國政府指控他犯下他沒有犯下的罪行，被關押和死在監獄裡。這是我逃離西藏的主要原因之一。中國政府殺害了我的叔叔丹增德勒仁波切，我覺得作為一個年輕人，我可以旅行，我可以逃脫，然後宣揚他的故事，以及其他西藏人的故事。」

在丹增德勒仁波切入獄期間，尼瑪拉姆的母親和阿姨積極為他討回公道。她告訴我：「她們為請願書收集簽名，與遊客交談，向警察請求探視許可。他們走遍世界各地，包括到北京去尋求公義。然而，他們連一次探望丹增德勒仁波切的機會也沒有得到，上訪也被當局忽視。」

當她的母親外出上訪時，尼瑪拉姆負責照顧家庭，但在二〇〇九或二〇一〇年，她年滿二十歲時，也投身了這場運動。據她回憶：「我和母親、阿姨一起去成都，向監獄長上訪。我們聽說叔叔寫了一本三百頁的書，講述獄中的生活，我們想請警察把它交給我們。監獄長一眼就認出了我們，告訴我們『丹增德勒仁波切不在這裡』，然後準備離開。但我抓住和懇求他：『拜託，你拿了這本書。我相信你已經讀過了。你知道他是無辜的，你應該把這本書給我們。』我和表弟跪在他面前求情。監獄長回答說：『不行，如果我把這本書給你，我就會進監獄。他們會解僱我，然後把我關進監獄。』」

聽到這裡，尼瑪拉姆意識到她叔叔的案子有多重要。她回憶道：「如果成都最有權勢之一的監獄長，僅僅因為贈送一本書而有可能被逮捕並監禁，那麼任何事情都可能發生。我意識到這不是一個普通和正常的案例。」

儘管家人不斷地上訴，但都沒有成功。警方甚至拒絕歸還丹增德勒仁波切被捕時扣押的財產和金錢。她回憶道：「當我的家人要求歸還扣押物品時，中國警方告訴我們，這筆錢將作為成都爆炸中喪生者親屬的補償款。他們說這筆錢可能會交給律師。他們一直在撒謊，我意識到上訴永遠不會有正義。」

丹增德勒仁波切在監獄只說了幾句話，卻啟發和影響了他年輕的侄女。尼瑪拉姆回憶道：「叔叔讓我去這個國家的最高法院，為他的案件辯護，因為他是無辜的。這讓我真的想為他做點甚麼。當他去世時，我非常迫切地想要報仇，殺死中國的領導人。但我隨後想起叔叔的話：『雖然他們打了我，但我沒有打他們。』我意識到『冤冤相報何時了』，所以我不應該尋求報復，而是要向全世界講述他的故事。我想如果我不離開西藏，等我老了就會後悔。」

丹增德勒仁波切圓寂第二天，隨即有三百人聚集在理塘抗議，要求查明真相。九人獲准前往成都去瞻仰他的遺容，尼瑪拉姆決定跟他們一起去。據《西藏觀察》報導，直到七月十五日，鄂爾多克、果洛、那曲和其他地方已經陷入混亂。在成都派出所，尼瑪拉姆和母親指責當局殺害丹增德勒仁波切，尼瑪決定自殺。她告訴西藏觀察：「外面有一個木樁，所以我走出去，摘下圍巾，試圖用它來吊死自己。同時，母親也用頭撞牆，希望當局能聆聽我們的訴求。公安見我想自縊，才開始關注我們。他們把我們叫回車站，由於我當時無法獨自行走，他們把我扶進車站。」[34]

警方向尼瑪拉姆的母親和阿姨展示了醫療處方和其他醫療文件以「證明」丹增德勒仁波切的死因，並要求他們簽署一份確認書，但她們拒絕了。反之，尼瑪和母親提交了一封上訴信，列出五點訴求，包括進行死亡調查、公佈死亡證明、歸還屍體、澄清當局提供的信息中不一致之處，並要求待死因確定後，才安排火化。兩小時後，當局卻命令僧侶們確保丹增德勒仁波切的遺體在第二天被火化。

七月一日，尼瑪和她的母親被逮捕並扣押，在監獄裡被關押了一個多星期。警方警告她們為丹增德勒仁波切請願和發起運動，以及指控他被謀殺，均為犯罪行為，可能會被判處無期徒刑。她們最終被釋放，條件是不能透露任何有關丹增德勒仁波切及其死亡的信息，也不得對中國當局提出任何指控。

他們受到嚴密監視，行動受到限制。尼瑪回憶道：「他們在我們家外面安裝了監控攝像頭，警察經常來拜訪並詢問我們在做甚麼。」有幾次，她不顧監控溜出家門前往成都，當局便會詢問她的母親她在哪裡：「我媽媽告訴他們，『你們有監控攝像，為甚麼沒看到？』」

尼瑪開始計劃逃亡。在流亡藏人的幫助下，她獲得了所需資金、信息、聯絡方式以及如何逃離的建議。然後，有一天，她告訴鄰居要去森林裡採集藥用價值和售價高昂的蟲草。她說：「幾天後，我連夜逃了出來，閉路電視攝像機沒有拍到我。我花了近半個月的時間，開車、騎摩托車並徒步翻山越嶺。有時我很餓，因為我的口糧只夠每天吃一餐。有時山路非常陡峭，讓人覺得心驚膽顫。此外，我有高原反應，儘管只是很短的時間，我也會感到害怕。」

二〇一六年七月二十四日，也就是她叔叔在獄中去世一年多後，尼瑪抵達達蘭薩拉，在那裡她有機會見到了達賴喇嘛，那次經歷對她來說「苦樂參半」。她回憶道：「我很高興能去拜訪他，但就他不能重回西藏一事，我又覺得很難過。他告訴我別傷心。此外，達賴喇嘛非常尊重叔叔，不僅詢問了弟子們的情況，還討論了我的計劃。他問我想不想回西藏，我說我不能回去。他說如果我不打算返回西藏，那麼我應該把這個故事告訴全世界。」

……

可悲的是，還有無數類似的「恐怖故事」可供講述。《國際西藏郵報》報導稱，在二〇一六年五月至二〇二〇年五月期間，有超過一千一百三十三名藏人「被逮捕、任意拘留、監禁、在拘留期間被虐待致死」。[35]

二〇一六年，一位名叫丹巴（Tenpa）的十八歲的僧侶在阿壩（Ngaba）舉著西藏國旗和達賴喇嘛的照片，獨自抗議，不到五分鐘就被十名警察逮捕。二〇一九年九月二十日，六名藏人因拒絕參加中華人民共和國成立七十週年官方活動而被捕。二〇一九年十一月十八日，名叫尼梅（Nyimey）的十五歲僧侶，因涉嫌撰寫文章支持已被拘留的四名僧侶而被捕。這四名僧侶在十一天前因派發支持獨立的傳單，而被當局拘留。[36]

據西藏監察的丹增確吉（Tenzin Choekyi）稱，二〇二一年初，兩名藏人被「非常殘忍的方式」殺害。其中一位是十九歲的西藏僧侶丹增尼瑪（Tenzin Nyima），他因涉嫌向流亡藏人透露自己被捕的消息而被逮捕、釋放並再次被逮捕。丹增確吉告訴我：「他被毆打至昏迷不醒，不久後便去世了。」[37]此外，她也提到另一位曾在印度留學，後來回到西藏在拉薩當導遊的藏人貢卻津巴（Kunchok Jinpa）。他在二〇一〇年和二〇一三年將其家鄉抗議採礦業的信息分享給流亡藏人，隨後被捕並被判處二十一年監禁，最終於獄中受傷而亡。[38]

無可否認，達賴喇嘛已經成為全世界最知名的西藏「符號」。正如達賴喇嘛的傳記作者亞歷山大・諾曼（Alexander Norman）所說，達賴喇嘛受歡迎到「讓悉尼到聖保羅、從奧斯陸到約翰內斯堡演講的門票都賣光了」。他獲得了諾貝爾和平獎，擁有眾多其他獎項以及兩千萬推特粉絲，[39]獲頒榮譽學位，為多個城市爭取自由。他會見了世界各地的總統、總理、政治家和宗教領袖，由於他為公義而進行非暴力且勇敢的鬥爭，以及他的精神指引，而深受數百萬人的愛戴和尊重。

但他在藏人心中的地位卻更為重要。如次仁達瓦（Tsering Dawa）說：「當基督徒起誓、保證或承諾時，你是以上帝的名義起誓。對於西藏人來說，當我們承諾時，是以達賴喇嘛尊者的名義起誓。這已經深植於我們的基因中，這就是我們與達賴喇嘛之間的關係。」

旺登凱布（Wangden Kyab）同意這個說法：「藏人說，達賴喇嘛和班禪喇嘛尊者就是太陽和月亮。他們的形象以及我們對這兩位高僧的崇敬，深深紮根於每一個藏人的心中。」

儘管在西藏境內，表達對達賴喇嘛的崇敬是極其危險的，但人們仍然會這樣做。尼瑪拉姆說：「在西藏境內，我們一直對尊者保有深深的敬意。人們愛戴和尊敬他，勝過自己的父母。中共政權不允許我們把尊者的照片掛在家裡，但這並不意味著我們忘記了達賴喇嘛尊者。他存在於所有西藏人的心中。」

康西利奧・迪・尼諾（Consiglio Di Nino）是一位出生於義大利的前加拿大參議員。三十多年來一直致力於西藏事業，他可以證明上述說法。一九八八年，他的妻子決定前往加爾各答（Calcutta），與德蘭修女（St. Teresa of Calcutta）一起工作。迪・尼諾參議員熱衷於遠足和徒步旅行，決定去看望德蘭修女，順便去印度境內的喜馬拉雅山旅行。他非常喜歡這個地方，以至於兩年後，他參加了另一次徒步穿越喜馬拉雅山和西藏，到達珠穆朗瑪峰大本營的遠足旅行。

正如參議員迪・尼諾回憶的那樣：「我們看到的是一個民族被奴役的狀況。越是深入西藏，情況就越糟糕。」他旅行時隨身攜帶大約十幾張達賴喇嘛的照片，並將這些照片放在腰帶上的相機包裡。他說：「有人告訴我，如果被中國當局抓住，我就很大機會再不能離開西藏了。」然而，儘管風險重重，那些懂幾句英語的藏人還是會悄悄地向外國遊客求助，有一天，迪尼諾參議員和他的旅行團正在參觀西藏最神聖的大昭寺（拉薩的「精神之心」），有人把一張紙放在他的手裡。

他告訴我：「有一個二十歲出頭的年輕人，在我身邊縮成一團。旅行團的一位美國女士撿起這張紙說：『這是求救的呼喊』。」

這時，迪．尼諾參議員想起了相機包裡的違禁品照片。他回憶道：「我拿出一張達賴喇嘛的照片放在胸前，走向這個年輕人。當我靠近他時，我張開雙手，將達賴喇嘛的照片放在我的兩手之間，這樣別人就看不到它。這個年輕人仍然跪著。我微笑著走到他身邊。他的臉馬上就亮了起來。那個笑容像一道光穿過天空照射下來。他把照片塞進衣服裡就走了。那是一個我會永遠銘記於心的畫面。在那一刻我承諾，為了這個勇敢的年輕人，我會盡我所能支持西藏。如果他被發現帶著那張照片，就很可能會被槍殺。」

加拿大議會西藏之友主席，兼參議員迪．尼諾多次會見達賴喇嘛。他說：「我不能說我們成為了朋友，但我想說我們成為了精神上的兄弟。」一九九〇年，時任加拿大總理布萊恩．穆爾羅尼（Martin Brian Mulroney）任命迪．尼諾為加拿大參議院議員。不久之後，這位參議員得知達賴喇嘛即將訪問蒙特利爾。迪．尼諾說：「在那之前，政府中沒有人見過他，所以我去找當時的加拿大外交部長芭芭拉．麥克杜格爾（Barbara McDougall），並說：『芭芭拉，你和我明天將飛往蒙特利爾，正式歡迎達賴喇嘛來到加拿大。』她說：『這是個好主意。』於是我訂了機票，然後就出發了。我們向達賴喇嘛致意，他送了我們「哈達」，芭芭拉問我：「你是如何獲得批准的？」我說：「政府的其他成員明天早上讀報紙時就會知道了。」第二天，我和總理聊天，我們笑得很開心。他直到那時才知道他的外交部長會見了達賴喇嘛，而他自己卻不知情。如果西藏人會說，這就是業力（karma）的力量。」

二〇一二年，達賴喇嘛要求迪·尼諾參議員在加拿大主辦一次關於西藏問題的世界國會議員大會。（World Parliamentarians' Convention, WPCT）迪·尼諾參議員回憶道：「當我和達賴喇嘛在議會的開幕招待會上見面時，他走到我面前用鼻子抵著我的鼻子說：『朋友們互相擦鼻子』。」我當時留著鬍子，他猛地拽了一下，問：『這是甚麼？』我告訴他，鬍子讓我保持溫暖。」

迪·尼諾參議員說：「達賴喇嘛是一個非常謙虛的人，有著無與倫比的，我無法與之比擬的人生智慧。他毫不吝嗇自己的時間，他不會單方面地對你說話，他會與你交流，他會和你對話，而且非常體貼。他有一些人類很難描述的東西。當你和他在一起時，會感受一種平靜且和平的氛圍，同時意識到他是一個非常神聖的人。唯一一個讓我感受到類似氛圍的人，是教宗約望·保祿二世。」

英國議員、前政府大臣蒂姆・羅夫頓（Tim Loughton）也有類似的看法。他在學生時代首次參與西藏事務。當時他參加了中國大使館外的抗議活動，揮舞著西藏旗幟。他在薩塞克斯的世交收養了一名藏族男孩，這吸引了他加入這場運動。他說：「我加入了西藏協會，然後當我當選國會議員時，我加入了跨黨派的西藏議會小組，然後成為了小組的主席。」

羅夫頓曾兩次訪問達蘭薩拉。他在二〇〇九年接待了訪問英國議會的達賴喇嘛，並在二〇一二年達賴喇嘛訪問倫敦時再次會見了他。羅夫頓回憶道：「他是最討人喜歡的人物。他的英語說得很好，帶有濃重的口音，每說一句話就咯咯地笑。他是個愛笑的人，對任何事都咯咯地笑。他也是最難伴行的人。二〇〇九年他來訪時，反對黨領袖戴維・卡梅倫（David Cameron）會見了他。我必須在戴維・卡梅倫的辦公室與他會面，然後護送他到西敏寺大廳向國會議員發表講話。儘管步行距離只有五分鐘，但我們至少花了四十五分鐘，因為他要跟大家打招呼，大家也想跟他打招呼，從清潔工到警察，大家都不斷地停下工作和他自拍，當然，他也給了每個人充裕的時間。他非常幽默，所有人都非常喜歡他。」

然而，當達賴喇嘛二〇一二年再次訪問倫敦時，戴維・卡梅倫已成為首相，而羅夫頓本人則擔任部長。儘管卡梅倫在野時曾批評戈登・布朗（Gordon Brown）沒有在唐寧街（譯者按：

英國首相官邸）接見達賴喇嘛，而是在蘭貝斯宮的坎特伯雷大主教官邸會見達賴喇嘛。然而，當卡梅倫成為首相時，卻與副首相尼克・克萊格（Nick Clegg）在聖保羅大教堂接見了達賴喇嘛。

當時的下議院議長約翰・伯考（John Bercow）在議長府為達賴喇嘛舉辦午餐會，但羅夫頓和另一位部長、長期支持西藏的自由民主黨人諾曼・貝克（Norman Baker,）則受政府指示不准參與餐會。羅夫頓回憶道：「我們接到唐寧街打來的電話，諾曼和我都說「管他的」。但後來外交部長傑里米・布朗（Jeremy Browne）親自與諾曼交談，基本上就是在告訴我們，如果我們去參加午餐，將會被解除部長職務。我們準備好堅持到底。事實上，前一天晚上，我們在皇家亞伯特音樂廳參加了一場活動，在前排特地和達賴喇嘛尊者見面，所以我們可以不出席午宴，免卻雙方尷尬，但這件事情處理得很差。」

約翰・伯考本人告訴我，他無意屈服於任何不得接待達賴喇嘛的壓力。據他回憶，他收到了中國大使館的抗議，對此，他的回應如下：「請原諒我，我是以一名議員的身分來做這件事的。你不是在以政府與政府之間的方式打交道。我不是政府，我是英國眾議院議長。我只是邀請達賴喇嘛與跨黨派議會小組成員共進工作午餐。我很感謝你們的意見，但我打算繼續舉辦這個活動。」

這位前議長補充說，中國的投訴表明了他們全然誤解民主和英國憲法：「有人建議他們可以向英國政府投訴，但我提醒他們議長獨立於政府，而「這位議長」尤其獨立於政府。」（譯者按：「這位議長」即約翰．伯考本人）

伯考對事情本身的回憶與所有見過尊者的人的回憶一致。伯考回憶道：「達賴喇嘛非常有風度。他發表了一些一般性評論，強調了他的藏人同胞權利的重要性。他發表過長篇政治演講嗎？不，他沒有。我對達賴喇嘛最深刻的印象是他是一個多麼仁慈、神聖且正直的人。他的話本質上是嚴肅的，但又帶有讓人感受到一絲笑意（Fundamentally serious, but with a twinkle）。此外，他還有很強的幽默感和明顯的咯咯笑聲，相當讓人喜愛。而且你知道的，他並不是在製造衝突，只是在尋求自主權。如果中共因為邀請我二十人到議長府而嚇得六神無主（If the Chinese Communist Party regime were wetting their pants and spewing their noodles over an invitation to Speaker's House with twenty people,）。那麼我希望邀請達賴喇嘛在西敏寺大廳演講，那將真正引起一場公開的爭論。」

中共政權有威脅接待或會見達賴喇嘛的外國政客的不良習慣。羅夫頓表示，就連蘇格蘭首席部長亞歷克斯．薩爾蒙德（Alex Salmond,）也迫於壓力而拒絕會見這位西藏精神領袖。羅夫頓說：

「中共會打電話給會面者說：『我們不會與這家公司或那家公司打交道，如果你繼續這樣做，我們不會為這項投資提供資金。』最重要的是，中共會付錢給抗議者，試圖破壞達賴喇嘛的演講。他們如此瘋狂地想要制止他，以至於狀況發展成一個關於中國政權試圖審查達賴喇嘛的事件，而不只是禁止他發言那麼簡單。」

另一位英國議員阿爾頓勳爵（Lord Alton）於二〇〇四年在他的家鄉利物浦接待了達賴喇嘛。阿爾頓勳爵最初受到偉大的自由黨議員埃里克・盧伯克（Eric Lubbock），一名佛教徒和人權鬥士的啟發，而對西藏產生了興趣。埃里克・盧伯克後來成為埃夫伯里勳爵（Lord Avebury）。那時阿爾頓勳爵正擔任利物浦約翰摩爾斯大學的學術主席，正籌辦一個以偉大的利物浦議員，和反奴隸制運動家威廉・羅斯科（William Roscoe）命名的一系列講座。羅斯科與威廉・威爾伯福斯（William Wilberforce）一起領導了十八世紀末反對奴隸貿易的運動。阿爾頓勳爵將羅斯科視為他的「英雄」之一，並認為邀請達賴喇嘛來發表一場以紀念他的講座是「一件很自然的事」。

得知西藏精神領袖將訪問利物浦後，中國駐英國大使致電利物浦約翰摩爾斯大學副校監和利物浦市長。阿爾頓勳爵回憶道：「他們威脅副校監，如果堅持這樣做，將不會有更多的中國學生來利物浦讀書。他們還告訴市長，如果議會繼續舉行達賴喇嘛的接待會，利物浦和上海之間的姊妹城市關係會被打破。副校監和市長打電話給我，詢問應該如何回應。我說過，當一艘中國砲艇抵達默西河時，他們才應該開始擔心。但在那之前，如果我們屈服於這些恃強淩弱的恐嚇者的威脅，那麼我們作為一所大學和一座城市所肩負的使命，將會蕩然無存，我們將嚴重損害自身的聲譽。」

事實上，利物浦立場堅定。達賴喇嘛受到了利物浦大教堂院長的接見，發表了一場由聖公會利物浦主教、天主教大主教、以及印度教、穆斯林和猶太教等宗教領袖主持的演講。三千位民眾湧入大教堂，外面也擠滿了人。

阿爾頓勳爵說：「達賴喇嘛是一位深具靈性的好人。我對他那次訪問利物浦的方式印象深刻。他並沒有試圖勸說人們改變信仰，相反，他告訴人們要更加認真地對待自己的信仰，努力實踐它們。他了解利物浦的宗派歷史，以及與他談話之人的精神動機。他贏得了人心。」

達賴喇嘛尊者在為本書接受我的採訪時，重申他對促進「宗教和諧」的承諾。他告訴我：「由於我們所有的宗教傳統都宣揚我們可以帶來內心的平靜，所以我們必須努力在『我們』之間創造和諧。我非常崇拜古印度的 Ahimsa 思想，它的意思是『非暴力』或『不作惡』。『非暴力』不只是我們行動上的非暴力，更指向內心的慈悲。因此，在印度，世俗主義意味著培養對全部有宗教信仰者和無宗教信仰者的尊重。」

達賴喇嘛補充說，一些人認為西方的「世俗主義」意味著不尊重任何宗教。然而，達賴喇嘛認為，由於所有宗教傳統都傳達了愛、寬容和自律的信息，因此它們都有潛力為人類服務，所以值得尊重。宗教信徒有責任去促進宗教間的和諧。達賴喇嘛回憶說，當他住在西藏時，他認為佛教是最好的，因為那是他熟悉的。但當他到達印度後，他的觀點發生了變化。他說：「當我接觸到托馬斯・默頓（Thomas Merton）和德蘭修女（Mother Teresa）等基督徒，以及優秀的印度教、猶太教和穆斯林朋友時，我對其他宗教傳統產生了真正的欣賞和尊重。」

在達賴喇嘛訪問利物浦期間，舉辦了一個有關西藏的小型電影節，阿爾頓勳爵在其中一個開幕活動上演講。他回憶道：「最讓我感動的是，當演講結束時，我遇到了兩名年輕的中國學生。我問他們是否要去看這部電影，但他們說沒有票。而我口袋裡正好有兩張票，於是就遞了給他們，但我問他們為甚麼要去看電影。他們說：『因為我們永遠不會被允許在家裡看這些東西，我們想更多地了解這個問題。』這對我來說是一個關於學術自由、智慧好奇心，以及我們所有人作為人類最原初的渴望：我們享受被賦予的自由。」

結果，中共政權向阿爾頓勳爵表達憤怒，並邀請他訪問西藏。在了解到他們必須自費的情況下，阿爾頓勳爵組織了一個跨黨派代表團出訪西藏和中國，代表團成員包括前自由黨領袖斯蒂爾勳爵（Lord Steel）、議會保守黨議員詹姆斯・格雷（James Gray）和工黨議員德里克・懷亞特（Derek Wyatt）。

阿爾頓勳爵回憶道：「我們就個別的人權案件，以及關於拉薩地位的提出建議，並且在達賴喇嘛的充分授權下，我們能夠引用他的話。達賴喇嘛不再認為西藏前進的道路是建立一個獨立的國家。作為第一屆蘇格蘭議會的第一任議長，斯蒂爾勳爵能夠提供有關蘇格蘭「權力下放模式」的見解。」

但與迪尼諾一樣，阿爾頓勳爵也遇到了隱藏在和平表面之下的波瀾。二〇二二年一月的一個早晨，阿爾頓勳爵在倫敦特拉法加廣場附近的水石書店與我聊天時告訴我：「私下裡，很多西藏人向我們展示了達賴喇嘛的照片，儘管這些照片是被禁止和非法的。如果你害怕人們擁有一位宗教領袖的照片，或者恐懼在守夜祈禱時被點燃的蠟燭，這很大程度上點名了你和你的意識形態，以及中國共產黨政權對宗教的恐懼。」

另一位曾與達賴喇嘛會面的西方政客，是前美國國際宗教特使薩姆．布朗巴克（Sam Brownback），他於二〇一九年前往達蘭薩拉。」布朗巴克特使告訴我：「我去那裡是為了明確展示美國政府的立場，即我們不支持中國共產黨有權挑選下一任達賴喇嘛的說法。我想以政府官員的身份去那裡，宣佈我們反對這個觀點，這太荒謬了。藏傳佛教歷史上從來沒有這樣『挑選』達賴喇嘛的情況。我們不會容忍。所以我就去了達蘭薩拉演講，並與達賴喇嘛會面。」這是他們的第二次會面。布朗巴克此前擔任美國參議員時，時逢達賴喇嘛曾訪問華盛頓特區，兩人便見過面。布朗巴克說：「我對達賴喇嘛的領導力，以及藏族人民在面臨難以言喻的困境，和缺乏來自外界的支持的情況下，持續地為信仰奮鬥的意願印象深刻。外界會談論西藏問題，但他們不會採取行動，更不會因為中國政權在西藏的所作所為而制裁中國。他們會說西藏應該要自由，但他們不會採取任何行動來實現這一目標。」

在訪問達蘭薩拉期間，另一位喇嘛告訴布朗巴克，達賴喇嘛去世後，他們預計北京政權將簡單地任命第十一世班禪喇嘛為新的達賴喇嘛。一九九五年五月十七日，中共政權綁架了當時年僅六歲的根敦．確吉尼瑪（Gedhun Choekyi Nyima），其時距離他被認定為班禪喇嘛僅有三天。從那時起，他就一直被扣為人質：「中共政權養育，培養和訓練了根敦．確吉尼瑪。如果他們簡單地把根敦確吉尼瑪推出來，宣稱他是第二世，是轉世達賴喇嘛，根本不足為奇。」達賴喇嘛告訴我，他們已經建立了一個達賴喇嘛的繼承制度。他還告訴我，他相信他會比中國共產黨活得更久。司政也告訴我一些我認為非常真實的事情。他說：「要麼世界改變中國，要麼中國改變世界。要麼世界抵制中國，並改變其運作方式，要麼中國現有運行方式，成為世界主導體系。這是一個嚴峻的選擇。世界必須站起來。否則，中國的威權重商主義將主導全球。」

迪尼諾參議員認為，無論中國試圖任命誰為達賴喇嘛，都不會被接受：「藏人的制度將繼續傳承下去。他們將組建一個搜索團隊。自由世界的西藏人將選擇一位達賴喇嘛。中國會派一些無關緊要的任務，宣稱自己是達賴喇嘛，但世界永遠不會承認他，藏族人也不會承認他。」

蒂姆・羅夫頓也同意這一觀點。他指出：「達賴喇嘛對繼任者問題相當坦率，並指出他某位『前輩』來自蒙古，因此有西藏或現代中國的邊界之外，尋找達賴喇嘛的先例。達賴喇嘛已組建『搜尋隊』，讓一群博學的僧人尋找他的轉世。當然，他們找到的人會是一名嬰兒。因此，在達賴喇嘛成長至足以繼位之前，將會有一位攝政王。毫無疑問，中國政府會派人去找這位『轉世靈童』。他們會派一些自稱博學的西藏僧人，即「有用的白痴」來領導這個搜索隊，並選擇自己的達賴喇嘛。如此一來，就會有兩位的達賴喇嘛相互競爭，但只有一位會得到世界的認可。」

羅夫頓補充道，具有諷刺意味的是，一個憎恨宗教的無神論共產主義政權，必須承認達賴喇嘛的輪迴過程。他說：「中國政府的處境有點尷尬。他們可能會說『輪迴』都是騙局，因此他們不會遵守尋找『轉世者』的一貫做法。由此，西藏不再有達賴喇嘛，但這不太可能。」

在訪問達蘭薩拉時，羅夫頓聽到了有關西藏人權狀況的第一手資料。」他回憶道：「在我第一次訪問達蘭薩拉時，我遇到了一位女士，她身為電影製片人的丈夫失踪了。他一直在秘密拍攝一部有關西藏的電影，潛入西藏進行拍攝時被中國當局逮捕，從此再也沒有露面。她三十歲左右，有幾個孩子，受過良好教育，但不得不靠在街頭賣麵包來維持生計。當她向我們講述事情經過的時候，她淚流滿面。她不知道是否還能再見到丈夫，只能在街上賣麵包謀生。我深受感動，並用一百美元買下她所有麵包，希望這能讓她再堅持一段時間。」

羅夫頓說，達蘭薩拉的每個人都有類似的故事。」他回憶道：「我還遇到其他人，他們的親戚也突然失踪了。有不少最近剛逃脫的難民，還有一些逃出來的尼姑，向我們展示她們遭受酷刑的痕跡。他們都遇到一些可怕的事情。他們當中有些人通過翻譯，淚流滿面地向我們敘述他們的遭遇。」

然而，藏人的勇氣、尊嚴和活力仍然振奮人心。羅夫頓回憶道：「我們與流亡藏人議會會面，參觀了西藏鎮壓博物館（the museum of Tibetan repression），還參觀了一些學校和教育項目。讓我印象深刻的是，幾乎每所房子裡都有一個藏人在電腦上，與西藏境內的某人交流，試圖對抗中共政權的政治宣傳。即使是僧侶也完全精通互聯網。他們比你想像的更聰明。」

鑑於達賴喇嘛溫和和非暴力，在全世界都深受愛戴。因此，中共政權對他的極度憎恨，以及對與他會面的外國政府或組織的偏執，讓人難以理解。阿爾頓勳爵將其描述為「仇恨差異」。因為北京的政權是「一個單一的體系，只尊重他們自己的意識形態和政黨，他們將宗教視為一種對立的力量，因為它能給予人們自由思考的空間，那是政權無法控制的事情。」他認為中共政權與達賴喇嘛相反，無法贏得民心，只能控制思想，因此他們將達賴喇嘛視為對其霸權的威脅。

羅夫頓認為，中共政權對達賴喇嘛的敵意是「一個巨大的誤判」，因為「每個人都愛達賴喇嘛」。他補充道：西藏人民沒有權力顛覆中國憲法，他們只是希望能夠在西藏和平生活，說藏語，學習藏族文化和宗教，所有這一切都能在西藏得到中國憲法的保障，但顯然沒有，中共沒有守約。達賴喇嘛只是要求中國實施憲法臣列的保障。」羅夫頓認為，中共政權的仇恨是基於「對同一性和一致性的偏執需求」。他們想把西藏廣大地區與中國其他地區同化。因此，他們讓漢人湧入拉藏和整個西藏，以致湧入的人口大大超過本土人數。此外，他們還將所有寺廟和文化機構視為對他們思想方式的威脅。從政治宣傳的角度來看，羅夫頓建議中共政權擁抱達賴喇嘛，並說：「是的，當然，你們有你們的學校，你們說你們的語言吧。」這樣，世界其他國家可能會停止譴責西藏的侵犯人權行為。」

丹增確吉一生都在流亡，她在印度長大，如今定居歐洲。她強調世界各地西藏流亡社區面臨的挑戰，以及呼籲人們不要忘記他們的苦難，謹記將之與西藏的鎮壓分開。她告訴我：「作為一名藏人，意味著你要懂得多角度思考。西藏境內的人想著西藏以外的世界，西藏境外的流亡者也想著西藏境內的人。在自己的土地上沒有自由就是這樣。它影響著我們的日常生活。」

二〇〇八年，西藏爆發抗議活動時，丹增確吉正在印度讀最後一年的高中課程，即將參加全印度中學考試。她回憶道：「對於學生來說，這是一個競爭非常激烈和壓力極大的時期，但對於我們藏人來說更加困難，因為我們確實深陷在西藏的動盪中。當我們準備考試時，一位同學站起來，提議我們從達蘭薩拉遊行到新德里以聲援西藏。我們每天開始上課前都會默哀一分鐘，悼念那些逝去的人。身為一名流亡藏人，你無法專注前途或職業生涯。我記得我問自己，作為流亡藏人，接受教育的目標是甚麼。我的目標是有一天獲得自由，並重返西藏。」

西藏流亡者丹增確吉說：「我們永遠都希望能回到西藏，但與此同時，我們的流亡生活還在繼續，這實在令人悲傷。在印度，我們是無國籍人、外國人。如果我們想返回自己的國家，就必須申請簽證，而該簽證常常被拒絕。流亡者現在幾乎不可能和仍在西藏的親屬聯繫，因為中共政權的監控技術使其變得極其危險。丹增卻吉補充道：「許多藏人害怕與家人交談，他們對正在發生的事情隻字不提。」

由於邊境軍事化，逃離西藏變得越來越困難。根據西藏流亡政府二〇二一年的一項調查顯示，繼司政邊巴次仁當選後，截至二〇二一年九月，只有七名藏人成功到達印度。[40] 丹增卻吉指出，這與上世紀九十年代數以百計、數以千計成功逃離西藏的人數形成了鮮明對比。尼泊爾的變化使情況變得更糟，現在該地「很大程度上處於中國的控制之下」，由此，穿越喜馬拉雅山和尼泊爾的逃生路線現在變得更加危險。在西藏流亡政府選舉中，尼泊爾當局沒收了西藏流亡者的投票箱。藏人常說，尼泊爾就像下一個西藏。

北京政權大力滲透、威脅、破壞和分裂流亡藏人社區。正如丹增多吉（Tenzin Dorjee）在詹姆斯敦基金會（the Jamestown Foundation）二〇二一年九月的《中國簡報》中指出：「北京歷來將流亡藏人，及其極有韌性的流亡政府和高效的跨國倡導運動，視為對中國國際聲譽及其外交政策的威脅。因此，中共政權一直持續擴大針對海外藏人影響力的行動，並完善其戰略，開創新策略以對抗西藏運動。」[41] 丹增多吉寫道，雖然達蘭薩拉和加德滿都「幾十年來一直受到威脅，這個情況現在已經擴散至海外藏人的西方前哨。」

多吉表示，紐約市是印度次大陸之外最大的藏人僑民社區，這使其成為「統一戰線工作部（中共政府負責管理或預防的機構）的主要目標，以消除反對中共統治的潛在來源。」中共政權的首要目標是製造分裂，另一個目標是「使海外藏人非政治化。」

中共政權手握的其中一項強大工具是「家庭關係」。丹增多吉寫道；「所有流亡者都夢想著回到家園。對於年邁父母仍在故鄉的流亡者來說，如果父母生病或發生緊急情況，這種渴望可能會變成絕望。流亡者渴望回到故鄉，與家人團聚，北京將之視為一個戰略弱點。」中共政權目前採取的一些措施包括仔細審查簽證、審問申請簽證的藏人、以及要求他們提供所有在西藏的親屬之詳細信息。丹增多吉指出：「藏人們向領事館提交的每一條信息，都是北京用來繪製流亡藏人地圖的數據，將流亡者個人與其家鄉更脆弱的家庭成員連結起來。這種跨國關係的映射，旨在流亡者心中種下一種假設的負罪感。其目的是向目標藏人灌輸一種心理暗示，即她參與流亡政治，可能會危及她在西藏的家人。最終使流亡者『政治失能』。」

西藏問題很重要。它涉及對與錯、自由與正義、真理與謊言的問題。即使對你來說，上述價值觀並不重要。但西藏問題背後隱藏著時代的另一個巨大挑戰：氣候變化，這是我們必須重視的問題。

蒂姆·羅夫頓表示，達蘭薩拉藏人對氣候變化的思考給他留下深刻的印象。他告訴我：「他們有一些非常有趣的學術專家，對青藏高原的現行研究至關重要。青藏高原被他們稱為『第三極』，是南北兩極之外最大的冰川和永久凍土。按照目前的速度，到二〇五〇年，大部分青藏高原將會融化，會直接和間接地為世界百分之三十的人口提供水源。」

在讀過至少一篇由阿伯丁大學和蘇格蘭喜馬拉雅研究中心發表的此類論文後，我同意這一點。西藏位於第三極地區的中心，正如作者指出：「青藏高原及其周圍的山脈組成亞洲中心的一個高海拔地塊，該地區的面積幾乎相當於歐洲平均海拔四千米。高原的冰川、雪和永久凍土，即冰凍圈（cryosphere），蘊藏著極地以外最大的冰凍淡水。」[42]

報告指出該地區依賴於降雪和寒冷的冬季，在高海拔地區儲存冰凍淡水，包含黃河、長江、湄公河、薩爾溫江、伊洛瓦底江、布拉馬普特拉河、恒河、薩特累季河、梧桐河、塔里木河等十條主要河流的「源頭」。報告續稱：「總共有十九億人生活在這些河流的流域內，直接依賴它們供應淡水，更有大約四十一億人靠依賴來自上述地區的農業和工業營生，超過世界現有人口的一半。」

研究指出：「有明確證據表明，第三極地區的氣溫正在以全球平均速度的兩到四倍上升，這個過程已經持續半個多世紀。這導致冰川面積縮小，凍土融化，降雪轉雨。整體趨勢是青藏高原逐漸變暖和潮濕。」除非有重大變化，否則在接下來的五十年裡，持續上升的氣溫將導致喜馬拉雅山以南的洪水增加、永久凍土地區人類基礎設施遭受更嚴重損害、西藏東部高海拔河岬和草原荒漠化、以及第三極下游山區社區和城市中心，特別是印度、巴基斯坦和新疆這些依賴冰川融水的地區將喪失淡水供應。」此外，這引致第三極周圍內陸地區，全年淡水資源供應不穩。

丹增確吉是參加二〇二一年在格拉斯哥舉行的第二十六屆聯合國氣候變化綱要公約第二十六屆締約方大會（COP 26 Climate Change Conference in Glasgow in 2021）的藏人之一。她解釋道：「沒有人知道西藏氣候危機的嚴重程度。人們太過關注島國，但西藏的高海拔和冰雪覆蓋區域與北極和南極一樣關鍵。西藏積雪正在融化，冰川正在崩塌，凍結千百年的凍土正在慢慢融化。」

丹增確吉表示，大規模的強迫搬遷也對西藏環境造成「破壞」，因為它們消滅藏人的農耕和游牧社區，以及他們可持續發展的生活模式。她解釋道：「政府似乎不知道的是，這些游牧民族是西藏生活模式的基石。當天氣非常寒冷時，他們會在海拔較低的地方放牧。在夏季，它們會到高海拔的地方放牧。放牧是季節性的。游牧民族懂得尊重土地，不但知道牲畜的極限，還擁有豐富的畜牧業知識。當成千上萬的游牧民族被『消滅』時，就會影響西藏和中國大陸的生態系統。此外，政府正在分流西藏的河流，以供應中國乾旱的北方。（譯者按：即「西水東移」計劃）然而，這些引水計劃是災難性的，西藏的水源逐漸枯竭。」

丹增確吉主張西藏的環境危機與其爭取自由的抗爭息息相關。她說：「如果西藏是一個獨立國家，我們將擁有自主應對氣候危機的權利與討論空間，也可確定自己的政策方向。但是，西藏目前被中共殖民，並仍處於佔領狀態，所以我們在一些重要會議如氣候變化大會發言（COP），討論影響整個世界的議題時，人們才會感到如此震驚。第三極正在融化，它影響二十億人，但氣候變化談判中沒有西藏代表。」

西藏比以往任何時候都更加封閉。正如羅夫頓指出的那樣：「現在很難獲取西藏的信息，因為能夠出去的難民遠比以前少，外來的訪問也銳減。例如，英國大使已經好幾年沒有訪問西藏了。中共政權只是不讓『外人』進來，即使允許外人訪問西藏，他們也會受到極其嚴密監控。」

然而，廣為人知的是，中共政權正試圖同時摧毀西藏的身份和文化，並進行羅夫頓所說的「迪士尼化」，在寺院遺址上建造酒店和針對國內中國遊客市場的「假西藏文化遺址」。羅夫頓認為：「這是完全地褻瀆。達賴喇嘛為此表示擔憂。由於大規模移民計劃，西藏的漢族人口現在已經輕鬆地超越藏人。今天，西藏的同胞們正面臨著『僅作為自己國家的一個旅遊景點』的危機。」[43]

正如迪尼諾參議員所言，我們「不應該忘記西藏運動」。我們應該像他一樣質問中共政權：「你在隱瞞甚麼？」如果西藏的生活如同北京所言「有所改善」，那麼應該允許外人自由和公開地訪問西藏。

自焚是情況變得愈加絕望的跡象之一。正如阿南德教授（Professor Anand）所說，自焚持續地發聲因為當局不允許集會。[44] 人權監察報告稱，二〇〇九年至二〇二〇年間，已有一百五十五名藏人自焚。旺登凱布（Wangden Kyab）告訴我：「犧牲自己的生命並不容易。他們這樣做並不是因為醉酒，而是絕望和承諾的標誌。他們覺得正在為祖先和子孫後代燃燒自己。即使全身著火，他們仍高喊『自由西藏』。」

旺登凱布認為，如今的西藏是一座監獄。在這裡人的行動受到監視，思想被糾正，權利被沒收、搶奪和壓制。然而，就像我採訪過的絕大部分藏人一樣，他仍然抱有希望：「他們不能殺死所有藏人。只要這個地球上還有一個藏人，他們的精神就會世代相傳。總有一天，我們可以擁有自己的國家。」

尼瑪拉姆也表達類似的信念。她告訴我：「我們的希望源於這樣一個事實：真理終會獲勝，而真理在我們這邊。這就是為甚麼西藏人充滿希望的原因，因為真理總會勝利的。」

對於她和大多數藏人來說，他們人生的兩大願望是會見達賴喇嘛，和看到西藏自由。她說：「我們希望能夠過自己的生活，能自由地生活，昂首挺胸地生活。」

一位在訪談中尼瑪拉姆翻譯的年輕藏人洛桑才旦（Lobsang Tseten），補充了一個額外的願望。他在流亡中出生和長大，他說：「最大的願望就是成為自由西藏的公民，走在西藏的街道上。作為一名足球迷，可以在世界各地觀看西藏國家隊的世界杯比賽。」他承認這是「一個遙不可及的夢想」，但他說，「我想坐在體育場裡為西藏隊加油。對我們來說，自由就是以這些微小的形式出現。我還想參與國家建設，在西藏選舉藏人領袖。」

達賴喇嘛表示：「其實，自中國入侵以來，超過一百萬藏人因北京的政策而直接死亡。」[45]儘管如此，他認為毛澤東關於「槍桿子裡出政權」的評論「只說對了一部分」。尊者認為，槍桿子「只能在短時間內發揮作用」。最終，人們對真理、正義、自由、民主的熱愛將會戰勝一切。無論政府做甚麼，人文精神永遠勝於一切。」[46]我希望他是對的，希望尼瑪拉莫、次仁達娃、王登卡布、洛桑澤丹、丹增卓吉和所有與我分享苦難經歷的其他藏人能夠看到自由，希望達賴喇嘛將有一天能返回西藏。

註釋

1 Central Tibetan Administration, “International Support Groups Meet in Dharamsala to Deal with Critical Situation in Tibet,” 16 November 2012, https://tibet.net/international-support-groups-meet-in-dharamsala-to-deal- with-critical-situation-in-tibet/.

2 Sam Van Schaik, *Tibet: A History* (Yale University Press, 2011), p. 208.

3 Ibid., p. 209.

4 Ibid., p. 208.

5 Ibid., p. 208.

6 Ibid., p. 214.

7 Ibid., p. 215.

8 Ibid., p. 215.

9 Ibid., p. 215.

10 Ibid., p. 218.

11 The Dalai Lama, Freedom in Exile (Abacus, 1998), p. 98.

12 Ibid., pp. 108-109.

13 Ibid., p. 121.

14 Ibid., p. 1.

15 Michael van Walt van Praag and Mike Boltjes, Tibet Brief 20/20 (Outskirts Press, 2020), p. v.

16 Ibid., p. v.

17 Ibid., p. vi.

18 International Commission of Jurists, "The Question of Tibet and the Rule of Law,"1959, http://www.icj.org/wp-content/uploads/1959/01/Tibet-rule-of-law-report-1959-eng.pdf, and "Summary of a Report on Tibet: Submitted to the IC] by Shri

Purshottam Trikamdas," 5 June, 1959, https://www.icj.org/summary-of-a-report-on-tibet-submitted-to-the-international-commission-of-jurists-by-shri-purshottam-trikamdas-senior-advocate-supreme-court-of-indial.

19 The Dalai Lama, p. 136.

20 Van Schaik., p. xv.

21 The Conservative Party Human Rights Commission, The DarknessDeepens: The Crackdown on Human Rights in China 2016-2020, p. 65,https://conservativepartyhumanrightscommission.co.uk/wp-content/uploads/2021/01/CPHRC-China-Report.pdf.

22 Ibid., p. 65

23 Human Rights Watch, "Prosecute Them With Awesome Power: China'sCrackdown on Tengdro Monastery and Restrictions on Communications in Tibet, "July 2021,https://www.hrw.org/report/2021/07/06/prosecute-them-awesome-power/chinas-crackdown-tengdro-monastery-and-restrictions.

24 Human Rights Watch, 'They Say We Should Be Grateful: Mass Rehousingand Relocation Programs in Tibetan Areas of China," June 2013, https://www.hrw.org/report/2013/06/27/they-say-we-should-be-grateful/mass-rehousing-and-relocation-programs-tibetan.

25 Human Rights Watch, "China's Bilingual Education Policy in Tibet, " March2020, https://www.hrw.org/report/2020/03/04/chinas-bilingual-education policy-tibet/tibetan-medium-schooling-under-threat.

26 Ibid.

27 Ibid.

28 Tibet Action Institute, "Separated from Their Families, Hidden from theWorld: China's Vast System of Colonial Boarding Schools Inside Tibet,2021, https://tibetaction.net/embargoed/.

29 Tibetan Centre for Human Rights and Democracy, "Surveillance and Censorship in Tibet," 2020, https://tchrd.org/new-report-mass-surveillance-and-censorship-conceal-widespread-human-rights-violations-in-tibet/.

30 The Conservative Party Human Rights Commission, The DarknessDeepens: The Crackdown on Human Rights in China 2016-2020, p. 65,https://conservativepartyhumanrightscommission.co.uk/wp-content/uploads/2021/01/CPHRC-China-Report.pdf.

31 International Campaign for Tibet, "Party Above Buddhism: China'sSurveillance and Control of Tibetan Monasteries and Nunneries, " March 2021, https://savetibet.org/party-above-buddhism/.

32 Ibid.

33 Tibet Watch, “An Interview with Nyima Lhamo,” October 2016

34 Tibet Watch, “An Interview with Nyima Lhamo,” 2016, https://www.tibetwatch.org/s/an_interview_with_nyima_lhamo-3aaw.pdf.

35 The Conservative Party Human Rights Commission, The DarknessDeepens: The Crackdown on Human Rights in China 2016-2020, p. 66,https://conservativepartyhumanrightscommission.co.uk/wp-content/uploads/2021/01/CPHRC-China-Report.pdf.

36 Ibid., pp. 66-67.

37 Free Tibet, "19 Year-Old Tibetan Monk Tenzin Nyima Dies from Injuries Free Tibet, after Police Detention," 22 January 2021, https://freetibet.org/news-media/na/19-year-old-tibetan-monk-tenzin-nyima-dies-injuries-after-police-detention.

38 Human Rights Watch, "China: Tibetan Tour Guide Dies from His Injuries,16 February 2021, https://www.hrw.org/news/2021/02/16/china-tibetan-tour-guide-dies-prison-injuries.

39 Alexander Norman, The Dalai Lama: The Biography (Rider, 2020), p. xili.

40 Central Tibetan Administration, "Silyong Penpa Isering Completes 100 Daysin Office: Exclusive Interview with Tibet TV," 4 September 2021, https://tibet.net/sikyong-penpa-tsering-completes-100-days-in-office-exclusive-interview-with-tibet-news-bureau/.

41 Tenzin Dorjee, "Divide, Depoliticize, and Demobilize: China's Strategies forControlling the Tibetan Diaspora," Jamestown Foundation China Brief, 21,no. 18 (September 24, 2021), p. 27.

42 University of Aberdeen and the Scottish Centre for Himalayan Research,"Climate Change on the Third Pole: Causes, Processes and Consequence,January 2021, https://www.abdn.ac.uk/the-north/news/15518/.

43 The Dalai Lama, p. 262.

44 The Conservative Party Human Rights Commission, The Darkness Deepens: The Crackdown on Human Rights in China

2016-2020, p. 65,https://conservativepartyhumanrightscommission.co.uk/wp-content/uploads/2021/01/CPHRC-China-Report.pdf.

45 The Dalai Lama, p. 295.

46 The Dalai Lama, p. 290.

第六章

正名：維吾爾族的「種族滅絕」

「兒子，他們要帶走我了。」這是庫札特・阿爾塔伊（Kuzzat Altay）的父親在二〇一八年通過微信留給他的最後一句話。他的父親是一名六十七歲的新疆維吾爾族人（維吾爾族更喜歡自稱為「東突厥斯坦人」）。據估計，中國有一百萬人（或多達三百萬人）被關進「非法拘留營」（extra-legal internment camps），這些拘留營有時被中國當局稱為「再教育營」（concentrated educational transformation centres），或者被稱為「教育轉化培訓中心」。其位處中國西北地區，即新疆維吾爾自治區（XUAR），正經歷著文化大革命以來最嚴厲的人權鎮壓。[1]

庫扎提補充說：「我不知道他是否還活著，我的親戚現在都不在集中營外面了。」

庫扎提在美國維吉尼亞州維吾爾文化中心的贊助商聚會中，詢問了三百名維吾爾人，當他問他們哪些人的家人在集中營時，每個人都舉了手。他解釋道：「我們城市的中心，相當於紐約的時代廣場或倫敦的特拉法加廣場，如今都是空的。人們甚至沒有呼吸的自由。」

我遇到的絕大多數維吾爾人都有類似的經歷。拉希瑪．馬赫穆特（Rahima Mahmut）是一位居住在倫敦的維吾爾族歌手兼社運人士，自二〇一七年一月以來一直無法與家人取得聯繫。她在倫敦北部一家維吾爾餐廳吃午餐時告訴我：「當我聯絡不到任何人時，我變得非常憂慮。有一天，我不停地打電話給我大哥，直到他接聽。我問他為甚麼沒人接電話。他說：『我們做了正確的事，我們都很好。請把我們交託給上帝，我們也會把你交託給上帝。』從那時起，我就沒有和家人說過話。我沒有得到來自他們的訊息。我經常做噩夢，夢見我的姐姐和兄弟被帶走。對大多數流亡的維吾爾人來說，這是正常不過的事。」

努里．特克爾（Nury Turkel）在文化大革命高峰期誕生於再教育營。現在，他是美國公民兼律師，由眾議院議長南希．佩洛西提名的美國國際宗教自由委員會主席。他告訴我：「我的母親被送進了再教育營，父親被送進了勞教所，我是在惡劣的條件下被優秀的父母帶到這個世界上的。他們之所以受到懲罰，只是因為他們的身份、教育和家庭背景。五十年後，我必須再次講述這些故事。原以為這件事就這樣結束了，我以為我們不必再受株連，但今天它又發生了。」最讓他痛苦的，是這個世界的毫不作為。他說：「我從未想過世界會對工業規模式的壓迫和種族滅絕視而不見，我從未想過我以親身經歷，來說明人們為甚麼不應該冷漠以對。沉默就是默許。我從未想過文明世界、商界、學術界和政治家們會沈溺於中國的『糖衣炮彈』，以至於他們無法做出正確的選擇。這就是我們所教導的『人性』嗎？」

維吾爾人是一個突厥民族，總人數約一千三百五十萬，居住在塔里木盆地上（位於歷史上聯結亞歐的絲綢之路之塔克拉馬干沙漠），是廣闊的中亞地區。自十七世紀起，維吾爾人主要信奉穆斯林，並在十世紀接受伊斯蘭教傳入。伊斯蘭教從該地區的西部墨玉噶爾到東部吐魯番，歷時數百年。詹姆斯．米爾華德（James Millward）指出，「新疆在十七世紀伊斯蘭化，但早在十世紀開始，薩圖克．布格拉可汗（Satuq Bughra Khan）便已改宗伊斯蘭教。[2]

維吾爾文化始終與漢族文化截然不同。他們有自己的語言、宗教、傳統音樂、文學、詩歌和美食，與漢族文化相比，他們與中亞和其他突厥文化有更多相通之處。事實上，正如肖恩．羅伯茨（Sean Roberts）在他的書《維吾爾地區的戰爭：中國對新疆穆斯林的行動》（The War on the Uyghurs: China's Campaign Against Xinjiang's Muslims）指出：「一七五〇年代，清朝才征服維吾爾人居住的地區。十九世紀末，清朝將其設立為一個省份時，才融入中國領土政體中，真正成為中國的一部分。」[3]帝國侵略者將其命名為「新疆」，意為「新的疆界」，因此維吾爾人拒絕使用這個詞彙。

自乾隆皇帝吞併新疆以來，除一八六五年浩罕汗國（Khoqand）軍閥阿古柏（Yaqub Beg）從大清帝國手中奪取新疆的控制權約十三年外，新疆一直處於中國統治之下。然而，一九一二年清朝滅亡至中華民國成立後，維吾爾人多次發動起義，反抗中國統治。一九三三年至一九三四年間，東突厥斯坦伊斯蘭共和國成立，但其獨立時間短暫，中國軍閥盛世才於隨後十年（一九三四至一九四三）統治該地區。[4]盛世才的殘暴統治激起當地維吾爾族和其他突厥民族的不滿，導致一九四四年的「伊犁起義」，在蘇聯支持下建立第二個東突厥斯坦共和國，自一九四四年十一月十二日建國，一九四九年十二月二十二日終。

當毛澤東和中國人民解放軍入侵該地區並將其納入中華人民共和國領土時，維吾爾人的獨立經歷隨之結束。東突厥斯坦共和國領導人阿合買提江·哈斯木（Ehmetjan Qasim）等八名維吾爾族領導人，在與新的中共統治者談判途中，死於一場神秘的飛機碰撞事故。直到今天，維吾爾人仍懷疑他們死於謀殺。

和所有中國人一樣，維吾爾人也經歷了農業改革運動（即「大躍進」）造成的災難性飢荒，以及一九六六年至一九七六年文化大革命的十年鎮壓和混亂。當時，清真寺被摧毀，維吾爾人都遭受不同的苦難，受到宗教和種族迫害，其私人或企業財產則被黨沒收，財產擁有人被下放到農村。

在古爾賈（Ghulja）長大的拉希瑪．馬赫穆特（Rahima Mahmut）回憶起這段經歷。她告訴我：「我父親經營水果和皮革生意。我家裡有十一個兄弟姐妹，住在一棟八居室的房子裡。共產黨來了之後，所有的私營企業都關門了。就連賣水果的人也被迫離開城市，下放到農村。」

他們全家搬到了祖父位於諾蓋圖的房子，即使地處偏遠，他們仍然感到害怕。拉希瑪回憶道：「我的祖父很富裕，他有一座又大又漂亮的房子。但他擔心政權會沒收房子，因為他擁有的土地超出了政府允許的範圍。他給了我們一半的果園，父親為我們蓋了一座新房子，但新生活並不容易。父親有宗教背景，他從未放棄過宗教信仰和祈禱。我們祈禱時，父親總是告訴我們不要告訴任何人，不然警察就會把我們帶走。」

經過文化大革命的混亂和破壞後，接替毛澤東的鄧小平推出「改革開放」政策，吸引外資，鼓勵市場經濟，實現國家現代化。鄧小平領導下的共產黨提出了「致富光榮」的宣言，以較為寬鬆的態度對待社會自由、宗教信仰和文化傳統。拉希瑪回憶道：「當時清真寺重新開放，我可以看到人們臉上的喜悅，因為我們能夠再次在清真寺聚會。」

世界維吾爾代表大會主席多里坤．艾沙（Dolkun Isa）對此表示贊同。他在德國家中透過網絡電話告訴我：「如果將八十至九十年代與現在相比，那十年對維吾爾人來說是黃金時期。那時我們有一定程度上的言論和集會自由。我們成立了學生俱樂部，比如學生文化科學聯盟，舉行集會和示威活動。我沒有被殺，沒有人因此被殺。」

多里坤出生於阿克蘇市，一九八四年進入首府烏魯木齊的新疆大學主修物理學。次年，烏魯木齊爆發反對核試驗、一孩政策、強迫人口遷移和要求民主的示威活動。

自一九六〇年代以來，中國政府一直在羅布泊核試驗基地（the Lop Nor Nuclear Test Base）進行核試驗，該基地位於塔克拉瑪干和庫姆塔格沙漠之間的塔里木盆地東部邊緣。儘管當局在一九九六年宣布暫停核試，但根據日本教授高田純（Jun Takada）記錄，三十年來的四十六次核試驗，導致周邊地區多達十九萬人死亡。[5] 一九九八年，我另一位維吾爾族朋友兼外科醫生恩維爾・土赫提（Enver Tohti），協助英國第四頻道新聞（Channel 4 News）的紀錄片製作團隊，研究並製作了一部關於中國核試驗對新疆公共衛生影響的紀錄片，名為「『死』綢之路」（Death on the Silk Road）。該片指出中國試驗的核彈比投放在廣島的原子彈威力強三百倍，導致該地區癌症患者和兒童畸形數量急劇增加。一名醫生表示：「新疆到處都是癌症。」事實上，從一九九三到二〇〇〇年，新疆因癌症死亡人數翻了一倍，在增長最快的癌症中，惡性淋巴瘤、肺癌和白血病佔比最大，而這三種癌症與核輻射關係最為密切。[6]

多里坤曾參加一九八五年十二月的烏魯木齊抗議活動。據他回憶，學校和當局的反應相當寬容。他說：「沒有學生領袖受到懲罰。畢業後，也有一些學生領袖被下放到農村，但也僅此而已。一九八五年十二月的民主運動對我產生了深刻影響，極大程度上是主導我未來的行動。」

他補充道：「此外，我意識到根據中國憲法，我們擁有很多權利。我們在大學裡每週上政治學習課，了解憲法、自治法、中共中央政府政策。因此，我知道每個人都有集會和示威的權利。根據自治法，我們擁有語言權利，維吾爾語是官方語言。然而實際上，我們未能行使上述權利。我天真地認為，也許問題出於執行層面上，加上很多維吾爾人和哈薩克人是文盲，所以他們不了解自己的權利，也不知道如何行使這些權利。我們迫切需要教育我們的人民。」

因此，多里坤決定動員維吾爾族志願學生去教育文盲，向他們傳授憲法和自治法。一九八七年，他成立學生文化科學聯盟，每週舉辦研討會，在寒暑假期間，派出數千名學生到農村地區講課。據多里坤回憶，儘管大學批准這一舉措，但當地的中國共產黨政府卻設置了「很多障礙」。他說：「那時我才明白，中國的憲法、自治法和其他法律都是擺設。那都是假的。如果你真的想根據憲法和法律行使自己的權利，無疑是天方夜譚。」

因此，一九八八年六月十五日，即天安門廣場民主抗爭和屠殺事件的前一年，多里坤和他的同學在校園裡組織一場大規模的抗議，有八千人參加。

他回憶道：「就在同一天，我和同學受邀會見了中共的高級官員，包括自治區黨委書記、教育部長、財政部長、新疆大學校長和其他黨內官員。我們就各式各樣的問題辯論了五個多小時，包括日常生活中的歧視、教育中的歧視、語言權利以及其他問題，但我們無法取得共識。五個小時後，我回到大學開始示威。」

共產黨對多里坤的耐心已經耗盡，午夜時分，他被帶到大學軟禁四個月。示威活動結束後，中國政府成立了大型調查工作組並停課三天，審問每一個學生，並強迫他們寫悔過書。隨後，多里坤和另一位學生領袖瓦里斯·阿巴貝克里（Waris Ababekri）被大學開除，後者於二〇一九年十一月從集中營獲釋後死亡，兩人均未能畢業。

一年後，全國各地爆發民主抗爭活動，最終導致一九八九年六月四日天安門廣場大屠殺事件。主要的學生領袖之一是維吾爾族的吾爾開希（Wu'erkaixi），他是政府逮捕目標中的第二號通緝者。五月十八日上午十一點，他與王丹等學生領袖在人民大會堂，在電視鏡頭前公開會見李鵬總理等中共領導人。

吾爾開希回憶道：「當李鵬和其他的黨高層領導人接受我們的邀請，與學運代表會面時，我覺得我們也許贏了，也許他們會問我們想要甚麼，並提出妥協和解決方案。這是整個運動的基本邏輯，我們對政府施加足夠的壓力，迫使他們坐下來接受我們的要求，或者至少在某些地方取得共識。」

但當他到達會場後，李鵬的態度卻使學生更加憤怒。吾爾開希說：「他發表了一篇冗長的獨白，對我們訓話。他指責因為學生在北京多處制造混亂，導致道路阻塞，所以他遲到了二十分鐘，這根本不是道歉。我打斷了他的話：『對不起，李鵬總理，我不得不打斷你。你可能認為你只遲到了五分鐘，但你實際上已經遲到了一個月，而不是五分鐘。我指的是我們希望在四月十七日，中南海舉行會議時，或是四月二十二日，在人民大會堂前，懇求你出來與學生代表對話。我們大聲喊你：「李鵬，出來吧。」五月十八日，你終於來見我們了，所以我們說你實際上已經遲到了一個月了。』我和坐在旁邊的王丹討論了一下，我們一致認為，這根本不是我們所希望的會議結果。政府已無法改變，共產黨也無法改變其思維模式。他們仍然按照舊的規則行事，強硬派已經做好鎮壓的準備。李鵬隨後宣布戒嚴。

其他維吾爾人，包括拉希瑪．馬赫穆特也參加了抗議活動。拉希瑪當時是大連理工大學石油化工專業的學生，他參加了大連的抗議活動，然後與二千名大連學生一起搭二十一個小時的火車前往北京，參加天安門廣場的示威活動。

拉希瑪回憶道：「五月下旬，我們聽說天安門將會進行軍事鎮壓，因此我們試圖說服學生離開廣場。但顯然，除非政府答應他們，否則學生們絕不離去。因為我們不想被困在北京，所以我們六月二日就離開了。六月四日，當我們回到大連，隨即被召集到大學中央禮堂看電視。我看著官方媒體報導學生殺害士兵，這是一個令人難以置信的謊言。沒有任何軍隊槍殺學生的新聞被報導出來。從那時起，我再不相信任何中國新聞。」

我們應當緊記，說服鄧小平用武力鎮壓抗議活動的人，是中國共產黨領導人之一的王震，他於一九五〇年至一九五二年間擔任新疆軍政府首腦，因對維吾爾人的殘暴行為，被稱為「新疆屠夫」。王震曾將維吾爾族描述為「製造麻煩的少數民族」，建議毛澤東消滅他們。[7]此外，他還是新疆生產建設兵團的首腦，該機構亦因其參與鎮壓維吾爾人，於二〇二〇年受到美國制裁。這個組織在中文被稱為「兵團」，意為「軍事單位」，主要由前中國人民解放軍士兵及其家屬組成，統治著新疆的大部分地區，並以「國中國」的方式運作，與世界上一百多個國家保持商業聯繫。[8]據《天安門文件》報導，在大屠殺發生前兩天，王震告訴其他共產黨領導人：「我們應該提前向佔領廣場的人宣布我們要進來。他們可以選擇聽或不聽，隨後我們就進佔廣場。如果造成死亡，那是他們自己的錯。對於反黨反社會主義分子，我們不能手軟或姑息。軍令如山，不得有違，否則我們將沒有辦法執行紀律。」[9]

拉希瑪表示，大連理工大學對待學生的態度更為寬容：「大學決定保護大多數學生。他們只交出抗議活動的主要組織者。由於我只是參與者，所以沒有受到任何嚴重的處罰。許多學生收到了畢業證書後，可能找不到工作的警告。他們的學生個人檔案備註為「『可疑人士』。但我的檔案上沒有任何污點，所以我在一家石化公司找到了一份工作。」

然而，開始工作生活後不久，拉希瑪就發現了外界對維吾爾人「根深蒂固的歧視」。儘管她以班級第一名的成績從全國排名前十的大學畢業，但她未能在首府烏魯木齊找到工作。「許多（漢族）中國人的心態是，他們優越、聰明且勤奮，而維吾爾人很懶，不應該給他們機會。但恰恰相反，維吾爾人非常勤勞，而且非常聰明。」

拉希瑪在新疆一家石化廠工作，她驚訝地發現，三千五百名勞動力中只有百分之十是維吾爾族人，其餘都是漢族，其中大部分來自「兵團」。

她回憶道：「兵團建立自己的小村莊，過著與維吾爾人完全分開的生活。他們對維吾爾人一無所知，認為我們是落後的人，不像過去融入維吾爾和定居的漢人。我們以前與中國之間沒有任何問題。他們了解維吾爾人，我們並不認為彼此之間存在差異。但兵團工人就不一樣了。」最終，拉希瑪辭職，隨後在一所職業培訓學校任教。

恩維爾．土赫提是一名出生於新疆東部哈密市的維吾爾族外科醫生，他回憶起一九七〇年農曆新年時，他被一位漢族同學兼鄰居被邀請到家裡過年的經歷。那時，肉類是奢侈品。恩維爾回憶道：「他們邀請我，並給我吃豬肉，因為他們把我視作貴賓。但他們不知道我們維吾爾族不吃豬肉。當我告訴他們時，他很沮喪，因為他就是等過年的時候，才有機會吃肉。他問我：『你為甚麼不吃肉？』我告訴他，我們確實吃肉，但不是這種肉。他又問為甚麼，我則說不知道。隨後，他父親接著說：「豬是維吾爾人的祖先，因此他們不吃豬肉。」那時我才幡然醒悟，「維吾爾族是豬的傳人」的觀念，在中國社會相當普遍。我一直以為我和漢人一樣是龍的傳人。從那時起，當我看到漢人時，我自知與他們不同，因而感到自卑。」

恩維爾在一家醫院擔任外科醫生時，遇到了更微妙地針對維吾爾人的歧視，和中國人更間接地展現優越感的行為。他回憶道：「我們部門有八名外科醫生，我是唯一的維吾爾族人。有一天，一位護士走進我們的辦公室，問了一個問題。我給了答案。護士回答說：『喔，我從來不知道你這個吃羊腦的人竟這麼聰明。』這就是漢人的表達方式。他們會稱某人為『笨蛋』或『人頭豬腦』。但她稱我為『吃羊腦的人』，指的是我不吃豬肉，從而引起人們對我是『少數民族』的關注，暗示她認為我很愚蠢，讓我心情低落。我對她說：『豬腦和羊腦，哪個更聰明？豬的大腦是最笨的，羊的腦子要聰明得多』，她無言以對。」

中國人權律師滕彪，證實目前中國社會普遍存在對維吾爾人的種族歧視。二〇〇一年，中國共產黨提出「全球反恐戰爭」的口號後，歧視現象急劇增加，並於二〇一四年新疆政府發動「反恐人民戰爭」後進一步加劇。滕彪說：「『漢族沙文主義』在漢族人民中十分猖獗。他們中的許多人，甚至許多自由派、民主派知識分子和活動人士，都有種族歧視傾向，他們歧視穆斯林。」

有證據表明，二十世紀九十年代初，中國時任國家主席江澤民表明對少數民族歧視的擔憂，試圖推出更包容的政策，以保持少數民族的忠誠。一九九二年一月，出於對分裂主義抬頭導致南斯拉夫分崩離析，以及一九九一年蘇聯解體後的擔憂，江澤民在第一次全國民族事務會議上發言，承諾給予少數民族優惠政策，包括提供經濟機會和其他激勵措施。[10] 同時，政府明確表示不會接受任何分裂主義運動。[11] 從維吾爾人的角度來看，這些東西太少，也來得太晚了。中國政府繼續壟斷包括新疆在內的資源，繼續利用新疆建設兵團，以激勵和吸引漢族移民到新疆。[12]

多里坤・艾沙被大學開除後搬到了北京，在北京外國語大學報讀英語課程。一九九二年，他在北京開了一家維吾爾餐廳，結識很多外國朋友。他說：「實際上，中國政府說這裡一個國際交流中心。北京一條街上有十到十五家維吾爾族餐館，以前很多外國學生常常來這家餐館，因為他們喜歡維吾爾族食物。他們大多數人不知道維吾爾族是甚麼。他們只會說：『你們的食物不一樣。你們的臉不一樣。』但他們都不知道我們的國家被佔領了。」

多里坤的行動仍受到當局監控。隨後，他收到烏魯木齊朋友的短信，警告他離開中國。他說：「很快，我就拿到了外國護照。在中國，錢是無所不能的。」一九九四年，他逃往土耳其，將懷孕的妻子留在北京：「六個月後，我的第一個孩子出生了。我在土耳其，我妻子在北京。我們溝通非常困難，因為電話費很貴。」

在土耳其，多里坤與其他維吾爾族學生一起成立「東突厥斯坦青年學生組織」。一九九六年，他在德國獲得政治庇護，成立「世界維吾爾青年代表大會」。八年後，他與其他人共同創立「世界維吾爾代表大會」，作為維吾爾流亡社區的庇護組織。

一九九七年二月五日，拉希瑪．買合木提位於中哈邊境古爾賈（中文名為「伊寧」）的家鄉，有維吾爾人上街和平抗議，要求釋放維吾爾宗教學者，並抗議中國警方暴力對待被逮捕的維吾爾婦女。[13] 他們受到血腥鎮壓，即古爾賈大屠殺。[14]

肖恩．羅伯茨寫道：「雖然對有關事件的報導矛盾，但事件似乎始於維吾爾人抗議宗教限制，在安全部隊與抗議者發生衝突後失控，導致多人傷亡。」[15]

加德納．博文登（Gardner Bovingdon）在專著《維吾爾人：領土上的陌生人》（The Uyghurs:

Strangers in Their Own Land）指出，雖然中國當局否認衝突事件造成傷亡，但據「非中國消息來源」稱，當天有多達一百三十人死亡，將近五百人被捕。[16] 據國際特赦組織報導，超過二百維吾爾人被判死刑，其中九十多人被判無期徒刑。[17] 博文登指出，有報告表明被捕的抗爭者被冷水淋濕，然後被關押在零度以下的戶外數小時，許多人被凍傷，不得不截肢保命。[18]

一九九六年，「七號文件」出台，明確點出中共政權限制維吾爾族宗教活動和「分裂主義」的戰略，包括限制該地區修建新清真寺，關閉宗教學校和《古蘭經》學習聚會，呼籲加強監控維吾爾人。羅伯茨指出：「儘管『七號文件』要求採取廣泛的控制措施，但古爾賈抗議活動還是發生了。」[19]

拉希瑪說，抗議源於許多具社會影響力的年輕維吾爾族學者失踪。警察突襲清真寺和私人宗教集會，帶走正在禮拜的信眾，他們的家人不知道他們發生甚麼事。維吾爾人感到窒息，歧視和壓迫無處不在，而且一年比一年嚴重。越來越多漢人進入新疆創業，令維吾爾人生意被搶走，被逼到牆角。這些都是催生抗議活動的根本原因。

雖然拉希瑪並未親臨抗議現場，但她還是聽到了槍聲：「中共政權派遣軍隊，當晚就鎮壓抗議活動，持續兩週挨家挨戶地搜查。」

與博文登引用的數字相反，拉希瑪認為「被捕人數為四千至五千，主要是年輕人。二〇〇二年，英國紐卡素大學學者喬安妮・史密斯・芬利博士（Dr. Joanne Smith Finley）從古爾賈在地人那裡聽說，一九九七年鎮壓後，大約有十分之一的人口失踪。[20] 被捕者不乏宗教學者，包括拉希瑪前夫的姐夫，他被判處十二年監禁。拉希瑪證實上述有關凍傷的報導。她說：「很多人因為寒冷而死亡。古爾賈是一個小鎮，沒有足夠的監獄去容納大量被捕者，所以很多人被關在沒有暖氣設施的地方。許多人被凍傷，導致感染和死亡。」

熱比婭・卡德爾（Rebiya Kadeer）是古爾賈大屠殺餘波的見證者之一，她是一位維吾爾族商人，也是當時的全國人大代表。[21] 後來，她被捕並入獄五年，隨後流亡海外，擔任世界維吾爾代表大會主席。古爾賈大屠殺後，她得出「維吾爾人在中國內沒有未來」的結論。

隨後幾年，由於當局使用「全球反恐戰爭」作為其敘事框架，導致動亂不斷加劇（史密斯・芬利形容為「使維吾爾人的非人化」）。[22] 維吾爾人逐漸被視為「潛在的恐怖分子」或「潛在的恐怖分子支持者」。

二〇〇一年美國「九一一事件」後，中國操縱局勢，將對維吾爾人的鎮壓定性為反恐行動，藉此加強對維吾爾人的鎮壓。[23] 有人指控維吾爾人屬於東突厥斯坦伊斯蘭運動（ETIM），且已在阿富汗受訓，並將此消息廣為流傳。東伊運領導人阿卜杜拉・曼蘇爾（Abdullah Mansour）宣稱中國是「所有穆斯林的敵人」，阿富汗的維吾爾人呼籲對中國進行聖戰。美國國務院在中國的游說下，將包括「東突厥斯坦伊斯蘭運動」和「維吾爾解放組織」在內的多個維吾爾組織列為恐怖組織。[24] 同時，中國將「上海五國」改組為合作組織，將其視為一個經濟組織和政治聯盟。不僅如此，中國還與中亞國家以及印度、巴基斯坦和俄羅斯建立安全聯盟，以此向中亞國家特別是哈薩克斯坦施壓，以鎮壓和監控其管轄範圍內的維吾爾族群體。

二〇〇九年七月五日，烏魯木齊爆發騷亂。導火線是廣東一家工廠的維吾爾族農民工與漢族人發生爭執，導致至少兩名維吾爾族人死亡。拉希瑪表示：「中國人發佈他們如何在廣東省毆打維吾爾族工人致死的短片，引發新疆大學生的抗議。這令人心碎，因為在古爾賈事件之後，他們應當知道當局鎮壓抗議的行動多麼殘忍。」

由於當局採取嚴厲手段，帶走抗議的成員，烏魯木齊的維吾爾抗議者感到絕望，開始採取暴力手段毀壞商行和店鋪，大量傷害或殺害漢族中國人。[25] 拉希瑪懷疑發佈廣東毆打短片，可能是為了激起維吾爾人的憤怒而故意採取的策略。她說：「維吾爾人動手襲擊中國人，使維吾爾人和漢人之間的關係徹底破裂。中共可能故意引發騷亂，用他們的話說，這可能是一種『引蛇出洞』的策略。」

冰封三尺，非一日之寒。如果古爾賈大屠殺是維漢關係的轉捩點，二〇〇九年的烏魯木齊騷亂，就標誌著維吾爾人和漢人之間關係的徹底破裂，[26] 更糟糕的事還在後頭。

隨後幾年發生的兩件事件有助中國重申「針對維吾爾人的行動是一場反恐行動」的立場。二〇一三年十月二十九日，羅伯茨指出：「一輛在後窗外揮舞著寫有清真言旗幟的 SUV，魯莽地駛向故宮，撞倒許多人，在這座長期以來象徵著中國權力的宮殿附近縱火。」SUV 的司機和乘客都是維吾爾人。[27]

次年，四名黑衣維吾爾人在昆明火車站持刀襲擊旅客，造成三十一名漢人死亡。

昆明襲擊事件發生後不到兩個月，習近平於二〇一四年四月下旬以中共總書記的身份首次訪問維吾爾地區。當他結束訪問時，有報導稱一名維吾爾人在烏魯木齊火車站引爆炸彈。

多里坤・艾沙堅信，絕大多數維吾爾人反對暴力和極端主義，世界維吾爾代表大會也是如此。他認為，那些實施暴力的人之所以那樣做，是因為人們沒有辦法保護自己，也沒有權利和平地表達情感。

拉希瑪・買合木提同意這個觀點。她說：「從孩提時代起，我就知道我的族人大多是善良、慷慨且和平的人。我無法將我的族人與恐怖主義聯繫起來。我譴責任何形式的暴力。這些襲擊均未經過第三方查證，而且這些進行襲擊的人只有極少數。當然，這些襲擊也令人不安，因為它們不具正當性，可能會破壞正義。」事實上，維吾爾示威運動崇尚和平的程度令人驚訝。拉希瑪說：「儘管遭受種種苦難和鎮壓，最聰明出眾的族人一一被殺害，但百分之九十九的維吾爾人仍然非常崇尚和平。如果我們有仇恨，我們要問，這種仇恨是誰灌輸的？答案是中共政權，它把人們推向崩潰邊緣。」

作為對上述「恐怖事件」的回應，中國當局開展了「嚴厲打擊暴力恐怖活動」，並將「維吾爾族分裂主義」列為「分裂主義三害」之一，視其為恐怖主義行為。這正是二〇〇九年以來的「安全化」行動的開端，新疆招募接近九萬名公安，增加了五倍的公共安全預算，激發維吾爾人一系列的暴力行為。[28] 正如史密斯・芬利所說：「國家對宗教『安全化』的措施適得其反，既加重社會不安全感，又加劇維吾爾族和漢族社區之間的民族衝突。」[29]二〇一四年以來，中共政權以反恐為名的鎮壓，規模之大，令人震驚。他們並非針對追捕那些實施暴力行為的人，而是以每一個維吾爾人為目標，包括那些促進對話、和平與和解的人。

例如，二〇一四年一月十五日，當局突襲北京中央民族大學備受尊敬的維吾爾族經濟學家伊力哈木·土赫提（Ilham Tohti）的住所逮捕他。[30]同年九月，土赫提因涉嫌「分裂國家罪」而被判處無期徒刑。伊力哈木能說一口流利普通話，致力改善維吾爾族和漢族之間的關係，建立一個名為「維吾爾在線」的網站，促進維吾爾族問題之談論。[31]與許多拒絕融入中國的維吾爾人不同，伊力哈木是維吾爾族與漢族之間和平關係最傑出的「紐帶」，他主張維吾爾人在中國境內按照民主原則實現自治。二〇二二年，他的第一本英文著作合集出版，題為《被「禁言」的維吾爾人：一位被監禁作家的自白》（We Uyghurs Have No Say: An Imprisoned Writer Speaks）。[32]

拉希瑪認為：「中共之所以針對伊力哈木·土赫提，是因為他所說的一切都是事實。他並不要求獨立，他試圖與漢人建立橋樑，也沒有直接攻擊共產黨。他尊重中國憲法，指出問題根源是中共邊緣化維吾爾人，繼而敦促政府解決造就緊張局勢的源頭。他不主張非法行為，只以非常溫和的語氣指出政府所犯的錯誤。但中共因他受歡迎而針對他。他就像納爾遜·曼德拉（Nelson Mandela）。他們必須找到一種讓他閉嘴的方法，阻止其他人追隨他的腳步。在中國，他們稱之為『殺雞儆猴』。」

隨著伊力哈木·土赫提被捕，當局發出「沒有維吾爾人是安全的」之訊號。他們擴大傳統警察和社區情報的力量，結合現代科技，在新疆建立國家級監視網絡。公民力量創始人暨主席楊建利博士（Dr. Yang Jianli）在一篇題為《虛擬古拉格：中國正在完善其在新疆和其他地區的監控狀態》（Virtual Gulag: China Is Perfecting its Surveillance State in Xinjiang and the Rest of the PRC）的報告中指出，除了可見的「人力監控系統」之外，還有隱形的「數字監控系統」。每個街角都安裝了安全攝像頭，部署監控應用程序來監視「每個家庭」，利用「天網」、「平安城市」和「銳眼」等平台，使用電視、手提電話和其他設備建成「一個先進且集中的監控系統」。楊博士總結：「如今，無人機在新疆城市上空巡邏，衛星跟踪道路上的汽車和卡車，路燈燈柱上的人工智能攝像頭會讀取行人的面部、虹膜並分析他們的情緒和步伐。」[33]

史密斯·芬利二〇一八年最後一次訪問該地區時，維吾爾族朋友們告訴她：「這裡到處都有中共耳目，你必須時刻注意自己的言行。停在路邊的警車裝有監控設備，使公安能夠在十五米以外監聽公眾談話。」[34]

除此之外，當局還建立了一種「結對認親」的制度。中國共產黨幹部不請自來地搬進丈夫被送往集中營的維吾爾族家庭。據人權監察稱，自二〇一六年以來，中共已派遣了十一萬名官員執行此任務。[35] 正如傑弗里・凱恩（Geoffrey Cain）在其著作《完美的警察國家：臥底奧德賽奇遇記——潛入反烏托邦的未來監控國度》（The Perfect Police State: An Undercover Odyssey into China's Terrifying Surveillance Dystopia of the Future）中所說：「每天早上，你可能會在一個由政府指定的陌生人身邊醒來，他將取代你『被失蹤』的伴侶。每天上班前，這位看守者都會教導你的家人如何保持對家庭國家的忠誠，維持意識形態的純潔，以及與共產黨的和諧共處等『美德』。他會通過各種問題來確保你沒有被所謂的『思想病毒』和恐怖主義、分裂主義和極端主義等三股勢力感染。」[36]

儘管習近平明確下令加強鎮壓和監視，但整體鎮壓架構是由二〇一六年被任命為新疆黨委書記的陳全國完成並實施的。二〇一一年至二〇一六年，陳全國擔任黨委書記時，曾在西藏實施過類似鎮壓。上任幾個月內，陳全國加強了新疆的安全措施，包括設立定期檢查站、檢查手提電話和使用人工智能監控。陳全國在各城鄉設立「便民派出所」，授予警方檢查和監控當地居民在線活動和數碼設備的權力。自由亞洲電台報導稱：「陳全國擔任新疆維吾爾自治區黨委書記才一年多，批評者就認為他正在廣闊的山區和沙漠中建造一座『露天監獄』。」[37]

在墨玉縣（Qaraqash）一份被洩露的文件「墨玉名單」（Karakax List）清楚列明當局收集大量個人行為和詳細的個人數據，包括血型和身高，甚至他們包括使用電力站和加油站的情況。維吾爾族人進入公寓或街道時必須刷身份證，無論去哪裡都必須攜帶身份證，他們一舉一動都會被記錄下來。如果他們和外國人說話，就會立即受到盤問。

據人類學家鄭國恩博士（Dr. Adrian Zenz）表示，這份長達一百三十七頁的墨玉名單包含三千多名維吾爾人的詳細個人信息，具體描述三百一十一人被拘留的原因。鄭國恩博士認為：「名單是迄今為止最有力的證據，表明北京違反自身的憲法，正積極迫害和懲罰正常實踐傳統宗教信仰的人。[38]基於有罪推定原則和連坐法，中國已經發展出一個高度精密，同時非常耗費心神的管理體系，他們將個人行為與家庭連結，即把整個家庭當作人質。」鄭國恩博士總結道：「與北京大規模拘捕非法運動的相關其他政府文件相比，『墨玉名單』揭示了針對文化和種族滅絕制度的意識形態，以及相關的行政微觀機制，可以與人類歷史上任何類似的種族滅絕相比。在對宗教懷抱深刻恐懼的世界觀推動下，北京啟動了一項在意識形態上與（歐洲）中世紀獵巫相去不遠的項目，但其執行卻以行政完美主義和鐵腕紀律為基礎。」

二〇一七年以來，超過一百萬維吾爾族、哈薩克族和其他穆斯林少數民族社區的人，被關押在新疆各地數百個集中營中。據消息來源稱，被拘留人數可能高達兩三百萬。[39]

中國共產黨長期將新疆視為政治異見人士的流放地，勞改營（或稱勞改）在中國共產主義歷史上一直存在。[40] 我有幸多次與社運人士吳弘達（Harry Wu Hongda）會面，他廣泛地且詳細記錄了這些營地的狀況。

我的書架上放有他簽名的暢銷書《苦風：我在中國古拉格的歲月》（Bitter Winds: My Years in China's Gulag）和《麻煩製造者：中國第一人的殘酷改革》（Troublemaker: One Man's Crusade against China's Cruelty）。二〇一七年來，中共在新疆各地新建了數百座集中營。

令人驚訝的是，最先曝光這些營地存在的是一位身在加拿大的年輕中國學子，名叫章聞韶（Shawn Zhang），他通過谷歌搜索的衛星圖像發現證據。章聞韶告訴我：「我從二〇一八年開始這項研究。當時關於新疆的新聞很少，但是中國的社交媒體和外媒報導了關於集中營的消息，這些消息令人震驚。作為一個來自中國大陸的中國人，我起初抱持懷疑態度，因為這與我在中國的生活經歷大相逕庭。這超出了我的想像。因為我們只在歷史書上聽說過集中營。我認為其中一定有誇飾成分，所以我只是想親自驗證一下虛實。」

章聞韶開始使用一些關鍵詞在谷歌上搜索：「通過這項研究，我找到了一些非常詳細的信息，包括中國政府建設『再教育營』的採購公告，以及這些再教育營的位置。於是我跟著谷歌地圖找到了主要的建築工地。從谷歌衛星上可以看到一些令人驚訝的安全設備，比如鐵絲網和瞭望塔，那看上去就像一座監獄。採購通知提到那是『再教育』學校，但我確信它們是集中營。」[41]

章聞韶在他的 Twitter 和 Medium 博客上發佈他收集到的信息，解釋尋找和驗證過程及其他細節：「一開始我並沒有發現太多例子，只有不到二十個。但隨著我繼續深入搜索，我發現了越來越多東西。最後我大概找到二百至三百座左右。真是令人驚訝，新疆竟然有這麼多集中營。」

記者、研究人員和人權組織開始關注章聞韶的研究。章聞韶說：「在我進行研究之前，我認為沒有甚麼人能發現這些衛星圖像。甚至一些去過新疆的記者也沒有想過會有集中營的衛星圖像。因此，當我發佈此類衛星圖像時，世界似乎找到了調查新疆的新方法。」[42]

當然，他的研究並非沒有後果。章聞韶告訴我：「最初幾個月風平浪靜。但二〇一九年之後，中國政府開始真正地關注我。警方調查並審問我的父母，還騷擾我大部分親戚。」

章聞韶認為漢人需要理解維吾爾人的苦難，團結一致：「我們漢人也根本無法得到自由。因此，我們必須與其他人一起爭取應有的權利。中國政府希望完全控制人民。許多消息靈通的中國人都知道，中國政府正在新疆進行可怕的計劃。這些人閱讀國際新聞，知道中國政府不會善待維吾爾人，他們從未想過中國政府會犯下種族滅絕罪行。但我也知道很多人不相信有關集中營的新聞，或是種族滅絕的指控，因為他們非常依賴微信等中國媒體，而這些媒體受中國政府的嚴格控制，所以他們確實難以從其他渠道獲得消息。此外，很多人不了解新疆，不了解維吾爾族，不幸的是，過去十年裡，維吾爾族已經從中國民眾的日常生活中消失了。」

除章聞韶的研究外，還有幾位非常勇敢的中國人前往新疆，記錄相關情況。《寒冬》雜誌發表幾段在集中營拍攝的短片，包括在古爾賈附近一段視頻，可以清楚地看到集中營內部建有監獄設施、鐵門和集中式監控系統。

二〇二一年十一月，一名化名關關（Guanguan）的漢族青年在 YouTube 上發佈了一部二十分鐘秘密拍攝新疆的紀錄片。[43] 關關在片中說道：「我曾在二〇一九年騎單車遊覽一次新疆，但這次的目的完全不一樣。我在 BuzzFeed News 上讀到一篇報導，記者通過交叉比對衛星圖像，確認許多新疆集中營的位置。」[44] 於是，我依照該新聞媒體創建的 Mapbox 衛星地圖，以及來自中國百度地圖服務的衛星圖像，拍攝新疆八個城市的十八個拘留設施。由於中國政府的規定，外國記者目前難以進入新疆採訪。我在想，雖然外國記者不能去新疆，但我還是可以去那裡。」

某些國際媒體已經能夠進入新疆，英國廣播公司、路透社和其他媒體發表過具說服力的紀錄片和報導。

二〇二一年，美聯社特准進入位於達坂城的烏魯木齊第三看守所。據美聯社報導：「該拘留中心是全中國乃至全世界最大的拘留中心，佔地超過二百二十英畝，是梵蒂岡的兩倍。正門的標誌表明它是『看守所』，即審前拘留設施。中國官員拒絕透露該處關押的囚犯數量，以『人數不定』含糊帶過。但美聯社根據衛星圖像以及參觀過程中看到的牢房和長椅數量估算，該中心可容納大約一萬人，擠一擠甚至能容納更多人。」[45] 把烏魯木齊第三看守所和其他類型的拘留中心、監獄和營地一起比較，足以證明人類學家戴倫．拜勒（Darren Byler）描述中國從「警察國家」走向「大規模監禁國家」的轉變，其中「數十萬人被消失。」[46] 他的著作《集中營見聞：在中國流放地的「高科技」生活》（In the Camps: Life in China's High-Tech Penal Colony）詳細介紹「由三百多個營地和其他新建或擴建的非法拘留設施組成」的「集中營群島」。此外，拜勒認為至少有一百五十萬維吾爾族、哈薩克族和回族人處於「再教育營」體系中，這使其成為「二戰以來最大規模羈押宗教少數群體的個案」。[47]

近年出現關於少數族群在集中營中遭受非人對待的消息，令人感到心碎。酷刑、強制勞動和強姦是普遍存在且司空見慣的現象。在二〇一八年十一月二十八日，米日古麗．圖爾蓀（Mihrigul Tursun）美國國會及行政當局中國委員會聽證會上，發表具說服力的證詞，描述了她在集中營的經歷：

「我清楚地記得第二次入獄時在老虎椅上遭受的折磨。我被帶到一個放有電椅的特殊房間。這裡是審訊室，只有一盞燈和一張椅子，牆上掛著皮帶和鞭子。我被放在一把高腳椅上，當他們按下按鈕時，它會『卡嗒』一聲將我的手臂和腿鎖定和收緊。我的頭髮在電擊前已經被剃光。當我每次被電擊時，我整個身體都會猛烈顫抖，我可以感受到靜脈的疼痛。我當時寧死也不願再經歷這種折磨，於是我懇求他們殺了我。」[48]

此外，中國男性警衛多次於夜間「選妃」並輪姦她們。流亡維吾爾學者阿不都外力．阿尤普

（Abduweli Ayup）報告說，他的侄女米赫拉・埃爾金（Mihray Erkin）是一名居住在日本的年輕教師，她曾在那裡擔任為維吾爾難民授課的志願者，然後被召回墨玉。在集中營裡，她多次遭受強姦和羞辱，最終被中國警察殺害。[49] 據報導，哈薩克婦女被迫脫去維吾爾婦女的衣服，然後讓她們被漢族男子強姦。古孜拉・阿瓦爾汗（Gulzira Auelkhan）在營地度過了十八個月，她聲稱曾將維吾爾族婦女的衣服脫光，並讓她們單獨與漢族男子在一起。[50] 集中營裡還發生過男性強姦案件。阿尤普本人便講述過他是如何在牢房裡被警察輪姦的。[51]

拉希瑪・買合木提（Rahima Mahmut）不僅努力為族人爭取權益，她還經常為包括英國廣播公司在內的國際媒體組織擔任翻譯。此外，她也曾為許多有關維吾爾人的紀錄片和研究項目擔任口譯，翻譯許多遭受酷刑者的證詞。她回憶道：「最令人震驚的故事來自一位土耳其女士。我們的採訪持續了十一個半小時，這位來自古爾賈的女士講述她的痛苦經歷。她的父親於一九九七年古爾賈大屠殺後被捕，後來在拘留期間死亡。她兩個兄弟也被捕並處決。她則因秘密對兒童傳播宗教信仰，和孩子們被捕。看守人員把孩子們赤身裸體地拖進去，當孩子不堪虐待而發出尖叫時，他們就把孩子打死。在監獄的四年裡，這位女士每天都遭受各種形式的虐待。他們強迫她以騎「摩托車」的姿勢，蹲下幾個小時，把她的指甲全部拔掉，強迫她觀看輪姦一年，並且輪姦了她。」

一位化名為「江」的前中國士兵和警察，因對中國政府感到幻滅而逃往德國，於二〇二一年十月公開證實中共對維吾爾人實施的酷刑和虐待，以及他們跨省區運送維吾爾人的事實。他們把維吾爾人困在擁擠的監獄火車上，維吾爾人被蒙住眼睛、戴上頭罩和手銬，禁止上廁所，也不准吃東西，只允許用瓶蓋沾溼嘴唇。[52] 他還承認監獄和再教育中心都設有工廠。[53] 維吾爾人被迫強制勞動，做一些可以賺錢，但沒有人願意做的事情。[54]

維吾爾人不僅在新疆監獄中被強制勞動。澳大利亞戰略政策研究所（ASPI）二〇二〇年三月發佈的一份題為「出售維吾爾人」的報告中，強烈指控至少八十二個全球知名品牌的供應鏈，包括蘋果、寶馬、Gap、華為、耐克、三星、索尼和大眾均中使用維吾爾族奴工。[55] 報告的兩位作者許秀中（Vicky Xiuzhong Xu）和內森．魯澤（Nathan Ruser）主張這是中央政府的政策，導致每年都有數萬維吾爾人被迫離開家園，被派往東部省份，在國際品牌的供應鏈中工作。[56]

據 ASPI 的報告估計，在二〇一七年至二〇一九年間，有超過八萬名維吾爾人被轉移到中國各地的工廠工作，其中一些人更是直接從集中營送往工廠。[57] 此外，至少有九個省份共二十七家工廠使用維吾爾族勞動力。其中山東省青島市的泰光製鞋有限公司廠區更配備瞭望塔、刺鋼絲和向勾的鐵絲網圍欄。公安局和統戰部特工駐紮在廠內，每天檢察並報告維吾爾族工人的「思想」。[58]

維吾爾人權項目、戰略暨國際研究中心和鄭國恩博士的研究證實中共強迫維吾爾人勞動的情況，維吾爾人權項目將其描述為「新疆鎮壓的核心部分」。[59]

中國是全球最大的棉花生產國，其中百分之八十四的棉花來自新疆。二〇二〇年，一百八十個人權組織組成的聯盟發表聯合聲明，指控世界上眾多大型時尚品牌和零售商，參與侵犯維吾爾族人權之行為。[60]

除了超過一百萬維吾爾族被拘留、監禁和折磨，強迫數十萬維吾爾勞工工作外，中國政府強制維吾爾族兒童和家人分離，強迫他們進入寄宿學校、孤兒院或「兒童福利指導中心」。他們被迫高喊愛國口號，學習普通話，回答有關父母宗教信仰的問題。[61] 據媒體報導，二〇一七年的政府文件披露至少有五十萬名兒童與父母分離，[62] 其生活環境和食物質量惡劣，許多兒童遭受深刻的心理創傷，並有抑鬱傾向。[63]

維吾爾人遭受嚴重的宗教迫害。清真寺和聖地已被摧毀，[64] 正常的宗教活動，如祈禱、齋戒、閱讀《古蘭經》或禁食豬肉或酒精等，都可能讓你被送進集中營。對於留著長鬍子的男性或戴頭巾的女性來說也是如此。據全球基督教團結聯盟指出，數以千計的清真寺被摧毀，即使是小規模且和平的日常宗教活動和宗教身份的表達，也被當局視為「可疑行為」。[65]維吾爾人在某些情況下更「被迫吃豬肉或喝酒。」

世界維吾爾代表大會和維吾爾人權項目證實，維吾爾族的宗教活動是中共政權的頭號目標。不僅清真食品受到限制，兒童也被禁止參加宗教活動，只有在國家組織的情況下，才允許到麥加朝聖。[66]

史密斯・芬利（Smith Finley）二〇一八年訪問新疆時，記錄侵犯宗教自由的例子。她寫道：「清真寺空無一人。所有清真寺建築群都被高高的金屬圍欄包圍，上面覆蓋中國國旗，盤繞著刺絲，大門深鎖。人們只能通過帶有安全驗證的數據門（面部識別）進入清真寺，但沒有人願意使用它。」[67]一名維吾爾人告訴她：「我們想去清真寺。可是，如果我們這樣做，他們就會把我們送進監獄。」史密斯芬利說，墨玉的清真寺完全停止服務。許多清真寺外牆上都貼滿了「去極端化」的宣傳。最引人注目的是，「愛國愛黨」現已取代早期「愛國愛教」的橫幅。[68]

儘管大多數維吾爾人是穆斯林，但存在一小部分維吾爾基督徒，他們的情況也好不到哪裡去。維吾爾族基督教家庭教會領袖阿里木江・依米提（Alimjan Yimit）於二〇〇八年在墨玉被捕，次年被判處十五年有期徒刑。一名信奉基督教的維吾爾族人安華・托帝（Enver Tohti）告訴我：「維吾爾人如今不喜歡『維吾爾族穆斯林』這個詞，因為有人是維吾爾族基督徒，他們受到中國共產黨的迫害。作為維吾爾人如是，作為基督徒亦如是。」

鄭國恩博士揭露中共政權強制絕育和強制墮胎的證據。在二〇二〇年發佈的報告中，他詳細描述了四個維吾爾族自治區中，至少百分之八十符合生育年齡的維吾爾婦女被強制絕育。[69] 一位勇敢的維吾爾族醫生告訴英國獨立電視台（ITV），她親自為維吾爾族婦女進行至少五百至六百個手術，包括強制避孕、放置宮內節育器（IUD）、強制墮胎，甚至在懷孕最後兩週強制墮胎，強行切除子宮。她說，有時嬰兒在被丟棄到垃圾中時仍在動。[70] 還有其他報告稱，如果嬰兒在晚期墮胎後倖存下來，它們也被注射致命藥物，無法存活。[71]

還有證據表明，維吾爾人已成為強摘器官的目標。國家授權從中國囚犯身上強行取出人體器官的政策，已經持續一段時間，此問題將在下一章中進一步探討。有人指出，這種做法最早始於九十年代的新疆。

伊森·葛特曼（Ethan Gutmann）在他的著作《屠殺》（The Slaughter）第一章中專門討論這個主題，他稱之為「新疆程序」。[72]有證據表明，當局一直為維吾爾人免費提供「健康檢查」，進行DNA檢測，這些程序可能導致維吾爾人死亡。[73]還有報導稱，烏魯木齊和墨玉機場設有器官移植「快速通道」，[74]天津醫院設有為沙特遊客從維吾爾族穆斯林身上摘取「清真器官」的服務。[75]

即使在中國境外，維吾爾人也不安全。中國共產黨在世界各地監視和騷擾維吾爾人，特別是哈薩克斯坦和土耳其，歐洲和北美國家也不能倖免。[76]一些維吾爾人已被強行遣返中國。

自開始流亡以來，多里坤·艾沙一直面臨來自中國當局的威脅。一九九七年，中國對他發出國際逮捕令，國際刑警組織也發佈了「紅色通緝令」，直到二〇一八年才撤銷。

多里坤說：「中國不斷說我是恐怖分子。他們不斷地威脅我，要求德國將我引渡中國，更在中國官方媒體上刊登我的照片。」

如今，多里坤被國際公認為具公信力的維吾爾族社運人士。世界維吾爾代表大會和多里坤個人均獲得多項著名的人權獎項，包括二〇一九年由眾議院議長南西·佩洛西在美國國會頒發的「世界民主獎」。

但在國際刑警組織發佈紅色通緝令後的幾年裡，多里坤一直面臨著各種挑戰，特別在國際旅行層面。有一次，他前往美國駐法蘭克福領事館，申請前往華盛頓參加會議的簽證。他回憶道：「我被拘留在領事館，並移交德國警方，他們把我帶到了警察局，並問我是否殺過人。」

二〇〇六年，多里坤在華盛頓杜勒斯國際機場被攔截，被遣返德國。二〇〇九年，他在韓國參加國際會議而被拘留。他回憶道：「我那時差點被遣返中國。南韓政府已準備好與中國合作，甚至還有中國警察在首爾等我。最終，迫於國際特赦組織、德國媒體、德國和美國政府的強大壓力，我被遣返德國。」

多里坤在日內瓦出席聯合國人權理事會會議時，聯合國安全部門應中國要求與他聯絡，要求他離開聯合國大樓。二〇一六年，當他計劃訪問達蘭薩拉時，他的印度簽證同樣因為中國干預而被撤銷。

中國政府最令多里坤和其他海外維吾爾社運人士心碎，效力甚大的恐嚇形式，是威脅他們身在國內的親屬。

多里坤說：「我的兄弟、姐妹和父母都住在東突厥斯坦（新疆）。中國政府向他們施加了強烈壓力。他們家每天二十四小時被監控。我的家人不能接待訪客，因為中國警察一直在監視他們。他們的電話被監聽，也不能上網。我和父母在二〇一七年最後一次通話。一年後，我得知母親死在集中營裡。然後父親也在二〇二〇年去世了。我的哥哥是數學教授，被判入獄十七年。二〇二一年，我弟弟被判無期徒刑。這是我家人所付出的代價。」

二〇一七年在美國創立「維吾爾運動」（Campaign for Uyghurs）的社運人士羅珊・阿巴斯（Dr. Rushan Abbas）也遭遇類似的悲劇。二〇一八年九月十一日，她的妹妹古麗珊・阿巴斯博士（Dr. Gulshan Abbas）被中國警方帶走，六天前，羅珊在華盛頓特區哈德遜研究所的小組討論中談到維吾爾人的困境，隨後她被判處二十年徒刑。羅珊告訴我：「我隨身帶著古麗珊的照片。我不知道妹妹被關押在哪裡。我的首要任務是確認她仍在世和獲釋。」

維吾爾人權運動家兼律師萊漢・阿薩特（Rayhan Asat）面臨同樣情況。自二〇二〇年以來，她投身一場國際運動，尋求釋放她的兄弟埃克帕・阿薩特（Ekpar Asat）。埃克帕・阿薩特是一位維吾爾族企業家和慈善家，為維吾爾族人創建一款社交媒體應用程式，包括歷史、文學、音樂、娛樂和新聞。此前，他曾被中國政府視為科技領域的明星及和平建設者。二〇一六年，他參加由美國國務院組織，為期三週的領導才能項目，回國後失踪。據報導，他被關押在集中營，自二〇一九年以來一直被單獨囚禁。二〇二〇年，他在秘密審判中被判十五年有期徒刑，罪名是「煽動民族仇恨和種族歧視」。[77]

中國共產黨為甚麼要這樣做？為甚麼要冒著國際譴責的風險，對維吾爾人進行如此強烈和令人震驚的迫害？為甚麼習近平沒有向毛澤東時代的共產黨高級官員習仲勳（習近平的父親）學習？習仲勳對維吾爾人採取與兒子完全相反的態度。一九四九年，習仲勳主持新成立的中共西北局，負責新疆事務。據唐志學（Joseph Torigian）稱，習仲勳在《外交家》（The Diplomat）的文章中談到與國家的少數民族打交道「需要採取溫和的手段」，並認為「吸納穆斯林領導人進入中華人民共和國國家機構，有助說服懷疑論者放棄暴力」。[78] 據報導，一九五二年，他曾對新疆的兩位最高領導人王震和鄧力群處理新疆局勢的手段感到憤怒，對大規模逮捕持批判態度。他顯然曾質問他們：「把少數民族婦女戴面紗、穿裙子和留鬍子的男子視為封建事物，是甚麼邏輯？」一九八一年，他致電新疆新任中共中央書記處的書記王恩茂，指示他以和平方式解決墨玉地區的抗議活動。唐志學寫道：「習仲勳明令禁止地方當局大規模迫害新疆，防止局勢進一步惡化。」

恩維爾・土赫提同意這一觀點：「維吾爾人可以生活在習仲勳的統治下，甚至可以生活在胡錦濤的領導下，卻不能生活在習近平的管控下。」

習近平打壓維吾爾人原因有三。首先，儘管這無疑是最令人震驚的例子，但它是全國範圍更廣泛鎮壓異見、差異、宗教和公民社會下發生的。其次，習近平似乎關注安全與穩定。第三，則是經濟方面的考量。

多里坤．艾沙認為，習近平的「一帶一路」倡議（BRI）是主要因素。該計劃旨在連接全球的貿易路線，使中國、亞洲與歐洲聯通，並發展沿途國家的基礎設施，是習近平任內的標誌性項目。學者沈大偉（David Shambaugh）認為這是「跨越全球且價值一點二萬億美元的大型項目」和「歷史上前所未有的基礎設施發展倡議」[79]，中國聲稱有一百二十三個國家和二十九個國際組織參與其中。正如易明（Elizabeth Economy）所寫，「一帶一路」通過建設必要的硬件基礎設施，連結外部市場和中國較不發達的內陸地區，將中國過剩的產能放到市場上。「一帶一路」將中國增添一抹政治光彩。」[80]杜如松（Rush Doshi）在《長期博弈》中指出，「一帶一路」倡議是中國追求「進攻性經濟治國」的手段，使中國能夠建立自己的經濟基礎設施核心，超越其他國家，獲得更大的財務影響力。[81]

多里坤認為，新疆位於「一帶一路」路線的中心，這是鎮壓維吾爾人的主要原因之一。他說：「從墨玉到卡拉奇，從烏魯木齊到哈薩克斯坦，均是『一帶一路』的核心地區。習近平認為只要維吾爾人存在，問題就存在，如果不徹底剷除維吾爾人，不根除他們的身份，問題就存在。他不想讓『一帶一路』出現問題。這就是為甚麼他將數百萬維吾爾人關進集中營的原因。」

此外，多里坤認為，雖然中國共產黨一直致力於同化維吾爾人，但七十年後，他們意識到自己並未成功，而習近平決心改變這一現狀。多里坤回憶道：「二〇一三年，習近平訪問墨玉，他以為維吾爾人被同化了。當他聽到維吾爾歌曲、看到維吾爾食物、聽到維吾爾語時，他感到非常驚訝。二〇一八年，我從一名維吾爾族並脫離中國政府的高級官員聽說，習近平從墨玉和烏魯木齊返回北京後，召開秘密高層會議。習近平認為七十年來，維吾爾人沒有任何改變，因此生氣地發佈新指令，強調中國有五十六個『民族』，維吾爾人屬於中國人。由此，習近平公開且迅速地將同化政策轉向種族滅絕政策。」

另一個因素也許是國際社會未曾就習近平的行為提出強烈抗議。多里坤說：「習近平一步步實施種族滅絕政策，測試國際社會和國際法的反應，特別是測試穆斯林世界的反應。二〇一四年，他禁止在齋月期間禁食，沒有人說甚麼。隨後他要求維吾爾族進入清真寺需要身份證，並設置檢查站。國際社會沒有任何回應。二〇一六年，他收繳了維吾爾人的護照，禁止他們到國際旅行。然後他們關閉互聯網、社交媒體、WhatsApp 等社交媒介。儘管如此，國際社會仍沒有任何回應。

所以習近平認為他很強大。沒有人會反對他。他可以摘下面具，執行種族滅絕政策，預告其將會成功。這就是習近平變本加厲地鎮壓維吾爾人的原因。」

國際社會幡然醒悟，開始應對上述種族滅絕的行為，但那不僅太少，也太晚了。

二〇二〇年六月，五十多名聯合國特別報告員呼籲聯合國，建立中國人權狀況調查機制。

西方民主國家多次去致函人權理事會，二〇二〇年有三十九個國家連署，二〇二一年則有四十四個國家連署。[82] 聯合國人權事務高級專員蜜雪兒・巴舍萊（Michelle Bachelet）多次嘗試進入新疆。在二〇二二年北京冬奧會之前，她宣布推遲發佈一份關於新疆的報告，該報告將基於聯合國人權理事會獨立監測任務的調查結果。人們擔憂她迫切地想要「訪問新疆」，會以此為籌碼，換取訪問新疆的機會，使北京能夠逃避責任。事實上，她最終於二〇二二年五月訪問中國（包括新疆），成為十七年來第一位訪問中國的聯合國高級專員。因在會議結束時的新聞發佈會上，為中國粉飾人權危機而受到廣泛批評。她將上述獨立人權報告推遲至二〇二二年八月，她在任期最後一天的最後幾分鐘才發表。儘管如此，這份延宕已久的報告最終於八月三十一日午夜公諸於世，其態度比許多人認為的還要強烈，指出「中國嚴重侵犯維吾爾人和其他穆斯林社區的人權」，可能構成「危害人類罪」。

美國、加拿大、英國和歐盟宣佈制裁某些北京和新疆官員和實業。最重要的是，二〇二一年十二月，拜登總統在美國國會簽署並通過一項新法律，禁止新疆生產進口到美國的產品，除非證明該產品並非通過強制勞動生產，才可豁免。[83]美國這最新舉措具有歷史意義。章聞韶認為：「《防止強迫維吾爾人勞動法》是一個非常積極的舉措。新疆的所有產品都應被假定為強制勞動的產物，除非他們能夠提供證據。」不過，他警告說，實施這項禁令面臨不少挑戰：「這取決於海關官員執法的程度。因為我們很難弄清楚哪些產品來自新疆，哪些產品來自中國其他地區。中國政府將維吾爾族從新疆轉移到中國其他省份勞動，因此非新疆製造的產品，也有可能是通過強制勞動生產出來的。這可能是一個非常大的漏洞。」

章聞韶認為，針對性制裁是未來最佳的方向。他認為：「我們應該針對那些嚴重侵犯人權行為的公司，例如在新疆提供視像監控技術的海康威視。美國政府制裁海康威視，但我認為制裁力度不足。我們需要對這些目標企業實施更嚴厲的制裁，徹底斬斷它們的營運，向其他企業發出強烈的警告信號。目前來看，威懾力還不夠強。」

羅珊・阿巴斯對此表示同意。她認為：「為了制止種族滅絕，有必要停止一切正常的商業活動，停止支持經濟發展，停止強制勞動行為，不能使種族滅絕成為有利可圖的『事業』。這不僅關係到維吾爾人的未來，還關乎拯救世界免受民族主義政權的侵害。因此，必須拔掉中國共產黨的『電源線』，停止其『經濟供電』，拒絕和統治中國的黑手黨－犯罪集團做生意。」

為了報復西方的制裁，中國也實施了制裁。

在英國，前保守黨領袖，國會議員施志安爵士（Sir Iain Duncan Smith）、時任下議院外交事務委員會主席兼國會議員湯姆・圖根哈特（Tom Tugendhat）、其他三名國會議員、兩名上議院議員（包括為本書撰寫前言的奧爾頓勳爵）、史密斯・芬利博士、維吾爾法庭、保守黨人權委員會中國研究小組和維吾爾法庭主席傑弗里・尼斯爵士（Sir Geoffrey Nice, KC），以及埃塞克斯法庭的律師，於二〇二一年三月，全部受到中國制裁，以報復英國對中國的制裁。儘管未被明確點名，但作為保守黨人權委員會副主席，我也受到中國的間接制裁。

在其他地方，鄭國恩（Adrian Zenz）博士、歐洲議會及其人權小組委員會的五名成員、美國國際宗教自由委員會的四名成員、加拿大國會議員莊文浩（Michael Chong）和加拿大下議院國際人權小組委員會、以及人權觀察中國部主任索菲・理查森（Sophie Richardson）和美國國際宗教自由委員會維吾爾族主席努里・特克爾（Nury Turkel），均成為中國制裁的目標。

二〇一九年一月，我向英國律師傑弗里・尼斯爵士介紹了庫扎特・阿勒泰，本章故事自他而始。他起訴了斯洛波丹・米洛塞維奇（Slobodan Miloševi ），擔任獨立法庭的主席，調查中國強摘器官的情況。我與傑弗里爵士相識多年，曾與他一同關注緬甸和朝鮮的人權、公義和責任問題等議題。庫扎特和我，以及對華援助協會的傅希秋牧師，向傑弗里爵士提出了一個簡單的問題：可以採取甚麼措施，讓中國政府對維吾爾人犯下的暴行負責？

接下來的幾個月裡，我們進行了幾次談話。我促成了傑弗里爵士、多里坤、拉希瑪和努里之間的會面。在討論中，我們浮現建立獨立「人民法庭」的想法，以評估並回答「中共政權對新疆地區維吾爾人和其他穆斯林等群體的行為，是否構成種族滅絕？」的問題。

二〇二〇年七月，時任英國外交大臣藍韜文（Dominic Raab）承認新疆正發生嚴重且令人震驚的侵犯人權行為。六個月後，他以「工業模式」來描述中國的行為，但未稱其為「種族滅絕」，因為他認為「必須小心謹慎」地使用「種族滅絕」這個詞彙。他是對的。「種族滅絕」是一個非常具體的法律術語，有非常高的舉證門檻，不是一個可以輕易使用的術語，而是「犯罪中的犯罪」，是國際法中最嚴重和惡名昭彰的暴行罪。

然而，種族滅絕的跡象仍在不斷增加。外洩的中國政府高層文件談到政權對維吾爾人「絕對不留情」，中國官方媒體宣稱鎮壓目的是「斷其血統、斷其根、斷其聯繫、斷其根源。」。正如《華盛頓郵報》二〇一九年的一篇社論所言，無法將上述發言解讀為種族滅絕意圖以外之目的。[84]

近年來，維吾爾人所受的苦難，已經從一個不為人知或被遺忘的悲劇，變成日益引人關注的議題。

二〇二〇年八月，包括前坎特伯雷大主教羅雲．威廉斯（Rowan Williams）在內的來自七十六名主要宗教領袖，呼籲進行調查和問責。二〇二一年，七國集團峰會期間，特魯羅主教和科普特正教會大主教安巴．安加洛斯（Anba Angaelos）主持一場活動，強調了維吾爾人的困境。

最重要的是，猶太團體將維吾爾族悲劇與大屠殺進行比較。這是值得注意的，因為猶太人通常對此非常敏感，他們認為大屠殺在歷史上是獨一無二的。

因此，對於英國猶太人眾議院委員會主席瑪麗．范德齊爾（Marie van der Zyl）和許多猶太人來說，這種「比較」意義重大。她在給中國駐倫敦大使的信中寫道，沒有人能看到人們被強行裝上火車，宗教人士的鬍鬚被修剪，婦女被強制絕育，被送到集中營中的行為後，忽視今天中華人民共和國，與七十五年前納粹德國的相似之處。

二〇二一年間，加拿大、荷蘭、捷克共和國、比利時、立陶宛和英國的議會通過決議，承認維吾爾人遭受的苦難是「種族滅絕」。二〇二一年一月十九日，邁克．蓬佩奧（Mike Pompeo）在擔任美國國務卿的最後一天發表聲明，將針對維吾爾人的暴行定性為「種族滅絕」，這是他任內其中一項最後行動。國務卿蓬佩奧宣稱：「我相信這場種族滅絕仍在繼續，我們正目睹中共黨國企圖系統性地消滅維吾爾人。」[85] 幾小時內，他的繼任者，民主黨的安東尼．布林肯（Antony Blinken）在參議院的確認聽證會上表示同意。

對某些人來說，上述舉措看起來像是一種突破。但努里．特克爾（Nury Turkel）反而覺得這令人沮喪。他說：「《防止及懲治危害種族罪公約》的締約方有超過一百五十個國家。但令人不安的是，只有少數議會和政府譴責維吾爾族的種族滅絕。我們還沒有在世界上任何地方，見到任何具體的計劃來制止這場種族滅絕。《防止及懲治危害種族罪公約》締約國有責任譴責和制止種族滅絕，追究種族滅絕施行者的責任。然而締約國卻沒有履行他們的職責。」

此外，雖然學者和政治家們逐漸意識到種族滅絕的存在，但還未有法律機構認定中共「種族滅絕」的行為。此外，由於中國的一票否決權和強大影響力，正式的國際法庭可能也不太可能將他們的行為視為「種族滅絕」。在此情況下，似乎只有一個獨立的「人民法庭」，才能處理政府和聯合國等多邊機構應做而拒絕做的事情：查明真相。法庭由民間社會發起，沒有執行機制，只具有道德權威和知識可信度（intellectual credibility）。專家小組將會公正地評估所收到的證據。在道德權威是稀缺商品的時代，「人民法庭」意義非凡。它的判斷可能不會引發任何行動，但可以消除不採取行動的藉口。

人民法庭始於一九六六年。由哲學家伯特蘭・羅素和尚-保羅・沙特共同主持有關美國在越戰中行動的調查，隨後法庭也調查伊朗、克什米爾的暴行，和一九六五年印度尼西亞和緬甸的大屠殺。維吾爾的人民法庭會遵循以往的傳統運作，就像普通法庭陪審團一樣。「維吾爾族法庭」自二〇二〇年九月啟動，至二〇二一年十二月九日作最終判決。在這短短一年多裡，五位教授（其中兩位是英國最傑出的醫學專家）、商界領袖、博愛主義者以及律師一同組成七人小組，參與二〇二一年六月和九月在倫敦舉行為期八天的公開聽證會，以及二〇二一年十一月的在線聽證會，聽取七十多名證人的證詞。此外，法庭的法律顧問哈米德·薩比（Hamid Sabi）表示，三十名研究人員花費一萬多個小時審查數十萬頁文件，包括五百份事實證人陳述。正如薩比先生所說，已經編制的證據數據庫，可能是關於維吾爾族種族滅絕問題最完整的數據庫之一。這本身就是一項成就，因為它將在未來幾年為政策制定者、歷史學家，或許還有檢察官提供良好的服務。即使所指控的嚴重暴行肇事者永遠不會被繩之以法，但維吾爾人受迫害的歷史將被更準確地傳述下去。所有公開聽證會均在西敏寺大教堂舉行，向公眾開放並實時直播。迄今為止，所有證據都可以在該法庭網站上查閱。[86]

關於維吾爾法庭，還有另外四個非常重要的觀點。

首先，幾乎所有工作為「公益性質」。除了最初級的律師和研究人員因為謀生需求而收取微薄酬勞外，沒有人獲得任何報酬。他們是出於公共利益而開展上述工作的。

其次，法庭多次邀請北京表明立場，但沒有得到答覆。正如傑弗里爵士作出判決時所說，法庭有理由無視其認為毫無根據，或對北京不公平的證據，並將提交的資料交予獨立專家審查。

第三，法庭引起北京極大的憤怒。在六月聽證會之前，中國當局召開了一場新聞發佈會，荒謬地譴責傑弗里爵士是「臭名昭著的人權侵犯者」和「英國間諜」，指稱所有證人都是提供虛假證據的付費演員。更糟糕的是，證人的親屬被迫公開在電視上譴責其親人提供虛假證據。二〇二一年九月，審判結束時，有消息稱新任中國駐倫敦大使鄭澤光曾就「維吾爾族法庭」一事威脅英國政府，儘管英國政府與此事無關。

上述情況導致第四點。鄭國恩在第三次網上法庭開庭時，發佈書面證據，直接將習近平和中國共產黨政權的高級領導層，與加緊鎮壓維吾爾人的情況連繫起來。上述書面證據由二〇一四年四月，至二〇一八年五月期間的十一份文件組成，包括習近平在二〇一四年四月發表的三篇講話，內容涵蓋安全、人口控制和懲罰維吾爾族人口之必要。[87] 習近平還在一份講話中指出，「一帶一路」的前提是國內穩定和安全。[88] 此前，許多人認為陳全國是新疆集中營的「先鋒」。但從鄭國恩的研究來看，陳全國明顯只是最高層指令的執行者。[89]

二〇二一年十二月九日，我與維吾爾人、社運人士、學者、記者和議員坐在西敏寺大教堂，等待人民法庭的判決。當我聽傑弗里爵士一絲不苟、有條不紊地講述審判過程，以及國際法的細節時，我回想起三年前的某一天。當時庫扎特、傅希秋、傑弗里爵士和我探討人民法庭的可能性，我和多里坤、拉希瑪、努里、傑弗里爵士還有其他人一起為法庭作初步準備和討論。我想到所有自願付出時間，使這一假設成為可能的陪審團、法律顧問及其團隊、研究人員、行政團隊、顧問，還有用許多時間翻譯證詞的拉希瑪、我來自站起來基金會的朋友裴倫德（Luke de Pulford）、來自種族滅絕應對聯盟的埃維琳娜·歐恰布博士（Dr. Ewelina Ochab）、所有來自「制止維吾爾族種族滅絕運動」、「Burst the Bubble」和「Yet again」運動的社運人士（他們的角色將在後面章節探討），以及那些冒著嚴重風險站出來作證的人。我屏住呼吸聽傑弗里爵士講話。

在他宣判的時刻，我認為法庭已經否決了種族滅絕的指控。法庭無視其他人將之大屠殺所做的比較，並對報告提出質疑，認為維吾爾人雖然「以各種方式」遭到殺害，但證據並未顯示其達到《防止及懲治危害種族罪公約》的標準，達致可能危及整個群體或部分群體滅絕的規模。

令人驚訝的是，法庭也沒有找到足夠的證據，表明中共政權對維吾爾人「造成嚴重的身體或精神傷害」或「蓄意造成毀滅生活的條件」，達到可以被稱為「種族滅絕」的程度。

即使在「反人類罪」的十一項行為中，判決的結論也無法證明中共有系統地謀殺、滅絕或奴役維吾爾族。聽到這裡，北京當局可能已經準備好開香檳大肆慶祝了。

然而，這就是為甚麼這個判斷如此有力，值得我們認真對待的原因。這並不是故事的結局。

關於危害人類罪，控罪書寫得很明確。包括驅逐出境和強行轉移人員的罪行、監禁、嚴重剝奪人身自由、酷刑、強姦和性暴力、迫害和強迫失踪。根據法庭的說法，上述「不人道行為」已「無可置疑」。

關於酷刑的單獨指控是沒有爭議的。

中共政權被指控種族滅絕並入罪，罪名是「阻止或干擾孩童誕生」，這是無可辯駁的指控。法庭認為強制絕育、強制摘除子宮、強制墮胎和強制避孕都導致維吾爾族人口「出生率大幅下降」的原因。法庭裁定這些措施「旨在消滅大部分維吾爾人」，意味北京政府犯下「生物滅絕罪」。

這一結論經過嚴謹的法律分析，伴隨著任何頂級律師都無法扭曲的事實。這是史上第一次有獨立於任何準司法機構所作的判決。在沒有任何國際司法機制或正式法庭程序支持的情況下，獨立的維吾爾法庭作出最可信的判決，這判決不容忽視。

該判決概括維吾爾人遭受的人權暴行和證據。傑弗里爵士以一種超然的語氣描述數十萬維吾爾人「沒有任何理由或沒有任何充分理由」被拘留的情況，遭受不合理、殘忍邪惡且不人道之對待。他說，許多人遭受酷刑，許多人被連續鎖住幾個月而無法動彈，其他人則被浸泡在水牢中，狹小的空間無法讓人站著或躺著。一名年輕女子在一百名人面前被警察輪姦。女性被拘留者的陰道和直腸被電擊棒和鐵棒刺穿。

維吾爾法庭判決中描述的一連串恐怖事件，對於近年來研究中國新疆地區局勢的人來說並不陌生，對於各國政府來說也不陌生。儘管其嚴重性、虐待強度和組織性令人震驚。但這是第一次「毫無保留」地向世界展示，由一位世界頂級人權律師擔任法庭主席。由此，我們得出的結論是，根據國際法，北京政權正在犯下種族滅絕、酷刑和反人類罪等最令人震驚的暴行。

這份判決的價值在於它能夠喚醒國際社會的道德良知，動員應對上述罪行。法庭已完成其職責，現在輪到世界各國政府採取行動了。他們有責任制止種族滅絕，有責任保障受害者。他們必須發起一系列政策行動，包括針對性制裁、禁止進口奴工製造的產品、確保從供應鏈中消除奴隸制的措施、保證供應鏈的多元化，從中國公司撤資等，和探索所有的起訴途徑。

現在是時候把維吾爾人民所遭受的暴行正式稱為「種族滅絕」了。

註釋

1 Gene Bunin, "From Camps to Prisons: Xinjiang's Next Great Human Rights Catastrophe," The Art of Life in Chinese Central Asia, 5 October 2019, https://livingotherwise.com/2019/10/05/from-camps-to-prisons-xinjiangs- next-great-human-rights-catastrophe-by-gene-a-bunin/.

2 James Millward, *Eurasian Crossroads: A History of Xinjiang* (C. Hurst & Co., 2021), p. 77.

3 Sean Roberts, *The War on the Uyghurs: China's Campaign against Xinjiang's Muslims* (Princeton University Press, 2020), p. 27.

4 See https://east-turkistan.net/first-east-turkistan-republic-1933-1934/.

5 Michael Sheridan, "Revolt Stirs Among China's Nuclear Ghosts," *Sunday Times*, April 19, 2009, https://www.thetimes.co.uk/article/revolt-stirs-among- chinas-nuclear-ghosts-s2s9lw3vzn6.

6 *Death on the Silk Road*: see https://www.youtube.com/watch?v=-PRb8Xcdxp8.

7 Tom Cliff, "Xinjiang Today: Wang Zhen Rides Again?," *Made in China Journal*, 17 May 2018, https://madeinchinajournal.com/2018/05/17/xinjiang- today-wang-zhen-rides-again-2/.

8 Hasan Karrar, *The New Silk Road Diplomacy* (UBC Press, 2009), p. 78.

9 Andrew Nathan and Perry Link, *The Tiananmen Papers* (Abacus, 2001), p. 477.

10 Colin Mackerras, *China's Ethnic Minorities and Globalisation* (RoutledgeCurzon, 2003), p. 38.

11 Ibid., p. 28.

12 Uyghur Human Rights Project, "The Bingtuan: China's Paramilitary Colonizing Force in East Turkistan," p. 7, https://docs.uhrp.org/pdf/bingtuan. pdf.

13 Ethan Gutmann, *The Slaughter: Mass Killings, Organ Harvesting, and China's Secret Solution to Its Dissident Problem*

(Prometheus, 2014), p. 22.

14 Radio Free Asia, "Uyghurs Still Push for Accountability 25 Years after Ghulja Massacre," 13 February 2022, https://www.rfa.org/english/news/uyghur/ ghulja-massacre-02112022175649.html.

15 Sean Roberts, p. 55.

16 Gardner Bovingdon, *The Uyghurs: Strangers in Their Own Land* (New York: Columbia University Press, 2010), p. 127.

17 Amnesty International, "People's Republic of China: Gross Violations of Human Rights in the Uighur Autonomous Region," April 1999, https://www.amnesty.org/en/wp-content/uploads/2021/06/asa170181999en.pdf.

18 Ibid., p. 127.

19 Sean Roberts, p. 55.

20 Ondrej Klimes and Joanne Smith Finley, "China's Neo-Totalitarian Turn and Genocide in Xinjiang," *Society and Space*, 7 December 2020, https://www. societyandspace.org/articles/chinas-neo-totalitarian-turn-and-genocide-in- xinjiang.

21 Amnesty International, "Rebiya Kadeer's Personal Account of Gulja after the Massacre on 5 February 1997," 2007, https://www.amnesty.org/en/wp- content/uploads/2021/07/asa170012007en.pdf.

22 Joanne Smith Finley, "Securitisation, Insecurity and Conflict in Contemporary Xinjiang: Has PRC Counter-Terrorism Evolved into State Terror?," Central Asian Survey, 11 March 2019, https://www.tandfonline.com/doi/full/10.1080/02634937.2019.1586348.

23 Pablo A. Rodríguez-Merino, "Old 'Counter-Revolution,' New 'Terrorism': Historicizing the Framing of Violence in Xinjiang by the Chinese State," Central Asian Survey, 2019, pp. 27–45, https://www.tandfonline.com/doi/abs/10.1080/02634937.2018.1496066.

24 Sean Roberts, p. 77.

25 James Millward, "Introduction: Does the 2009 Urumchi Violence Mark a Turning Point?," Central Asian Survey, 30 March

2010, https://www.tandfonline.com/doi/abs/10.1080/02634930903577128.

26 Yufan Hao and Weihua Lua, "Xinjiang: Increasing Pain in the Heart of China's Borderland" *Journal of Contemporary China,* 21, no. 74 (2012), pp. 205–225, https://www.tandfonline.com/doi/abs/10.1080/10670564.2012.6359 27?scroll=top&needAccess=true&journalCode=cjcc20.

27 Sean Roberts, p. 161.

28 For more on police recruitment, see Adrian Zenz and James Leibold, "Securitizing Xinjiang: Police Recruitment, Informal Policing and Ethnic Minority Co-optation," *China Quarterly* 242 (June 2020), https://www. cambridge.org/core/journals/china-quarterly/article/abs/securitizing-xinjiang- police-recruitment-informal-policing-and-ethnic-minority-cooptation/ FEEC613414AA33A0353949F9B791E733. For an analysis of security spending, see Adrian Zenz, "China's Domestic Security Spending: An Analysis of Available Data," *China Brief* 18, no. 4 (March 2018), https:// jamestown.org/program/chinas-domestic-security-spending-analysis- available-data/.

29 Joanne Smith Finley, "The Wang Lixiong Prophecy: 'Palestinianisation' in Xinjiang and the Consequences of Chinese State Securitization of Religion," Central Asian Survey, 13 November 2018, https://www.tandfonline.com/doi/ full/10.1080/02634937.2018.1534802?scroll=top&needAccess=true.

30 Tom Lantos Human Rights Commission: United States Congress, "Ilham Tohti," https://humanrightscommission.house.gov/defending-freedom- project/prisoners-by-country/China/Ilham%20Tohti.

31 Uyghur Human Rights Project, "The Bingtuan: China's Paramilitary Colonizing Force in East Turkistan," p. 11.

32 Ilham Tohti, *We Uyghurs Have No Say: An Imprisoned Writer Speaks* (Verso Books, 2022), https://www.versobooks.com/books/3895-we-uyghurs-have-no- say?msclkid=8551edaeafe011ecbba37b07a1527f79.

33 The Conservative Party Human Rights Commission, *The Darkness Deepens: The Crackdown on Human Rights in China 2016–2020*, p. 56, https://conservativepartyhumanrightscommission.co.uk/wp-content/ uploads/2021/01/CPHRC-China-Report.pdf.

34 Ibid., p. 56.

35 Human Rights Watch, “China: Visiting Officials Occupy Homes in Muslim Region,” 13 May, 2018, https://www.hrw.org/news/2018/05/13/china- visiting-officials-occupy-homes-muslim-region.

36 Geoffrey Cain, *The Perfect Police State: An Undercover Odyssey into China's Terrifying Surveillance Dystopia of the Future* (PublicAffairs, 2021), p. 1.

37 Adrian Zenz and James Leibold, “Chen Quanguo: The Strongman Behind Beijing’s Securitization Strategy in Tibet and Xinjiang,” *China Brief* 17, no. 12 (September 2017), https://jamestown.org/program/chen-quanguo-the- strongman-behind-beijings-securitization-strategy-in-tibet-and-xinjiang/.

38 Adrian Zenz, “The Karakax List: Dissecting the Anatomy of Beijing’s Internment Drive in Xinjiang,” *Journal of Political Risk* 8, no. 2 (February 2020), jpolrisk.com/karakax/ and Uyghur Human Rights Project, “‘Ideological Transformation’: Records of Mass Detention from Qaraqash, Hotan,” 18 February 2020, https://uhrp.org/report/ideological-transformation-records- mass-detention-qaraqash-hotan-html/.

39 Adrian Zenz, “The Xinjiang Police Files: Re-Education Camp Security and Political Paranoia in the Xinjiang Uyghur Autonomous Region,” *Journal of the European Association of Chinese Studies 3* (2022), https://journals.univie.ac.at/ index.php/jeacs/article/view/7336.

40 The Laogai Research Foundation, “Laogai Handbook 2005–2006,” (Washington, D.C., 2006), https://web.archive.org/web/20080527202338/ http://www.laogai.org/news2/book/handbook05-06.pdf.

41 See supporting evidence from Xinjiang’s own police computers: Zenz, “The Xinjiang Police Files.”

42 Adrian Zenz wrote a key academic paper that became the foundation for the UN’s 2018 statement that there were credible reports of over one million Uyghurs in camps. See Adrian Zenz, “New Evidence for China’s Political Re-Education Campaign in Xinjiang,” *China Brief* 18, no. 10 (May 2018), https://jamestown.org/program/evidence-for-chinas-political-re-education-

campaign-in-xinjiang/.

43 See https://www.youtube.com/watch?v=cI8bJO-to8I&t=9s.

44 DW, "Xinjiang Footage Sheds New Light on Uyghur Detention Camps," 22 November 2021, https://www.dw.com/en/xinjiang-footage-sheds-new-light- on-uyghur-detention-camps/a-59880898.

45 Associated Press, "Room for 10,000: Inside China's Largest Detention Center," 22 July 2021, https://apnews.com/article/business-religion-china-only-on-ap-f89c20645e69208a416c64d229c072de.

46 Ibid.

47 Darren Byler, *In the Camps: Life in China's High-Tech Penal Colony* (Atlantic Books, 2022), p. 12. Byler's book draws on Zenz's work. See, for example, Adrian Zenz, "Brainwashing, Police Guards and Coercive Internment: Evidence from Chinese Government Documents about the Nature and Extent of Xinjiang's 'Vocational Training Internment Camps,'" Journal of Political Risk 7, no. 7 (July 2019), https://www.jpolrisk.com/brainwashing- police-guards-and-coercive-internment-evidence-from-chinese-government- documents-about-the-nature-and-extent-of-xinjiangs-vocational-training- internment-camps/. In 2019, Zenz told the Irish Times that the camps were probably the "largest incarceration of an ethno-religious minority since the Holocaust." See Colm Keena, "Mass Internment of Uighur People in Camps Laid Bare in Leaked Documents," Irish Times, 24 November 2019, https:// www.irishtimes.com/news/world/asia-pacific/china-cables-the-largest- incarceration-of-a-minority-since-the-holocaust-1.4089726.

48 Congressional-Executive Commission on China, "Hearing: The Communist Party's Crackdown on Religion in China, November 28, 2018: Testimony of Mihrigul Tursun," https://www.cecc.gov/sites/chinacommission.house.gov/ files/documents/REVISED_Mihrigul%20Tursun%20Testimony%20for%20 CECC%20Hearing%2011-28-18_0.pdf.

49 *Bitter Winter*, "Mihray Erkin: The Senseless Killing of a Uyghur Young Girl," 2021, bitterwinter.org/mihrab-erkin-the-senseless-killing-of-a-uyghur- young-girl.

50 BBC, "Their Goal Is to Destroy Everyone: Uighur Camp Detainees Allege Systematic Rape," 2 February 2021, https://www.bbc.co.uk/news/world-asia- china-55794071.

51 Al Jazeera, "Exposed: China's Surveillance of Muslim Uighurs," 1 February 2019, https://www.aljazeera.com/features/2019/2/1/exposed-chinas- surveillance-of-muslim-uighurs.

52 Tom Cheshire, "Uyghurs Tortured and Beaten to Death in Xinjiang, Former Chinese Police Officer Reveals," Sky News, 11 October 2021, www.news.sky. com/story/Uyghurs-tortured-and-beaten-to-death-in-re-education-camps- in-xinjiang-former-chinese-police-officer-reveals-12431122.

53 Ibid.

54 Ibid.

55 Australian Strategic Policy Institute (ASPI), "Uyghurs for Sale," 2020, https://www.aspi.org.au/report/uyghurs-sale.

56 The Conservative Party Human Rights Commission, *The Darkness Deepens: The Crackdown on Human Rights in China 2016–2020*, p. 47, https://conservativepartyhumanrightscommission.co.uk/wp-content/ uploads/2021/01/CPHRC-China-Report.pdf.

57 Zenz disputes this figure and has critiqued the ASPI report in his own work. His recent research estimates that between 2 and 2.5 million Uyghurs areat risk of being subjected to forced labour. Adrian Zenz, "Unemployment Monitoring and Early Warning: New Trends in Xinjiang's Coercive Labor Placement Systems," *China Brief* 22, no. 11, https://jamestown.org/program/unemployment-monitoring-and-early-warning-new-trends-in-xinjiangs- coercive-labor-placement-systems/.

58 *The Darkness Deepens,* p. 47.

59 Ibid., p. 48. See also Adrian Zenz, "Coercive Labor and Forced Displacement in Xinjiang's Cross-Regional Labor Transfer Program," Jamestown Foundation, 2 March 2021, https://jamestown.org/program/coercive-labor- and-forced-displacement-in-xinjiangs-cross-regional-labor-transfer-program/.

60 *Guardian,* "'Virtually Entire' Fashion Industry Complicit in Uighur Forced Labour, Say Rights Groups," 23 July 2020, https:// www.theguardian.com/globaldevelopment/2020/jul/23/virtually-entire-fashion-industry-complicit- in-uighur-forced-labour-say-rights-groups-china. The key research report on forced labour in cotton, which was the basis for the US import ban on Xinjiang cotton, is Adrian Zenz, "Coercive Labor in Xinjiang: Labor Transfer and the Mobilization of Ethnic Minorities to Pick Cotton," New Lines Institute for Strategy and Policy, 14 December 2020, https://newlinesinstitute. org/china/coercive-labor-in-xinjiang-labor-transfer-and-the-mobilization-of- ethnic-minorities-to-pick-cotton/.

61 Adrian Zenz, "Public Security Minister's Speech Describes Xi Jinping's Direction of Mass Detentions in Xinjiang," *ChinaFile*, 24 May 2022, https:// www.chinafile.com/reporting-opinion/features/public-security-ministers- speech-describes-xi-jinpings-direction-of-mass.

62 Amy Qin, "In China's Crackdown on Muslims, Children Have Not Been Spared," *New York Times*, 28 December 2019, https:// www.nytimes. com/2019/12/28/world/asia/china-xinjiang-children-boarding-schools.html. By 2018, that figure had increased to nearly 900,000. Adrian Zenz, "Parent-Child Separation in Yarkand County, Kashgar: Evidence from Local Government Spreadsheets about the Fate of Thousands of Students with One or Both Parents in Internment Camps," Medium, 15 October 2020, https://adrianzenz.medium.com/story-45d07b25bcad.

63 Emily Feng, "Uighur Kids Recall Physical and Mental Torment at Chinese Boarding Schools in Xinjiang," WBUR, 3 February 2022, https://www.wbur. org/npr/1073793823/china-uyghur-children-xinjiang-boarding-school.

64 Rian Thum, "The Spatial Cleansing of Xinjiang: Mazar Desecration in Context," Made in China Journal, 24 August 2020, https://madeinchinajournal. com/2020/08/24/the-spatial-cleansing-of-xinjiang-mazar-desecration-in- context/.

65 The Conservative Party Human Rights Commission, *The Darkness Deepens: The Crackdown on Human Rights in China 2016–2020*, p. 27, https://conservativepartyhumanrightscommission.co.uk/wp-content/ uploads/2021/01/CPHRC-China-Report.pdf.

66 Ibid., p. 28.

67 Joanne Smith Finley, "Now We Don't Talk Anymore: Inside the 'Cleansing' of Xinjiang," ChinaFile, 28 December 2018, https://www.chinafile.com/ reporting-opinion/viewpoint/now-we-dont-talk-anymore.

68 The Conservative Party Human Rights Commission, *The Darkness Deepens: The Crackdown on Human Rights in China 2016–2020,* p. 28, https://conservativepartyhumanrightscommission.co.uk/wp-content/ uploads/2021/01/CPHRC-China-Report.pdf.

69 Adrian Zenz, "Sterilisations, IUDs, and Mandatory Birth Control: The CCP's Campaign to Suppress Uyghur Birth Rates in Xinjiang," Jamestown Foundation and the Inter-Parliamentary Alliance on China (IPAC), *China Brief*, 20, no. 12, 15 July 2015, https://jamestown.org/program/sterilizations-iuds-and-mandatory-birth-control-the-ccps-campaign-to-suppress-uyghur-birth-rates-in-xinjiang/.

70 Emma Murphy, "Uighur Doctor Tells ITV News of Disturbing Testimonies of 'Forced Abortions and Removal of Wombs in China,'" ITV, 2 September 2020, https://www.itv.com/news/2020-09-02/uighur-doctor-tells-itv-news- of-disturbing-testimonies-of-forced-abortions-and-removal-of-wombs.

71 Uyghur Tribunal Judgment, 2021, https://uyghurtribunal.com/wp-content/ uploads/2021/12/Uyghur-Tribunal-Summary-Judgment-9th-Dec-21.pdf.

72 Ethan Gutmann, *The Slaughter* (2014), p. 9.

73 Ethan Gutmann, "A Personal Note to the British Foreign Office," International Coalition to End Transplant Abuse in China, Westminster Statement, September 11, 2019, https://endtransplantabuse.org/a-personal- note-to-the-british-foreign-office-ethan-gutmann/.

74 Ethan Gutmann, "The Nine Points Memo: China's Forced Organ Harvesting in Xinjiang/East Turkistan," International Coalition to End Transplant Abuse in China, December 2020, https://endtransplantabuse.org/wp-content/ uploads/2021/01/

Chinas-Forced-Organ-Harvesting-from-Uyghurs-Memo- EthanGutmann_ETAC_12Dec2020.pdf.

75 Taiwan News, "Saudis Allegedly Buy 'Halal Organs' from 'Slaughtered' Xinjiang Muslims," taiwannews.com.tw/en/news/3862578.

76 Jonathan Manthorpe, *Claws of the Panda: Beijing's Campaign of Influence and Intimidation in Canada* (Cormorant Books, 2019), p. 13.

77 Amnesty International, "Uyghur Jailed for 15 Years in Secret Trial," 2020, https://www.amnesty.org.uk/urgent-actions/uyghur-jailed-15-years-secret- trial.

78 Joseph Torigian, "What Xi Jinping Learned—and Didn't Learn—fromHis Father About Xinjiang," The Diplomat, 26 November 2019, https:// thediplomat.com/2019/11/what-xi-jinping-learned-and-didnt-learn-from- his-father-about-xinjiang/.

79 David Shambaugh, *China's Leaders from Mao to Now* (Polity Press, 2021), p. 292.

80 Elizabeth Economy, *The World According to China* (Polity Press, 2022), p. 93.

81 Rush Doshi, *The Long Game: China's Grand Strategy to Displace American Order* (Oxford University Press, 2021), p. 161.

82 Uyghur Human Rights Project, "International Responses to the Uyghur Crisis," https://uhrp.org/responses/.

83 CNBC, "U.S. Bans Imports from China's Xinjiang Region, Citing Human Rights Abuses," 23 December, 2021, https://www.cnbc.com/2021/12/23/us-bans-imports-from-chinas-xinjiang-region-citing-uyghur-forced-labor.html.

84 *Washington Post*, "China Has Launched a Massive Campaign of Cultural Extermination against the Uighurs," 7 January 2019, https:// www.washingtonpost.com/opinions/global-opinions/china-has- launched-a-massive-campaign-of-cultural-extermination-against-the- uighurs/2019/01/07/efe03c9c-12a4-11e9-b6ad-9cfd62dbb0a8_story.html.

85 U.S. State Department, "Determination of the Secretary of State on Atrocities in Xinjiang," 19 January 2021, https://2017-2021.state.gov/determination-of-the-secretary-of-state-on-atrocities-in-xinjiang/index.html.

86 Uyghur Tribunal, see www.uyghurtribunal.com

87 David Tobin, "Peering In to China's Decision-Making: What Are the Xinjiang Papers,'" RUSI, 16 December 2021, https://www.itv.com/ news/2021-06-09/family-members-of-uyghur-tribunal-witnesses-put-up-by- china-to-rebut-their-relatives-claims. See also Adrian Zenz, "The Xinjiang Papers: An Introduction," Uyghur Tribunal, 27 November 2021, https://uyghurtribunal.com/wp-content/uploads/2021/11/The-Xinjiang-Papers-An- Introduction-1.pdf.

88 *Guardian*, "Leaked Papers Link Xinjiang Crackdown with China Leadership," 29 November 2021, https://www.theguardian.com/world/2021/nov/29/ leaked-papers-link-xinjiang-crackdown-with-china-leadership.

89 Adrian Zenz, "Public Security Minister's Speech Describes Xi Jinping's Direction of Mass Detentions in Xinjiang," *ChinaFile*, 24 May 2022, https:// www.chinafile.com/reporting-opinion/features/public-security-ministers- speech-describes-xi-jinpings-direction-of-mass.

第七章

罪惡之國：迫害法輪功和強摘器官

選美皇后和電影明星一般不會出現在我的生活圈子裡。事實上，我只隱約聽過世界小姐選美比賽，但從未關注過。當二〇一五年十一月有報導提及中國籍的加拿大世界小姐林耶凡（Anastasia Lin），乘香港飛往海南島三亞的航班被中國政府「拒之門外」，我才開始關注正在海南島三亞舉行的世界小姐總決賽。

林耶凡因反對迫害法輪功和強摘器官，被中共政權列為「不受歡迎人物」。作為一名法輪功修練者，林耶凡認真地實踐世界小姐競選口號「有目的的美麗」，打算利用比賽平台，為那些在監獄和勞改營中受苦，或是受到鎮壓和審查制度打壓的人發聲。[1]

三個月後，我結束了漫長的緬甸之行，坐在曼谷一家酒店的泳池邊曬太陽，享受短暫的休息時光。幾天前，我在臉書上瀏覽動態消息，偶然發現林耶凡在牛津大學辯論社就「停止美中貿易往來，抗議侵犯人權行為」[2]的議題辯論的影片。我本可以如常繼續輕鬆地滑手機，尤其是當我打算短暫休息時，但我覺得有必要點開它。影片中的林耶凡憑藉智慧和勇氣侃侃而談，給我留下深刻的印象。

我腦海中冒出一個非常瘋狂的想法。我在英國保守黨人權委員會擔任副主席，準備就中國人權狀況進行首次調查。我認為林耶凡是可以在聽證會上作證的完美證人。雖然人權委員會根本沒有資金邀請證人，從英國境外飛過來作證，而且林耶凡很可能已經有其他行程安排，但我覺得不妨一試。

因此，我透過臉書私訊林耶凡，詢問她會在英國停留多長時間，以及她是否願意出席此次聽證會作證。幾分鐘後，她回覆我說她已經回到加拿大，但願意再次來倫敦出席聽證會。當我解釋說我們沒有辦法報銷來往費用時，她向我保證，如果我能為她安排一次「物超所值」的行程，她可以自費來往。我提議與資深國會議員包括下議院議長白高漢（John Bercow）和奧爾頓勳爵會面，並安排媒體訪談環節。

大約一個月後，林耶凡回到倫敦。我永遠不會忘記我們在她下榻酒店附近第一次見面的情形。我們正在討論她的訪問行程，她突然說很想吃司康（英式鬆餅），隨後我們詢問酒店服務員可否供應鬆餅。服務員看了林耶凡一眼，表示雖然酒店未曾供應，但他會親自去找。幾分鐘後，他帶著酒店外購買的英式鬆餅、果醬和奶油回來送給林耶凡。這種事從來沒有發生在我身上，我想我需要經常和加拿大世界小姐一起外出遊玩。

第二天，即二〇一六年三月二十三日，林耶凡參加了國會大廈的聽證委員會。她告訴我們，由於她的公開發言，她和身在中國的家人均受到中共政權的人身威脅。她說：「在我加冕為加拿大世界小姐後，國家安全人員拜訪並威脅我的父親，父親迫於極大壓力試圖讓我放棄為受害者爭取權益。有一段時間，我想遠離這一切，而不是冒著風險為我不認識的人發聲，把我的未來和家人置於危險境地。最終，我覺得我唯一能做的就是遵從本心，而非屈服於恐懼和沉默」[3]

法輪功是佛家的功法，是基於「真、善、忍」原則的靈性運動。幾年來，我認識至少十幾位法輪功學員，和他們一起吃飯，拜訪他們的家並深入交談。每一位法輪功修練者都遵守「真、善、忍」原則，無一不是熱情好客、慷慨善良且有趣的人，與中共政權描繪的「邪教」相去甚遠。

林耶凡表示：「法輪功是多種多樣的。它可以是一套冥想功法，或一種道德準則，也可以是一種生活方式。如果你見過人們在公園裡練習法輪功，你會注意到它的練習和冥想形式類近太極或瑜伽。更重要的是，法輪功是一種修行方法，是一個放下自私和消極思想，不斷磨練品性和培養美德的過程。修練者會盡最大努力在生活中實踐法輪功的『真、善、忍』原則，並以之應對遇到的困難。事實上，法輪功的『真、善、忍』原則代表宇宙的本質，既是永恆不變的道德法則，也是辨別是非的標準。」

一九九九年以來，這種以冥想練習為主，崇尚和平的靈修引起中國共產黨的不滿。中共政權害怕任何能吸引大量信眾的信仰體系或活動。一九九八年，中國國家體育委員會估計中國有多達七千萬人修練法輪功。

林耶凡說：「這是法輪功被中國共產黨盯上的主要原因之一。在共產黨歷史上，從未有過一個和法輪功一樣龐大，而且獨立的社會群體。中共政權在統治的前五十年，積極摧毀一切形式的公民社會和宗教信仰，把『群體』分解成『個人』，使他們無法與國家權力抗衡。共產黨是這片土地上唯一的道德權威，當對馬克思列寧主義的信仰逐漸消退時，共產黨就提倡『唯物主義』和『拜金主義』來填補意識形態的真空。法輪功學員在不知不覺間，發起巨大且無聲的挑戰。它是傳統信仰的大規模復興運動，教導我們物質財富並非生活的目標。儘管法輪功避談政治，但其所傳遞的道德觀與共產黨的信仰和價值觀絕不相容。」

次年，中國國家主席江澤民下令剷除「法輪功」，毀掉法輪功的聲譽，切斷法輪功團體的財政來源，且不允許民眾修練法輪功。

林耶凡描述此後中共政權持續不斷地迫害法輪功的行為，並告訴委員會，這種迫害「滲透到社會的各個層面」。她認為，這是自毛澤東時代以來，中國安全部隊最大規模的協同行動，是只針對部分人口的「文化大革命」。

她補充說：「每個人都被迫表達反對法輪功的立場。黨員被帶到洗腦班。軍隊中的法輪功學員被『清洗』。律師被禁止為法輪功學員辯護。此外，如果另一半堅持信仰法輪功，丈夫和妻子必須堅定地表明其政治立場。此外，中共政權建立勞改營，開發新的洗腦手段，中共將之稱為『轉化』。數十萬人未經審判便被無限期拘留，面臨痛苦的刑罰。反法輪功宣傳則如雨後春筍般湧現，國營媒體利用大量有關法輪功的謊言淹沒公眾，旨在煽動民眾仇視法輪功。」

林耶凡親自採訪許多遭受迫害的法輪功受害者。她解釋說：「當法輪功學員被拘留時，勞教所惡警的目標就是強迫他們簽署一份放棄修練法輪功的聲明，接受共產黨的反法輪功政治宣傳。」如果他們不聽勸，便會「體驗」電棍酷刑和睡眠剝奪等極端手段。據報導，中共政權告知獲釋的法輪功學員，即使他們在拘留期間死亡也沒關係，他們只會被記錄為自殺。他們的生命毫無價值，在被捕的一刻便已失去法律保護，淪為「社會性死亡」的人。」[4]

法輪功學員被關押在臭名昭著的馬三家勞教所，其位於遼寧省瀋陽市西部附近的于洪區。據一些「前囚犯」說，法輪功學員佔該勞教所囚犯的百分之五十至八十。

二〇一〇年十月，居住在俄勒岡州的普通婦女朱莉．基思（Julie Keith）在 Goodwill Industries 擔任經理，她在當地的凱馬特商店購買萬聖節裝飾品，盒子放在閣樓上，沒有馬上打開。兩年後，當她女兒要求舉辦萬聖節主題的生日派對時，她才把盒子拿出來。當基思打開盒子時，一張緊緊折疊的紙掉了出來，上面寫著：「如果你無意間買這盒裝飾品，請將此信轉發給世界人權組織。這裡有成千上萬遭受中共政府迫害的人，我們將永遠感謝並記住你們。」[5]

信中還寫道：「在這裡，我們必須每天工作十五個小時，沒有週休二日和任何節日假期。否則將遭受酷刑、毆打和辱罵。我們一個月薪水只有十元人民幣。在這裡工作的人不會被法院判刑，但平均『服刑』一至三年。我們當中很多人都是法輪功學員，是因為與中共抱持不同的信仰而被迫害的無辜人民。」[6]

基思將這封信的副本發給人權監察（Human Rights Watch）、美國海關和《俄勒岡州報》（The Oregonian newspaper），很快，包括《紐約時報》和美國有線電視新聞網在內的世界媒體都報導了此事。

馬三家勞教所一位勇敢的法輪功學員，冒著生命危險寫下這張便條，將其藏在他和其他囚犯被迫製作的萬聖節裝飾品盒子裡。孫毅是一名前工程師，二〇〇八年在馬三家被捕，被判入獄兩年半，他估計寫了至少二十張這種便條。[7]二〇一〇年出獄後，他在互聯網上看到關於上述事件的新聞報導，意識到那是他的信。他使用化名聯絡基思表達感謝，並接受《紐約時報》的採訪。加拿大電影導演李雲翔（Leon Lee）隨後聯絡當時身在北京的孫毅，雙方合作拍攝一部電影《求救信》（Letter from Masanjia）。孫毅知道這件事有巨大風險，他給李雲翔發了自己的錄像。不久，他在另一次鎮壓法輪功的行動中再次被捕。值得注意的是，他因羈押期間健康狀況惡化而被釋放，隨後於二〇一六年逃離中國，前往印度尼西亞雅加達，申請政治庇護，獲得難民身分。

二〇一七年，我在雅加達有幸見過孫毅兩次。當時他想提升英語水平，於是我在雅加達找志願者幫他補習。他希望聯合國難民事務高級專員公署（UNHCR）可以加快他的難民身份申請，我嘗試為他提供幫助。他謙遜安靜，待人親切，擁有非凡的勇氣和力量，讓人印象深刻。得知他逃往印度尼西亞後，基思親自去見他。基思寫道：「他沒有工作，也沒有錢，但努力學習當地語言。他用一束鮮花熱情地向我打招呼，熱情地帶我參觀他稱為『家』的小公寓。」[8]

二〇一七年十月一日，距離我見到他兩個月後，孫毅突然去世了。基思寫道：「孫毅的官方死因是腎衰竭，但我們懷疑他死於謀殺。他雖然年屆五十，但看上去很精神，在他去世前，他仍然希望與妻子團聚。」[9]

二〇一八年八月，我再次來到雅加達。一天晚上，在我遇見孫毅的那家酒店的房間裡，我看了那年早些時候上映的《求救信》。這是一部意義非凡的電影。可惜的是，電影主角沒能親眼欣賞這部電影。

美國前國際宗教自由特使薩姆・布朗巴克（Sam Brownback）二十年前第一次法輪功學員，他認為中國共產黨對法輪功的仇恨程度，讓他感到困惑。儘管法輪功學員完全和平，只進行冥想練習，但正如布朗巴克所言：「共產黨對法輪功學員無惡不作，無論如何，我也無法理解共產黨對他們的憎恨。」布朗巴克認為中共政權仇視法輪功，可能與其組織群眾示威的能力有關。以史為鑒，精神信仰擁有推翻皇室統治的能力，因此，中共政權「害怕法輪功」。

林耶凡在她的證詞中，詳細描述中國發生的一系列侵犯人權事件，其中一項指控尤其令人震驚。她指控中共政權強摘良心犯的器官。這是我早就知道的問題，但以前從未深入研究過。說實話，我和許多人一樣，相當懷疑事件的真確程度，因為這聽起極端荒謬，而且令人髮指，讓人難以置信。

二〇一六年三月中旬的星期六早上，在林耶凡出席委員會聽證會之前，我正忙著準備前往日內瓦參加聯合國人權理事會會議，倡導緬甸的宗教自由。我與緬甸紅衣主教貌波樞機（Cardinal Charles Bo），和來自該國的跨宗教活動人士代表團一同前往。出乎意料的是，一封來自伊森・葛特曼（Ethan Gutmann）的電子郵件突然出現在我的收件箱中，催促我立即打電話給他。我對伊森一無所知，又正忙於準備日內瓦的行程，於是我回覆說我正準備啟程前往日內瓦，稍後再與他聯繫。我很快就收到他的回覆，他說這是一件非常重要的事情，並要求我立即打電話給他。我對他的堅持有點惱火，無奈地拿起電話打給他。在大約半個小時的時間內，他說服了我。我確信他要告訴我的事情是緊急且嚴肅的，我開始尊重和欣賞他的堅持。

二〇一四年，美中問題分析家和人權研究員伊森（Ethan）出版一本開創性的書，名為《大屠殺：中國的大規模殺戮、強摘器官和滅聲行動》（The Slaughter: Mass Killings, Organ Harvesting, and China's Secret Solution to Its Dissident Problem），以扣人心弦且鉅細靡遺地講述，中共政權如何從良心犯身上摘取器官和強迫移植。

在通話中，伊森告訴我，他最近與加拿大國會議員兼內閣部長大衛・喬高（David Kilgour），以及加拿大人權律師大衛・麥塔斯（David Matas）兩位世界級專家合作處理上述議題。他們的報告《血內長城：謀『器』害命》（《Bloody Harvest: The Killing of Falun Gong for Their Organs》）於二〇〇六年首次在網上發表，並於二〇〇九年重新印刷出版。伊森告訴我，他們三人正準備出版新書《血內長城 2：收割者》《Bloody Harvest/The Slaughter: An Update》。這本書根據中國各地醫院器官移植手術的數據，結合他們此前的研究，為外界研究中國器官移植議題提供新的證據。他們估計中國每年一萬個案例的移植手術被故意調低，實際數字為每年至少五萬六千個案例，甚至可能多達十一萬個案例。此外，他們預估自二〇〇一年到二〇一六年，中國器官移植手術總數將達到一百八十萬例。

中國沒有器官捐獻的傳統。二〇一八年，政府的官方數據顯示器官捐獻者人數約為六千人，總共捐獻了一萬八千個器官。然而，喬高、麥塔斯和葛特曼聲稱，這一數字僅僅超過少數醫院的器官捐贈數目。因此關鍵證據是其他器官的來源。

我邀請伊森與林耶凡一起向委員會作證。他在聽證會上表示，之前報告提及中共從良心犯身上摘取大約四萬至六萬五千個器官，這個數字被嚴重低估。此外，他認為中國醫院暗地裡知道移植器官主要來自法輪功囚犯。

林耶凡告訴委員會：「中國持續被指控殺害大量法輪功良心犯，以器官交易獲取豐厚的利潤。維吾爾人和其他良心犯也有類似遭遇。我大約十年前首次聽到上述指控，但我花了很長時間，才真正意識到這些罪行的嚴重性，深入地思考數萬或數十萬無辜者因器官交易被殺害意味著甚麼。」

誠如伊森於二〇一五年九月十八日向美國國會及行政當局中國委員會所言，從囚犯身上摘取活體器官的做法始於一九九四年。當時首次於新疆刑場上摘取死囚的活體器官。一九九七年，維吾爾政治犯的器官被強行捐獻給中國共產黨高級官員。二〇〇一年，中國軍區醫院開始摘取特定法輪功囚犯的器官。二〇〇三年，藏人也首次成為中共政權的目標。二〇〇五年底，中國的器官移植設備數量急劇增加，任何有錢的外國「器官遊客」（organ-tourist）都能在兩週內找到和身體組織適合的器官。[10]

伊森和林耶凡的說法令所有參加聽證會的人感到震驚。我清楚地意識到這個問題不能被忽視。國際社會需要馬上採取行動，現有的措施似乎還不足夠。

二〇一〇年，以色列最大的醫療中心心臟移植科主任雅各．拉維（Jacob Lavee）教授牽頭發起一項倡議，導致以色列立法禁止前往中國進行「器官旅遊」。他說：「在中國的器官移植產業在『移植遊客』的帶動下蓬勃發展。當地等候器官移植的人可能『掠奪』來自死刑犯和良心犯的器官。他們的行為違反世界器官移植行業的慣例和基本道德原則。器官移植的基本原則是器官捐獻，應由捐獻者或其家人自行決定。中共政權違反這項原則，構成危害人類罪。」拉維教授呼籲國際社會共同努力：「讓各國議會和聯合國對中國進行政治和外交施壓，迫使中國停止移植囚犯器官的行為。」

二〇一三年，歐洲議會通過一項決議，表明議會擔憂大量因宗教信仰而被非法監禁的法輪功學員，以及其他宗教和少數民族群體的成員，就中國政權未經良心犯同意，摘取其活體器官的行為深表關切。[11]

二〇一五年，加拿大議會、意大利參議院和台灣立法院都立法禁止器官旅遊，歐盟理事會也通過一項反對強摘器官條約。

二〇一六年六月，美國眾議院一致決議，譴責中共政權的「國家級強摘器官行為」，呼籲中國停止非法器官移植和迫害法輪功，敦促美國醫學界提高警惕。同時，眾議院要求中國進行公開和獨立調查，防止濫用器官移植的行為，呼籲美國國務院詳細分析「國家級強摘器官行為」。同時，國務院應每年向國會報告其禁發「從事強迫器官或身體組織移植」的中國政權，或其他國家公民簽證申請的成果。[12] 眾議院外交事務委員會於二〇一六年六月二十三日就中國的強迫器官摘除問題舉行聽證會。次月，歐洲議會通過一項書面聲明，呼籲進行國際調查；二〇一六年十月，英國下議院提出一項早期動議，要求採取行動；同月，下議院就中國強摘器官問題展開辯論。從那時起，幾位英國國會議員，尤其是菲奧娜·布魯斯（Fiona Bruce）和吉姆·香農（Jim Shannon）議員，以及上議院的奧爾頓勳爵一直堅持不懈地通過追蹤這個議題，把它帶到議會討論。

二〇一六年九月，世界器官移植倫理領域享負盛名的瑞典新卡羅林斯卡醫院的主任醫師安妮卡・蒂貝爾博士（Dr. Annika Tibell）呼籲進行國際調查。二〇〇六年，移植協會發表第一份針對中國的政策聲明，蒂貝爾博士是該份聲明的主要作者，也是專注於移植倫理議題的伊斯坦布爾監護小組（Istanbul Custodian Group）創始人之一。[13]

就連移植協會主席菲利普・奧康奈爾博士（Philip O'Connell）此前對中國亦保持高度懷疑和防備，在香港會議後舉行的新聞發布會批評中共政權。他說：「許多領域對中共的移植計劃深深地不信任。重要的是，你們要理解全球社會對你們過去的做法倍感震驚。國際社會並不相信中國已經改變。」[14]

正如林耶凡在調查中提到：「聯合國特別報告員已經提出上述問題，要求中國政府解釋器官來源。這最終沒有付諸實行。中國最近實行移植制度改革，將囚犯重新歸類為普通公民『捐獻』器官，進一步掩蓋器官來源，隱藏他們嚴重違反醫學道德的行為。」她以有力的話語作為結尾：「中共迫使我們面對一個問題：醫生是受過治療訓練的人，怎麼可以為虎作倀。」她隨後自己回答這個問題：「中國的侵略者並不是與生俱來可以從人身上摘取器官的怪物，是制度改變他們，讓他們能夠剖開人們的身體，取出他們的器官，然後看著他們死去。沒有人與生俱來就如此殘忍。」

我無意開拓新的領域，應對中國、緬甸、朝鮮、印度尼西亞等地的其他人權挑戰，已佔據我全部的時間。當我從伊森和林耶凡了解到「非法移植」議題後，我無法保持沉默。他們的證詞和證據顛覆整個委員會的想像，以至於我們決定在二〇一六年九月舉行後續聽證會。林耶凡、伊森以及最初與伊森一起合作，調查強迫摘取器官行為的加拿大律師大衛・麥塔斯一起參加後續聽證會。我們還聽取維吾爾族外科醫生恩維爾・土赫提（Enver Tohti）的意見。

大衛和伊森證詞中，最重要的一點是他們先前低估了中國強摘器官的規模。在他們的最新研究裡，他們調查中國七百一十二家進行肝腎移植的醫院，基於他們公佈的公共記錄進行法醫調查，得出中國醫院每年進行六萬至十萬宗器官移植手術的結論。根據醫院的床位佔用數據，只是天津市第一中心醫院東方器官移植中心每年就進行數千例移植手術。中國官方聲稱每年只有一萬案例器官移植，這個數目只比天津第一中心醫院多一點。大衛・麥塔斯在美國國會作證時所言非虛，中國政權確實大規模地屠殺無辜者。[15]

澳大利亞研究員馬修・羅伯遜（Matthew Robertson）翻譯前囚犯 Yu xinhai（譯音余新海）的訪談文章中，余新海提供令人震驚的第一手資料：

監獄裡的人都知道這件事。在監獄裡，無論那個人是生是死，如果他被送到監獄醫院，他都面臨著隨時被摘取器官的現實。監獄裡的每個人都知道醫院有一份名單，人被帶走後，就再也回不來。每年都是這樣。「監獄病房」總是帶走一群人，有時有幾十人，有時不到二十人。最殘酷的時刻是二〇〇六年中旬，我記得那天半夜聽到外面有車輛發動的聲音。囚犯們都很好奇，因為整個監獄都很安靜。於是我和其他囚犯一樣，把頭伸出窗外看。我們看到外面停著三、四輛大客車，窗戶被鐵條封住，武警軍車、獄警車輛，和類似醫院的救護車也停在那裡。但這些車都沒有貼上正式標誌。隨後，武警和獄警分幾路進入我所在的監房，然後從一樓開始，喧嘩聲不斷。終於到三樓了，我聽到獄警和武警在罵犯人：「不許看，轉過臉，躺在床上。當叫到你的名字時，立即出來，不許帶任何東西。」然後他們開始點名了。有時，一間牢房只會叫到一個名字。他們在我的囚室叫走了三名囚犯，所有人的眼中都充滿恐懼。獄警和武警將犯人一批批地帶出去，然後把他們帶到牆外的大客車上。

他們很快就把犯人帶走了。我曾經問過一位監獄醫生犯人的去向。我和醫生是同鄉，他非常同情我們法輪功學員，對我也特別友善。有一次他偷偷告訴我：「不要與共產黨作對。無論他們告訴你做甚麼，你都照做。不要反抗他們，否則你連怎麼死都不知道。到時候，你的心、肝、脾、肺會被拿去哪裡，你也不知道。」當時醫生還告訴我：法輪功學員都修練氣功，他們經常鍛練身體，所以身體非常好。那麼你想一想，他們器官自然也是好的。那你覺得我們是選你們學員的器官，還是其他吸毒或酗酒的囚犯呢？他們還有很多不健康的習慣。當你摘取囚犯的器官時，他們的身體會遭受無法修復的損壞，但法輪功學員的器官相對健康，後遺症也較小。」[16]

恩維爾・土赫提醫生是新疆烏魯木齊市的一名癌症外科醫生。一九九五年，他在醫院的兩位首席外科醫生的指示下，準備好移動手術設備，帶同一輛救護車和另外三名助手在醫院門口等候。第二天早上九點，兩位主刀醫生乘車抵達，他跟著他們一起走，大約半小時後，他們到達了西山刑場。

恩維爾描述接下來發生的事情：「我們被吩咐在後山等待，一聽到槍聲就進入刑場。片刻後，槍聲接連響起。一名武警領著我們走近受刑者，然後指著一具屍體說：『就是這個。』這時，我們的首席外科醫生突然出現，告訴我切除屍體的肝臟和兩個腎臟。他不停地催促我，於是我們把屍體抬上車，取出肝臟和腎臟。修復器官的手術非常困難，需要很長時間，但這一次只是摘取器官手術，所以非常簡單快捷。隨後，我們的首席外科醫生把這些器官放在一個特殊的盒子裡，他們讓我帶團隊回醫院，就上車離開了。我不知道他們去了哪裡。我帶著團隊回到醫院，事情就這樣結束。從來沒有人談論過我們那天做了甚麼，我希望這件事沒有發生，我希望那個人可以安息。」

恩維爾知道他別無選擇：「如果我說不，我知道會我有甚麼下場。如果你生活在中共社會，你就不會說不。《魷魚遊戲》第一季前九集是描述中國共產黨的，一旦你加入遊戲，你就不能說：『我不想玩。』你一旦和共產黨合作，就不能中途離開當叛徒。」

我清楚地意識到，我們所看到的是最嚴重暴行的證據。雖然「種族滅絕」一詞需要嚴謹的舉證責任，但中共的行為無疑已構成危害人類罪。伊森將其描述為「一種披著現代醫療外衣的種族滅絕形式」。林耶凡指出，使目標人群非人化是種族滅絕的關鍵因素。她說：「修練法輪功的中國公民不受法律保護，這便解釋器官摘取是如何『合理發生』的。可能有數百萬學員被關押在中國龐大的勞教所網絡中，他們的死比活著更有價值。法輪功學員們按血型分類的，當有和他們血型適合的人需要器官，他們就會被殺害，或者被麻醉，以便在他們還活著的時候切除他們的器官。」[17]

在保守黨人權委員會就強摘器官問題舉行聽證會的前一天晚上，下議院議長白高漢（John Bercow）在議長府的國事廳放映林耶凡的最新紀錄片《血腥邊緣》（The Bleeding Edge）。放映廳擠滿議員、非政府組織、社運人士、學者和記者，在令人窒息的沉默中觀看這部令人毛骨悚然的電影。我協辦這場活動，雖然這部電影是一部虛構的驚悚片，但它描繪中國強摘器官令人震驚的真相。

白高漢在影片放映前致歡迎詞，他回憶說那是「相當震撼人心的內容」。那年他遇見林耶凡，主動提出主持紀錄片放映，他說：「我的直覺是，如果有幸入主議長府，擁有可供我使用的特等廳，我可以將這一訊息帶給更廣泛的受眾，並為林耶凡在中國的人權鬥爭賦予議會尊嚴。林耶凡是一個了不起的人，她本可以簡單地參加選美比賽，過很好的生活，但堅守原則對她來說很重要，即使堅守原則危及她的選美和演藝生涯。她的獨特和無與倫比的勇氣讓我欽佩，活摘器官對人權的侵犯令人作嘔，因此我主動提出主辦一場放映會。」

從那時起，我就盡一切努力去喚醒人們的良知。我在《外交家》（The Diplomat）、《赫芬頓郵報》（The Huffington Post）、《旁觀者》（The Spectator）、《天主教先驅報》（The Catholic Herald）和亞洲天主教新聞機構 UCA News 上撰寫評論文章。後來，二〇一九年二月，《華爾街日報》（Wall Street Journal）發表我的文章，標題是《中國活摘器官噩夢》（The Nightmare of Human Organ Harvesting in China）。這是一個突破，因為《華爾街日報》此前對這些指控持懷疑態度，並且不願發表有關器官移植的評論。

我在《華爾街日報》的文章中寫道：

中共政權承諾中國和外國患者，幾天內可獲得適合的器官。加拿大前政治家、檢察官大衛・喬高、律師大衛・麥塔斯、美國記者伊森・葛特曼和一組研究人員冒充中國醫院的病人證實這一點。中國前衛生部副部長兼器官移植委員會主席黃潔夫醫生，在二〇〇五年的一次醫療手術中訂購了兩個肝臟備用。第二天早上肝臟就送到他的手上。在大多數先進的西方國家，患者需要等待數月甚至數年才能進行器官移植手術，器官從哪裡來？中國公佈的數字並不真確。他們在幾天內為數百家醫院的患者提供健康而適合的器官，若每年只有數千名自願捐贈者，則必然有額外的非自願捐獻器官。

死囚犯的數量和器官數量並不對等。中國處決的人數比世界其他國家加起來都多，但每年仍只有幾千名死囚犯。此外，中國法律要求被判處死刑的犯人在七日內執行死刑，沒有足夠的時間適合器官與需要器官移植的患者。[18]

我加入新成立的制止中國濫用器官移植國際聯盟（ETAC）的顧問委員會，當我在二〇一七年得知梵蒂岡正在舉辦一場關於全球器官採集的會議，邀請中國強摘器官政策的設計者暨前衛生部副部長黃潔夫，作為中國的唯一發言人時，我全力遊說我在羅馬和世界各地的天主教政客。我們試圖說服梵蒂岡邀請一位器官移植專家例如伊森、大衛・麥塔斯或大衛・喬高發言，或是撤回對黃潔夫的邀請。雖然動議沒有成功，但教宗方濟各撤回了他接見與會者和進行交流的決定，使黃潔夫失去渴望已久的合照和政治宣傳機會。畢竟，教宗曾公開表示器官交易是不道德和反人類的。

儘管我對強制器官移植深信不疑，但我越來越擔心，中國侵犯人權且強制摘取器官的說法遭受廣泛質疑。與中國其他違法行為相比，強摘器官的舉證極其困難。因為「證據」已從手術室消失，受害者無法生存，目擊者也是加害者或共犯，不太可能把他們自己牽連其中。正如林耶凡所說：「在街上，如果有人襲擊你或偷了你的錢包，你可以尖叫求救，但被綁在勞教所手術室病床上的囚犯，沒有人能聽到他們的尖叫聲。在中國，參與器官盜竊的是執法者。」[19] 有鑑於此，儘管伊森、大衛・麥塔斯、大衛・喬高、馬修・羅伯遜、領導反強制採集器官醫生組織（DAFOH）的托斯坦・特瑞醫生（Dr. Torsten Trey）等研究人員付出了巨大的努力。即便如此，其他人、政策制定者、記者和人權組織並不相信專家們的說法。

我覺得需要一些獨立的法律分析。二〇一七年的某個時候，我詢問英國享負盛名的傑弗里・尼斯爵士（Sir Geoffrey Nice）是否會考慮處理中國強摘器官事件的指控。他曾起訴過斯洛波丹・米洛塞維奇（Slobodan Miloševi），後來擔任負責處理新疆種族滅絕問題的維吾爾法庭主席。我曾與傑弗里爵士一起致力於緬甸的人權問題，以及聯合調查朝鮮反人類罪的活動。他是這片土地上最優秀的法律人之一。我向他展示伊森和兩位大衛的報告和書籍，有關該主題的紀錄片，包括《人體收割》（Human Harvest）和《不可置信》（Hard to Believe），以及其他相關資料，請他根據國際法提供一份法律意見。

我們在倫敦斯隆廣場的一家餐廳見面，我把文件和 DVD 給他。傑弗里爵士同意審閱這些材料，但隨後他看著我的眼睛，微笑說：「我們為甚麼不再進一步？我們為甚麼不建立一個獨立的人民法庭呢？」

我在上一章節中描述過獨立法庭，但當時我對他們一無所知。我問這會帶來甚麼。我們接下來也討論了幾次，然後我向他介紹了防止中國濫用器官移植國際聯盟（ETAC）。二〇一八年，針對中國強摘良心犯器官問題的中國法庭開始審理。這個由七名成員組成的小組，包括英國頂級醫學專家暨倫敦大學學院心胸外科專家馬丁・艾利奧特教授（Prof. Professor Martin Elliott）；亞洲著名人權律師兼前馬來西亞律師公會人權委員會主席邱進福（Andrew Khoo）；美國律師雷吉娜・保洛斯（Regina Paulose）和伊朗律師沙迪・薩德爾（Shadi Sadr）；美中歷史學家亞瑟・沃德倫（Prof. Arthur Waldron）教授，以及英國商人尼古拉斯・韋奇（Nicholas Vetch）。法庭分別於二〇一八年十二月和二〇一九年四月，在倫敦柯芬園的 Grand Connaught Rooms 舉行為期三天和兩天的聽證會，所有聽證會均向公眾開放，並於線上同步發表視像和文字紀錄。[20]小組成員之所以被選中，是由於他們具有專業知識，但事先對該議題沒有預設立場，專家小組花了很長時間聽取數十名證人的作證。

小組聽證形式介於律師在法庭上的審訊、法官和陪審團的混合小組以及議會委員會聽證會之間。遺憾的是，它與聯合國授權的調查委員會或議會調查不同，無法正式執行結論判決或提出建議。但聯合國授權的調查其實也一樣。

法院多次要求中國政府、移植協會和其他可能對中國強摘器官指控提出異議的人提供證據，但他們都拒絕了。

出人意料的是，專家組在前三天的聽證會結束時，決定發佈一份臨時判決草案。草案指出：「仲裁庭成員，一致確信強摘良心犯器官的做法在中國存在已久，受害者眾。我們將根據我們的調查結果作最終判決，判斷其是否構成任何國際犯罪。我們將根據現有證據，和尚未提供的其他材料，以及尚未收到的法律諮詢，進一步分析並詳細說明相關時段和受害者數量。我們再次重申，中國政權授權組織和個人，大規模地強摘器官是無庸置疑的。」

二〇一九年，法庭最終斷定中國政府一直強行從良心犯身上摘取器官，以供應移植行業所需。中國法庭認定其構成反人類罪，任何與中國政府打交道的人，都應該在知道自己正在與犯罪國家打交道。

布朗巴克大使相信傑弗里·尼斯爵士為了讓大家正視指控付出巨大努力，和許多人一樣，當布朗巴克第一次聽到強摘器官的指控時，他也持懷疑態度。他說：「多年來，我們沒有認真對待這個指控。人們對消息可信度存疑。然而，相關指控不斷浮現。中國共產黨打開他們的賬簿，告知器官來源應對質疑。因為西方很難獲得器官捐贈，等待移植的時間相對較長。如今，人們逐漸意識到中共正在強行摘取器官。我相信事情是真的，除非中國政府公開他們的賬簿，向我們展示器官來源。在政府壓榨和剝削本國人民的行為中，強制摘取器官無疑是最喪心病狂的。除了中世紀『五馬分屍』的刑罰外，沒有一個可以與之相比。」

現在，應該由我們的政府和立法者來決定如何回應中國法庭的判決，以及如何追究這個「犯罪國家」的責任。坐言起行，刻不容緩。

註釋

1 Caroline Davies, “Miss World Canada ‘Barred from Entering China’ for Pageant,” *Guardian*, 26 November 2015, https://www.theguardian.com/ world/2015/nov/26/canada-miss-world-china-stopped-pageant-anastasia-lin.

2 Oxford Union debate, 26 February 2016, https://www.youtube.com/ watch?v=vhbP8ACPiVk&t=3s.

3 The Conservative Party Human Rights Commission, *The Darkest Moment: The Crackdown on Human Rights in China 2013–2016*, June 2016, p. 45, https://conservativepartyhumanrightscommission.co.uk/wp-content/ uploads/2020/03/CPHRC_China_Human_Rights_Report_Final.pdf.

4 Ibid., p. 45.

5 Julie Keith, “Experience: I Found a Cry for Help Hidden in My Halloween Decorations,” *Guardian*, 30 October 2020, https://www. theguardian.com/lifeandstyle/2020/oct/30/experience-i-found-a-cry- for-help-hidden-in-my-halloween-decorations?CMP=share_btn_ fb&fbclid=IwAR1I3tT6TiyzZNdEBwKVEE3xpBa2_Y6u7NNod8aTD-RtZHrEmXEvgT_02vc.

6 *Oregonian*, “Halloween Decorations Carry Haunting Message of Forced Labor,” 23 December 2012, https://www.oregonlive.com/happy- valley/2012/12/halloween_decorations_carry_ha.html?fbclid=IwAR2UYZTA OGP54pWApaXXSfwNS6QCRAtNfRdmPbqIyv2TMOnsY6kuwP-1RlA.

7 Jon Kelly, “The SOS in My Halloween Decorations,” BBC, 29 October 2018, https://www.bbc.co.uk/news/stories-45976946.

8 Julie Keith, “Experience: I Found a Cry for Help Hidden in My Halloween Decorations,” Guardian, 30 October 2020, https://www. theguardian.com/lifeandstyle/2020/oct/30/experience-i-found-a-cry- for-help-hidden-in-my-halloween-decorations?CMP=share_btn_ fb&fbclid=IwAR1I3tT6TiyzZNdEBwKVEE3xpBa2_Y6u7NNod8aTD-RtZHrEmXEvgT_02vc.

9 Ibid.

10 Ethan Gutmann, “The Anatomy of Mass Murder: China’s Unfinished Harvest of Prisoners of Conscience,” Congressional-Executive Commission on China, 18 September, 2015, https://www.cecc.gov/sites/chinacommission.house.gov/ files/

CECC%20Hearing%20-%20Human%20Rights%20Abuses%20-%20 18Sept15%20-%20Ethan%20Gutmann.pdf.

11 European Parliament resolution, 11 December 2013, https://www.europarl. europa.eu/doceo/document/RC-7-2013-0562_EN.html?redirect.

12 United States House of Representatives, H.Res.343, 2015, https://www. congress.gov/bill/114th-congress/house-resolution/343/text.

13 *Epoch Times*, "Prominent Transplant Ethicist Supports Investigation into Organ Sourcing in China," 20 September 2016, https://www.theepochtimes. com/prominent-transplant-ethicist-supports-investigation-into-organ- sourcing-in-china_2159364.html.

14 Didi Kirsten Tatlow, "Chinese Claim That World Accepts Its Organ Transplant System Is Rebutted," *New York Times*, 19 August 2016, https:// www.nytimes.com/2016/08/20/world/asia/china-hong-kong-organ- transplants.html.

15 U.S. House of Representatives Foreign Affairs Committee Joint Sub- Committee hearing, chaired by Congressman Christopher Smith, 23 June 2016, https://docs.house.gov/meetings/FA/FA16/20160623/105116/HHRG- 114-FA16-20160623-SD006.pdf.

16 U.S. House of Representatives Foreign Affairs Committee Joint Sub- Committee hearing, chaired by Congressman Christopher Smith, 23 June 2016, https://docs.house.gov/meetings/FA/FA16/20160623/105116/HHRG- 114-FA16-20160623-SD006.pdf.

17 The Conservative Party Human Rights Commission, "Forced Organ Harvesting in China," September 2016, https:// conservativepartyhumanrightscommission.co.uk/wp-content/ uploads/2020/03/CPHRC_ORGAN_HARVESTING_REPORT.pdf.

18 Benedict Rogers, "The Nightmare of Human Organ Harvesting in China," *Wall Street Journal*, 5 February 2019, https://www.wsj.com/articles/the- nightmare-of-human-organ-harvesting-in-china-11549411056.

19 The Conservative Party Human Rights Commission, "ForcedOrgan Harvesting in China," September 2016, https:// conservativepartyhumanrightscommission.co.uk/wp-content/ uploads/2020/03/CPHRC_ORGAN_HARVESTING_REPORT.pdf.

20 China Tribunal, see www.chinatribunal.com.

第八章

玉石俱焚：被中共全力狙擊的香港自由

在英國國會保得利大樓（Portcullis House）正對著大笨鐘，俯瞰泰晤士河的接待處的一角，坐著一位戴著眼鏡的二十三歲香港學生。

兩個月前，他當選為香港有史以來最年輕的立法會議員。兩年前，他是香港雨傘運動的領袖暨香港嶺南大學學生會主席。

我穿過安檢門時就馬上認出了他。他和黃之鋒是香港近年民主運動中最常見的面孔。我在電視上見過他，包括 BBC 的「HARD Talk」，但直到二〇一六年十一月二十二日晚上，我們才正式見面。

我向他打招呼：「羅冠聰，很榮幸見到你。祝賀你當選，歡迎來到倫敦。」

他用他一貫的謙虛且溫暖的微笑作為回應，並向我致謝。我和羅冠聰就是這樣認識的。一兩個星期前，一位致力於香港民主運動的共同朋友告訴我，羅冠聰要來倫敦，請我安排他與議員會面，我毫不猶豫地答應了。

羅冠聰訪英期間，我們與資深國會議員舉行了幾次會議。二〇一六年十一月二十三日，我們與利物浦的阿爾頓勳爵分享一同乘坐紅色雙層巴士遊覽倫敦的有趣經歷，這是「紅色星期三」運動（"Red Wednesday" campaign）的一部分，旨在凸顯全球的宗教迫害。活動期間，倫敦眾議院、西敏寺大教堂、倫敦眼和城市周圍的其他著名地標都被照亮為紅色，活動組織者「教會援助組織」（Aid to the Church in Need）租用了這輛巴士來幫助宣傳。作為一名勇敢的社運人士，我認為羅冠聰可能會喜歡體驗這種創意活動。

遊覽結束後，阿爾頓勳爵在上議院招待我們共進晚餐。阿爾頓勳爵在一九七九年的補選中首次當選為國會議員，他當時年僅二十八歲，是最年輕的議員，按議會術語稱為「最年少議員」（Babies of the House），阿爾頓勳爵告訴羅冠聰：「我們這些『最年少』必須團結一致。」

羅冠聰陸續和我分享許多經歷，包括在二〇一八年保守黨會議上，受到中國環球電視網（CGTN）記者孔琳琳言語攻擊的事件。當時羅冠聰剛刑滿釋放，其後多次被捕。二〇二〇年六月，香港實施國家安全法，羅冠聰正式流亡倫敦。

二〇一七年八月，距離我們第一次見面不到一年，羅冠聰因參與雨傘運動被判處八個月監禁。同年七月，他因在宣誓時引用聖雄甘地的話，而被取消立法會議員資格。

當我聽到他、黃之鋒和周永康被監禁的消息時，我正在印度尼西亞，沿著巴厘島的海灘散步。我本來正在休假，但聽到這個消息後一直在想：「有人應該做點甚麼。有人應該組織國際政治人物和公眾人物發表聲明。有人應該站出發聲。」然後我突然意識到那個「某人」就是我。

在他們被判刑後，我在二十四小時內起草一份聲明，並召集至少二十五名簽署者，包括英國前外交大臣聶偉敬爵士（Sir Malcolm Rifkind）、英國自由民主黨前領袖帕迪・阿什當（Paddy Ashdown）、加拿大前亞太地區國務卿大衛・喬高（David Kilgour）、加拿大議員加內特・吉尼斯（Garnett Genuis）、加拿大參議員康西利奧・迪・尼諾（Consiglio Di Nino）、美國國會議員克裡斯・史密斯（Chris Smith）和來自澳大利亞和歐洲的政治家和外交官。

同時，刻意確保這一聲明不僅得到西方民主國家「常見嫌疑人」的支持。馬爾代夫前總統穆罕默德・納希德（Mohamed Nasheed）；印度尼西亞前總統艾麗莎・瓦希德（Alissa Wahid）的女兒；緬甸樞機主教貌波（Cardinal Charles Bo）、著名喜劇演員扎加納爾（Zarganar）、韓國前人權大使李鐘勛（Jung-Hoon Lee）、印度作家兼活動家約翰・達亞爾（John Dayal）、馬來西亞國會議員查爾斯・聖地亞哥（Charles Santiago）和馬來西亞律師公會人權委員會前主席邱進福（Andrew Khoo）等人也是簽署者。他們都是我從事亞洲人權工作時結識的朋友，如果在這種緊急情況下，你不打電話給朋友，那甚麼時候打呢？

我在聲明中指出，這三名社運人士是香港首批政治犯，其入獄是「令人髮指的司法誤判，為香港法治和基本人權敲響喪鐘，也是對二十年前香港回歸中國所依據的『一國兩制』原則的嚴重打擊。」我在聲明的最後指出：「黃之鋒（Joshua Wong）、周永康（Alex Chow）和羅冠聰應該受到尊重、鼓勵和支持，而不是被監禁。昨天是香港黑暗的一天，應該受到國際社會的譴責。」[1]

《衛報》、《南華早報》、《香港自由新聞》和其他媒體均重點報導上述事件，顯然令香港和北京當局措手不及。一個月後，香港特首林鄭月娥在倫敦發表講話時表示，她對此「極度不安」。這不是我的行動唯一一次讓她不安。

在他們被關押期間，我寫信給羅冠聰、黃之鋒和周永康。有一次，我收到黃之鋒的一封信，我有幸於二〇一五年在倫敦見過他，促成他參與二〇一七年的國會會議。他的信中寫道：「感謝你持續的祈禱與支持。我相信我們並不孤單。全球公民社會堅定地站在我們這邊。期待明年和你再次在倫敦相見。」不幸的是，黃之鋒近年來面臨一系列逮捕和監禁，而且在出獄後的短時間內，他無法往返倫敦。我的書架上擺著黃之鋒的《言論自由不「自由」：全球自由受壓，行動刻不容緩》（Unfree Speech: The Threat to Global Democracy and Why We Must Act, Now），書中警告香港是「煤礦裡的金絲雀」，是對抗極權超級大國崛起的「第一道防線」。[2] 黃之鋒警告說：「今日香港，明日世界」，敦促我們「立即行動，否則為時已晚。」[3] 羅冠聰的著作《失去與奪回的自由》（Freedom: How We Lose It and How We Fight Back）一書與它並排放置在我的書架上，兩本書均傳達相近的訊息。

二〇二〇年七月，隨著嚴苛的國家安全法實施，香港開始關押更多社運人士，羅冠聰離開香港飛往倫敦。他這樣做不只是因為自身安全考量，而是因為他和同事們知道這場運動需要一位香港境外的倡導者，以保持「社運之火」不滅，提醒世界關注香港。如果所有傑出的社運人士都被監禁，誰能做到這一點？

於是，當香港開始藉新冠肺炎封城時，他帶著一個背包和一件隨身行李悄悄離開了。他抵達倫敦幾天後，正值英國擺脫第一次武漢肺炎（COVID-19）封鎖，我們在溫布頓村的一家咖啡館見面。羅冠聰是自疫情爆發以來，我第一個親身招待的朋友。

午餐後，我們步行前往溫布頓公園，經過我政治偶像之一威廉・威伯福斯（William Wilberforce）的家。

一七八〇年，威伯福斯在二十一歲時當選為國會議員，比羅冠聰首次當選時還小兩歲，最終領導可能是有史以來第一次反對奴隸貿易的人權運動。他花了四十多年的時間，年復一年地提出立法廢除奴隸制，並在草根社運人士和全國社運人士的幫助下，漸有所成，最終廢除奴隸貿易。在一次演講中，威伯福斯說了一句至今仍是我座右銘的話語：「我們不能以無知為藉口，迴避和袖手旁觀。」

我給羅冠聰看了藍色牌匾上的文字：「這裡住著威廉・威伯福斯（一七五九至一八三三年），一位政治家和解放者」我暗想是否有一天，是否會有人為羅冠聰立下牌匾，上面也有類似的綽號。這是一幢我經常騎車經過的房子，每次我都會停下來思考和祈禱。

……

二〇〇二年，我離開香港時，沒想到香港的朋友有一天會成為政治犯，或是成為政治難民。我也沒有想到，曾經是我在亞洲其他地區倡導自由的「香港基地」，最終會成為我如今的行動焦點。我曾經領導過其他城市的自由抗爭活動，特別是緬甸和東帝汶，如今成為我在倫敦定期發表講話的示威和集會主題，聲援香港人。這一切從哪裡開始改變呢？

對我個人來說，轉折點是二〇一四年的雨傘運動。

當我關注事態發展時，我知道我不能保持沉默或無所作為。自從二〇〇三年（我離開香港一年後）發生超過五十萬人的大規模抗爭活動，反對香港基本法第二十三條立法以來，尚未見過這麼多香港人走上街頭。二〇〇三年的示威活動成功迫使時任行政長官董建華及政府撤回立法，導致北京對董建華的領導能力失去信心，最終迫使董建華在第二任期「腳痛下台」。

或許正在那時，香港就埋下普選「特首」的種子。這場變革運動推動其他範疇的社運活動，例如「反國民教育」運動。二〇一二年，十五歲的學生黃之鋒、周庭等人因反對共產黨政治宣傳的「德育與國民教育」學校課程而聲名大噪。同時，北京違反自己的普選承諾，引發二〇一四年更大規模的抗爭活動。

香港特首（相當於大城市的市長或省長）是由一千五百個成員組成的選舉委員會「選舉」出來的。然而，選委會的成員組成嚴重傾向親北京派，這意味著，即使在一場「有爭議」的選舉中，北京也能成功「指定」候選人。

同樣，立法會由七十個席位組成，其中三十五個席位由地方選區直接選舉產生，三十五個席位由「功能界別」專業代表，例如商業、金融、法律、會計、工業、科技、旅遊、地產及其他界別組成。二〇二一年，立法會變成一個徹頭徹尾的親北京橡皮圖章傀儡機構。「直接選舉加功能組別」的組合意味著，即使民主派贏得多數直選席位，也永遠無法在立法機關中獲得多數席位，因為建制派已經鎖定了功能選區。因此，北京擁有固定的大多數席位。泛民主派所能夠做的就是監察、修改或推遲立法。

香港小憲法（即《基本法》）第四十五條規定，「最終目標是由有廣泛代表性的提名委員會按照民主程序提名，普選產生行政長官」。第六十八條對立法會所有席位作出同樣的承諾。雖然在時間上確實含糊不清，但普選的最終目標是明確的。

早在一九九三年，也就是回歸前四年，中國香港問題首席談判代表魯平就對《人民日報》表示：「『普選辦法』應報『中國人大』備案，而沒有必要得到中央政府的同意。香港如何發展民主完全是香港自治範圍內的事。中央政府不會干涉。」據最後一任總督彭定康（Chris Patten）稱，中國外交部於次年證實了這一點。[4] 二〇〇〇年，英國下議院外交事務委員會指出，「中國政府因此正式接受香港政府自行決定香港民主的程度和性質。」[5]

直至二〇一四年，北京已有出爾反爾的跡象。正如馬克・克利福德（Mark Clifford）在他的《今天香港，明天世界》（Today Hong Kong, Tomorrow The World）一書中指出，「北京不僅僅食言而肥。它從未打算履行上述承諾。」[6] 自一九九七年以來，中國政府不斷改變目標，數次推遲普選特首的日期。

二〇一三年三月二十七日，由法學教授戴耀廷（Prof. Benny Tai）、朱耀明牧師（Rev. Chu Yiu-ming）和陳健民（Prof. Chan Kin Man）發起的一場名為「佔領中環」的民權運動（正式名稱為「讓愛與和平佔領中環」）。二〇一四年六月，他們組織一場非正式公投，近八十萬人參加這次民意調查，其中提出多種不同的選舉制度。大約百分之四十二的參與者投票支持一項允許公眾、提名委員會和政黨提名行政長官候選人的提案。[7]

八月三十一日，北京確認二〇一七年行政長官選舉和二〇二〇年立法會選舉將通過普選進行，但候選人完全由北京精心挑選。正如「民主之父」李柱銘（Martin Lee）所言，「香港人擁有『一人一票』的投票權，但北京會選出所有傀儡候選人。爛蘋果、爛橙子和爛香蕉有甚麼區別？我們想要真正的普選，而不是中國特色的民主制度。」[8]

作為對北京違背承諾的回應，一場已經在進行的抗爭運動愈演愈烈。九月二十二日，二十多所大專院校的學生宣佈罷課，五天後，警察對政府辦公室外的抗爭者使用胡椒噴霧。九月二十八日，「佔中」運動正式開始，數萬人走上香港金融區街頭，持續了七十九天。音樂劇《悲慘世界》中的歌曲《試問誰人未發聲》（Do You Hear the People Sing）成為該運動的聖歌之一。時年八十二歲的香港天主教榮休主教陳日君樞機參與抗爭活動並被捕。李柱銘描述自己被催淚彈擊中，他在《紐約時報》上寫道：「我已經七十六歲了，沒想到在我曾經平靜的家鄉香港會遭到催淚氣體襲擊。我和香港街頭其他數以萬計的平靜和非暴力抗爭者一樣，當支持民主的人群遇到一群全副武裝、攜帶武器並肆意發射催淚氣體的警察時，我感到震驚。在敦促人群在挑釁下保持冷靜後，我被一團燃燒的煙霧擊中。抗爭者堅持不懈，他們在中毒後逃跑，洗完臉，然後舉起雙手回來。警方繼續武力升級，參與示威的許多抗爭者還太年輕，無法投票，但政府的行為堅定了香港人捍衛自由和選舉權利的決心。」[9]

羅冠聰當選嶺大學生會主席後不久就加入這場運動。他在倫敦滑鐵盧火車站一家名為「Pure」的咖啡館裡對我說：「這確實是香港民眾第一次參與大規模的公民抗命行動。」兩個半月以來，抗爭者一直在抗議地點的帳篷裡扎營。許多參與者是大學生和中學生，他們在示威活動中穿插在帳篷裡認真做作業和學習。羅冠聰回憶道：「你看到那些香港主幹道上擠滿了人。晚上，人們團結一致舉起手機電筒燈，那場景很神奇。它真的很強大，展示人民的力量。」

該運動的另一位學生領袖是時任香港學聯秘書長周永康。我是在倫敦政治經濟學院讀研究生、後來在加州大學伯克利分校攻讀博士時認識周永康。二〇二一年底，周永康在一次在線電話中對我說：「我成為這場運動的領袖之一，純屬偶然。當我還是香港大學的本科生時，只是一個普通的學生，努力完成學位，並享受學生生活。我熱愛文學，熱愛寫作，想通過寫作來提高人們對各種社會問題的認識。所以加入了校園裡的學生雜誌，通過它，我接觸到更大規模的政治辯論。大約在那個時候，圍繞選舉改革的辯論開始了。」

周永康接受社運培訓，增加接觸民間社會和泛民主派，開始思考房屋和土地改革、基礎設施、媒體自由、學術自由和人權等廣泛的社會和政治問題。他說：「不知不覺間，我加入這場運動。」周永康回憶起香港大學學生抗議李克強（後來成為總理的中國領導人）而被捕的事件，早在二〇一一年，已經給他留下印記：「一隻看不見的手在操縱香港的政治，即使是像我這樣的普通學生也能感受到壓力，我意識到事情發生了變化。」

「佔領中環」後來演變為「雨傘運動」，年輕激進學生、中年主流學者和民主運動的老衛士組成一個非凡的政治聯盟。不同代際之間存在緊張關係，採取不同策略，正如羅冠聰所強調：「我們的共同點遠多於差異。在這樣的情況下，我們必須團結起來。」他強調對李柱銘的領袖和國際倡議經驗，和戴耀廷「孜孜不倦地開展公民不服從運動」之欽佩。他補充道，即使存在差異，他也一直想成為一道「橋樑」，將人們聚集在一起。他指出：「只要他們是真正的民主人士，為民主而戰的人，我就願意與他們合作。」

對於周永康來說，他對二〇一四年運動的記憶之一，就是學生們受到認真對待。他回憶道：「重要是讓公眾知道學生可以成為這場運動的一部分，他們是這座城市未來的領袖，應該徵求他們的意見，讓他們參與香港未來的辯論。」

周永康在二〇一四年七月一日，即香港回歸中國十七週年之際的「七一大遊行」中首次被捕。他描述當時的場景：「有學生和各行各業的人參加遊行。從政府的角度來看，這是非法和未經授權的遊行。所以，我們被捕了。對我來說，這是我第一次採取直接行動對抗香港政府和北京政權。我們對於如何改革政治有自己的想法，我們敢於尋求改變，也用行動表明我們不會放棄，我們不會屈服於任何壓力。人們用身體佔領街道，他們知道自己必須承擔一些後果，但他們覺得這是必須承擔的風險。」

周永康回憶說，該次遊行另一個重點是香港政府最終同意與抗爭領袖會談。原定於十月十日舉行的會談於前一天取消，時任香港政務司司長林鄭月娥取消會談。最終，十月二十一日，雙方召開一次會議，但沒有得出結論。周永康認為，這次會議意義重大，因為「政府官員很少在電視直播中直接與抗爭者交談。」對於林鄭月娥和時任行政長官梁振英來說，這是一個「讓步」，因為「他們能感受到市民施加的熱度和壓力」。然而，談判毫無結果的事實導致「更多的絕望」。周永康說，這次「不了了之的談判」導致人們「更加激進地思考或採取行動」。他認為，這導致市民與警察的更嚴重的對抗，導致未來幾年更嚴重的衝突。

「佔中」更名為「雨傘運動」是因為抗爭者開始攜帶黃色雨傘。據周永康所言，黃色是很早就選定的顏色，人們還分發了黃色絲帶：「黃色一開始就成為運動的象徵，然後當警察開始發射催淚氣體時，雨傘也出現了。人們用雨傘作為抵禦催淚氣體和胡椒噴霧的盾牌來保護自己。隨後藝術家們開始重現場景或創作藝術品，紀念抗爭者的勇氣。一位年輕藝術家創作的『黃人』雕像在金鐘抗爭現場豎立起來。這就是『雨傘運動』的由來。」他相信，這場運動是「未來思想和情感的催化劑與孵化器。」

周永康、羅冠聰和黃之鋒的知名度已經非常高，他們在二〇一四年九月領導佔領「公民廣場」（香港政府總部主建築外的一個圍欄區域）而變得更加引人注目」周永康告訴我：「『公民廣場』很重要，因為它表明學生們正在為九月下旬的雨傘運動做準備，逐漸成為運動的核心。『重奪公民廣場』是從『佔領運動』過渡到『雨傘運動』的重要階段，也是壓垮香港政府的最後一根稻草。它傳達的信息是，香港的普通公民已經受夠，我們會站起來說『不』。」

羅冠聰已經記不清自己被逮捕多少次，他想大概有四五次，其中二〇一四年就被捕三次。由於帶領佔領公民廣場，他在二〇一六年被判處八十小時社區服務。他回憶道：「我在盲人圖書館工作，幫助他們打掃衛生，還參加不同慈善機構的繪畫工作。即使我完成所有社區服務時數，政府還是提出上訴，我被判入獄。」

本章開頭提到羅冠聰、黃之鋒和周永康的入獄時間。羅冠聰對這次經歷的回憶記憶猶新：「一開始的情緒非常不穩定。遠離家鄉、伴侶和家人讓人感到極為不適應。最初的幾天是最艱難的。我做了很多心理準備，但本質上你被扔到一個未知的地方，無法尋求幫助和他人的支持，既有的經驗和知識也無法大派用場。」二〇二二年，越來越多社運人士和抗爭者入獄，人們對「政治犯的生活」了解更多，但當時作為第一批政治犯，他們需要面對極大的不確定。羅冠聰補充說：「我不知道中共政權會不會僱傭流氓來騷擾我。事實上，在入獄的最初幾天，我們成為新聞焦點，每個人都在關注我們。因此，他們非常好奇。當我在牢房或食堂時，人們像觀賞動物園裡的動物一樣偷看我，我感覺不太安全。」

幾天後，羅冠聰被轉移到新界另一所環境稍好的監獄。他被判處八個月徒刑，他知道在刑期至少會減少三分之一，所以他認為自己有五個月的刑期。他回憶道：「我知道我在那裡呆了幾個月。我住在一間二十人的牢房裡，我們共用兩個廁所，共用一切監獄設施。我們的日常生活是工作、休息、工作、午餐、工作、運動，然後回到牢房。我們被當作一個數字，而不是一個人來對待。」

羅冠聰說，他沒有受到身體上的折磨，但心理上，他感到被剝奪人性。「他們總是用我的囚犯編號稱呼我，我感覺自己就像一個數字。他們想抹去你與世界的聯繫，抹去你的批判性思維。香港的監獄稱為『懲教』，但沒有教育的成分。他們不會教你任何知識。」他把時間花在為其他囚犯製作衣服上：「我是級別最低的工人，所以我擦地板、打掃廁所、熨衣服、縫鈕扣。」

除了工作之外，香港的囚犯（或許與中國大陸的囚犯不同）迄今為止還能夠廣泛地閱讀。羅冠聰在監獄裡完成他的本科課程，在監獄裡寫論文並廣泛地閱讀。他讀了米歇爾・福柯（Michel Foucault）關於十八世紀法國監獄生活的《規訓與懲罰》（Discipline and Punish）、法蘭西斯・福山（Francis Fukuyama）、聖雄甘地（Mahatma Gandhi）和馬丁・路德・金（Martin Luther King）的作品。他指出：「我也讀漫畫，某些漫畫在監獄裡流傳，但它們是非法的，因為在監獄裡，你不能與他人分享任何東西。你可能會因為共用一個髮夾而被單獨囚禁，簡直太荒謬。」

與羅冠聰不同，周永康並未接受社區服務判決，因為他計劃二〇一六年前往倫敦，在倫敦經濟學院攻讀碩士學位。考慮到這一點，法官改判他緩刑三週，並在返回香港後服刑。次年，周永康在倫敦完成學業後回到香港，卻發現政府對判決提出上訴，他反而被判七個月監禁。

周永康回憶道：「當時，沒有多少人因為參與政治運動而被判長期監禁。這與二〇一九年的運動不同。在二〇一七年，年輕的社運人士和抗爭者被判刑和入獄是一個非常嚴重的事態發展，讓很多人心碎。我真的很難過。上法庭之前，我哭了好幾天。開庭前一天晚上，甚至在出庭的午餐時間，我也哭了，因為我對父母感到抱歉。我被『分成兩半』。我一方面知道我所做的事情是正確的，但另一方面又因為判決給父母、伴侶和同伴帶來的痛苦而心碎。」

監獄裡允許父母探視，但訪客和囚犯之間被玻璃屏風隔開。周永康回憶起二〇一七年九月，他母親的一次來訪：「她一個人來。當她進來時，我被允許走到座位上，我們之間被玻璃屏風隔開。媽媽向我走來，還沒坐下就哭了。我心裡非常非常難過，我為母親看著穿著監獄制服的兒子而感到抱歉。她擔心我可能會受到虐待或懲罰，但她無能為力。我非常憤怒，為甚麼要讓媽媽受這樣的苦？我沒有做錯任何事，我們只是想要一個更美好的未來和政治制度，擁有對香港官員的問責的權利，和照顧香港人民福祉的政策而已。」

周永康回憶說，根據他的經歷，二〇一七年，監獄工作人員總體上對他很好。他告訴我：「許多懲教人員有民主傾向，對社運人士非常友好。即使那些偏向建制派的人對囚犯仍然很友好，至少對我來說是這樣。所以我開始觀察在監獄裡能做甚麼，開始為其他囚犯做一些小型的倡導工作。許多囚犯都心懷不滿，他們抱怨食物，抱怨為甚麼他們被命令蹲著，抱怨信息獲取不暢，抱怨為甚麼他們早上看不到報紙，和一些法律問題。對他們來說，這是維護尊嚴和理智的一種方式，讓他們感覺自己仍然被當作人類對待。所以我開始代表他們提出請求，我問我們是否可以在早上收到報紙，蹲著的做法是否可以廢除，或者至少我們是否可以被告知蹲下命令的含義，我問是否可以清洗睡覺的毛毯。有些請求得到批准，我們提前收到報紙，蹲守的做法也被廢除。我不知道今天是否仍然如此，但在當時，這些小小的成就讓我們覺得我們即使是在監獄裡，仍然可以做點甚麼。」

與真正的罪犯（因毒品交易、盜竊、輕微犯罪和暴力犯罪而入獄的人）一起入獄，讓周永康對社會邊緣有更深的理解。他說：「我在中產階級家庭長大的，但在監獄裡，遇到來自不同社會階層的人，他們都是弱勢群體。我意識到，儘管香港是一個物質非常繁榮的城市，但確實缺乏為邊緣人服務的政策甚至心態，社會致力於如何為擁有權力的人服務，如果你沒有權力，你就會被遺忘。當我離開監獄時，我真正開始思考我們如何改革和重建這座城市，使其更加人性化。香港可以成為一個為所有人服務的城市，無論年齡、性別、家庭背景、收入如何。這是我離開監獄時的目標，借鑒我在監獄中獲得的見解。入獄對我來說是一個過渡時刻，從一名普通學生晉升為運動中的領袖角色，到在監獄中反思香港的故事。」

雨傘運動於二〇一四年十二月十五日結束，歷時七十九天，執達吏和警察介入清理抗爭地點。但香港爭取自由的鬥爭和北京的鎮壓仍在加劇。

二〇一四年的另一項重要事態發展是《白皮書》為隨後幾年廢除香港自由和自治奠定了基礎。同年六月，在香港公民參加非正式公投的同時，北京發佈一份題為《「一國兩制」下香港的民主發展》的文件，宣稱香港法官只是「行政人員」[10]，受制於「基本政治要求」，必須「愛國愛黨」。[11]這份文件是二〇二一年要求公務員和政界人士宣誓效忠北京的「先行者」，正如李柱銘所言，其標誌著「共產黨幹部」開始直接管理香港，造成「香港法治受到衝擊」的局面。[12]

香港退休資深法官包致金（Kemal Bokhary）在二〇一六年四月的一次演講中提到，他在二〇一二年警告香港將出現「前所未有的猛烈風暴」，如今這場風暴已經在司法部門面前「現行」，指出他的「恐懼已經成為現實」。他認為香港現在存在非常嚴重的問題和嚴峻的挑戰，意味著大部分香港人習以為常的司法制度可能會後退，「司法獨立」考驗。[13]

二〇一五年十月至十二月期間，說明北京侵犯香港司法和人權的事件之一是「銅鑼灣書店綁架事件」。林榮基於一九九四年創立銅鑼灣書店，出版和銷售有關中國政治和中國政治領導人生活相關書籍，不乏爭議性、高敏感度、具誹謗性甚至是淫穢的中文書籍，因此受到中國大陸遊客歡迎。二〇一五年底，北京的耐性似乎已經耗盡。

據報導，書店經理呂波（Lui Bo）是第一個失蹤的人，他於十月中旬在深圳妻子的家中失蹤。此外，瑞典公民桂民海（Gui Minhai），暨銅鑼灣書店母公司巨流傳媒有限公司的股東，十月十七日在泰國芭堤雅的度假屋中被綁架，是事件中第三個被擄走的外國公民。一周後，林榮基失踪，隨後是張志平和英國公民李波。時任英國外交大臣夏文達（Philip Hammond）對李波失蹤表示特別關注，報告稱他「未經香港特別行政區法律的任何正當程序，非自願被移交到大陸」，聲稱該綁架事件「嚴重違反《中英聯合聲明》，破壞『一個兩制』原則。」[14]

二〇一九年，在香港反對逃犯條例修訂草案抗爭活動最激烈的時候，我在台北一家擁擠的咖啡店見到林榮基。他在同年早些時候移居台灣，因為擔心如果引渡法通過，他的人身安全將受到威脅。

二〇一五年十月二十四日，林榮基入境深圳時被捕，經歷長達八個月的噩夢。他先是被關進寧波監獄，然後又搬到廣東省的韶關，被分配到圖書館工作，雖然比監獄好，但還是不自由，與外界完全隔絕。他告訴我沒有受到身體上的折磨，但精神上遭受到威脅和洗腦。

林榮基首次被捕時被迫簽署兩份聲明，一是放棄告知家人下落的權利，二是放棄聘請律師的權利。在中國被關押的八個月裡，他被逼寫了二十多次悔過書。有幾次，他被拍到身後有一名他看不到的審訊者，這些畫面隨後在國家電視台上播出，這是強迫電視認罪的個案之一，已經成為習近平政權的一個特色。林榮基說：「如果我沒有寫出他們想要我寫的東西，他們就會幫我寫。如果我的供述不令人滿意，他們會告訴我該寫甚麼。」

當他問及自己犯了甚麼罪時，審訊的人只告訴他：「如果我們說你犯了罪，你就犯了罪。」林榮基告訴我：「我從來沒有上過法庭，從來沒有見過法官，就被指控為反革命、破壞中國共產黨、企圖分裂國家的人。」

林榮基於在二〇一六年六月被帶回香港。當局並未打算釋放他，而是為了取得他的電腦，獲取書店顧客的詳細信息。林榮基向我詳細描述事件經過。他由中國大陸官員陪同回港，他們為他提供了一部帶有跟蹤裝置的手機。每當他想離開酒店時，都必須通知他的「看護者」，並被警告永遠不得關掉手機。

最開始他拿到錯誤的電腦，隨後與同事進行一系列會議取回電腦之後，他按照指示回到邊境，在那裡將存有客戶資料的電腦移交當局，返回韶關，以圖書館人員的身份過著受政權控制的生活。當局允諾他將來可以再次在自己書店工作，成為中共政權的間諜。他說：「我不想被中國共產黨控制，也不想失去自由。他們希望將書店和出版公司，從信奉言論自由的公司轉變為言論監控中心，我做不到。」

聊天途中，林榮基停下來抽了三支煙後，開始重新思考：「我擔心如果交出電腦，政權就會綁架、逮捕或起訴我所有的客戶。我做不到。我想如果我公開告訴香港人真相，可能有些人會因此獲救。但我同時面臨著兩難的境地，我可能會危及我的同事。他們不能為此發聲，因為他們在中國都有親戚。我意識到我是唯一能夠揭露真相的人。」

因此，在前往邊境的途中，林榮基關掉電話，中止旅程，借了另一部手機，給一位著名的泛民主派律師打電話，然後公開此事。

二〇一六年至二〇一九年，儘管林榮基回到香港，理論上是「自由身」，但他還是經常被跟蹤。他說，香港政府就他的案件「假裝與北京溝通」，但實際上並未提供過任何幫助。

據林說，當書商失蹤時，他們的公司神秘地被「北京派來的人」收購了。

二〇一六年，我第一次見到桂的女兒安吉拉（Angela Gui），她當時在全球為父親伸張正義。她是劍橋大學一名聰明和口才了得的研究生，她並沒有想過成為一名社運人士，但在父親被綁架後，她被迫為父親發聲。

當安吉拉第一次聽說父親失踪的消息時，她告訴我，這完全是「意料之中」。因為她知道父親對人權和民主的熱情，知道他透過出版物發表異見，她意識到所發生的事情極為迅速。最初，她注意到父親沒有回覆她的訊息。她告訴我：「一開始我沒有想太多，我以為他只是忙於一個工作，因為這就是他出版社的工作方式，所有事情都要在短時間內完成。」她一直計劃在大學聖誕節假期時去泰國看望父親：「我們通過 Skype 討論這個想法，然後他說：『哦，我得走了。我們過一周左右再談好嗎？』我說好吧。所以當我未再收到他的訊息時，我一開始有點生氣，因為我需要計劃行程和訂機票。一周半後，我開始擔心他，我想他可能發生意外。」

某天早上，安吉拉早起查看電子郵件，發現一條來自父親同事李波的訊息，通知她說，書店也沒有桂民海的消息。她回憶道：「李波說他們已經二十多天沒有收到我父親的消息了，擔心他可能是出於政治原因被中國政府特工帶走。我打電話給李波，他把知道的訊息分享給我，我們試圖一起找出更多蛛絲馬跡。我開始聯絡爸爸的朋友。在這過程中，我意識到事情的嚴重程度。」

安吉拉嘗試向泰國警方提交失蹤人員報告，請求瑞典當局介入事件。她告訴我：「有人告訴我需要去泰國追查此案，但他們建議我不要這樣做，因為這麼做並不安全。經過進一步調查，並未顯示父親離開泰國的記錄，然而他最終卻出現在中國，被禁止與外界聯絡，隨後被監禁。他似乎並非通過正常的方式移動。他在監獄裡寫的詩，詳細描述湄公河沿途的景色，這表明他可能是從泰國經柬埔寨被帶到中國的。」

二〇一六年一月，安吉拉得知父親出現在中國中央電視台上，就二〇〇三年發生的一起醉酒駕駛交通事故「坦白認罪」，他在短片中表明自願返回中國和認罪。我甚至不知道這場交通事故是否發生過，但我很清楚，這與他實際被囚禁的原因無關，而且大多數人都明白這一點。他當時並不能自由發言。」

自此，桂民海被關押在寧波。他最初被當局軟禁，隨後被關進監獄。二〇二〇年，他被判處十年監禁，罪名是「向境外非法提供情報」，這與最初的「交通事故」相去甚遠。從二〇一五被綁架到二〇二〇年被判刑，安吉拉偶爾與他進行生硬，而且受到嚴密監控的通話。除此之外，幾乎沒有關於桂民海的消息。二〇一八年，事情似乎取得突破，瑞典外交官和北京協商，成功讓桂民海從寧波轉移到北京，與瑞典大使會面，接受身體檢查。安吉拉相信桂民海已經獲得了新的瑞典護照，但在最後一刻，中國特工在瑞典外交官的眼皮底下，將他從火車上抓走，重新關進監獄。

安吉拉對瑞典政府「嚴重滯後」的應對手法感到失望。她說：「瑞典沒有充分利用已有的情報和工具，努力確保父親的人身自由。當他第一次失蹤時，他們發佈一份新聞稿，但似乎淡化他的瑞典公民身份，點出他多年未在瑞典居住，似乎在暗示他值得獲領事協助。當我試圖與瑞典駐倫敦大使館會面時，他們並未意識到事情的嚴重程度，告訴我這不屬於他們的職權範圍。領事的遲緩反應是瑞典的一貫特徵。時至今日，瑞典仍未能切實追究中國使我父親失蹤的責任，十年監禁刑期並非無可避免。瑞典和歐盟本可在他被判刑前採取行動將他帶回家，但他們沒有這樣做，我父親因而要服十年徒刑。」

為甚麼銅鑼灣書店職員和股東成為目標，就只有桂民海一個還沒放出來？據林榮基所言，這一切都與桂民海擁有的一份文件有關，該文件據說涉及習近平一九九九年擔任福建省副省長期間的一段戀情。林榮基說：「沒有人知道這份文件的真偽，但習近平顯然非常在意。」

二〇一六年二月八日晚，香港再次爆發騷亂。這次並非直接涉及普選或民主，而是公開地抗議警方鎮壓農曆新年慶祝活動的旺角無牌熟食小販。抗爭者與警察之間的衝突被稱為「魚蛋革命」，以街頭小吃攤販的「咖喱魚蛋」命名。對政治不滿情緒不斷高漲，加上公眾與警察的關係日趨惡化，加劇抗爭者與警察之間的衝突。二〇一四年，警察濫用催淚氣體和胡椒噴霧，和毆打抗爭者，已經徹底改變香港人對紀律部隊的看法。

二〇一五年創立和支持香港獨立的團體「本土民主前線」的學生社運人士梁天琦（Edward Leung）和同伴黃台仰，都是魚蛋革命的領袖之一，兩人均在事件中被捕入獄。我有幸在二〇一七年與梁天琦見過幾次面，他於二〇一八年因暴動和襲擊警察被判入獄六年。黃台仰還被指控煽動暴亂和參與非法集會，於二〇一七年逃離香港，在德國尋求庇護，成為世界上第一位香港政治難民，比二〇二〇年後的社運人士更早預見香港情勢。

現在，黃台仰是哥廷根大學的學生，能說一口流利的德語，並用德語研究伊曼努爾．康德等哲學家，他在流亡期間繼續從事社運活動。二〇二一年十月，黃台仰在哥廷根家中接受線上採訪時，回憶了二〇一六和二〇一七年所發生的事件。他告訴我：「我是根據過時的殖民地法律《公安條例》被捕和起訴的，聯合國批評該條例不符合香港國際人權條約義務。我以巨額保釋金保釋，但當時並沒有離開香港的打算，反之，我已經做好入獄的準備。我可能會被監禁六到十年，我已經有心理準備。不過，在與本土民主前線的同伴討論時，我們一致認為全體成員入獄並不明智。

應該有人出國，講述我們的故事，提高外界的認知。我認為梁天琦是合適的人選，因為他的英語比我好得多，所以我認為他應該走，而我會留在香港服刑。」

然而，事情變化之快超乎想像。梁天琦於二〇一六年二月二十八日在新界東選區參加立法會補選，競選期間，他提出「光復香港，時代革命」的口號。該口號在二〇一九年的抗爭活動中廣為流傳。他贏得了超過六萬六千票（百分之十五的選票），準備參加二〇一六年立法會選舉。然而，香港當局顯然未料到他如此受歡迎，遂於二〇一六年立法會選舉起，要求所有候選人在競選前提供書面政治立場聲明。梁天琦簽署聲明，放棄之前支持港獨的立場。儘管如此，他仍被禁止參選。

黃台仰回憶道：「整個運動已經到了嚴重受壓的境況，沒有任何發聲的空間。我的人身安全受到威脅，母親也受到中國特工的脅迫，我的家人經常被跟蹤和監視。」

二〇一七年八月，梁天琦在哈佛大學研習一年後回港。黃台仰告訴我：「天琦告訴我，他決定留在香港。那一刻起我開始重新考慮我的前路。我感到左右為難。一方面，一旦我逃離我的城市，就再也不能回去，不能見到朋友，不能遠足，不能去地球上我最喜歡的地方。但另一方面，我知道繼續抗爭是我的責任。大約兩週的時間，我一直處於抑鬱狀態，吃不下飯，也睡不著覺。」

然而兩週後，黃台仰決定離開。他告訴我：「我向法院申請了護照，沒有時間和朋友們告別。除了母親之外，我沒有告知任何人。我仍然記得在香港的最後一天和朋友去遠足，這是美好且難忘的一天。我玩得很開心，但朋友不知道幾個小時後，我就會離開這座城市。」

黃台仰最終選擇德國落腳，因為他當時考慮落腳的英國和加拿大均與中國有密切關係：「二〇一七年，英國迎來中英關係所謂的『黃金時代』。我擔心被遞解香港，與英國相比，德國似乎更適合當時的我尋求庇護。」

抵達德國後，他面臨三個主要挑戰。

黃台仰回憶道：「第一個挑戰是如何融入社會，仍保留我的香港身份。在公開宣佈我逃往德國前，除了一些德國和國際朋友外，沒有人知道我在德國。我在德國沒有任何香港朋友，在這樣的環境下，很容易與香港事務有距離。」

「第二個主要挑戰是『倖存者的罪咎感』。我幾乎每天都目睹香港同伴受審或被捕入獄，而我則呼吸著自由空氣，與他們相比，過著不錯的生活。」每當他開始享受生活時，腦海裡有另一種力量告訴他：「你不應該感到快樂，你不值得感到快樂。這是你的責任，同伴們正在為你服刑。」三年來，他為此苦苦掙扎，但最終意識到剝奪自身幸福的時間越長，精神狀態就會變得越差，這對你履行責任，並做好應做的工作沒有幫助。他補充說：「監獄裡的人不希望我們受苦，這是一場長期鬥爭，保持自身健康對我們未來的發展至關重要。」

黃台仰從未打算成為一名政治家。他的計劃是成為一名自由設計師，賺一些錢，然後去當背包客。他告訴我：「這是我的計劃，雨傘運動改變了我的一生。我意識到我必須為我熱愛的地方和民主運動做點甚麼。」

在雨傘運動結束兩年後，羅冠聰以港島選區候選人的身分參加了二〇一六年立法會選舉。同年四月，他與黃之鋒和周庭共同創立了名為「香港眾志」的新政黨，旨在爭取民主，並在二〇四七年「一國兩制」模式到期時，就香港的未來進行公投。羅冠聰告訴我：「我們覺得任何現有政黨都無法代表我們，我們希望將年輕人的能量注入政治進程，並以雨傘運動的精神為基礎。」

二〇一六年九月四日，年僅二十三歲的羅冠聰以高票當選，成為港島區六個議席所有候選人中，得票第二高的議員，成為香港歷史上最年輕的立法會議員。他回憶道：「當選絕對令人興奮，但壓力很大。因為當你贏得這麼多選票時，人們對你抱有很大期望。如何不辜負他人的期望，讓人們相信他們的選票投給一個正確的人，是一項巨大的挑戰。第一次走進立法會議事廳時，我知道自己接下來要打一場硬戰。」

當選後一個多月，即十月十二日，羅冠聰宣誓就任立法會議員。他的宣誓完全正確，但宣誓後，他承諾為人民服務，而不是為殘酷壓迫人民的政權服務。他引用聖雄甘地的話：「你可以鎖起我，你可以折磨我，你就算毀掉這個身體，你也永遠無法囚禁我的心靈。」羅冠聰事先尋求法律意見，獲律師告知新任立法會議員在宣誓前後發表言論的先例很多，是合法且合理的。他告訴我：「多年來，香港一直有宣誓時發表此類聲明的傳統，但後來中國共產黨改變遊戲規則。」

十一月七日，全國人大常委會重新解釋香港《基本法》第一百零四條以規範宣誓程序。儘管羅冠聰的宣誓已經得到立法會祕書處的認可，但行政長官梁振英就羅冠聰和其他五名民主派立法會議員的宣誓程序上訴至法院，導致他們被法院剝奪立法會議員資格。在擔任民選立法會議員九個月後，二〇一七年七月十四日，羅冠聰被迫放棄他的議席。這顯然是北京公然清除立法機構反對派議員的行動。大約一個月後，羅冠聰入獄。一年之內，他從香港歷史上最年輕的民選立法會議員，變成香港首批政治犯。

從那時起，香港的自由日益削弱。越來越多的候選人因「政治篩選」被取消資格。二〇一八年九月，香港政府將西九龍高鐵總站部分「割讓」給中國大陸管轄，導致香港居民在車站被捕並被帶到中國。其中一名受害者是英國駐香港總領事館的僱員鄭文傑（Simon Cheng）。

二〇一九年八月八日，鄭文傑結束在中國大陸的商務訪問返回香港，在香港西九龍高鐵總站被中國國家安全局拘留。他在中國大陸被關押了十五天，遭受令人震驚的酷刑。同年，他抵達倫敦後與我會面，並出席二〇二〇年保守黨人權委員會的聽證會。他告訴委員會：「我聽說香港人將成為邊境檢查站的目標，所有出入中港邊境的香港居民必須接受手機檢查，以尋找出席或支持抗爭活動的證據。當時，我與女友和朋友約定不斷報告我的行踪和人身安全。我從深圳福田站乘坐高鐵後，在香港西九龍高鐵站內從大陸過境時被攔住。身穿制服的警察肩上扛著錄影中的微型攝像機，穿制服的警察聲稱他們攔住我是因為高級官員的命令，他們要求我提供密碼以存取我的iPhone。我拒絕了，因為這是一部工作電話，包含許多敏感的工作信息和私人對話。隨後，我經由高鐵入境深圳，他們把我移交給便衣警察。後來我才知道他們是來自國家安全局的秘密警察。」[15]

鄭文傑在各種媒體採訪、議會聽證會和與我的談話中，詳細描述他所遭受的酷刑。他告訴保守黨人權委員會：「在審訊期間，我坐在牢房裡的一把鋼質『老虎椅』上，被扣在椅子上動彈不得，戴上手銬和腳鐐，吊在一個陡峭的X形十字架上，幾個小時內，一直保持雙腿張開的姿勢。我感到極端痛苦。我被蒙著眼睛，帶著頭罩，只感受到他們用某種鋒利警棍之類的東西虐打我。」[16]

隨著行政長官林鄭月娥的上任，基於「刑治」的中國法律體系，與香港備受推崇的「法治」體系之間「防火牆」進一步崩塌。林鄭月娥提議實施災難性的「逃犯條例草案」，允許把嫌疑人從香港引渡到大陸。根據林鄭月娥的法案，人們隨時被送往邊境接受審判。二〇一七年一月，香港四季酒店的中國商人肖建華綁架案，及二〇一五年銅鑼灣書店事件均在此條例下被「合法化」。

據立法會法律界功能組別的民主派議員暨資深律師郭榮鏗回憶，他曾對時任保安局局長，現任香港特首李家超說，擬議中的逃犯條例是「他聽說過最糟糕的想法。」他警告政府，如果他們堅持推動這一計劃，將會引起公眾強烈抗議。事實證明，政府「放風」強推條例後，引起社會各階層強烈反彈，也使法律、商業和其他專業體系，與傳統泛民主陣營和廣大民眾連結起來。

郭榮鏗回憶：「美國與其他商會發聲，國際社會強烈反對，歐盟也為此發佈外交照會。可悲的是，自八十年代以來的幾十年裡，太多香港人持觀望態度，或將政治留給其他人處理，使北京逐漸削弱香港自由，直至無可挽回的地步。」

反對修訂逃犯條例的大規模示威活動始於二〇一九年六月。六月九日，一百萬人，完全和平地走上街頭。「六月初的一天，我在香港賽馬會游泳，遇到一個人說：『六月九日再見』。這裡是賽馬會，不是示威者的避風港。但示威人士在此出現，便證明這件事並非只關涉基層市民，就連社會菁英階層也相當關注事件發展。」

一周後，即六月十六日，遊行人數暴增至二百萬人。郭榮鏗指出：「香港政府和北京當時本可撤回法案，事情也可到此為止。然而，獨裁政權在面對人民時不會退縮。香港人有發聲的權利，但這個聲音被忽視，鎮壓變成無可避免的事。」

時任英國駐香港總領事賀恩德（Andrew Heyn）也同意這一觀點：「你可以感到人們對香港政府的憤怒程度直線上升。香港政府在很多層面上都處理不當，但市民抗爭活動規模之大，確實讓我們所有人都感到驚訝。」從一開始，儘管抗爭運動完全和平地開始，警方卻使用完全不成比例的武力，不分青紅皂白地對示威者使用催淚氣體、胡椒噴霧、橡膠子彈和警棍。

邵嵐（Joey Siu）是二〇一九年的大學生，曾任香港城市大學學生會副主席。在六月大規模示威爆發前幾個月，她就參與反逃犯條例運動，組織反對該法案的工作坊、研討會和討論小組。六月九日，她加入抗爭活動。

她在華盛頓特區打電話告訴我：「我從未想過成為一名社運人士，但我真的覺得現在是履行香港人責任之時，我想盡我所能，保護這座城市免受傷害，保護我們的價值觀不被中共政權侵犯。」

邵嵐說，二〇一九年的經歷對她來說仍然非常痛苦，在此之前，集會和示威都是完全和平的，警察的暴行很少見。但這一切在二〇一九年後都變了。她回憶道：「我清楚記得六月九日晚上，金鐘立法會外的示威活動結束後，人們紛紛離開示威會場並打道回府。一些抗爭者決定嘗試進入立法會。很快，許多警察趕到，開始使用警棍和胡椒噴霧驅散人群，他們開始毆打示威者。」

邵嵐試圖前往港鐵站，但還沒等她到達，就遭到警察的襲擊：「我沒有武器，沒有任何攻擊性，卻被一名警察用警棍毆打。他毆打並告訴我不准離開。那是我第一次經歷警察的暴力行為，至今想起來仍感痛心。」

儘管有這樣的經歷，邵嵐在接下來的六個月裡繼續參與並協助組織抗爭活動。她回憶道：「身處這些抗爭現場對我來說非常可怕，特別是在二〇一九年八月和九月之後，警察變得瘋狂，到處發射催淚氣體、橡膠子彈和胡椒噴霧。每次，抗爭活動都以和平的狀態開始，然後警察很快就會到達，變得非常咄咄逼人。突然間，你會聽到催淚氣體和橡膠子彈發射的聲音。人們開始恐慌和逃跑。二〇一九年下半年，我幾乎每天都目睹朋友遭到警察襲擊、毆打和逮捕。他們被剝奪法律代表權，並受到不人道的對待。

邵嵐有幾次「瀕臨被捕的邊緣」，但都設法逃脫，免於被捕。最危險的時刻發生在二〇一九年十一月圍困大學事件，特別是十一月十一至十五日的香港中文大學，和十一月十七至二十九日近兩週的理工大學攻防戰。

她回憶道：「圍攻期間，警察也駐紮在我的大學周圍，因此抗爭者設置路障，試圖阻止警察進入校園。圍攻結束後，親中支持者帶著許多不同的武器和旗幟衝進我們的校園，非常激進地表示，他們正在履行作為愛國公民的責任，收拾『甲甴』造成的混亂。作為學生會領袖，我必須和他們談話，所以我穿著很普通的衣服出去，說他們並未獲准進入校園或拿走我們的物品。我告訴他們我們會把東西收拾好，他們不肯走，然後就報警抓我。當警察來時，我說這些親中人士衝進我們的校園，警察應該要求他們離開，但他們停下來搜查我，並警告說如果我搞事，就會逮捕我。他們記下我的身份證號碼，並警告說，如果發生任何事情，就會把我叫到警局接受調查。」

香港警察曾被稱為「亞洲最優秀的執法部隊」。當我住在香港時，雖然沒有理由與警察打交道，但我從未害怕這樣做。我對他們的看法與英國警察一樣，他們並不完美，總的來說，大部分都是努力保護法律和秩序，讓我們所有人免受犯罪侵害的好人。然而，二〇一九年的香港警察明顯稱為黑社會一樣的組織，除不分青紅皂白地對市民實施身體暴力外，還對用侮辱性言詞辱罵抗爭者，稱他們為「甲甴」。

邵嵐認為，警察接受旨在讓他們相信「盲目聽從上級官員的命令，盲目聽從政府的命令，才是正確的做法」的「洗腦」培訓。近年來，新移民人數顯著增加，邵嵐相信香港警察隊伍有越來越多中國大陸人。她回憶道：「我們經常聽到警察在前線，用非常純正的普通話發號施令。」

邵嵐還相信，香港警察比我們想像中更加腐敗。她說：「二〇一九年之前，警察的腐敗和缺乏秩序的狀況還沒有那麼明顯。他們仍在努力地克制自己，維護公眾形象。二〇一九年後，北京感到抗爭活動的威脅，而警察在北京的支持下，覺得不需要自我約束，因為他們知道不會因為毆打他人，而受到調查和承受後果。」事實上，他們的判斷是對的。儘管一萬多名抗爭者被捕，但沒有一名警察被繩之以法，對警察暴行進行獨立調查的要求均被拒絕，警察的身分就是一道「免死金牌」。

民主黨立法會議員許智峯（Ted Hui）多次成為警察施以暴力的目標。警察用襲擊民選議員的事實告訴你，他們已經失控。許智峯回憶道：「我無數次從頭到腳被噴滿催淚氣體和胡椒噴霧。有一次，我在銅鑼灣，警察一在街上看到我，就開始嘲笑和大聲咒罵我。我試圖保持冷靜，拿著麥克風，對警察說：『這些年輕人正在和平集會，使用武力是不適合和不恰當的，他們只是小孩子。』我試圖與現場指揮官談判，他們當然不聽。接著，一名警察突然走近我，摘下我的護目鏡並朝我的眼睛噴胡椒噴霧，不是一次，而是兩三次。如果當選的立法會議員在鏡頭前都受到這樣的對待，你想像一下他們對普通人使用多少暴力，尤其是當鏡頭和記者都不在場的時候。」

記者也是警方的目標。一位外籍前《南華早報》攝影記者告訴我，他曾多次被近距離施放催淚氣體。作為一名記者，他被故意針對。二〇二二年二月的一個晚上，他在京士頓的一家咖啡館裡回憶起銅鑼灣駱克道發生的事件：「我們看到警察毆打一名男子，並將他推入一輛貨車，我拍下那個人被打的照片，防暴警察轉過身來向我噴了一種凝膠，它佈滿我身體的每一寸肌膚。我的相機也沾滿這種凝膠，隨後它開始燃燒。我整個身體有灼燒感。」[17] 還有一次，這位攝影記者坐在跑馬地的路邊，在追趕一群抗爭者的警察後面短暫休息。他回憶道：「我們坐在地上，脫下口罩、頭盔和其他防護裝備。警察隨後直接向我們噴射催淚氣體。警方仇恨媒體的程度令人震驚。」

時任《明報》記者梁銘康（Matthew Leung）回憶說，他至少被胡椒球射中四次：「第一次在元朗，大約是在七月二十一日暴徒襲擊事件一周後。我正走上自動扶梯，嘗試拍攝俯視圖，聽到砰的一聲，發現我的護目鏡被噴滿了粉末。如果我沒有戴護目鏡，眼睛就會中彈。隨後，在理工大學第一天的抗爭活動之後，三十多名記者被關在封鎖線內，包括我認為重要的記者前輩。早上五時，大部分人被釋放後，我們正準備離開，兩名看上去精神失控的警察大聲驅趕我們離開。我喊『我們要走了』，然後就被擊中了。」[18]

最嚴重的襲擊記者事件發生在二〇一九年九月二十八日，當時印度尼西亞記者韋比・梅加・英達（Veby Mega Indah）在灣仔的一座人行天橋上報導抗爭活動。儘管穿著一件高亮標示「記者」（Press）字樣的外套，戴著護目鏡和頭盔，警察仍向她和其他媒體工作人員揮舞著武器，有人大喊著「記者，記者」，然後她的右眼被警察發射的子彈擊中，永久失去部分視力。[19]

為抗爭前線的人們提供幫助的醫務和急救人員，和人權監察員也成為目標。達倫．曼（Darren Mann）是一位經驗豐富的英國外科醫生，在香港工作二十多年，他是最早提請國際社會關注醫護人員面臨侵權行為的倡議者之一。二〇一九年十一月二十一日，他在首屈一指的醫學雜誌《柳葉刀》（The Lancet）上發表文章，聲稱香港警察「在對待志願緊急醫療提供者方面，遠遠低於國際公認標準。」[20]他曾是十一月十七日理工大學的醫護人員之一，目睹了許多醫生、護士和急救人員被捕。他寫道：「逮捕這些人員在文明國家幾乎聞所未聞，而且不符合人道主義契約。此外，寒蟬效應只會阻止志願者繼續為受傷人士提供急需的醫療服務。」

《柳葉刀》通常不是我的恆常閱讀材料，但達倫的文章在香港文章列表服務器上顯示後的第二天，就躺在我的電子郵件收件箱裡，當我滾動瀏覽電子郵件時，它引起我的注意。我在猶豫是否要聯繫達倫。一方面，他所報導的內容讓我覺得極其嚴肅；另一方面，他可能會被大量的查詢、問題和求助所淹沒。我應該打擾他嗎？最後，我決定聯絡他，並看看我的倡導經驗，和國際政治和媒體人脈是否能為他提供任何幫助，這不會有甚麼損失。

大約一天後，達倫回覆了。事實證明，我是唯一一位伸出援手的外國社運人士，我們合作制定一項計劃，將他帶到日內瓦與聯合國和紅十字國際委員會（ICRC）上演講，向布魯塞爾向歐盟通報，前往倫敦向香港問題跨黨派議會小組演說。達倫指出當時不僅有醫護人員被捕，警察還徵用救護車，全副武裝地衝進醫院，要求查閱病人記錄，甚至闖入手術室。後來，達倫向保守黨人權委員會總結他的觀察結果：

「香港有一些廣為人知，而且令人震驚的事件，大量人道主義醫護人員被逮捕，他們被套上索帶，像許多恐怖分子遭受的待遇一樣。大多數事件是在暴力衝突地點附近，或是在衝突過程中，醫務人員履行職責時發生的。專業醫療人員能夠證明自己的身份和資格，卻被警方無理逮捕，被指控參與暴動，被拘留二十四小時，然後被保釋，等待未知的指控。」[21]

達倫的指控隨後由聯合國的關涉身心健康權、和平集會和結社自由、隱私問題，和任意拘留問題的工作組接手調查，他們於二〇二〇年二月向中國政府詳細表述香港醫護人員遭到騷擾、恐嚇和逮捕的證據，強調警方「濫用醫療交通、設施和機密信息。」[22] 報告稱醫院經常由全副武裝的警察部隊巡邏。警察手持盾牌合警棍，配備裝有布袋彈和橡膠子彈的槍，還阻礙公立醫院的醫護人員履行合法的醫療職責。他們堅持在醫生私下為病人看診時在場，包括產房，當疑似參加抗爭活動的人即將接受手術時，他們還試圖闖入手術室。」

繼上述報告發表後，另外兩名聯合國特別報告員也發表他們的調查結果，強調「警方不當使用化學製劑」，包括「催淚氣體、胡椒噴霧、胡椒球等危險物質和從高壓水槍中噴出的刺激性化學成分。」[23] 報告員指出，警方在學校、幼兒園和敏感群體居住機構附近的封閉空間內，使用此類化學製劑。報告稱據估計，百分之八十八的香港人可能受到催淚氣體使用的影響，這種無差別使用催淚氣體的行為，違反國際準則和香港自身的使用標準。

人權監察員是警方的另一個目標。例如，二〇一九年十一月十七日，Rights Exposure 的兩名成員監察理工大學的抗爭活動時，儘管已向警方表明身分，但仍因「涉嫌參與暴動」被捕。根據他們向保守黨人權委員會提交的資料顯示，通過雙語高亮背心和工作身份證，兩人身為「人權監察員」的身份清晰可辨。[24] 他們被索帶綑縛，被帶到紅磡警署受審，過程中遭受「大量辱罵」，包括「種族歧視和性侮辱」。他們被關押十五到二十六個小時，沒有足夠食物、睡覺的地方或毯子。報告員指出：「兩名觀察員的法律代表被警方耽誤幾個小時，無法及時與委託人見面，其中一名觀察員是美國公民，儘管他一再要求，但未能及時獲得領事館協助。」

兩名 Rights Exposure 監察員還目擊警察對其他被拘留者的虐待，包括無意中聽到窗簾後面的打鬥聲。據他們在人權委員會的證詞：「一名觀察者看到窗簾被拉開，隨後目睹一名男子被抓住衣領推到角落，被撞向金屬百葉窗。嚎叫聲表明該男子正經歷持續的痛苦。這可能是由於肢體被扭彎、重壓或侵入引發的疼痛。由此，他們得出該男子可能受到警察虐待的結論。」[25]

除大學圍攻事件外，二〇一九年最嚴重的兩宗暴力事件分別是七月二十一日元朗車站的暴徒襲擊市民事件，和八月三十一日太子港鐵站的警察襲擊市民事件。七月二十一日，一群疑似黑社會暴徒的武裝分子，身穿白衣，用鋼棍和藤條在街上和元朗港鐵站內無差別地襲擊民眾。短片顯示，針對普通公眾無緣無故、無差別的嚴重暴力行為令人震驚，導致至少四十五人受傷。儘管有超過二萬四千通報警電話，警察還是在襲擊發生後三十九分鐘、白衣暴徒離開後一分鐘到現場。當晚沒有任何人被捕，警察只在幾天後逮捕幾個黑社會嫌疑人。

政府的反應同樣緩慢，林鄭月娥在事件發生十小時後才召開新聞發佈會。香港電台（RTHK）記者利君雅（Nabela Qoser）質疑林鄭月娥和警務處處長盧偉聰的反應遲緩，與抗爭者衝擊立法會後，政府於當晚凌晨四時舉行新聞發佈會的反應，形成鮮明對比。林鄭月娥拒絕回答有關警方與黑社會之間合作的問題時，利君雅敦促她「像人一樣回答」。利君雅還詢問林鄭月娥，政府官員晚上是否可以高枕無憂，和為甚麼當晚沒有逮捕任何暴徒。她的提問獲媒體盛讚為「有良知的記者」，但這導致她被香港電台解僱。

另一位香港電台記者蔡玉玲（人稱「阿包」）製作一部關於元朗襲擊事件的調查紀錄片，於事件發生一年後的二〇二〇年七月播出。題為「7.21：誰主真相？」她利用閉路電視錄像識別停放在可疑歹徒附近的車輛，通過搜索公開的車輛登記記錄，確定與襲擊有關的車主，確定嫌疑人。節目播出四個月後，蔡玉玲被控根據《道路交通條例》作出虛假陳述，被香港電台停職。二〇二一年四月，她被易科罰金六千港元（折合約七百七十美元）。無國界記者組織譴責判決，稱這是香港「新聞自由衰落」的例證。

元朗的暴徒暴力事件可能是由警察串通促成的，而一個月後發生在太子港鐵站的事件，則是警察暴行又一可怕例證。加入抗爭運動的電影製片人王茂俊（Jim Wong）是事件主要受害者之一。

王茂俊於二〇二〇年七月逃離香港。我們在溫布頓第一次見面，當我們穿過溫布頓公園步行到一家名為「手拉手」的酒吧時，我們遇到英國外交部長阿哈默德勳爵（Lord Tariq Ahmad），他是負責外交和人權事務的國務大臣。我非常了解塔里克·阿哈默德，因為我廣泛的人權工作，更因為他作為艾哈邁迪亞穆斯林傳統的追隨者，我們都熱衷於捍衛宗教或信仰自由。塔里克和他的妻子正在享受傍晚的散步時間，我向他們介紹王茂俊。部長花了幾分鐘，聽到王茂俊的故事，歡迎他來到英國。事後，我不得不向王茂俊解釋，在溫布頓公園散步時撞見政府部長，並不是每天都會發生的事情。

晚餐尾聲，王茂俊要求與我合照。我詢問他是否希望將其保密，或者在社交媒體上分享？他向我提出了更具體的要求：「拜託，你能把它發佈到社交媒體上嗎？我會告訴你在它旁邊要標註甚麼。」他解釋說很多人認為他可能已經死了或失踪了，他希望我讓人們知道他還活著，身處安全的環境。於是，當天稍晚，我按照他要求發了一條推文，標注「#香港人（#HongKongers）」，配上簡單的介紹：我只想告訴你們，太子站「八三一事件」的「韓寶生」沒有死，他還很健康地活著。今天能和他共進晚餐是我的榮幸。

二〇一九年八月三十一日晚，王茂俊在銅鑼灣抗爭活動回家的路上，途經太子港鐵站。他說，當時警方首次用水砲車和發射實彈。自六月十二日起，他幾乎每天都參加抗爭活動，並辭去無線電視的職務。他回憶道：「維多利亞公園有很多臥底，所以我們轉到尖沙咀和旺角，但那邊有很多警察，所以我們去太子港鐵站。乘客知道我們是抗爭者，對我們感到不滿，先是口角，繼而動武，親中份子用棍棒、錘子和美工刀襲擊我們。十分鐘後，警察進入車站，逮捕抗爭者。當我看到警察跑進車站時，我立即走到對面月台，但警察抓住我，把我推倒在地，用警棍毆打我，隨後拘捕了我。」

王茂俊被捕的過程被攝像機拍了下來。他回憶道：「我被打得很慘，感覺自己快無法呼吸。另一位抗爭者試圖救我，但沒成功。我被按在地上，以為自己快要死了。警察嘲笑我說：『讓我看看你能跑多遠。你認為你實現了民主嗎？』隨後，我要求到醫院驗傷，我在那裡見到我的律師，然後被警察從醫院送到新屋嶺拘留中心，該中心以大量拘留和毆打抗爭者而臭名昭著。」

四十八小時後，警察沒有找到對王茂俊不利的證據而將他釋放，但一個月後，他又被叫回警察局。王茂俊說：「我走進警察局後，他們立即逮捕了我，指控我犯下九項罪名，但最終讓我保釋。」大約一年後，二〇二〇年六月二十三日，王茂俊在清晨被召回警察局，再次被逮捕。這次警察指控王茂俊犯下八項罪名，包括兩項暴動罪、兩項刑事毀壞罪、一項非法集會罪、搶劫罪、普通襲擊罪和襲擊造成損害罪。王茂俊說：「但警察再次讓我保釋，因為沒有找到對我不利的證據。」

上述指控荒謬和可笑。事實上，根據王茂俊的說法，他與親中暴徒的打鬥，只是使用滅火器提醒人們離開車站。他回憶道：「一個女人用手機拍攝當時的場景。當我試圖離開現場時，她嘗試抓住我的肩膀。警察因此指控我犯下普通襲擊罪，他們聲稱我傷害那個女人的手指。這太荒謬了。」

王茂俊當時二十九歲，可能面臨至少五年監禁。他說：「我的審判安排在二〇二〇年七月。我心想：『現在是作決定的時候了。』你想成為人類還是奴隸？我決定流亡，但我和律師擔心我在審判前會被拘留，律師成功為我保釋。因此，我訂了一張回程機票，嘗試穿得像一名交換生。當時機場檢查不算嚴格，我才可以安全離開。二〇二〇年七月初，我抵達英國，並於同年九月申請庇護。一年後，二〇二一年九月二十九日，我確認以難民身分留在英國。」

太子港鐵站襲擊事件，是一件令人震驚的警察暴力行為。互聯網上的短片清楚顯示，警察在地鐵列車上毆打普通乘客，並使用催淚氣體，營造出極端恐怖的氛圍。每年香港人都會以哀悼的方式，紀念七二一元朗暴徒襲擊事件，和八三一太子港鐵站襲擊事件。

除記錄在案的警察暴力行為外，還有許多「未解之謎」。王茂俊指出：「很多人報告說，維多利亞港裡漂浮著身穿黑衣的屍體。」二〇一九年十一月八日，大學生周梓樂（Chow Tsz-lok）從王茂俊家附近的三層停車場墜樓身亡。儘管死因未明，但沒有確鑿證據，但王茂俊相信周梓樂是被警察推下樓的。

二〇一九年十月一日，一名警員首次使用實彈，在荃灣近距離射擊一名十八歲高中生。十一月十一日，警察在西灣河再次開槍，造成至少一名抗爭者受傷。同一天，另一名警察駕駛摩托車直接衝向一群抗爭者。

我必須承認的是，少數抗爭者也訴諸暴力。他們制作和投擲燃燒彈和發射彈弓，向警察投擲磚塊，破壞街道和縱火。二〇一九年七月一日，時值香港回歸中國二十二週年，數百名前線抗爭者衝進立法會，砸碎玻璃門，佔領立法會會議廳。他們在牆上噴灑反政府和支持民主的標語，塗污香港區徽。即使在這種極端的行動中，抗爭者們也有目標和紀律。他們明確表示破壞行為的目標是阻止政府通過引渡法案。正如韋安仕（Steve Vines）在他優秀的著作《逆天抗命：香港 vs. 世界上最大的獨裁政權》（Defying the Dragon: Hong Kong and the World 's Largest Dictatorship）中所言：「抗爭者張貼標語，告訴其他人不要損壞具有歷史價值的書籍，自動販賣機還匆匆貼上一張告示，寫著『我們不是小偷，我們不偷東西』，提醒示威者們未付款不可拿走任何東西。」[26]

即使有些抗爭者使用我絕對不能容忍的策略，但不難理解他們是如何走到這一步的。他們面對的是暴力、向和平抗爭者施放催淚氣體、噴胡椒噴霧和毆打和平抗爭者的警察部隊，和拒絕聆聽的政府。抗爭者在立法會噴繪的標語中，其中一條寫著：「是你教我和平遊行是沒用的」，另一條寫著：「沒有暴徒，只有暴政。」那是多麼令人心碎而可悲的事實。抗爭者已經到了絕望的地步，所有非暴力行動手段已經無效。人們也不應該低估打扮成煽動者的可能，他們或許已經滲透在抗爭運動中。

如果林鄭月娥聽取律師、商會和國際社會的意見，在二〇一九年三月、四月或五月就撤回逃犯條例草案，香港的情況可能大不相同。如果她聽取六月超過一百萬香港人和平遊行，表達訴求的話，這場運動可能已經散去。可惜的是，她拒絕讓步，直到事態發展到無可挽回的地步，一切為時已晚。

賀恩德（Andrew Heyn）告訴我：「當然，事情本可以處理得更好。如果林鄭月娥回頭看，她就知道自己把事情搞砸了。問題是，她花了很長時間才從『我是對的，無論如何我都要把這件事完成』的態度轉變為『我有點抱歉』，隨後才承認『把事情搞砸了』，導致局勢不斷升級。」

直到二〇一九年七月九日，也就是抗爭者衝擊立法會一周後，她才宣佈該法案「壽終正寢」，又過了三個月才正式「撤回」。到了秋天，反逃犯條例運動已經演變成一場民主運動，抗爭者提出「五大訴求，缺一不可」口號，包括完全「撤回」《逃犯條例》修訂草案；撤回「暴動」定性；釋放被捕者且撤回控罪；成立獨立調查委員會追究警隊涉嫌濫用武力的問題；普選行政長官和立法會議員的五大訴求。

到十月二十三日，政府「撤回」《逃犯條例》修訂草案，但不願在其他四項訴求向抗爭者妥協，因此進一步激化抗爭者，「光復香港，時代革命」隨之興起，並深入人心。六月初期的和平抗爭活動中，人們唱著基督教歌曲《向主唱哈利路亞》（Sing Hallelujah to the Lord），甚至唱著抗爭運動的聖歌《願榮光歸香港》（Glory to Hong Kong），但到了二〇一九年底，這些日子已一去不返。

社運人士劉祖廸（Finn Lau）創造「攬炒」口號「If We Burn, You Burn With Us」，他是一名流亡的特許測量師，後來涉足社運領域。劉祖廸告訴我，六月九日，當他看到數千人在中國大使館外抗議時，他問自己：「這是你能做的最好的事情嗎？」他希望「善用」世界各地數萬香港人的智慧，因此發起「為自由而戰，與香港同在」的運動（Fight for Freedom Stand With Hong Kong）。他的帖文在香港網站連登論壇（LIHKG）上瘋傳，並引起熱議。他眾籌了數百萬美元，用以在全球報紙廣告刊登香港社運訊息，動員世界各地香港人組織集會。

平安夜和新年前夜，警察的暴行變本加厲。居住在倫敦的社運人士凱瑟琳·李（Catherine

Li）於二〇一九年十二月返回香港，居港期間幾乎參加了所有抗爭活動。她經常自願充當「哨兵」，在警察到來時提醒抗爭者。

聖誕節前夕，抗爭者於晚上十一點在尖沙咀形成人鏈，封鎖彌敦道。凱瑟琳在新莫爾登的一家韓國餐館吃飯時告訴我：「身為一名哨兵，我必須設法阻止警察，讓前線人員能夠安全離開。那天晚上，水砲車來了，警察在打人。我身處一個無處可逃的地方，親眼目睹警察毆打示威者，發射超近距離的催淚氣體。我和一群陌生人一起慶祝平安夜，互相祝願『聖誕快樂』，周圍都是用過的催淚氣體罐。」

新年也是如此。凱瑟琳說：「除夕夜，我從尖沙咀步行到旺角，被大量胡椒噴霧包圍。一月一日，我們從維多利亞公園遊行到遮打花園，被圍困兩個半小時。我們開始組成人鏈，從銅鑼灣向灣仔的抗爭者傳遞物資。抗爭者形成傘牆防禦水砲車。最後我離開時，看到一把躺在地上的破傘，這是一個令人心酸的象徵。」

還有一次，凱瑟琳參加中環愛丁堡廣場舉行的集會，旨在提高對維吾爾人關注，這是面臨中共政權迫害的不同群體之間日益團結的跡象。她回憶道：「集會直到警察來之前都非常平靜。」

警察到場之後，催淚氣體、胡椒噴霧和橡膠子彈充斥整個會場。

造成香港混亂的責任完全落在林鄭月娥及其政府的肩上，特別是他們忽視了二〇一九年十一月二十四日的區議會選舉結果。

儘管日常抗爭活動和警察暴行導致社會混亂，但區議會選舉仍如期進行，警察仍圍困理工大學。選舉當天，香港人再次證明他們對民主的追求。如果有機會，香港人更願意在投票箱裡和平表達自己的意見。十一月二十四日，有三百萬人參加投票，約佔合格選民人數的百分之七十一。選民以壓倒性多數投票支持民主派，使其在十七個區議會中贏得絕大多數席位，總共贏得四百七十九個個席位中的三百八十八席，較之前增加三倍，主導除離島區議會外的十七區。親中陣營只得八十六個席位，只能利用當然席位制度，保留對離島區議會的控制權，這是建制派有史以來最大挫敗。前所未有的投票率證明，儘管大多數香港人不會容忍抗爭者的極端行為，但他們對政府抱持絕望的態度，所以支持公義和民主。

劉祖廸認為，這些選舉的結果表明「香港人渴望民主」的決心。阿爾頓勳爵領導了一個由競選組織「與香港同在（Stand With Hong Kong）」成立的國際選舉觀察團來監督區議會選舉。他認為這是令人興奮的經歷，這次選舉不僅只是區議會選舉，還是香港市民對北京統治香港的一次大型「公投」。他在一個人們只對金錢感興趣的地方，「見證」民主的崛起。儘管如此，他的心情很沉重，因為他知道北京不會容忍香港長期擁有民主制度。

前記者李家偉在屯門區議會意外擊敗親中的新民黨（由前保安局局長葉劉淑儀創立）候選人，他認為自己沒有機會，遂計劃幫助另一位候選人。當我們在倫敦南岸的一家餐廳見面時，他告訴我：「富新選區沒有人願意站出來，因為沒有人想與葉劉淑儀的學生競選。所以我想『如果我抓住這個機會呢？』我應該辭職參選，儘管我意識到沒有機會再從事新聞工作，但我問了一個問題：『如果現在不做，更待何時？如果我不做，誰做？』我獲勝後，葉劉淑儀來到選區，為選舉失敗向支持者道歉。她覺得很羞愧又憤怒地說我們是暴徒。事實上，我們只是選擇民主的人。然而，政府把我們的話當成耳邊風。」

區議會選舉為林鄭月娥提供打破僵局的機會。她本可以承認選舉結果，明白民眾對民主的渴望，將其作為對話的契機。她本可以與民主選舉產生，擁有民意授權的區議員合作，然而，她只顧著為落敗的親中議員創造「就業機會」，而忽視民選代表。正如李家偉告訴我的：「我們曾希望將香港變成一個更美好的地方，但我們很快發現無法在政府體制內做任何事情。政府開始限制區議會的權利，我們無法通過地區預算，去醫院權力受到限制，政府官員甚至不會與我們會面。」阿爾頓勳爵認為「林鄭月娥浪費這個千載難逢的機會，這對香港來說是一場悲劇。」

當選後兩年，區議員和香港所有公職人員被要求重新宣誓。這並非一般宣誓效忠國家的誓言，而是隱含著宣誓效忠中國共產黨的誓言。數十名區議員在宣誓前辭職，還有數十名區議員因沒有「真誠」地宣誓而被取消議員資格。李家偉甚至懶得辭職，於二〇二一年三月流亡英國。他告訴我：「到那年一月，很多朋友都被關進監獄了，我認為可能會因為自己所說的話，或我支持的人而面臨政治迫害。我確信自己很快會被捕，所以我決定離開香港。」他估計，直到二〇二二年初，已有近一百名區議員流亡海外，其中大部分人在英國。

到二〇二〇年初，抗爭運動開始放緩，一則因為運動至今產生疲憊、恐懼和創傷情緒，二則武漢新型病毒 COVID-19 出現，該病毒以毀滅性的大流行在世界各地傳播。與世界上大部分地方一樣，香港也實施冠狀病毒限制措施，從公共衛生角度來看，這可能是合理舉措，但成為當局壓制異議聲音的便利工具。

同時，北京在香港實行《國家安全法》，徹底摧毀香港的自由、自治、法治和在「一國兩制」

原則下做出的所有承諾。這項立法是世界上最危險、最嚴苛、最具壓制性的法律之一，其表決方式表明北京的意圖。北京並未通過香港特區政府在立法會推行該項法案，將香港自治的表象和「港人治港」的遮羞布徹底扯下來。《國家安全法》在北京全國人民代表大會上快速通過的，保密程度高且不具透明度。二〇二〇年五月二十日，全國人大以二千八百七十八票對一票表決通過，授權常委會制定《香港國家安全法》。據稱，就連林鄭月娥也是直到六月三十日才知道其細節和內容，並於七月一日起立即生效。

《國家安全法》詳細列明四項具體罪行：分裂國家、顛覆國家政權、恐怖主義和勾結外國政治勢力。雖然許多國家都為國家安全立法，防止恐怖主義，但其細則相對嚴謹。然而，《香港國家安全法》對上述罪行的定義極其模糊和寬廣。與外國記者交談、向外國政客宣傳或與外國社運人士溝通已犯下「勾結外國政治勢力罪」。根據第三十八條細則，該法律也適用於海外，換句話說，無論你犯罪時是否在香港，或無論你是否是香港居民，都不重要。世界上任何地方的人，都可能被視為違反《國家安全法》。二〇二一年三月，我與朋友共同創立和領導的組織「香港監察」成為第一個在外國註冊的非政府組織，它也受這項法律的管轄，我也成為首位被香港警務處和國家安全局針對的，對中國國家安全構成嚴重威脅的外國社運人士。

該法律對公民社會、政治反對派、獨立媒體、學術自由和基本言論自由造成災難性的影響。五十多個民間社會團體被解散，包括工會、政黨、人權團體、抗爭組織者和獨立媒體。自《國家安全法》在香港實施以來，已有超過一百五十人被捕，其中主要是泛民主派社運人士、政治家和記者。

在最大的單次大規模逮捕事件中，五十三名民主社運人士和政治家，包括幾名前立法會議員，因在二〇二一年夏天舉行立法會初選，以選出同年九月參選立法會的候選人而被捕，被控「煽動顛覆國家政權罪」。隨後，其中四十七人被起訴，在未經審判的情況下收押，至今一年有餘（直至二〇二二年為止）。泛民主派陣營亦於二〇二〇年十一月十一日被趕出立法會，選舉也以COVID-19為由推遲一年。

郭榮鏗是最早被取消資格的立法會議員之一。被除名前三天他就開始聽到傳聞，並「做好充分的心理準備」。作為公民黨的創黨成員，沒有議員比擔任立法會內務委員會副主席的郭氏更溫和、理性的泛民主派人士了。他使用拉布阻撓議事的做法尤其令北京惱怒。

他告訴我：「在不公平的選舉制度下，儘管泛民主派一直獲得多數香港市民支持，但我們在立法會內仍是少數派。我們只能利用立法會一切議事規則和程序，阻止嚴重違反香港人權和法治的嚴苛法條通過，包括《基本法》第二十三條、《國安法》和備受爭議的《國歌法》。《國歌法》將任何場合奏國歌時，表現出『不尊重』行為的人定罪。這就是我們所做的一切。從某種意義上說，我們迫使中國共產黨暴露其無法信守諾言，或履行條約承諾的真實面目。」

除郭榮鏗外，其他三名立法會議員楊岳橋、郭家麒和梁頌恆，也被取消議員資格，其後，十五名泛民主派立法會議員集體辭職以示抗議。郭榮鏗說：「我告訴傳媒，如果為民主、法治和人權而奮鬥導致被取消資格，那是一種榮譽而非恥辱。」整個泛民主派陣營撤出立法會，使立法會失去最後一點可信度。一年後，在新的選舉制度下，北京設立一個完全由忠誠黨羽主宰的傀儡議會。該制度實際上禁止民主派候選人競選席位，立法會完全由建制派主導，成為北京的「橡皮圖章」。立法會監察、問責與代議功能完全滅亡，高透明度的議事年代已一去不復返。

郭榮鏗事後認為像他這樣的溫和泛民主派人士「太天真了」。他指出香港人「並不愚蠢」，但他們「太務實」，又「太願意遵守北京的法令」。人們雖一直高度懷疑北京是否信守承諾，但他們更害怕激怒北京。

許智峯是十五位辭職的泛民主派議員之一。許智峯告訴我：「以前也有取消議員資格的情況，但這是北京第一次沒有經過任何正式程序，而是通過法令取消民選議員的資格。我們在同事被取消議員資格後，意識到繼續留在立法會沒有意義。我們知道如果不服從北京，我們每個人都會被取消議員資格，所以決定一起辭職。」

許智峯因參與抗爭活動，和在立法會會議廳的抗議行為而面臨刑事指控。他告訴我：「雖然上述罪名沒有《國家安全法》那麼嚴重，若罪名成立，我確實會被監禁五年甚至十年。警方就三宗案件，指控我干犯九項罪名。」儘管許智峯不再擔任立法會議員，但繼續擔任區議員，他以「執行公務」為由，說服法庭允許他保留護照，給他一條「生路」。二〇二〇年十二月一日，許智峯以「與丹麥議員就環境問題舉行會議」為由出訪丹麥，安全離開香港後，他宣佈不再回港。

香港和北京當局非常憤怒。應政權的要求，滙豐銀行凍結許智峯及其家人的銀行賬戶，北京則威脅幫助他的丹麥政界和社運人士。然而，滙豐銀行出乎意料地在六小時後解凍了許智峯的賬戶，雖然只有很短時間，但已足以讓他們將資金轉移到海外。隨後，上述賬戶重新被凍結，並一直持續至今。許智峯說：「我正在尋找合法途徑，訴諸法律程序，好讓我拿回餘下的錢。」

許智峯從丹麥前往英國。聖誕節前夕，他到達英國一兩週後，我在倫敦南岸的一家咖啡館見到他。三個月後，他和家人又搬到澳洲投奔親友。就在他啟程前往澳洲前，我們在美麗的里奇蒙公園散步，在那裡我們觀察了鹿群，討論世界各地的人權與自由事件，他送給我寫的書法作為臨別禮物。

儘管離開香港很痛苦，但許智峯仍慶幸自己在許多前同事和朋友被捕的情況下安全離港。他告訴我：「我參加二〇二〇年七月的立法會初選，並高票當選，如果我沒有離開香港，現在肯定會被捕。儘管北京中聯辦警告初選可能違反《國家安全法》，但我們不以為然，覺得那只是一次初選。現在，我所有的同事都因此入獄，保釋被拒絕。我沒想到中共政權會走到這一步。我想這是為甚麼這麼多前候選人和初選參與者沒有流亡的原因。鎮壓來得太突然了。他們是我一生的朋友，是我最親密的戰友，我因他們入獄而心碎。」

許智峯並不是唯一以戲劇化方式離開香港的香港人。二〇二〇年八月，十二名面臨國家安全法指控的香港社運人士試圖乘坐一艘搖搖欲墜的快艇逃往台灣，包括年輕的民主社運人士李宇軒（Andy Li），他曾在區議會選舉時協助「國際選舉觀察」。其他乘坐快艇的人「九死一生」地抵達台灣，但十二人就沒那麼幸運，他們在中國水域被中國警方攔截和逮捕，指控他們非法越境，將他們關押在深圳附近的監獄。十二人中，其中兩名未成年的人在四個月後被釋放，李宇軒和其他七人被關押七個月，另外兩人分別被判處兩年和三年有期徒刑，被遣返香港的人則在香港再次被捕，又因參與二〇一九年抗爭活動和違反《國家安全法》面臨各種指控。

自港版《國安法》實施以來，香港發生的事情就像馬丁・尼莫勒牧師（Friedrich Gustav Emil Martin Niemöller）在活生生地詮釋他的小詩《當納粹逮捕共產黨人的時候》（又名《懺悔詩》）

當納粹逮捕社民黨人的時候，
我保持沉默，
我又不是社民黨人；

當他們關押工會成員的時候，
我保持沉默，
我又不是工會成員；

當他們逮捕猶太人的時候，
我保持沉默，
我又不是猶太人；

當他們逮捕我的時候，
已經沒有人能為我發聲了。

在香港，中共政權首先針對抗爭者，然後針對民主派立法者、民間社會團體和工會會員，再威脅大學的學術自由，隨後將獨立新聞媒體「滅聲」。他們的下一個目標可能是宗教自由，這已經有跡可循，我們很快就會談到這個問題。但現在，讓我們談談香港新聞自由的瓦解。

近年來，香港的媒體自由幾乎徹底分崩離析。自《國安法》實施以來，幾乎所有獨立新聞媒體都被迫關閉。截至撰寫本文時，至少有二十名媒體工作者被捕，十二人在監獄等待審判。公共服務廣播公司香港電台已經失去所有編輯獨立性，並從備受市民喜愛的香港「BBC」變成北京的政治宣傳機構。至少十二個項目被砍掉，大部分存檔和 Twitter（X）記錄被刪除，主要記者要麼被解僱，要麼已辭職。二〇二一年，新任廣播總監李百全（Patrick Li）上任，他是一名並未具備媒體經驗的高級公務員。據在香港生活三十五年的資深廣播員韋安仕（Stephen Vines）所言，李百全獨斷專橫的方式來領導香港電台。韋安仕在聖奧爾本的新家附近一家咖啡館裡告訴我：「每一個節目都不會諮詢或聽取我們的意見，我們只會被告知『總監已經做了決定』。此外，每一個項目提案都必須得到管理層的批准。他設下多條紅線，卻從來沒有被闡明紅線的範圍。香港電台淪為中央電視台式的政治宣傳工具。」[27]

中共鎮壓香港新聞自由過程中，最戲劇化的場景是香港最大的民主派中文報紙《蘋果日報》停刊時。一九九五年，傑出企業家和民主運動人士黎智英在巨大的壓力下創立《蘋果日報》。多年來，該報因「獨立媒體」立場極受北京當局關注和厭惡。《蘋果日報》頂住廣告抵制帶來的財務壓力，和來自親中暴徒的騷擾、恐嚇和暴力，卻不敵政治強壓。二〇二〇年八月，警察突襲《蘋果日報》新聞編輯室，一百名警察強制搜查黎智英住處，讓他戴上手銬，在傳媒面前「遊街示眾」，同時逮捕《蘋果日報》其他五名高級管理人員。黎智英在四十八小時內獲釋放，發誓會繼續發行《蘋果日報》，《蘋果日報》的公眾支持度隨之飆升，人們凌晨排隊購買，人們在清晨排隊購買報紙的情景屢見不鮮，其股價也上漲了超過十倍。

《蘋果日報》的「死亡日」最終來到時，五百五十名警察突襲新聞編輯室，逮捕公司高層管理人員和總編輯羅偉光（Ryan Law）等人，這對我個人來說是個令人心碎的消息。大約一年前，儘管《國家安全法》出台，《蘋果日報》仍邀請我為該報英文版撰寫每週評論專欄。儘管我確實很擔心他們的處境，但我還是很高興接受了，編輯們知道其中風險，並想挑戰極限。他們告訴我，我可以寫任何想寫的話題，而且沒有字數限制，唯一要求是所刊登的文章必須與香港或該地區事務相關。這是我寫過的唯一一份從未對我的文章進行過編輯、審查或限制的出版物。一年來，每逢星期三晚上，我都會撰寫我的每週專欄，並將之電郵給編輯，我的專欄逢週五刊登，風雨無阻，直至二〇二一年六月十六日。

那天晚上，我像往常一樣寫文章，傳送電郵給編輯。第二天早上醒來，打開手機和筆記本電腦，看到警察突襲《蘋果日報》總部的消息。我立即聯絡我的編輯，確認他們是否安全，收到「我很好，正在家工作，一切照常」的回覆。二〇二〇年八月警察上次突《蘋果日報》總部時，我收到相同的回覆。

然而，我的文章隨後未刊登在週五的《蘋果日報》上，所以我溫和而謹慎地向編輯詢問他們的安排。去年八月，我問他們是否要我停止寫作，他們堅持讓我繼續為他們寫作。這次，他們回覆說，可能需要休息幾週，他們可以為我本週的文章找另一個平台發表。我完全明白當下的狀況。幾天後，《蘋果日報》宣佈關閉包括其網站和存檔在內的所有平台。

香港當局仍然凍結《蘋果日報》的銀行帳戶，儘管《蘋果日報》的員工有著非凡的勇氣和決心，儘管銀行裡有四億港元存款和六十萬名付費訂戶，足以使《蘋果日報》繼續印刷至少十八個月，他們也沒有無法支付薪水、租金和其他帳單支出。但正如母公司壹傳媒（Next Digital）董事、《南華早報》前編輯馬克・克利福德（Mark Clifford）告訴所說：「我們的業務被凍結了。」黎智英（Jimmy Lai）現年七十四歲，目前正在監獄服刑，並因數項控罪等待審判，他很可能在監獄中度過餘生。此外，至少有七名《蘋果日報》前員工入獄。我密切關注《蘋果日報》工作人員的情況。六月二十三日，《蘋果日報》的最後一晚，數百名公眾聚集在《蘋果日報》辦公室外，互相閃爍著手機燈以示聲援。《蘋果日報》最終版於二〇二一年六月二十四日出版，我很榮幸能在其上發表文章。報紙的最後一版放在我的書櫃上，提醒人們，儘管它被政權「殺掉」，但精神長存。

六個月後，最後一家民主媒體《立場新聞》（Stand News）遭到二百名警察突擊搜查。該公司資產被凍結，包括代理總編輯林紹桐，已辭職的兩名前董事會成員著名律師吳靄儀（英籍）和流行歌手何韻詩（加拿大籍）在內的七人被捕。

《立場新聞》宣佈立即停業，二〇二二年一月三日，《眾新聞》也決定停刊。我身為一名剛從大學畢業的年輕記者，開始自己的職業生涯時，香港是亞洲其中一個最具活力的媒體中心，如今變成一個充滿審查與自我審查，新聞自由幾乎為零的地方。香港外國記者會（Foreign

Correspondents' Club of Hong Kong）、無國界記者組織、第十九條（Article 19）、保護記者委員會和國際記者聯盟等組織也發表多份聲明，譴責政權侵犯新聞自由，但無濟於事。在二〇二二年新聞自由指數中，無國界記者將香港排在全球一百八十個國家中的第一百四十八位，較二〇二一年的第八十位，和我二〇〇二年離開這座城市時的第十八位大幅下滑。[28]

香港警方對新聞自由的打壓有時是充滿暴力和危險的，有時是複雜的。他們採取的手段包括突襲新聞編輯室、向記者噴灑催淚氣體、限制查閱公共記錄，和停發外國記者簽證。它讓香港的新聞朝一個「奇幻」的領域邁進。當我為《香港監察》撰寫一篇題為《槍林彈雨：香港的媒體自由》（In the Firing Line: The Crackdown on Media Freedom in Hong Kong）的報導時，前無線電視新聞節目主持人王俊彥（Chris Wong）在我家裡吃晚飯時，向我講述他遭受審查的經歷，讓我懷疑自己是聽錯，或是還是產生幻覺。二〇一九年十一月，民主派區議員趙家賢（Andrew Chiu）在太古城遭到襲擊，他的耳朵在襲擊過程中被咬掉了。此事件被照片和影片清晰地記錄下來。隨後，王俊彥收到了一份晚間新聞的講稿，裡面的故事與真實相去甚遠。他告訴我：「編輯提供的『劇本』時趙家賢的耳朵不知何故自然脫落。不是被咬了一口，而是耳朵不知何故就直接掉到了地上。編輯們不想報導親中『藍絲』[29]的暴力行為。」[30]我不確定是應該嘲笑這種荒謬，還是應該為這大膽哭泣，還是對這種野蠻行徑感到噁心。我同時感受到這三種情緒。

隨著香港媒體自由近乎消亡，更廣泛的藝術領域也受到影響。凱瑟琳・李（Catherine Li）表示：「即使在藝術領域，暗示反政府的政治傾向，可能會導致警告或逮捕。」黃耀明和何韻詩等民主派歌手被捕，電影放映會、展覽和藝術演出被關閉，映射政府的書本和漫畫也被香港公共圖書館下架。凱瑟琳是一位充滿激情的年輕演員，歌手暨模特兒，她告訴我：「現在從事藝術行業風險很大。藝術和音樂拯救了我，我們可以利用藝術的軟性力量繼續抗爭，保存我們的文化，但在香港，表演者必須保持低調，絕口不提自己的政治觀點和立場，直至他們離開香港。」

宗教顯然是政權下一個目標。正如聖經不知道哪一章所說，鍘刀在過去兩年裡一直懸在宗教人士的頭上。二〇二二年五月，九十歲的陳日君樞機主教被捕，震驚香港天主教會。現在看來，暴風雨即將來臨。

當然，「司法獨立」是香港自由社會的另一支柱。郭榮鏗認為香港已經沒有「司法獨立」。法官和所有公務員一樣，現在必須宣誓效忠北京。郭榮鏗指出：「政權以『違反誓言』為由輕易罷免法官，將宣誓制度變成對付反對派的『武器』。《人民日報》刊登判決時，說司法機構仍然獨立，是極其荒謬的說法。法官們頭上都被一把上了膛的槍指著，判詞已明確地寫在牆上。如果他們被解僱，他們必須償還數百萬美元的工資，失去退休金。他們將面臨財務和職業生涯雙重崩潰。即使還有一些勇敢的人，但顯示整個司法系統名存實亡。」

二〇一五年一月，雨傘運動後，一群律師成立了「法政匯思」支持民主運動。教師、醫生、會計師和保險專業人士也成立類似的專業團體。正如「法政匯思」前成員所說：「我們之所以成立這個組織，是因為現有的大律師公會和香港律師會，無法代表法律界對民主和人權的看法。」除了二〇一八年至二〇二一年擔任律師協會主席，直言不諱的人權捍衛者戴啟思（Philip Dykes）和二〇二一年至二〇二二年擔任律師協會主席的夏博義（Paul Harris）之外，大律師公會和香港律師會均屬保守派，是建制派律師的「領域」。二〇二二年三月，夏博義因涉嫌違反國安法被香港警務處傳喚訊問，並於當晚離開香港返回英國。

「法政匯思」發表年度報告和定期分析，並向媒體提供評論，發起反對壓制法律的運動，例如反對西九龍鐵路總站的「一地兩檢」安排、反《版權法》、反《逃犯條例》和反《國家安全法》等。此外，他們還為二〇一九年運動中被捕的抗爭者提供律師代表。一位代表多名示威者的律師表示：「當事人被捕時，我們總是很擔心自己能否準時到達警察局，如果我們不在，警察往往會設法逼取口供。」警察會警告被捕者不要相信他們的律師，或者在律師和委託人談話時把門打開，以便偷聽他們的談話。他回憶道：「我們不允許在警察局拍照，這是為了防止我們拍到當事人的傷勢。」然而，在一些特殊情況下，一些警察甚至檢察官明確表示支持該運動：「有時他們隱晦地表達支持，讓律師的工作變得稍為容易，有時他們又會明示自己的立場。所以律師不能總是假設每個人都站在你的對立面，我們可以在雙方第一次互動中，大概知道他們的取態。」

「法政匯思」前成員告訴我，今天的香港是一個「警察國家」，在法律制度上也是一個「雙重國家」。他相信，香港將會與中國大陸的的法律職業變得越來越相似：「香港現有法律仍然運作良好，但現在有一項更高的法律凌駕於香港憲法之上。目前《商業法》和《普通刑法》仍然存在，但對於敏感的政治案件，突然出現一套由政府和《國家安全法》決定的全新規則。過去奉行『無罪推定』原則，被告可以申請保釋，但如今的政治案件中，保釋變得非常困難。仍然會有一些非常熱心，而且勇敢的律師準備挑戰這個制度。但對大多數人來說，他們的選擇就是要麼閉嘴，要麼滾蛋。」這就是時任英國外交大臣卓慧思（Liz Truss）、副首相兼司法大臣藍韜文（Dominic Raab）和最高法院院長韋彥德勳爵（Lord Reed）在二〇二二年三月，決定撤回讓英國在職法官擔任香港終審法院「非常任」法官的原因。這個決定絕對正確，因為正如卓慧思所說，他們「不再站得住腳」，可能導致中共政權的壓迫「合法化」。[31] 加拿大和澳洲法官和退休的英國法官決定繼續留任，實在令人失望。

二〇一五年，一部關於香港未來的反烏托邦電影《十年》（Ten Years）上映，它預測香港未來可能發生的大部分事情。但誰也料到，在電影上映後的十年內，一半的劇情就變成現實。

那麼未來會怎麼樣呢？鄺頌晴（Kwong Chung-Ching）說：「我不抱希望，因為激勵我的從來都不是希望，如果是希望，我早就放棄了。讓我和其他社運人士繼續前進的是『我所做之事是正確的』。在二〇一四年的雨傘運動中，社運人士中有一句話：『我們不是因為看到希望才堅持，而是因為堅持才看到希望』，也激勵了我。」

許智峯很現實地認為，香港在不久將來，十年內都不會回到原來的樣子，因為所有制度都已經崩潰。但他認為長遠而言不應該悲觀：「令人驚訝的是，有這麼多人被這場運動喚醒了。他們感覺自己已經『睡』了幾十年，不知道自己受到迫害，但現在他們知道了，他們再也不會『睡』了。現在香港的每個人都知道催淚氣體的滋味，這是他們永遠不會忘記或原諒的氣味。我非常有信心，儘管他們現在幾乎沒有反擊的空間，但自由民主的種子已深深地植根在他們心裡。香港人只是在等待『種子』再一次生根發芽，破土而出的時機。」

羅冠聰和周永康同樣以「嚴峻」描述香港的短期未來。但羅冠聰認為，隨著中國的主導地位開始下降，世界變得更加警覺，北京將面臨日益嚴重的「管治危機」，這可能會導致革命。與此同時，越來越多海外香港人面臨如何在流亡保護身份和文化，繼續抗爭的雙重挑戰。對周永康來說，香港的抗爭是全球民主抗爭的一部分：「為香港而戰，亦是為世界而戰。」

相比之下，劉祖廸則「相當樂觀」。他告訴我，在二〇一九年運動之前，許多香港人似乎忘記我們的文化和歷史，他們週末傾向去深圳和說普通話。他說，現在香港人正在「覺醒」，他們有決心對抗中國共產黨政權。

正如凱瑟琳所言：「香港人有非凡的適應能力，也懂得隨機應變，最終會為我們贏得勝利。我們的口號『如水』（Be Water）就體現了這一點。」

凱瑟琳一直以匿名參與抗爭活動，直到二〇二一年底，在她的日記中，講述了她「自我割裂」的心路經歷，這可能代表了許多抗爭者的心聲。她在二〇二〇年三月寫道：

親愛的日記，

我無法與不同的自我建立聯繫。更具體來說，我無法接受擁有兩個不同的身份。我不得不寫下今天的感受，因為我擔心如果不把它記下來，它們就會變成僅存於腦海中的情感。

目前我有兩個名字。一個以字母C開頭，一個以J開頭。前者（C）是我的真名，印在我的身份證上，從出生起我就一直很喜歡這個名字，我一生都愛這個名字。它是身份和性格的一部分，我所有社交媒體賬號都與C這個名字相關。直到去年夏天，我從來沒有想過會得到一個新名字。以另一個字母「J」開頭的名字，現在是我的另一個自我，是我因為香港民主運動而生的另一個「我」。

這場運動始於香港政府試圖推動逃犯條例草案，這可能導致任何嫌疑人被送往中國大陸受審。早在一九八四年英國和中國簽署的《中英聯合聲明》就承諾，香港公民在一九九七年回歸後，享有高度自治和自由，並維持五十年不變。隨著香港人開始意識到政府從未聽取民意，決心爭取普選，最終演變為一場民主運動。運動持續八個多月，警察過度使用暴力，數千名抗爭者被捕，香港人的憤怒日益加深。

如果你敢說一些反對中國政府的話，政府可能會追捕你，讓你用某些不愉快的方式閉嘴。這就是為甚麼我需要一個新名字，我不想讓人們知道我是這場運動的一部分。這樣想真的很可悲，因為香港人至少到二〇四七年都應該享有言論自由。我受到的教育是每個人都應該享有基本人權和自由，這促使我以不同的身份參與這場運動來保護自己。

這個新名字改變了我的生活。我覺得自己每天都分裂成兩個截然不同的角色，有時是C，有時是J。當我稱自己為「C」時，我覺得我就是個普通女生，遵循家人的期望，並且總是遠離政治，因為這些都與我無關。雨傘運動發生時，我並不太關心這件事，部分原因是我覺得政治與我無關，而且我還不夠成熟去理解當時發生的一切，而我的父母一直給我洗腦，告訴我應該專注於賺更多的錢。當我稱自己為「J」時，我是與一群和我一樣關心這場運動的香港人一起，無償地幫助香港的人。我被派去遊說議會的決策者，我為香港組織集會，我從來沒想過有能力做這麼多事情。我不知道我的隊友的真實姓名，但我見到他們的次數比家人和朋友還要多。於是，我就對「J」這個名字產生了依戀。說起來有點可笑，但從某種意義上來說，「J」更像是我。同時，在家人面前，我是「C」，一個遠離政治的純真女孩。他們對「J」或我的秘密一無所知。

有時我真的很困惑，我是誰？當我為本應屬於我們的東西而奮鬥時，為甚麼必需創造一個新的身份？我甚麼時候才能告訴大家真相？我雖然很享受做「J」，但仍然想以「C」的名義做「J」正在做的事。

我想，「C」與「J」的「鬥爭」，將持續到我們贏得勝利的那一天。而在那之前，我將只是「J」

真摯的「J」

現在，香港幾乎所有的民主社運人士都身陷囹圄，要麼羈押候審，要麼流亡海外。我與香港的朋友幾乎失去聯絡，因為他們不是在監獄裡，就是低調行事，我不想讓他們陷入危險。黎智英可能會在監獄中度過餘生，黃之鋒將被監禁多年，而李柱銘和吳靄儀則因緩刑而被迫保持沉默。

二〇二二年，李家超被中國政府「直接任命」為香港新任行政長官，這象徵著：香港從「亞洲國際都會」向「亞洲警察國家」的轉變。李的整個職業生涯都與警察工作相關，加入政府之前，他當了三十五年的警察，曾擔任前行政長官梁振英任內的保安局副局長，和林鄭月娥任內的保安局局長。

李在二〇一四年的雨傘運動和二〇一九年的抗爭活動中，統轄警察的暴力行為，積極推動《逃犯條例草案》，熱烈擁護《國家安全法》。在二〇二一年六月晉升為政務司司長（林鄭月娥班子的二把手）之前，他唯一的政府經歷就是將人關起來，向他們噴催淚氣體和胡椒噴霧，縱容警察毆打示威者、掩蓋強姦案和允許警察施暴不受懲罰。他沒有金融、經濟、醫療政策、教育、房屋、基礎設施、交通、福利、憲法事務或國際關係方面的經驗，他只是一個惡棍，而不是領袖。這正是北京選擇他的原因。

他在沒有反對派競爭的情況下當選，這個事實是香港極權主義的象徵。現在，連習近平都不再假裝了。

看到這種情況發生在曾經是一個亞洲最自由開放的城市，也是我身為記者和人權工作者生涯開端的地方，令人心碎又憤怒。

有一天，我相信我會回到自由的香港。更重要的是，有一天，羅冠聰、周永康、邵嵐、郭榮鏗、許智峯、黃台仰、鄺頌晴、王茂俊、劉祖廸、凱瑟琳、Roy 陳、李家偉，和所有其他被納入本章故事的香港人能夠回家。這個願景只有當這座城市，和整個中國都自由時，才可能實現。

註釋

1 *Hong Kong Free Press*, "'A Death Knell for Rule of Law and Human Rights': 25 Int'l Figures Condemn Jailing of Hong Kong Democracy Activists," 18 August 2017, https://hongkongfp.com/2017/08/18/death-knell-rule-law-human-rights-16-intl-figures-condemn-jailing-democratic-activists/.

2 Joshua Wong, *Unfree Speech: The Threat to Global Democracy And Why We Must Act, Now* (Penguin Random House, 2020), p. 243.

3 Ibid., p. 247.

4 Chris Patten, "What China Promised Hong Kong," *Washington Post,* 3 October 2014, https://www.washingtonpost.com/opinions/chris-patten-with- hong-kong-chinas-honor-is-at-stake/2014/10/02/ebc4e9b2-4a5f-11e4-a046- 120a8a855cca_story.html.

5 House of Commons Select Committee on Foreign Affairs, Tenth Report, Hong Kong, 2000, https://publications.parliament.uk/pa/cm199900/cmselect/ cmfaff/574/57402.htm.

6 Mark Clifford, *Today Hong Kong, Tomorrow the World* (St. Martin's Press, 2022), p. 21.

7 BBC, "Hong Kong Democracy 'Referendum' Draws Nearly 800,000," 30 June 2014, https://www.bbc.co.uk/news/world-asia-china-28076566.

8 *Financial Times*, "Hong Kong Democracy Activists Vent Their Anger against Beijing," 1 September 2014, https://www.ft.com/content/e57acc96-30e9- 11e4-b2fd-00144feabdc0.

9 Martin Lee, "Who Will Stand with Hong Kong?," *New York Times*, 3 October 2014, https://www.nytimes.com/2014/10/04/opinion/martin-lee-hong-kongs- great-test.html.

10 Alan Wong, "Lawyers Defend Hong Kong Rule of Law in Show of Unity against Beijing," *New York Times*, 27 June 2014, https://sinosphere.blogs. nytimes.com/2014/06/27/lawyers-defend-hong-kong-rule-of-law-in-show- of-unity-against-beijing/.

11 *Wall Street Journal*, "A Hong Kong Judge's Warning," 21 April 2016, https:// www.wsj.com/articles/a-hong-kong-judges-warning-1461280717.

12 Benedict Rogers, "The Sinister Aftermath of the Hong Kong Crackdown," Conservativehome.com, 6 January 2015, https://www.conservativehome.com/ thecolumnists/2015/01/benedict-rogers-the-sinister-aftermath-of-the-hong- kong-crackdown.html.

13 *South China Morning Post* "Gloomy Verdict: Hong Kong Appeal Judge Says Courts Face 'Grave Challenges' in Years Ahead," 18 April 2016, https://www. scmp.com/news/hong-kong/article/1936964/gloomy-verdict-hong-kong- appeal-judge-says-courts-face-grave.

14 Gov.uk, "Six-Monthly Report on Hong Kong, July to December 2015," 11 February 2016, https://www.gov.uk/government/publications/six-monthly- report-on-hong-kong-july-to-december-2015.

15 The Conservative Party Human Rights Commission, *The Darkness Deepens: The Crackdown on Human Rights in China 2016–2020*, 2021, https://conservativepartyhumanrightscommission.co.uk/wp-content/ uploads/2021/01/CPHRC-China-Report.pdf.

16 Ibid.

17 Hong Kong Watch, "In the Firing Line: The Crackdown on Media Freedom in Hong Kong," 2022, p. 9, www.hongkongwatch.org.

18 Ibid., p. 10.

19 *Hong Kong Free Press*, "Hong Kong Riot Police Target Journalists during Sunday Unrest as Reporter Shot in the Eye with Projectile," 30 September 2019, https://hongkongfp.com/2019/09/30/hong-kong-riot-police-target- journalists-sunday-unrest-reporter-shot-eye-projectile/.

20 Dr. Darren Mann, "International Humanitarian Norms Are Violated in Hong Kong," *Lancet*, 21 November 2019, https://www.thelancet.com/journals/lancet/ article/PIIS0140-6736(19)32909-5/fulltext.

21 The Conservative Party Human Rights Commission, *The Darkness Deepens: The Crackdown on Human Rights in China*

2016–2020, 2021, https:// conservativepartyhumanrightscommission.co.uk/.

22 Mandates of the Special Rapporteur on the Right of Everyone to the Enjoyment of the Highest Attainable Standard of Physical and Mental Health; the Working Group on Arbitrary Detention; the Special Rapporteur on the Rights to Freedom of Peaceful Assembly and of Association and the Special Rapporteur on the Right to Privacy, 19 February 2020, https://spcommreports.ohchr.org/TMResultsBase/DownLoadPublicCommunicationFile?gId=25054.

23 Mandates of the Special Rapporteur on the Implications for Human Rights of the Environmentally Sound Management and Disposal of Hazardous Substances and Wastes and the Special Rapporteur on the Rights to Freedom of Peaceful Assembly and Association, 29 January 2020, https://spcommreports.ohchr.org/TMResultsBase/ DownLoadPublicCommunicationFile?gId=25048.

24 The Conservative Party Human Rights Commission, *The Darkness Deepens: The Crackdown on Human Rights in China 2016–2020*, 2021, https://conservativepartyhumanrightscommission.co.uk/.

25 Ibid.

26 Stephen Vines, *Defying the Dragon: Hong Kong and the World's Largest Dictatorship* (C. Hurst & Co., 2021), p. 136.

27 Hong Kong Watch, "In the Firing Line: The Crackdown on Media Freedom in Hong Kong," 2022, p. 15, www.hongkongwatch.org.

28 Reporters Without Borders, Press Freedom Index 2022, https://rsf.org/en/country/hong-kong.

29 泛指香港政府和建制派議員的支持者

30 Ibid.

31 "Foreign Secretary Supports the Withdrawal of Serving UK Judges from the Hong Kong Court of Final Appeal," 30 March 2022, https://www.gov.uk/ government/news/foreign-secretary-supports-the-withdrawal-of-serving-uk- judges-from-the-hong-kong-court-of-final-appeal.

第九章

台海爭議：世界捍衛台灣的理由

二〇一九年三月，我抵達台北，是距離上一次在台灣訪友後，睽違二十多年，再次踏上這座島嶼。走在台北桃園國際機場，看著中文指示牌，聽著國語公告，喜悅和感動油然而生，回到華文語境的感覺真好！這片被自由和民主包圍，崇尚人權的土地欣然接受我的到訪。此時距離我被拒入境香港將近十八個月，但在台灣，我可以自由會見政府部長和官員、國會議員、社運人士和記者。

我應邀出席由台灣民主基金會組織和主辦，美國國際宗教自由無任所大使薩姆．布朗巴克（Sam Brownback）發起的宗教自由會議。他們聯合宗教和民間社會的力量，在世界不同地區舉行「圓桌會議」，旨在應對宗教與信仰自由等在《世界人權宣言》第十八條明文規定的基本人權，遭受嚴重侵犯的情況。

時任台灣總統蔡英文在會議開幕典禮上發表主題演講，外交部副部長徐思儉也在會議上致辭和舉辦招待會，表明台灣願意「領軍」捍衛人權和民主。蔡總統頌揚人權和自由的美德，擲地有聲。[1] 她認為宗教自由尤為重要，既意味著國家不會試圖控制宗教組織，也彰顯政府願意創造一個寬容博愛，尊重少數群體和多樣性的環境。正是這一點讓我們這些珍視自由的人走到了一起。她說：「我們不會因為信仰差異而分開，而是基於『求同存異』的原則連結在一起。無論是信徒還是非信徒，都可以共同努力，以應對二十一世紀的挑戰。宗教自由已經成為民主生活方式的核心。」

蔡總統的演講彰顯她對民主自由的立場，她認為「任何人都可以書寫台灣故事」。那麼海峽對岸又如何呢？蔡總統指出「在人權和民主價值觀受到壓制的國家，政府歧視和暴力對待那些只想追隨自己信仰的人。」在這些國家，宗教組織遭到迫害，雕像和聖像被毀壞，領袖被迫流亡，人們被關進再教育營，被迫違背宗教禁忌。台灣知道權利被剝奪，身分被抹煞以及生活方式遭受挑戰的痛苦。因此，台灣選擇與那些被獨裁政權壓迫，和被剝奪宗教權利的人站在一起。」

此外，蔡英文總統還與布朗巴克大使進行一次私人會談，這是台灣捍衛自由民主的一大步。幾天前，布朗巴克大使在香港發表一次振聾發聵的演講（在前面的章節中已經提到），他在演講中指責中國的獨裁統治是「與信仰的交戰」，也是「一場永遠不會勝利的戰爭。」他質問中國共產黨到底在害怕甚麼？為甚麼不能相信擁有《聖經》的人民？為甚麼維吾爾兒童不能被命名為穆罕默德？為甚麼藏人不能像一千多年來那樣，自主選擇和崇拜宗教領袖？兩人會晤後，蔡總統宣佈將任命布興・大立（Pusin Tali）博士為國際宗教自由特使，並在五年內向國際宗教自由基金捐贈一百萬美元。[2]

會議結束後，我與多位官員會面，討論香港和中國的人權問題。外交部邀請我在中國人權問題官員和專家聚會上演講，我們為此討論近兩個小時。台灣國際廣播電台和民間全民電視台採訪了我，這次訪談將在中國大陸的十個不同的電台頻道，向數百萬聽眾廣播。台灣國際廣播電台問我，中國大陸和台灣有甚麼區別？我的答案相當簡短：「中國正在經歷文革以來最嚴重的宗教鎮壓，而台灣正在舉辦宗教自由會議，並任命一名宗教自由特使。這是白天和黑夜的區別。」採訪者追問如果中國是「黑夜」，台灣是「白天」，那麼香港是甚麼？我回答他們香港是「黃昏」。事後看來，這或許過於樂觀。

那次訪問期間，我有幸在台北見到台灣社運人士李明哲的妻子李淨瑜。她一年前訪問倫敦，希望喚起人們對李明哲的關注，我在那時見過她。就在我訪問台灣前一個月，她作為國會議員克里斯．史密斯（Chris Smith）的座上賓，坐在觀眾席上聆聽唐納德．特朗普（Donald Trump）總統的國情咨文演講。

當我們在台北一家餐館見面時，她用鋼鐵般莊嚴堅定的眼神注視著我，告訴我：「即使在監獄裡，我的丈夫也是一名社運人士，他希望世界為人權大聲疾呼，不僅是為了他的自由，也是為了中國所有的良心犯的自由。我最後一次見到他時，他囑咐我，把他的訴求告訴每個人。」

李明哲於二〇一七年三月從澳門進入中國大陸時被捕。他失蹤十天後，中國宣佈他因涉嫌「危害國家安全」而被拘留。在往後的一百七十七天裡，直到李明哲於二〇一七年九月日受審，李淨瑜沒有得到任何關於丈夫的消息。據稱，李明哲承認「傳播惡意攻擊和誹謗中國政府的文章和評論」，試圖「煽動顛覆國家政權」。據信，他的電視認罪過程就像許多人一樣，是在中共政權脅迫下完成的。二〇一七年十一月，他以「顛覆國家政權罪」被判處五年有期徒刑，隨後於二〇二二年四月獲釋。[3]

中共政權指控李明哲在中國境內撰寫著作，儘管他就職於立足台灣的公司。支持中國公民社會的李明哲，是第一個根據中國新的《外國非政府組織（NGO）法》入獄的外國社運人士。北京素來認為台灣是中國的一部分，自然認為他在台灣的活動屬於中國的管轄範圍。然而，當局又剝奪他身為中國囚犯享有的權利，將之視為「外國人」，多麼前後矛盾。

李明哲被關押在湖南赤山監獄，遭受強迫勞動，沒有厚衣物，靠著監獄口糧生存。據李淨瑜所言，他被關押期間瘦了很多。根據監獄規定，每週工作不得超過五天，每天不超過八小時，每週應有一天的教育和一天的休息。然而，李明哲被迫每天工作超過十個小時，而且沒有休息日。李淨瑜認為監獄裡的勞教和在血汗工廠工作毫無區別。

此外，李淨瑜試圖往監獄寄送在中國合法出版的書籍，包括傑里米．布萊克（Jeremy Black）的《大屠殺：歷史與記憶》（The Holocaust: History and Memory）、阿爾貝．加繆（Albert Camus）的《斷頭台的反思》（Reflexions sur la Guillotine）和普里莫．萊維（Primo Levi）的作品。李明哲被命令簽署文件後，將書籍退回。李淨瑜指出她寄出的每一本書都以簡體中文刊印，經過中國當局的審查和批准出版。李明哲喜歡的文學和歷史書籍討論數百年前的歷史發展和哲學。但這些「合法出版」的書籍，卻受到赤山監獄的限制。

從二〇二〇年到二〇二二年的兩年多時間裡，李淨瑜與丈夫沒有聯絡，她的探視許可申請被拒絕超過十六次，她的信花了好幾個月才送達丈夫手中，但沒有收到任何回信。李明哲被禁止打電話。李淨瑜最後一次見到他是二〇一八年十二月。二〇一九年一月，監獄當局告知李淨瑜其發表的公開言論擾亂監獄的規範運作，阻礙罪犯李明哲的改造，她的探監申請被禁止了。

李淨瑜堅稱李明哲是「良心犯」，他在監獄裡受苦只因為他關心受害者家屬，也因為他維護自由的普世價值。作為一名政治犯，李明哲的身體、思想和靈魂都被關在監獄裡。

李淨瑜認為中國的侵犯人權行為不僅針對中國公民，當他們開始迫害擁有台灣公民身分的李明哲時，中共對人權的迫害就已經蔓延中國境外。所以全世界都應該關注中國。」

我徵得李淨瑜同意後，於《華爾街日報》[4]上寫了一篇關於李明哲困境的文章，台灣政府為此向我致意。駐紐約台北經濟文化辦事處的 Myra Lu（譯音盧美拉）在給《華爾街日報》的信中寫道：

我們讚賞羅傑斯的《令人心寒的異域囚禁》（Beijing's Chilling Imprisonment of a Taiwanese Critic），它使李明哲案件再次成為人們關注的焦點。他的處境很悲慘，權利顯然收到侵害。中國所謂的「審判」是虛假的，除李明哲自己「供述」之外沒有任何證據。李明哲是被冤枉的，如今更被拒絕探視，只有北京的獨裁政權才明白當中緣由。顯而易見的是，北京意圖恐嚇台灣人民。

這一切的荒謬之處，在於李先生的民主傾向被解釋為「顛覆國家政權」。值得一提的是，中國政府對台灣及其人民沒有管轄權。李明哲在審判前長期拘留期間，被破觀看中國國家電視台來「糾正」他的民主思想，這聽起來很像洗腦。中國的這種行為與國際社會所奉行的價值觀形成鮮明對比。

因思想犯罪而被中國專制政權監禁的台灣公民李先生，是世界各地的「前車之鑑」。任何人身處他的位置都無力反抗。如果國際社會不僅僅將「人權」排在經濟和貿易之後，那麼像李明哲這樣的人可能還有一線生機。[5]

大約三個月後，二〇一九年五月下旬，我再次應邀出席台灣另一個宗教自由的會議。台灣總統蔡英文在新竹市（距台北西南八十四公里）舉行的「台灣國際宗教自由論壇」上演講，她認為「台灣的宗教自由是印太地區的標竿」，並表示台灣將支持世界各地因信仰而受到迫害的人們。但她也提醒我們，台灣在爭取宗教自由的道路上，也曾摸黑前行，台灣今天享有的自由，是建立在先輩的血、汗和淚的基礎上。所以台灣人比任何人都清楚自由有多麼寶貴。[6]

時任副總統暨流行病學家陳建仁也出席論壇，在最後的新聞發布會上，發表關於迫害維吾爾人和強摘器官的聲明。陳副總統表示，論壇期間展示的一切迫使所有人走出舒適區，並「促使我們採取行動反對宗教迫害，使宗教自由能夠在世界各地生根發芽。」[7]身為天主教徒陳副總統提到天主教會的社會教義，強調「我們必須以愛和美德，來尋求和服務我們最不幸的兄弟姐妹。」他提醒我們，教宗方濟各敦促天主教徒「從牆後站起來，不要害怕弄髒自己的手，要求我們所有人去愛和寬恕，保持開放的思想。」

美國前總檢察長肯尼斯．斯塔爾（Kenneth Starr）[8]在論壇上提出「結束中國強摘器官」的倡議，得到與會者一致贊同，斯塔爾指出「大量可信且不斷增長而無可辯駁的證據表明，中國共產黨已經授權和批准並繼續實施『活摘器官』計劃。」斯塔爾對計劃造成可怕而殘酷的人命傷亡，表示深切關注，並呼籲公眾恪守承諾，不從任何途徑接收任何來自中國的器官移植。

此外，一份「反迫害維吾爾人」的宣言也於會議期間起草和發佈，呼籲企業結束與在維吾爾地區實施監控、種族歧視、宗教迫害和大規模拘留計劃的政權合作，敦促各國政府強制制裁此類轉讓或合作的出口貿易。此外，還呼籲養老基金和慈善基金會，從與鎮壓維吾爾人有關的公司中撤資，敦促學者們公開反對迫害維吾爾人，在維吾爾族學者和學生持續受到迫害的情況下，暫停與中國教育部合作。最後，它還倡議世界衛生組織、移植協會、宗座社會科學院和世界各地的醫學界暫停與中國器官移植系統合作，直到中國以可核實的方式，結束強迫摘取器官的行為，建議各國政府提供人道主義救援，讓紅十字國際委員會進入所有關押維吾爾人，以及維吾爾兒童的國家級監禁設施。[9]

在會議初期，達賴喇嘛的代表宣讀達賴喇嘛尊者的一封信，他在信中提到：「宗教自由是一項基本人權，是我們所有人都享有的權利。因為我們所有人都希望幸福，而且我們都有權利獲得幸福。我很高興看到在台灣這樣一個強大的民主國家保護和捍衛人權。地球上的每個人都應按照自己的方式，擁有信奉或不信奉某個宗教的自由。」[10] 同時，蔡英文總統感謝達賴喇嘛尊者對台灣的肯定與支持。

台灣國際廣播電台宣佈將開設一個專門廣播宗教自由問題的新頻道「國際宗教自由之聲」，成立小組專項處理為受害者提供醫療保健的倡議。台灣「國際宗教自由圓桌會議」也宣佈成立。顯然，蔡英文政府熱衷於前總統陳水扁在二〇〇三年建立台灣民主基金會的基礎上，進一步發展台灣民主化。

就在宗教自由論壇召開前一周，蔡英文總統在總統府會見著名的天安門廣場社運人士王丹、王軍濤、周鋒鎖、方政和吳仁華，紀念一九八九年天安門廣場大屠殺三十週年。[11] 她是首位公開會見天安門領袖的台灣總統。會議結束幾天後，我前往台北的自由廣場，參加六月四日大屠殺的紀念活動。中正紀念堂前的廣場上，矗立著一個巨大的充氣「坦克人」，當晚舉行的燭光守夜活動和集會，也能聽見中國大陸和香港異見人士的聲音。

通過這些活動以及與台灣政治家、官員、記者和社運人士，包括台灣二〇一四年「太陽花運動」的領袖林飛帆，以及訪問或流亡到台北的香港社運人士林榮基等人會面，我非常清楚台灣作為一個民主國家是多麼有價值和重要，自由世界與台灣站在一起，在其遭受北京日益加劇的侵略時保衛它。

畢竟，台灣已經實現從威權獨裁國家到民主國家的非凡轉變。一九四九年，蔣介石和國民黨（KMT）被毛澤東和中國共產黨擊敗，撤退到台灣後，實行長達三十八年的戒嚴時期。一九七五年。蔣介石去世後，他的兒子蔣經國繼任總統，他之前負責維持國安，並主導「白色恐怖」事件。

「白色恐怖」時期大約有十四萬人被迫害，因直接或被視為反國民黨政權而入獄，並有三千至四千人被處決。用學者布倫丹·泰勒（Brendan Taylor）的話說，國民黨能否持續統治，取決於該黨能否反映台灣人民意願。[12] 台灣已發展成為經濟繁榮、教育良好的社會。泰勒指出：「雖然蔣經國肯定不像國民黨的創始人孫中山那樣致力於民主，但他確實認識到，為了避免一場重大政治危機，台灣需要更大程度的自由。」[13] 一九八六年，即蔣經國去世前兩年，他決定不鎮壓反對黨，民進黨隨後宣佈成立。在他去世後，他的副手，出生於台灣的學者李登輝手執國民黨的領導權，繼續推進台灣政治自由化。一九九六年三月二十三日，李登輝成為台灣第一位民選總統。根據理查德·布希（Richard Bush）為布魯金斯學會（Brookings Institute）撰寫的二〇二一年報告，台灣在李登輝之後發生三次總統權力交接，是鞏固民主的有力指標。[14] 布希指出，台灣政黨制度已經成熟，不僅有在野和執政兩大黨，還有各種較小的政黨，因而產生自由公平和競爭激烈的選舉。在台灣總統競選中，投票率通常超過百分之七十。」[15]

我在林飛帆於倫敦經濟學院學習期間第一次見到他，後來我在訪問台灣時與他重新取得聯繫，他為加強和保護台灣的自由貢獻很大。二〇一二年，他作為太陽花運動的先驅，捍衛台灣的新聞自由。林回憶道：「我們將其稱為反媒體壟斷運動。因為當時有一家台灣食品公司在大陸有大量投資，從二〇〇八年開始收購台灣相當多的媒體集團，意圖控制台灣的媒體。」涉事的台灣食品公司「旺旺控股」是亞洲最大的食品製造商之一，收購了多家台灣媒體，包括《中國時報》、中國電視公司及其數碼頻道、中天有線電視；以及台灣第二大有線電視供應商的中嘉網路股份有限公司（China Network Systems）。[16] 旺旺集團董事長蔡衍明持親中立場，因干涉旗下媒體集團的編輯路線而聲名狼藉。

林回憶道：「人們擔心這種擁有大量中國投資的公司，可能會在壟斷台灣媒體，這將影響我們的人民以及他們接收新聞的方式，特別是在選舉期間，將導致大量假新聞和操縱新聞事件發生。因此，一場包括學生、社運人士、學者和其他人士在內，旨在阻止媒體公司的收購和合併的抗爭應運而生。最後，我們成功阻止併購，政府也不再給旺旺旗下的電視網絡發放營業執照。因此他們只能在網上傳播，不能在電視上播放相關新聞。即使如此，仍有很多人擔心中國購買台灣媒體以滲透、影響和破壞台灣的言論和新聞自由。」

對中國大陸在台灣媒體集團持股日漸增多的擔憂，是兩岸貿易惡化的先兆，催生二〇一四年的「太陽花運動」。該運動主要領袖之一的林飛帆向我解釋運動的始末：「『太陽花運動』是自二〇〇六年左右以來出現的環境運動、有關房屋和土地問題的抗議，和反對新自由主義等多項訴求的整合。顯而易見，中國在台灣越來越廣泛的影響力是問題核心。從二〇〇八年起，時任國民黨主席馬英九奉行簽署更多兩岸協議，與中共政權進行更多對話的政策。很多人擔心台灣是否會落入中國的『陷阱』，我們的自由是否會受到損害。」

二〇一三年，公眾對台灣與中國達成太多協議的反感達到頂峰：「以前人們可能認為兩岸關係改善會帶來經濟利益，但五年後，人們實際上感覺到越來越多的企業流向中國，越來越多的中國投資進入台灣，但台灣沒有得到太多回報。越來越多年輕人才被中國市場吸收，人們開始認為畢業後唯一的選擇就是去中國找工作。貧富差距不斷擴大，台灣的經濟和民生卻沒有顯著改善。」

國民黨政府在立法院推動與中國的一項重大貿易協議時，被認為輕蔑議會正當程序，引發民眾不滿。二〇一三年七月二十一日，新加坡南洋理工大學教授伊恩·羅文（Ian Rowen）指出海峽兩岸服務貿易協定（CSSTA，下文簡稱「服貿」）是「閉門」談判和簽署的，協議內容包括「向台灣投資開放八十個中國大陸經濟領域，並向中國大陸開放六十四個包括酒店、旅遊、印刷和醫療服務在內的台灣經濟領域投資。」[17]「服貿」遵循海峽兩岸經濟合作架構協議（ECFA），羅文將其描述為「一項旨在加強台灣和中國大陸之間經濟一體化的廣泛協議」。儘管中華經濟研究院估計「服貿」只會為台灣GDP帶來百分之〇點〇二五至〇點〇三四的增長，但馬英九總統仍將「服貿」和「海峽兩岸經濟合作架構協議」視為「台灣經濟的重大福音」。[18]

羅文指出，台灣的服務業約佔其GDP百分之七十，「服貿」反對者特別擔心中國採取「經濟滲透」方式，逐步擴大對台灣中小企業及媒體文化和言論自由的影響。此外，台灣主權和民主支持者也認為該貿易協定為國家安全和自決帶來負面影響，幾個月前的民意調查顯示總統支持率，低得只有驚人的百分之九，台灣民眾普遍認為總統無權推動此類立法。[19]

二〇一四年三月十七日，國民黨試圖加快制定「服貿」法案，羅文表示該法案「違背二〇一三年六月與民進黨（DPP）達成『逐項審議』的協定。[20]委員會召集人兼國民黨立委張慶忠單方面宣佈審查期結束，將法案提交於立法院，並於三月二十一日召開全體會議。[21]林飛帆憶述上述行為引發立法院內的抗爭，導致國民黨領導們不得不「走進廁所」，用迷你麥克風宣佈該法案獲得通過。林飛帆認為這一「程序醜聞」是「台灣民主的一個可怕的笑話」，導致他和其他人發起「公民抗命行動」。

三月十八日，來自台灣各界的抗爭者，包括學生和非政府組織，在「捍衛台灣民主平台」協助下，聚集在立法院前舉行新聞發布會和集會。當天晚上九點左右，一群學生翻過立法院的圍牆，衝進立法院大樓。台大何明修教授提到：「出乎意料的是，他們倉促計劃的行動演變成一場持續二十四天的對抗。『太陽花運動』以向抗爭者贈送象徵希望的向日葵而得名，贏得廣泛台灣民眾的同情。數千名支持者在立法院周圍的街道上紮營，使政府很難驅逐入侵者。然而，政府拒絕接受抗爭者的要求，推遲簽訂『兩岸自由貿易協定』。」[22]

林飛帆認為，立法院未能遵守程序，沒有代表人民的意願，這證明抗爭者的激進行動是正當的：「我們相信人民有權對這項法案說不，他們的聲音應該由立法院代表，但立法院未能達到這個期望，這就是學生佔領立法院二十四天的原因。」

林飛帆回憶說：「一開始只有一小群學生，大約一百人左右。但到了第二天，就變成幾萬人，到三月底，我們在總統府前舉行集會，有五十萬人加入機會。電視台全天候二十四小時直播抗爭現場。」

前天安門廣場抗議活動領袖王丹和吾爾開希意識到到羅文所說「針對國民黨與中國勾結的抗議，受廣泛地緣政治影響」[23]，他們於三月十九日短暫進入立法院支持學生，更有一些身處台灣的香港人和在當地讀書的中國大陸學生聲援「太陽花運動」。

佔領區抗爭者要求重新審查「服貿」和簽定「兩岸協議」的立法程序，並要求和馬英九總統公開對話。總統派出行政院院長江宜樺為代表，在立法院前與林飛帆公開「談判」，但正如羅文所言「在十分鐘的對峙後，江宜樺表示自己無權同意抗爭者的要求，林飛帆感謝江宜樺的來訪，並送他離開。」[24]

由於政府幾乎沒有妥協的跡象，群眾情緒更為激進，三月二十三日，一群學生衝擊行政院。警方的反應迅速而暴力，導致一百五十多名社運人士受傷，許多民眾入院治療。[25]

林飛帆和他的同伴陳為廷宣佈於三月三十日星期日舉行一次大型集會，據羅文稱，這次集會是「台灣歷史上規模最大的無黨派親民主集會」。[26]組織者聲稱至少三十五萬抗爭者聚集在總統府前的街道上。世界各地也組織類似的團結抗議活動，與立法院內外的抗爭者現場連線。

馬英九總統最終讓步，在辦公室私下會見抗議領袖，但林飛帆和陳為廷拒絕，堅稱會議應該公開和同步轉播。四月六日，立法院院長王金平與民進黨立法院領袖柯建銘一同前往立法院，並與學生對話。他們承諾，「服貿」條例未經審查和兩岸監管機制的決議，將不會通過並立法，這令國民黨感到震驚和憤怒。儘管這一提議沒有滿足所有學生的要求，但足以說服運動領袖決定結束佔領行動，並在四月十日離開立法院。羅文寫道：「在撤離立法院之前，學生們安排撤滿『太陽花』的遊行，隨後學生們清理相關路徑，邀請評估人員估算維修立法院的成本。」[27]

結束佔領立法院的行動後，林飛帆等人向司法部門自首：「我們向檢察官聲明我們願意承擔所有責任，於是我們被起訴了。然而，經過兩輪審判，法官最終判定我們無罪。在第一次審判中，他們的結論是這是一種公民抗命行為。這是台灣司法機關首次採用『公民抗命』原則，意義重大。二審時，法院基於言論自由原則，再次判定我們無罪。一些與警察發生衝突的學生因暴力受到起訴，但佔領運動被認定『無罪』，被視為維護言論自由和公民抗命的行動。」

林飛帆指出，「太陽花運動」最大的成就是喚醒台灣年輕人參與政治的意願與決心。過去台灣人總說年輕一代不關心政治，也不關心台灣的未來。但年輕人如今願意參與政治，不僅通過投票的方式，還通過成立非政府組織、學生運動和加入政黨等方式投身政治。此外，隨後於二〇一四年舉行的『九合一』選舉也改變台灣的整體政治格局。很多前身為『國民黨票倉』的城市被民進黨拿下，較小的政黨也獲得立法院席位。」

何明修認為「『太陽花運動』掀起一場政治浪潮」，二〇一四年末的一項民意調查顯示，超過一半台灣受訪者（百分之五十三點三）支持這場運動。「太陽花運動」鼓勵公眾審查日漸緊密的中台經濟一體化，組織貿易提案，並舒緩與北京實現貿易自由化的腳步。」[28]他指出，公眾在新舊政黨輪替下，推動新形式的抗議和激進主義，鼓勵政府重新評估相關政策。台灣為社運人士如何從「體制外抗議」，轉向「常規政治參與」提供良好範例。」

至少有十名參與「太陽花運動」的社運人士直接投身蔡英文陣營，參與二〇一六年的總統選戰，約有十幾人被聘為民進黨立委助手，進入立法院。何明修寫道：「民進黨主席就職後，前學生社運人士也找到在行政院、總統府和國家安全委員會等國家最高級別機構任職的契機。」[29]

正如羅文所言，最初沒有一個抗爭者預料到，後來被稱為「三一八」或「太陽花運動」的佔領持續二十四天，引發台灣歷史上最大規模的民主抗議集會。「太陽花運動」重新建構台灣政治和社會軌跡的普遍論述，導致執政黨（國民黨）在隨後中期選舉大敗，使香港效法台灣，催生一系列公民抗命活動。」[30]

「太陽花運動」和上一章所探討的「雨傘運動」後接踵而來公民抗命活動並非巧合。林飛帆認為：「這是一個相互交流的過程。二〇一二年，台灣有反媒體壟斷運動，香港也有反國民教育運動。我見過黃之鋒（Joshua Wong）和許多來自香港的公民社會團體。這些年來，我們派台灣社運人士到香港，他們也派代表團到台灣，我們一起舉辦研討會，學習並分享社運經驗，我們支持彼此的行動。」

當然，香港的鎮壓對台灣產生重大影響。林飛帆回憶道：「二〇一四年雨傘運動期間，我們第一次看到大規模的警察暴力。香港警察殘酷地施放催淚瓦斯襲擊民眾。當時『今日香港，明日台灣』的口號多次被提及。實際上，很多香港朋友不喜歡這個口號，他們更願意說『今日台灣，今日香港』，因為我們都站在爭取自由，反對中國威權主義擴張的前線。」二〇一九年反送中運動期間，警察的暴力更頻密，隨著嚴苛的《國家安全法》出台，香港僅存的自由也隨風而逝。

林飛帆指出：「香港的經驗告訴台灣兩件事。首先，中國威脅是明確的，它的許諾不可信，因為它慣於出爾反爾，它違反《中英聯合聲明》許下的承諾。第二，中國政權對所有人均構成威脅，不僅擠壓香港的公民社會空間，還試圖通過對台灣媒體的投資，其他形式的經濟脅迫和虛假信息來控制台灣。因此，我們需要加強公民社會、媒體和其他機構的力量，維護台灣的自由。」

我於二〇二二年二月初曾與台灣總統發言人谷辣斯・尤達卡（Kolas Yotaka）交談，她說：「香港人給台灣人最重要的教訓是『一國兩制』是不切實際的幻想。中共政權永遠不會信守承諾，所以全世界都必須保持警惕。」

曾在台北駐華盛頓代表處任職，擔任台灣外交部長辦公室主任前外交官趙怡翔對此表示同意，他認為「香港敲響自由的『喪鐘』，讓台灣認清中國的真面目。一直以來，有一部分台灣民眾素來對中國政權抱有懷疑，而另一部分則認為該政權是寬厚的，但我認為現在任何關於中共的良性幻想已經破滅了。」

台灣面臨自北京政權的眾多威脅，反擊來自中國的虛假信息尤為重要。林飛帆提到：「民間社會和政治家正討論如何打擊虛假信息。雖然現存的事實核查工具已經很多，但我們需要做得更多，並加快學習使用新技術的腳步。我們以往擔心 YouTube 或面書（Facebook）會被中國政權的壟斷，或受到其影響，但我們最近更擔心中共透過 TikTok 等年輕一代頻繁使用的軟體，以及不同的應用程序和社交媒體滲透台灣的公民社會。在每一次市長選舉、大選、總統選舉中，我們都看到中國企圖操縱和干擾台灣政治生態。」

台灣民主基金會副執行長陳婉宜博士對此表示贊同：「在威權崛起和民主倒退之間的鬥爭中，台灣直接遭受中國的影響。中共政權最常用的方法是『信息戰』。中國對台灣的『操縱』有四個目的：一是腐蝕民主制度，瓦解全國和地方選舉以及公眾對民主制度的信任；二則打擊台灣人民的信心，削弱抵抗意志，放大被遺棄和孤立感，讓台灣人民認為『成為中國的一部分』是不可避免的；三來促進分化並煽動仇恨；最後拉攏政治家、退役軍官、公務員和商界人士。」

陳婉宜認為台灣投入許多資源來對抗中國的政治操控，包括任命前黑客唐鳳為台灣首位數位發展部部長。陳婉宜指出：「唐鳳的部分工作致力於打擊虛假信息和提高媒體素養，台灣政府還與 LINE、面書、谷歌和雅虎等社交媒體公司進行合作，共同打擊信息操縱。台灣事實核查中心、MyGoPen、Cofacts 等均是民間社會反虛假信息和驗證事實舉措的例子，開放文化基金會和清理假新聞，也是台灣的民間社會組織齊心協力制定戰略和打擊信息操縱的方法之一。」

國立台北大學犯罪學研究所助理教授沈伯洋是台灣信息戰專家之一。他在接受《自由時報》採訪時表示：「『信息戰』的目標是在沒有軍事抵抗的情況下取得勝利。它是混合和無限制戰爭的組成部分。『統戰』為和平時期的擴張，或促進與中國的統一鋪平了道路。[31] 中國的主要目標是『吞併台灣』，『信息戰』比武裝衝突的代價要低得多，故他們目前正利用各種信息戰，實現上述戰略目標。最近，許多台灣的面書專頁都被收購，表面上看來是粉絲專頁營銷需求大增，也有可能是海外台商付錢給公關和營銷公司來購買這些頁面，然後銷往中國大陸。面書可以通過改變演算法，例如展示一周的正面新聞報導，來激勵人們投票的意願。」

台灣的宮廟制度、村長、里長的階級、政治團體或政黨、智庫和媒體等均為其他「統戰」管道。沈伯洋續指：「中國的信息戰已經成熟。自九十年代以來，人們一直在討論信息戰。中國人民解放軍竊取台灣的數據，包括戶籍、駕駛執照以及社區和村里行政區的信息。其中一個目的便是為了讓中國統戰部了解台灣人的生活方式偏好，推行精準的政治營銷。」

沈伯洋在New Bloom採訪中指出，中國在台灣傳播假新聞的方式有兩種：「一個是『線上』，另一種是『線下』。[32]在網上，假新聞通過面書或內容農場（content farm）傳播。內容農場通常位於馬來西亞，也有一些位於台灣。他們在營運內容農場的同時，也會營運粉絲專頁。線下假新聞相較之下更難解決。首先，中共會利用『謠言』，讓經常與中國溝通的村長或里長，或寺廟負責人，在舉辦活動的時候藉機散佈謠言。再通過口耳相傳的方式，將謠言廣為流傳，導致人們對中國產生好感。現今傳播謠言的方式更為『先進』，他們會將文字發佈到網上，使用LINE群組傳播。在最初的幾個月裡，我們可以看到LINE群組中一半的假新聞都來自中國。」沈博士表示，在線即時通訊應用程序 LINE 是台灣除面書外最重要的社交軟體：「虛假信息持續在網上傳播，而 LINE 上的許多虛假信息則來自微博或微信。」

除了來自中國共產黨政權的虛假信息滲透和操縱政治外，台灣還遭受著北京的強烈經濟脅迫和外交孤立，包括報復無意中承認台灣是一個國家的跨國公司，對暗示同情台灣的體育明星和組織施壓，阻止台灣參與多邊組織。

近年來，中國向四十四家商業航空公司以及國際航空運輸協會（IATA）施壓，要求他們不能將台灣稱為一個國家。許多航空公司，包括加拿大航空、聯合航空、達美航空、美國航空和英國航空，都遵循中國官方提出的要求。只有美國和澳洲政府公開反對上述形式對台灣主權的「污名化」。

二〇一八年一月，中國將萬豪連鎖酒店的網站關閉一周，迫使該公司就將台灣列為單獨國家而道歉；加拿大皇家銀行修改其公共資訊，顯示台灣是中國一部分；日本服裝連鎖店 Gap 因銷售未囊括台灣在內的中國地圖T恤致歉；日本零售商無印良品（Muji）因銷售標有「台灣製造」的產品而被罰款三萬一千美元；奧迪（Audi）和 Zara 也屈服於中國的壓力。

美國摔跤手兼演員約翰・希南（John Cena）為稱台灣為一個國家而道歉，並在其擁有六十萬粉絲的微博帳號上發表一份悔罪聲明：「我犯了一個錯誤。非常非常非常非常非常非常重要的是，我熱愛並尊重中國人民。我為自己犯下的嚴重錯誤致歉，真的非常非常對不起，請大家明白，我熱愛並尊重中國和中國人民。」[33]

二〇二一年，台灣在東京奧運會上獲得羽毛球金牌和銀牌，但國際奧委會（IOC）堅持將台灣稱為「中華台北」，並拒絕使用台灣國旗和播放國歌。

在多邊組織中，中國也成功將台灣邊緣化。從二〇〇九到二〇一六年，擁有優秀的公共衛生系統的台灣，在世界衛生大會上擁有觀察員地位，但隨後迫於北京的壓力被排除在外。中國邊緣化台灣的最顯見例子是其對世界衛生組織（WHO）施壓，不讓台北參與新冠肺炎（COVID-19）的相關會議和應對工作。

二〇二〇年三月，隨著新冠肺炎再全球蔓延，香港電台（RTHK）記者唐若韞（Yvonne Tong）採訪了世衛組織顧問布魯斯・艾爾沃德（Bruce Aylward）博士。令人驚訝的是，當唐若韞向艾爾沃德詢問有關台灣以及世界衛生組織，是否會考慮把台灣加入世衛組織的問題時，他假裝沒聽見，並建議她轉向下一個問題。當她重複詢問有關台灣的問題時，他就掛斷電話。香港電台隨後給他回電，唐若韞繼續追問他如何看待台灣遏制病毒的情況。在結束採訪之前，他的回答是：「嗯，我們已經談過中國了，當你放眼中國各個不同領域時，他們實際上都表現得相當出色。因此，我非常感謝你邀請我參與訪問。」[34]

該次採訪廣播後，香港通訊事務管理局至少收到二百一十宗投訴，親政權的聲音指責唐若韞宣揚台獨。商務及經濟發展局局長邱騰華聲稱港台的節目違反「一個中國」原則。二〇二一年六月，通訊事務管理局以「查無實據」為由駁回上述投訴，然而，屢獲殊榮的記者唐若韞在承受親北京陣營的持續批評和網上謾罵後，已經從香港電台辭職。

中國還通過與其簽訂引渡協議的國家，引渡台灣公民來向台灣施壓。據保護衛士（Safeguard Defenders）組織記錄稱，二〇一六至二〇一九年間，有六百多名台灣公民從世界各地包括柬埔寨、馬來西亞、越南、印度尼西亞、菲律賓、肯亞和西班牙等地引渡至中國。二〇一七年至二〇一九年間，西班牙引渡約三百名被指控參與中國電信詐騙的台灣公民。這種違反中台灣過往的協議的作法，成為中共政權削弱台灣主權的手段。[35]

近年來，外交上承認台灣的國家越來越少。巴拿馬、多米尼加共和國和布吉納法索陸續與台北斷交。正如前一章所述，北京正在拉攏梵蒂岡，儘管到目前為止，還未導致梵蒂岡否認台灣的外交地位。如今（直至二〇二〇年），只有：瓜地馬拉、宏都拉斯、海地、巴拉圭、尼加拉瓜、史瓦帝尼、吐瓦魯、諾魯、聖文森及格瑞那丁、聖基茨及尼維斯、聖露西亞、馬紹爾群島、帛琉、和梵蒂岡等十五個國家視台灣為主權國家，與台灣維持正式外交關係。

然而，有跡象顯示台灣正在奮起反擊，國際社會也正在改變對台灣主權的看法。二〇一八年，台灣國家安全會議秘書長李大維在接受英國《金融時報》採訪時，呼籲台灣民眾抵制那些屈服於中國壓力，在網站上將台灣定義為「中華台北」的國際航空公司。他批評北京政權「過度侵略」，並表示台灣將考慮對航空公司採取法律行動。李大維說：「這是一個反擊的信號，我們不會袖手旁觀。」[36]

在慶祝台灣民主基金會成立十五週年的演講中，蔡英文總統呼籲全球民主國家團結起來，共同面對中國的鎮壓。[37] 她詳細介紹目前中國向台灣施壓的處境，並在法新社採訪時表示，團結是為了所有民主國家的利益。她說：「這不僅只是台灣的挑戰，也是受壓迫地區和整個世界的挑戰。今天受壓迫的是台灣，但明天任何其他國家，都受制於中國。到時候，他們的民主、自由和營商環境終會受到中國的影響。」[38]

自二〇二〇年以來，世界各地政治家逐漸意識中國的威脅，並開始聲援台灣。二〇二〇年九月，一個由捷克參議院議長米洛斯・維斯特西爾（Milos Vystrcil）率領，有九十名議員組成的歐洲代表團到訪台灣，他站在台灣立法院面前，效法總統約翰・甘迺迪（John F. Kennedy）在柏林圍牆發表著名演講：「我是台灣人。甘迺迪說自由是不可分割的，當一個人被奴役時，所有人就不再自由了。」[39]

不出所料，捷克代表團的訪問招致北京的憤怒和威脅，但歐洲各國領袖並沒有像往常那樣磕頭和道歉，而是堅定支持代表團。捷克外長召見中國大使並提出抗議，德國外長海科・馬斯（Heiko Maas）在柏林與中國外長王毅一起舉行的新聞發布會表示，他已與捷克外長通電，並聲援他們。針對王毅關於捷克人將為自己的行動付出「慘重代價」的警告，馬斯表示：「歐洲人親密無間，我們尊重我們的國際夥伴，我們也期望國際夥伴們自重。威脅在這裡毫無用處。」

甚至在訪問團抵達台灣之前，六十八名歐洲議會議員就簽署了一份支持此次訪問的聲明，譴責北京威脅，歐洲議會對華關係代表團主席和副主席萊因哈德・布蒂科費爾（Reinhard

Bütikofer）和瑪麗亞・斯皮拉克（Maria Spyrak）寫信給中國駐歐盟大使，重申「歐盟成員國和議員，完全有權在不受中國干涉的情況下，與台灣發展經濟、文化和其他關係。」他們對「中國政府表現出的日益好戰的態度」表示「遺憾」。[40]

二〇二一年十一月，在台灣外交部長吳釗燮罕見訪問歐洲之後，歐洲議會代表團首次正式訪問台灣。吳釗燮前往捷克和斯洛伐克，在二十國集團羅馬峰會前夕出席的各國議會對華聯盟會議上演講，我也出席此次會議，並訪問布魯塞爾會見歐盟領袖。一個月後，前副總統陳建仁訪問了波蘭和立陶宛。

歐洲議會增強與台灣的外交互動之時，美國國會的兩個代表團於同月訪問台灣，二〇二二年一月，英國下議院外交事務委員會也宣佈計劃訪問台灣。然而，由於新冠肺炎肆虐，訪問計劃被迫推遲，這是自二〇〇六年以來，台灣「重新」迎接歐美使團。二〇二二年二月，下議院討論了英國與台灣的關係，通過一項動議，強調兩國關係的重要性，呼籲英國政府「繼續致力於加強英台貿易關係和深化安全合作」，「支持台灣獲得國際認受性。」[41] 二〇二二年三月，美國前國務卿邁克・蓬佩奧（Mike Pompeo）訪問台灣，呼籲各國承認台灣是「一個自由和主權國家」。[42] 二〇二二年八月上旬，美國眾議院議長南希・佩洛西（Nancy Pelosi）成為美國與中華民國斷交後，訪台最高級別的美國官員，致使中國頻頻發起環島軍事演習。

二〇二一年十一月，歐美立法院成員訪問台灣時，一個歐洲國家做了一項看似微不足道，卻足以彰顯歐美對台態度的決定——立陶宛宣佈將允許台灣政府以「台灣」名義，在首都維爾紐斯開設代表處，成為首個承認「台灣」外交地位的歐洲國家。

其他歐洲國家在台灣設有代表處，其運作及職能架構與「大使館」無異，但各國以「台北」為名，無疑只為滿足北京堅持承認中國主權和「一個中國」政策的要求。立陶宛逆勢而行的決定激怒北京，促使中共政權對其實施貿易制裁。趙怡翔指出：「中國人顯然擔心，如果他們現在不制裁立陶宛，隨後可能會看到其他國家仿效。很顯然，他們未能動搖歐盟國家的集體決議，這表明他們的戰略正在失敗。中國總是希望『殺雞儆猴』，但他們從來遇過其他國家聯合起來，支持最弱的目標的情況。我認為這將為台灣帶來許多機會。」

台灣為了感謝和聲援立陶宛，立即加大進口立陶宛商品，包括購買二萬四千瓶立陶宛製朗姆酒。[43]據谷辣斯．尤達卡稱，第一批一萬二千瓶朗姆酒，於大年初一上午九點三十分開始發售，並在「五分鐘內」售罄。台灣出租車司機拒絕收取立陶宛乘客的車資。她補充說：「台灣人民非常感謝立陶宛的支持。我們知道台灣並不孤單。當然，我們知道光靠賣朗姆酒無法運營一個國家，我們也知道立陶宛正面臨著嚴重的經濟威脅，所以我們希望通過貢獻技術，在數字產業、人工智慧、5G、醫療產品、農業和綠色能源領域和立陶宛通力合作。只有盟友強盛，雙方才能互惠。」

與前任執政者不同，習近平在執政第一年就明確表示台灣問題「不能代代相傳」，北京和台北必須「達成最終解決方案」。[44]在二〇一七和二〇一八年的演講中，他加強台海問題的措辭，二〇一九年初，習近平表示，台灣「必須」且「將會」與中國大陸統一，台灣的事實獨立不可能永遠持續下去。[45]許多人將解決台海問題視為習近平的政績，對習近平而言，這是將自己與毛澤東和鄧小平並列為最偉大的共產黨三位領導人之一的「捷徑」。如果毛澤東建立了中華人民共和國，鄧小平開放了經濟，習近平便希望「統一台灣」，這也是「中國夢」願景的核心。

二〇四九計劃研究所高級主任、《中國侵略》（The Chinese Invasion Threat）作者伊恩・伊斯頓（Ian Easton）認為，北京對台灣的威脅「非常嚴重」，並且隨著時間的推移而不斷增長，更是影響其政權存續的「基本政策」。他補充說，歷屆中國共產黨領導人對台政策也是如此，他們一直專注於「破壞台灣的民主」，伺機而動，全面入侵台灣」。但在習近平的領導下，台海危機明顯加劇。伊斯頓認為：「二〇一六年，中國宣佈軍事改革和重組後，習近平明顯打算在未來某個時候吞併或征服台灣。對於台灣人民和民主社會來說，這將是一場『你死我活』的戰鬥。」

近年來，中國大幅加強其軍事恐嚇力度，定期派戰鬥機進入台灣防空區。二〇二一年十月，有一百五十架飛機創紀錄的侵入台灣防空區，其中包括三十四架殲－十六戰鬥機和十二架具有核能力的轟－六轟炸機。二〇二二年一月二十三日，中共第二次大規模入侵台灣，一天內派出三十九架戰機飛入台灣防空區。[46] 二〇二一年八月，美國從阿富汗撤軍後，中國官方媒體發表多篇嘲諷台灣的文章。中國官方控制的《環球時報》總編輯胡錫進更在推特上寫道：「喀布爾政權倒台後，台灣當局必定心驚膽顫。」

弗拉基米爾・普京（Vladimir Putin）入侵烏克蘭十二天後，中國宣佈自二〇一九年以來最大的軍費支出，將國防預算提高百分之七點一九，在二〇二二年時將達到二千二百九十五億美元，成為全球第二高軍費支出國。據《每日電訊》（Daily Telegraph）報導，由於中國士兵薪資遠低於美國，二千二百九十五億可以發揮更大作用。此外，文章還指出：「中國沒有美國那樣的全球影響力，故其選擇將兵力和裝備集中在境內，使其於當地的影響力更加強烈。」中國人民解放軍總共擁有超過一百萬名地面部隊人員、六千三百輛坦克和七千門火砲，海軍則擁有七十多艘潛艇，其中包括六艘配備遠程導彈的彈道潛艇，以及一百三十艘驅逐艦、護衛艦和輕巡航艦。空軍擁有一千六百架戰鬥機、四百五十架轟炸機和四百架運輸機。相比之下，台灣只有八萬八千名士兵、八百輛坦克、一千一百門火砲、二十六艘艦艇、兩艘潛艇、四百架戰鬥機，沒有轟炸機，只有三十架運輸機。[47] 當然，中國也擁有龐大的核武庫。

谷辣斯・尤達卡告訴我：「台灣已經習慣威脅。我認為中共不會停止飛進防空識別區（ADIZ）或台灣周圍海域。這一切都不會結束，他們還會變本加厲地騷擾我們。當然，我們希望上述情況不要發生，因為我們是愛好和平的國家。台灣人民最不想看到戰爭，因此我們正盡最大努力避免戰爭。」

趙怡翔認為，目前阻止戰爭的唯一因素是北京對「風險和成本」的計算。儘管隨著解放軍持續投入現代化建設，隨著時間推移，相應風險和成本會持續下降。不過，趙怡翔補充：「中國共產黨的風險容忍度很低，因為軍事行動的失敗，將意味著中國共產黨的政治生涯『完結』」。因此，台灣及其盟友必須繼續確保中共攻台要付出『天價』，才能阻止北京的狼子野心。

然而，伊斯頓擔心台灣沒有任何應對台海危機升級的準備。他認為：「台灣最大的弱點之一是它面臨著擁有核武器的敵人，但台灣沒有核武器。同時，台灣位於美國核保護傘之外，因此無法像日本、韓國和菲律賓那樣受益於美國對中國的震攝。這讓台灣處於非常危險的境地，台灣沒有能力威懾中國，他們唯一能做的，就是讓中國軍隊的對台行動非常痛苦和危險。」

伊斯頓還擔心台北和華盛頓的「自滿情緒」。普京入侵烏克蘭可能在一定程度上削弱「自滿情緒」，但他認為：「對於五角大樓或台灣國防部的高級將領來說，沒有人真正相信中國會做出如此非理性、瘋狂和極端的事情。若無法相信中國共產黨的諾言，也無法正確審視中國現行訓練、軍事改革和增加開支等舉措，將使台灣處於極度危險的境地。最高政策制定者往往會否認或希望它消失。像台灣這樣地域狹小，而且在外交上孤立的國家，不可能獨自阻止或擊退外來者的侵略，而是需要美國和國際社會的幫助。然而，儘管台海危機一觸即發，各國仍未打算真正伸出援手，只有的口頭支持和軍備遠遠不夠。」

趙怡翔認為，台灣正在採取兩項具體措施因應：「首先，台灣正進行一項軍事改革計劃，發展更強大的非對稱能力，包括購入更多魚叉導彈、海雷和小型沿海戰艦，提升成本效益，也讓台灣海軍更靈活分散，生存能力更強。其次，我們正在深入研究國防政策，意識到台灣沒有空中優勢或海軍優勢。如果爆發衝突，中國只需要一點時間就能抵達外海。因此，台灣海峽不能成為我們最後的防線。因此，我們需要更佳的後備系統，更好地動員、培訓和裝備預備役的方式。」

伊斯頓認為，台灣還有很遠的路要走：「首先，台灣應該認真考慮『恢復徵兵』的可能性，應該接受更多軍事強化訓練。台灣現行只有四個月的強制軍事訓練，比之前的十個月縮短近半，兩年強制兵役已經廢除，台灣如今的軍隊規模大幅縮水。如果要阻止戰爭，可謂『長路漫漫』。」

國際社會，特別是美國，必須挺身而出。伊斯頓指出：「當中國共產黨感覺到民主國家退縮，威權主義勢力逐漸崛起時，對於深諳復仇和擴張主義的領導層，以及像習近平這樣野心勃勃的獨裁者來說，這是一個絕佳機會。」西方從阿富汗撤軍，未能解決維吾爾人的種族滅絕問題，未能阻止中共政權對西藏的暴行，或毀掉香港的自由和自治的行徑，未能勸阻俄羅斯對烏克蘭的入侵，以及迄今為止，未能應對北京對台灣日益加劇的侵略。伊斯頓認為上述「軟弱行徑」均助長習近平「更大的侵略欲望」。也許西方確實以出人意料的速度、團結和軍力應對俄羅斯入侵烏克蘭，不斷加大對俄羅斯的制裁力度，普京如今尚未曾摘取「勝利的果實」，都可能促使北京領導人深思熟慮。然而，我們更傾向相信這只會讓他們「推遲」，而不是「放棄」任何計劃，促使他們從烏克蘭一役中吸取教訓，避免步入俄羅斯的後塵。

為了「阻止中國對台灣的攻擊，舒緩緊張的局勢」，伊斯頓列出一連串美國及其盟友應該採取的步驟：「在入侵之前，你通常不會一下子從零加速到一百英里，而是逐漸加速。因此，要使中國的威懾失敗，必先讓他們自顧不暇，我們可以做很多事情。」

第一步，伊斯頓認為美國總統應該定期與台灣總統交談。入侵防空識別區足以讓拜登總統「立即打電話」給蔡英文總統。此外，兩位領袖還應該互相發推文，承認對方是國家領袖。這並非意味著完全的外交承認或美台關係正常化，但「我們應該制定一條通往此一『長期目標』的路徑。」

第二步，伊斯頓建議讓美國政府和軍隊的高級官員定期訪問台灣。」伊斯頓主張：「目前不允許在緊急情況下，向總統提供建議和選擇的人訪問台灣，是非常不負責任且失職的行為。這意味著我們的最高指揮官不了解他們的對手，不了解戰鬥空間，不知道台灣的地貌。除了他們讀到的東西之外，他們對台灣一無所知，這是不可接受的。我們不希望將領們『一葉障目』，甚至不親身查看未來潛在的戰鬥空間。因此，我們現在應該讓所有高級官員輪流訪問台灣，有時秘密出行，有時公開訪問，以向中共發出威懾信號。」

第三步，伊斯頓認為美國應與台灣軍方進行大規模，而且嚴肅的雙邊軍事演習，讓陸軍、海軍、空軍和海軍陸戰隊與台灣同步訓練，模擬緊急狀況戰略，舉行「聯合軍演」，美國派遣特種作戰部隊前往台灣。綠色貝雷帽應該去台灣，學習文化、語言、歷史，與台灣建立互信。

第四步，伊斯頓認為美國及其盟友應該在台灣預先部署戰略物資。他指出：「我們需要確保台灣有充足的彈藥、燃料、備件、設備、食品。我們在韓國、以色列和關島戰役時如此，台灣目前還沒有上述部署。如果我們認真對待中國的威懾，我們應該及早部署。」

趙怡翔相信如果台灣受到攻擊，美國將干預的想法應該納入中國的軍事設想中。換言之，美國應該結束目前的「戰略模糊」立場。趙怡翔認為，如果日本和澳洲這兩個地區大國也加強「支持台灣」的承諾，將大大有助於北京考慮「新的不確定性、成本和風險」。

伊斯頓同意趙怡翔的觀點：「如今，日本幾乎沒有採取任何行動支援台灣的國防和安全工作，而澳洲只有最近公開的口頭支持。據我所知，日本政府或軍方與台灣之間沒有公開互動。他們在台北的外交官只專注於經濟問題，日澳兩國應該將一些動聽的花言巧語轉化為實質行動，例如派遣代表團前往台灣討論國防和安全問題，共享更多情報。」

趙怡翔對台灣獲得日本和澳洲支持頗為樂觀。他告訴我：「澳洲和日本近幾個月來表現出色，日本前所未有地發表聲明，稱台海和平與安全與日本相牽。澳洲則表示，如果美國干預台海，澳洲也不會袖手旁觀。日澳兩國的發言開始就為中國政權帶來新的風險成本和不確定性。」

伊斯頓認為，北大西洋公約組織（NATO）也不能忽視台灣：「如果中國攻擊台灣，美國和中國必然會開戰，這意味著如果北約想要繼續存在，就必須支持美國。北約不可能置身事外。」沒有人願意談論這個問題，但美國肯定希望所有的盟友都支持他們，包括非軍事支持，如經濟制裁、情報、網絡情報、衛星、外交和政治支持，可能意味著「海軍、空軍和特種部隊」的直接支援。

與中國發生戰爭的後果不可估量。與擁有十四億人口的世界第二大經濟體相比，世界各國為甚麼要投入如此多的資金來保衛台灣這個擁有二千三百萬人口的島嶼？這符合自由世界的最佳利益嗎？為甚麼台灣如此重要？

趙怡翔認為「戰略地緣政治」和「民主價值」決定台灣的「戰略地位」：首先，台灣位於「第一島鏈」的中心位置，與美國的兩個主要盟友日本和菲律賓有著密切聯繫。如果失去台灣，那丟失日本、菲律賓只是時間問題。如果台灣淪陷，韓國也將遠去。如果台灣陷落而美國不採取行動，日本的士氣將備受打擊，損害日本對美國的信心，也將動搖菲律賓對美國東亞影響力的信心。除了地緣政治影響外，台灣民主價值也尤為重要。台灣和烏克蘭都象徵著民主與威權主義之間的鬥爭，如果烏克蘭和台灣雙雙垮台，威權主義力量將被認為勝過民主力量，將危及全世界的民主制度。」

谷辣斯．尤達卡對此表示同意：「台灣很重要，因為我們相信民主、自由、人權和法治，我們與世界上擁有這些價值的國家共同理念。」

台灣民主基金會民主與人權研究員薩金特（Gray Sergeant）認為，台灣問題是現實與理想主義者、自由與保守主義者、鷹派與鴿派之間建立「共同目標」的紐帶。薩金特指出：「人們強調甚麼取決於他們的立場。現實主義者會關注台灣的地緣政治重要性，關注台灣遭到入侵，對日本、韓國和太平洋地區會造成怎樣的影響？是否會損害經濟？理想主義者則會強調台灣的民主價值，關注民主國家自決、自治和主權，以及其基於國際規則運行。上述理由不可單獨存在，共同建構台灣的政治和民主戰略地位。

伊斯頓認為，我們「數十個理由」應該關心台灣。他認為：「最重要的是，台灣是一個自由民主國家，是一個政治奇蹟，它是過去三十年來，其中一個最成功的故事。台灣不僅是一個民主國家，還擁有全球最高的人類發展指數。無國界記者組織、自由之家、人權觀察組織的年度報告都表明，台灣擁有全世界最優秀的政府，與加拿大和斯堪的納維亞國家不相上下。台灣是人權的堡壘，也是任何人都希望擁有的政府。因此，你永遠不想看到這樣的政府被獨裁政權摧毀。」

台灣時維持國際秩序的重要基石。伊斯頓說：「沒有人想生活在一個強者為尊世界，法西斯和共產主義政府不斷前進，獨裁政權試圖征服他們的鄰國。沒有人想回到強者為所欲為，弱者受苦受難的『叢林法則』世界。這就是為甚麼我們在第二次世界大戰後建立聯合國的原因。我們努力地維護該系統，支持弱小的民主國家，只為阻止文明的巨輪倒退。台灣對於整個自由世界秩序至關重要。如果我們失去台灣，我們將失去自由世界的秩序，所有人都會受苦。」

當然，台灣也有重要的經濟地位。台灣是美國的全球第十大貿易夥伴，也是英國第八大亞太貿易夥伴。它是亞洲第八大經濟體，世界第十八大經濟體。正如伊斯頓所說，它是「世界經濟的引擎」和「世界的神經中樞」。台灣是世界上最大的半導體生產商，半導體驅動智能手機和電腦等大多數電子設備。如果這種能力落入中國政權手中，就會威脅所有人的自由。伊斯頓說：「如果我們失去台灣，經濟就會崩潰，整個世界幾乎瞬間陷入蕭條。如果台灣的科技產業，尤其是微芯片落入中國共產黨手中，那麼我們就處於重重危險之中。如果台灣垮台，對我們所有人都構成生存威脅。」

台灣對自由世界的情報機構而言意義非凡。伊斯頓認為：「美國與台灣共享情報，台灣佔有非常重要的戰略位置，使美軍能透過警報雷達和監聽站。監視解放軍的行動。如果台灣陷落，美國的軍事和安全局勢將被嚴重破壞，難以保衛日本、韓國和菲律賓。即使是北馬里亞納群島和關島等美國領土非常容易受到後續襲擊。因此，台灣舉足輕重，但不幸的是，許多決策者對此非常無知，因為他們沒有去過台灣。」

台灣人民想要甚麼？谷辣斯．尤達卡非常明確地告訴我：「作為一個國家，我們希望得到平等對待。國際社會可以通過尊重台灣人民和政府來幫助我們，因為尊重台灣人民不是犯罪。我們應該像其他獨立國家一樣，在聯合國組織或奧運會比賽中受到平等對待。台灣的地位不能由中國來定義，我們想要自決。二千三百萬台灣人民選出台灣的總統，這表明我們可以自決。任何專制政府都無權干預我們的決定。」

在過去的十多年裡，台灣人民的認同感顯著增強。何明修指出，二〇〇八年馬英九當選時，國立政治大學的一項主要調查顯示，百分之四十八點四的受訪者認為自己是台灣人，百分之四十三點一的人認為自己是中國人和台灣人，百分之四的人認為自己是中國人。到二〇一四年，這一差距明顯增大，百分之六十點六的人認為自己是台灣人，百分之三十二點五的人認為自己既是中國人又是台灣人。何明修認為：「台灣年輕人的身份轉變尤其明顯。」[48]

二〇二一年的民意調查顯示，超過百分之八十的民眾支持蔡英文加強台灣民主和自衛，近九十個百分點的民眾反對中共提出的「一個中國」論調。[49]根據布倫丹·泰勒（Brendan Taylor）的說法，最近的民意調查顯示，二十九歲以下的民眾百分百認為自己是「純粹的台灣人」，四十歲以下中有百分之七十點三的受訪者則指出如果北京試圖強行統一，願意為台灣而戰。[50]

基於上述種種原因，正如伊斯頓所言，國際社會應該採取更多行動來確保台灣能夠參與多邊組織，加強各國與台北的練習。伊斯頓說：「我們把台灣當作外交賤民和孤立台灣，對中國共產黨非常有利，讓台灣處於非常脆弱的境地，也把我們置於危險的境地。」

一九八九年北京天安門廣場抗議活動的學生領袖之一、現為台灣公民的吾爾開希對此表示贊同。吾爾開希認為：「台灣長期以來一直受到共產主義威脅，而使這一威脅成為現實的主要原因是世界願意讓中國的威脅成為現實。世界各國採取的所謂『一個中國』政策，已將台灣置於『非法外交』的境地。這情況多麼荒謬。一個向和平示威者開槍、沒有民主、壓制集會、言論和信息自由的政權，才是世界公認的合法政權；一個自由、充滿活力、堪為民主制度典範，擁有自由選舉、信息流動、集會自由，軍隊由民選政府領導，保持中立的國家，卻被世界稱為『不法政權』。」世界不會容忍中國威脅入侵印度、日本或其他國家，由此，北京也不敢輕舉妄動。

谷辣斯．尤達卡對此表示贊同。「如果其他國家對中國少一點恐懼，多一點支持台灣的決心，將會產生巨大的影響。台灣的民主和安全不僅只取決於台灣，也有賴其他國家的支持。如果雙方各自為政，不僅只是台灣，其他國家也將面臨安全威脅。因此，我們要擴大地區和國際合作。台灣的未來也是其他國家的未來，雙方是命運共同體，必須共同進退。」

除了在外交、政治、經濟和軍事層面加大對台灣的支持之外，國際社會還應意識到台灣值得學習之處。台灣應對新冠肺炎的方式，與北京政權的行為形成鮮明對比，如果我們聽取台灣的早期警告，而非相信北京的謊言，那麼疫情的走向可能截然不同。正如薩金特所寫：「新冠肺炎爆發後，台灣政府在遏制病毒後，利用其特許地位，向受疫情影響最嚴重的國家提供建議，捐贈個人防護設備和醫療用品等。如果台灣在國際舞台上有更多發言權，它可以為防止病毒的傳播有更大貢獻。台灣在沒有過度限制公民自由的情況下，阻止疫情擴大，是因為台灣早於二〇一九年十二月底，便對從武漢入境的航班實施健康檢查，成功遏制病毒傳播。隨後，台灣成功實施接觸者追蹤和隔離措施。如果世界其他地區效仿台灣的做法，或許疫情早已受到控制。然而，真正的問題不是台灣的意見不被傾聽，而是他們被剝奪參與世界衛生組織的機會。」[51]

谷辣斯·尤達卡認為台灣抗疫的例子說明了制度透明的重要性。她認為：「世界衛生組織過於信任中國是極大的錯誤。新冠肺炎時前所未見的疫病，一開始沒人知道如何應對，但中國是病毒的源頭，中共政府隱瞞事實真相。相比之下，作為內閣發言人，我從一開始就意識到，為了減少民眾的焦慮，我們必須保持信息透明。因此，我們每天都與醫生和官員舉行新聞發布會，並與電視頻道合作定期播放廣播和短片，向大眾提供有關預防病毒的信息。」

吃一塹長一智。Kitty Chan（譯音陳凱蒂）告訴我：「我們必須大聲反對專制政權對台灣的恫嚇，消除專制政權的信息操縱和消除反對台灣民主的言論。民主國家需要團結起來互相支持，因為獨裁政權永遠不會滿足於只接管一個民主國家。」

台灣是世界上每一個自由民主國家的朋友和啟蒙者。它既是貿易、投資、技術、氣候變化、公共衛生等領域令人印象深刻的可靠、創新、創業合作夥伴，也是促進世界各地民主、人權和法治的盟友。我們應盡一切努力與台灣站在一起，這不僅是「道義正確」的舉措，也符合我們自身利益。

註釋

1 Office of the President of the Republic of China (Taiwan), "President Tsai Attends Opening of a Civil Society Dialogue on Securing Religious Freedom in the Indo-Pacific Region," 11 March 2019, https://english.president.gov.tw/ NEWS/5654/ religious%20freedom.

2 *Taiwan Today*, "Taiwan Makes US$1 Million Commitment to US State Department's International Religious Freedom Fund," 13 March 2019, https://taiwantoday.tw/news.php?unit=2,6,10,15,18&post=151220.

3 Reuters, "China Releases Jailed Taiwanese Activist, Sends Him Home," 15 April 2022, https://www.reuters.com/world/asia-pacific/china-releases-jailed-taiwanese-activist-sends-him-home-2022-04-15/

4 Benedict Rogers, "Beijing's Chilling Imprisonment of a Taiwanese Critic," *Wall Street Journal*, 31 March 2019, https://www.wsj.com/articles/beijings- chilling-imprisonment-of-a-taiwanese-critic-11554057567?mod=article_ inline.

5 *Wall Street Journal*, "China Shows Its Real Self with Li Ming-che," 2 April 2019, https://www.wsj.com/articles/china-shows-its-real-self-with-li-ming- che-11554241428?fbclid=IwAR0wE5y5gb6ZNNAlVjUa80BEn8yDsdyfJQB pSv4Oz2rZU-c8AJFbJisMq8U.

6 Office of the President of the Republic of China (Taiwan), "President Tsai Attends Taiwan International Religious Freedom Forum," 30 May 2019, https://english.president.gov.tw/News/5745.

7 *Taiwan News*, "Taiwan International Religious Forum Slams Organ Harvesting and Uyghur Repression by China," 1 June 2019, https://www. taiwannews.com.tw/en/news/3715328.

8 肯尼斯・斯塔爾因擔任獨立檢察官調查比爾・克林頓（Bill Clinton）總統在莫妮卡・萊溫斯基（Monica Lewinsky）事件而聞名。

9 Taiwan International Religious Freedom Forum, "Declaration on Uyghur Religious Freedom," http://tirff.org/taiwan-declaration.html.

10 *Taiwan News*, "Dalai Lama Sends Message of Support for Taiwan and Religious Freedom," 30 May 2019, https://www.taiwannews.com.tw/en/ news/3714225.

11 *Taiwan News*, "Beijing Angered by Taiwan President's Meeting with Tiananmen Square Activists," 30 May 2019, https://www.taiwannews.com.tw/ en/news/3713461.

12 Brendan Taylor, *Dangerous Decade: Taiwan's Security and Crisis Management*, The International Institute for Strategic Studies, (Routledge, 2019), p. 18.

13 Ibid., p. 18.

14 Richard C. Bush, "Taiwan's democracy and the China challenge," Brookings Institute, 22 January 2021, https://www.brookings.edu/articles/taiwans-democracy-and-the-china-challenge/.

15 Ibid.

16 *Taipei Times*, "Anti-Media Monopoly Explained," 4 February 2013, https://www.taipeitimes.com/News/editorials/archives/2013/02/04/2003554169.

17 Ian Rowen, "Inside Taiwan's Sunflower Movement: Twenty-Four Days in a Student-Occupied Parliament, and the Future of the Region," *Journal of Asian Studies*, 74, no. 1 (February 2015): pp. 5–21, https://www.cambridge.org/core/ journals/journal-of-asian-studies/article/inside-taiwans-sunflower-movement- twentyfour-days-in-a-studentoccupied-parliament-and-the-future-of-the- region/DB4A7B57538A6F06DC6C8CF0058C8040.

18 Ibid.

19 Ibid.

20 Ibid.

21 Ibid.

22 Ming-sho Ho, "The Road to Mainstream Politics: How Taiwan's Sunflower Movement Activists Became Politicians," Carnegie Endowment for International Peace, 24 October 2019, https://carnegieeurope.eu/2019/10/24/ road-to-mainstream-politics-how-taiwan-s-sunflower-movement-activists- became-politicians-pub-80150.

23 Ian Rowen, p. 8.

24 Ibid., p. 11.

25 Ibid., p. 13.

26 Ibid., p. 14.

27 Ibid., p. 16.

28 Ming-sho Ho, "The Activist Legacy of Taiwan's Sunflower Movement," Carnegie Endowment for International Peace, 2 August 2018, https:// carnegieendowment.org/2018/08/02/activist-legacy-of-taiwan-s-sunflower- movement-pub-76966.

29 Ming-sho Ho, "The Road to Mainstream Politics: How Taiwan's Sunflower Movement Activists Became Politicians," 24 October 2019, Carnegie Endowment for International Peace, https://carnegieeurope.eu/2019/10/24/ road-to-mainstream-politics-how-taiwan-s-sunflower-movement-activists- became-politicians-pub-80150.

30 Ian Rowen, p. 1.

31 *Taipei Times*, "Interview: China Seeking Win with Information Warfare: Professor," 22 April 2019, http://www.taipeitimes.com/News/taiwan/archives/2019/04/22/2003713841.

32 *New Bloom,* "Fighting Fake News and Disinformation in Taiwan: An Interview with Puma Shen," 6 January 2020, https://newbloommag.net/2020/01/06/puma-shen-interview/.

33 *Guardian*, "John Cena 'Very Sorry' for Saying Taiwan Is a Country," 25 May 2021, https://www.theguardian.com/world/2021/may/26/john-cena-very- sorry-for-saying-taiwan-is-a-country.

34 *Hong Kong Free Press*, "Hong Kong Journalist Who Challenged WHO Official Quits RTHK," 13 April 2021, https://hongkongfp.com/2021/04/13/journalist-yvonne-tong-quits-rthk-source/.

35 Safeguard Defenders, "China's Hunt for Taiwanese Overseas," 30 November 2021, https://safeguarddefenders.com/en/blog/new-investigation-exposes-prc-hunting-taiwanese-overseas.

36 *Financial Times*, "Taiwan Fights Back Against Beijing's Airline Pressure," 18 June 2018, https://www.ft.com/content/e28a51ce-7081-11e8-852d-d8b934ff5ffa.

37 *Taiwan Today*, "Tsai Lauds Taiwan's Democracy, Calls for Like-Minded Countries to Defend Shared Values," 25 June 2018, https://taiwantoday.tw/news.php?unit=2&post=136758.

38 AFP, "Interview: Taiwan Pres. Tsai Ing-wen Urges World to Stand Up to China and Reaffirm Democratic Values," *Hong Kong Free Press*, https:// hongkongfp.com/2018/06/26/interview-taiwan-pres-tsai-ing-wen-urges- world-stand-china-reaffirm-democratic-values/

39 *South China Morning Post*, "'I Am Taiwanese': Czech Senate President Channels JFK in Show of Support for Island," 1 September 2020, https://www.scmp.com/news/china/diplomacy/article/3099782/i-am-taiwanese- czech-senate-president-channels-jfk-show.

40 European Parliament, "Chair's and Vice-Chair's Message of 20 August 2020 to Ambassador Zhang Ming," https://www.europarl.europa.eu/delegations/ en/d-cn/documents/communiques

41 Hansard, "UK-Taiwan Friendship and Co-operation," 10 February 2022, https://hansard.parliament.uk/Commons/2022-02-10/debates/64A09D24- D41C-4974-ABCE-1C3785CD4C16/UK-TaiwanFriendshipAndCo- Operation.

42 *Al Jazeera*, "United States Should Recognize 'Free' Taiwan, Mike Pompeo Says," 4 March 2022, https://www.aljazeera.com/news/2022/3/4/us-should- recognise-free-taiwan-pompeo-says.

43 *Taiwan News*, "Lithuanian Rum Sells Out within Hour at TaiwanLiquor Stores," 1 February 2022, https://www.taiwannews.com.tw/en/news/4428174#:~:text=In%20December%2C%20Taiwan%20purchased%20 the,its%20warming%20relations%20with%20Taiwan.

44 Brendan Taylor, *Dangerous Decade*, p. 29.

45 BBC, "Xi Jinping Says Taiwan 'Must and Will Be' Reunited with China," 2 January 2019, https://www.bbc.co.uk/news/world-asia-china-46733174.

46 *Guardian*, "China Sends Largest Incursion of War Planes into Taiwan Defence Zone Since October," 24 January 2022, https://www.theguardian. com/world/2022/jan/24/china-sends-largest-incursion-of-warplanes-into- taiwan-defence-zone-since-october.

47 Howard Mustoe and Helen Cahill, “Taiwan Holds Its Breath as China Ramps Up Firepower,” Daily Telegraph, 28 March 2022, https://www. telegraph.co.uk/business/2022/03/27/taiwan-holds-breath-china-takes-us- global-arms-race/.

48 Ho Ming-sho, “The Activist Legacy of Taiwan’s Sunflower Movement,” Carnegie Endowment for International Peace,” 2 August 2018, https:// carnegieendowment.org/2018/08/02/activist-legacy-of-taiwan-s-sunflower- movement-pub-76966.

49 Mainland Affairs Council, Republic of China (Taiwan), “Mainstream Public Voice Support: Taiwan’s Option Is to Become Stronger, More United,and More Determined to Defend Itself,” MAC Press Release No.010, 9 September 2021, https://www.mac.gov.tw/en/News_Content.aspx?n=A921D- FB2651FF92F&sms=37838322A6DA5E79&s=49B5B3D25A7D8E9A.

50 Brendan Taylor, *Dangerous Decade*, p. 20.

51 Gray Sergeant, “Supporting Taiwan: A Calling for Global Britain,” The Henry Jackson Society, July 2021, https://henryjacksonsociety.org/publications/ taiwan-global-britain/.

第十章

危險共謀：北京與緬甸的反人類罪

前一天，我從北京飛往雲南首府昆明市，在錦江酒店稍作休息，然後飛往瑞麗附近的芒市，再經過四個小時的車程，穿過蜿蜒曲折的公路，越過鬱鬱蔥蔥的青山，到達盈江市。隨後，我們在盈江市的一家小旅館裡等到深夜，因為嚮導建議說，晚上從中國邊境「偷渡」到緬甸比較安全。

深夜時分，我們再次動身，開了三個多小時的車，在邊境某處停下來。然後我們摸黑前進大約十分鐘，和在該處等候的摩托車和皮卡車「接頭」，把行李放在卡車後座上，跳上摩托車後座，疾馳穿過叢林。十分鐘後，我們到達拉咱（Laiza），這裡是叛軍克欽獨立組織（KIO）及武裝抵抗組織克欽獨立軍（KIA）的總部。我們來到緬甸克欽邦。

二〇〇六年，我第一次訪問克欽邦。我從二〇〇〇年開始研究緬甸問題，曾多次走訪居於泰緬邊境的克倫族、克倫尼族和撣族，以及印緬邊境的欽族，但這是我第一次從中國跨越邊境來到緬甸北部。當時塔瑪都（Tatmadaw）[1]與克欽獨立軍達成停火協議。然而，停火並不表示和平，雙方激烈的戰鬥雖然中止，但軍方侵犯人權的行為並沒有結束。

緬甸軍方和克欽獨立軍於一九九四年達成停火協議，多年來，克欽獨立組織領袖一直對邀請國際人權組織、非政府組織或記者前往克欽邦，或參與國際宣傳持審慎態度，擔心破壞停火協議，導致雙方維持多年的局面和平瓦解。

但到了二〇〇六年，克欽獨立組織對軍方深感失望，邀請我會見克欽邦領導層、克欽公民團體和教會牧師。他們希望我舉辦工作坊，培訓年輕的克欽社運人士投身人權運動。一位克欽牧師告訴我：「我們已經哭求很久，希望有像你這樣的人來幫助我們，我們覺得自己被遺忘了，我們非常孤獨。」

由此，二〇〇六年至二〇一二年間，我多次訪問中緬邊境。我每次都在克欽嚮導的陪同下，某個晚上穿過某條河流或土路，「非法」越過中緬邊境。每次回到中國時，都會有一輛「哨車」

在我們前面領路，提醒我們沿途是否有中國檢查站。我十分幸運，七年間數次訪問中緬邊境，從未被攔截、詢問或逮捕。不過，我確實有千鈞一發的經歷。在拉咱，克欽人把我藏得相當嚴密，不讓我單獨走出旅館，只允許我從漆黑的車輛進出，以免被路人發現。基本上，我只能通過後門偷偷進出酒店。

有一次，我在酒店與一位專程從克欽邦首府密支那拜訪我的男子會晤，半小時後，我收到克欽邦東道主發來的訊息：「我們剛剛收到消息，緬甸陸軍北部地區司令和克欽邦司令正在當地，他們將在你的酒店吃午餐，請你不論遇到任何情況，都不要離開房間。」我躲在離緬甸軍政府兩名最高級官員上方兩層樓的房間裡，當我小心翼翼地向窗外望去時，看到院子裡擠滿士兵，他們的槍在正午的陽光下閃閃發光。根據停火協議，克欽獨立組織和克欽獨立軍繼續控制拉咱，但緬甸軍方可以隨意進出。

停火一直持續到二〇一一年六月，十七年後，緬軍率先打破協議，大規模進攻克欽。最初的戰役中，至少有六萬名克欽平民從原居地逃往克欽獨立組織位於拉咱和邁扎央（Maijayang）據點周圍的臨時營地，越過邊境逃往中國。隨後幾年，數十萬人無家可歸，村莊被燒毀，婦女被強姦，教堂被摧毀，牧師被折磨和謀殺，普通平民被毆打、監禁或用作強迫勞動。

六個月後，我再次前往克欽，探望流離失所的人。克欽如今是一個活躍的戰區，人們擠在舊倉庫、工廠和叢林搭建的營地中，睡在冰冷的混凝土地板的薄墊子上，節衣縮食地過活。雖有某些機構提供支援，聯合國派出一小隊卡車車隊，為不超過八百個家庭提供基本物資，但國際援助是杯水車薪，人們主要向克欽族社區求助。因此，一群令人印象深刻的年輕克欽社運人士建立統籌人道主義工作的組織以協助難民。

緬甸軍方和克欽獨立組織均試圖舉行會談。事實上，二〇一二年一月，克欽獨立組織領袖在中國瑞麗市會見了緬軍。我通過克欽邦為我安排的嚮導密切關注會談，很明顯克欽獨立組織立場堅定，他們汲取教訓，不會被經濟發展的承諾收買，而希望通過政治進程達成解決方案，使他們獲得奮鬥了五十多年的自治權。克欽獨立組織的一位高級領袖告訴我，他們致力於建立一個聯邦制（federal）的緬甸。

實行「聯邦制」是所有緬甸民族的共同目標，在過去七十年的大部分時間裡，緬甸民族一直與軍方進行作戰，使緬甸成為世界上內戰時間最長的國家。

過去三十多年裡，緬甸面臨著痛苦的民主鬥爭時期。一九四八年一月四日，當緬甸宣布脫離英國殖民統治獨立時，它成為一個「民主國家」，同時陷入悲劇之中。緬甸民主奠基人昂山將軍一年前被暗殺，使緬甸失去一位能夠團結國家的將領。吳努（U Nu）在緬甸脆弱的議會民主制度下擔任十年總理，隨後於一九五八年自願將權力移交給尼溫將軍領導的軍政府。一九六〇年，吳努在選舉中以壓倒性優勢獲勝，但兩年後，他就在「尼溫政變」中被推翻，緬甸進入長達數十年的軍政府管治模式。

每當緬甸人民就「他們希望由軍政府還是民主人士管治」的議題投票時，他們都會明確表示支持民主人士。他們在一九六〇、一九九〇、二〇一五和二〇二〇年選舉都這麼做了。他們的意願只在二〇一五年得到尊重。其他三次選舉中，軍方不滿選舉結果，用子彈推翻「選票」，再次奪權。二〇一〇年，軍方唯一一次「贏得」選舉，就是禁止民主反對派參選，推舉親軍方的候選人，操縱選票，這些候選人只是脫掉軍裝，換上西裝和緬甸傳統服飾（taikpon eingyis 和 longyis）

然而，二〇一一年八月，緬甸的政治格局生變。二〇一〇年因選舉舞弊，成為總統的前將軍登盛，邀請緬甸民主領袖昂山素姬（昂山將軍的女兒）參加會談。這是自他就任總統以來，兩人首次會面，而昂山素姬也於二〇一〇年十一月軟禁後獲釋。昂山素姬自一九八八年抗議活動以來，一直領導民主運動，在一九九〇年的選舉中，以壓倒性票數勝出，但她從未獲准組建自己的政府團隊。反之，她在選舉勝出後的二十一年中，有長達十五年處於軟禁狀態。

登盛和昂山素姬的會面似乎預示新時代的到來。隨後，緬甸政治犯獲釋，公民團體和獨立媒體的有更多發言空間，政府與許多族裔群體簽署了停火協議，舉行多黨選舉，一切都朝「緬甸和平」的方向前進。二〇一二年，昂山素姬在補選中當選為議會議員，她領導的全國民主聯盟（NLD）在議會選舉四十四個席位中，贏得四十三席。隨後，她與軍方談判，並於二〇一五年贏得大選，組建緬甸五十多年來第一個民選政府。

當然，緬甸在某種程度的自由化和開放十年，遠非完美。事實上，隨著國家開放，宗教或民族主義也隨之而來，軍隊煽動種族和宗教仇恨的餘燼。對以穆斯林為主的羅興亞人實施「種族滅絕」政策。同時，在緬甸其他地區興起的反穆斯林歧視和暴力，以及緬甸北部克欽邦和撣邦的持續衝突表明，緬甸要真正實現自由，還有很長的路要走。

此外，軍方在昂山素姬統治期間發動襲擊，煽動社會內部的種族仇恨，但昂山素姬並沒有制止或譴責它，反而為其保駕護航，嚴重影響她的國際聲譽。當她前往海牙，在國際法院（ICJ）

針對種族滅絕指控為緬甸軍方辯護時，她在許多人眼中從「聖女」淪為「賤民」（pariah）。

多年來，我數次前往緬甸，在全國各地為民間社運人士、宗教領袖、少數民族群體和政治人物舉辦研討會。我既看到緬甸向世界開放的潛力，也看到極端宗教民族主義，和種族政治在這片土地上肆虐的隱患。我曾多次見到昂山素姬，雖然我最終無法為她與軍方暴行的共謀辯護，但我明白她的處境比許多人認為的複雜得多。

她對軍方採取綏靖政策，故二〇二一年二月一日的政變完全出乎我意料之外。在二〇二〇年十一月的緬甸選舉中，昂山素姬和全國民主聯盟再以壓倒性優勢勝出，有望連任。雖然根據軍方起草的憲法，她被禁止擔任總統，但昂山素姬自二〇一五年以來，一直是名副其實的政府首長，擔任新設立的「國務資政」一職，親自挑選並任命總統。眾所周知，在二〇二〇年的選舉中，即將卸任的軍隊總司令敏昂萊大將想要當總統，自欺欺人地以為人民會支持他。當他明白無法通過選舉實現自己的野心時，他用子彈和槍管發動政變並奪取政權，使緬甸民主「時光倒流十數年」，不僅毀掉緬甸多年來民主改革的成果，也使該國陷入更深的衝突和鎮壓之中。昂山素姬和全國民主聯盟的同伴被逮捕和監禁，公民團體和獨立媒體被迫關閉，軍方對少數民族地區的襲擊升級，並將槍口對準城市中的和平抗議者。截至撰文，已有超過一萬三千人被捕，近二千人被殺，美國已承認緬甸軍方針對羅興亞人的暴行是「種族滅絕」，聯合國更指責緬甸軍方犯下戰爭罪和反人類罪。

那麼，中國在其中扮演甚麼角色呢？北京政權、內比都政權以及緬甸其他既得利益者之間的關係又是甚麼？我們應如何評價中國的對緬政策？

歸根結底，中國共產黨的動機只受「自身利益」驅使。北京沒有道德、倫理或人道關懷的想法。中國與緬甸的邊界綿延二千二百公里，北起靠近印度的迪普山口，經過南米山口和東南亞最高的開卡博峰，翻越橫斷山、高黎貢山，南至老撾附近的湄公河，北京關心的只有邊境穩定、緬甸經濟和地緣政治利益安全。

印度新德里政策研究中心高級研究員安舒曼・喬杜里（Angshuman Choudhury）認為，可以用「多維」（multi-dimensional）來形容中國與緬甸的關係，即北京政權總體上採取與緬甸的任何執政者合作，以保持中國自身利益和影響力，是兼有「功能」和「功利」的關係。

美國和平協會緬甸項目主任賈森・塔爾（Jason Tower）表示同意此觀點。他在曼谷和我通話時說：「中國與緬甸的關係聚焦於三個關鍵中方利益，而非保持對任何特定利益相關者的效忠。

中國希望保護直接經濟利益，確保政權對邊境地區的控制和穩定，防止西方人士在中國戰略性外圍地區獲得影響力。」此外，塔爾認為，中國還將緬甸視為削弱全球民主和人權標準的案例。

故此，雲南省政府和北京政府不會真正關心緬甸的掌權者是誰，只希望那些與他們建立「特殊業務關係」的人擁有權力。對北京而言，掌權的是「全國民主聯盟」還是「軍方」，都無所謂，只要可以利用他們實現中國的目標就可以了。

這就是為甚麼儘管民主運動領袖昂山素姬的理念和中國大相逕庭，但其執政期間，北京不遺餘力地與她發展關係的原因。昂山素姬上任後於中國進行首次國事訪問，五次訪問北京，五次會見習近平，特別是二〇一七年羅興亞危機後，面對西方批評，她開始與中國交好。喬杜里認為此舉是因為昂山素姬發現中國願意在國際層面支持她的政府。

二〇二〇年一月，習近平首次訪問緬甸。這是二十年來中國國家主席首次於緬甸進行國事訪問。中國和緬甸簽署三十三項雙邊協議，將緬甸拉入北京的陣營。這些價值數十億美元的交易，是習近平「一帶一路」倡議的一部分，包括連接中國西南部和印度洋的經濟走廊沿線的鐵路和深海港口項目、耗資二百億美元，興建從雲南到緬甸海岸的高鐵線和高速公路，以及在中緬邊境建立新的經濟特區。

緬甸的少數武裝民族組織也與北京保持複雜的關係。塔爾說：「少數民族群體、人民防衛軍（PDF）運動、其他政黨、全國民主聯盟、流亡的民族團結政府（NUG）和塔瑪都無法忽略中國勢力對緬甸的影響。他們比在邊境另一邊利用克欽族或景頗族社區和中國互動的克欽獨立組織更有先見之明。大家對中國的一舉一動高度敏感，所有都想要獨家資訊，都想知道中國的發展方向。」總而言之，這是一種「又愛又恨的關係」，因為上述組織均看到中國佔優的地方，也明白中國對他們的阻礙，但他們必須承認，如果沒有中國的支持，他們的發展前景就相當暗淡。

中國「牆頭草」的取態在「敏昂萊政變並推翻昂山素姬政府」一事中清晰可見。喬杜里指出：「最初，中國官方媒體將這次政變描述為內閣改組，將其偽裝成某種正常的行政變更，而非政權輪替，向國際和緬甸觀眾發出『中緬關係不變』的信號。」

二〇二一年三月十六日，政變發生六週後，中國環球電視網（CGTN）在其網站上發表一篇題為《停止干涉緬甸事務！》（Enough with the interference in Myanmar already!）的文章。正如緬甸問題專家貝蒂爾・林納（Bertil Lintner）所言：「除了標題措辭不當外，中國國營新聞機構還反駁西方二月一日對緬甸政變異常嚴厲的攻擊，認為西方鼓動緬甸騷亂，是緬甸『陷入內戰』的罪魁禍首，並指出西方用空洞的言詞煽動示威者，是不負責任的行為。相比之下，中國堅持『不干涉別國內政』的政策。」林納認為這篇文章對於任何熟悉緬甸近代歷史的人來說，是徹底的胡言亂語。世界上沒有哪個國家像中國那樣，嚴重干預緬甸政治和內部衝突。[2]

自一九五〇年代以來，一百四十三名緬共幹部長途跋涉來到中國，請求中國支持他們的反仰光政府行動，又到訪成都為緬甸共產黨人提供的避難所，接受政治訓練和政治庇護。[3] 中國長期以來一直深入參與緬甸事務。一九六二年尼溫政變後，中國全力支持緬甸共產黨，允許其在北京印製宣傳材料。一九六七年。仰光爆發反華騷亂後，中國更加大力度支援叛亂組織。

然而，自八十年代以來，中國一直支持軍方掌權者（主要是將軍們），成為緬軍的主要武器供應商和經濟命脈。事實上，林納認為「緬甸已經是中國的傀儡，以至於執政軍隊認為他們必須向西方開放，以中國對緬甸主權和獨立的威脅。」

從二〇一一年到二〇一七年間，緬甸向西方打開了一扇短暫的窗口，從國際孤兒變成了西方寵兒。隨後發生的羅興亞人的種族滅絕事件，以及二〇二一年緬甸政變結束這一切，緬甸又回到

「孤兒」的地位。林納指出：「中國充分利用上述局勢，在聯合國安理會保護緬甸軍隊，加強緬甸境內的大外宣活動。緬甸可能是中國干涉別國『內政』的最明顯和最具侵略性的例子，中方對緬甸軍警日益殘暴的行為保持沉默，是他們侵犯人權的同謀。」[4]

二〇二一年四月三日，中國外交部長王毅發表聲明，表面上呼籲停止流血事件，暗地裡卻組織聯合國安理會介入緬甸事務。更諷刺的是，他還呼籲國際社會制止外國勢力為一己之私，而在緬甸製造混亂。」[5]

塔爾寫道，中國高層在政變發生後不到兩個月，於二〇二一年三月二十七日參加緬軍的建軍日慶祝活動，表明中國「願意繼續保護緬軍」的訊號。同時中國太和智庫發表的文章，闡明北京對緬立場：「『公民抗命運動』得到西方非政府組織的全力支持，緬甸聯邦議會代表委員會（CRPH）也得到民眾的支持。但他們與緬甸軍方相比，是不值一提的非法組織，其領袖者必因煽動叛亂而被通緝。」[6]

事實上，政變發生多久，緬甸便經歷多久殘酷鎮壓和衝突。中國外交部長王毅告訴緬甸軍政府外交部長溫納貌倫，無論局勢如何變化。[7] 中國將一如既往支持緬甸政權。他表示中國始終將緬甸置於周邊外交的重要位置，並希望中緬雙方繼續深化交流與合作。

儘管如此，北京方面急於擁抱軍方的舉動顯然不得人心，助長該國的反華情緒，中國駐仰光大使館外發生抗議活動，有人呼籲抵制中國商品，仰光周邊數十家中國紡織工廠遭到襲擊和縱火，造成約三千七百萬美元的損失。由此，中國稍微改變他們的對緬策略。[8]

儘管沒有證據表明中國是緬甸政變的幕後黑手，但緬甸人民對中國的憤怒日益加劇。正如塔爾說：「中國的『不干涉政策』承認持槍的政黨，排除緬甸境內的西方價值觀和影響力，但中國逐漸失去緬甸公眾和武裝團體的信任。」[9]

根據塔爾的說法，北京在政變前一年明確知道敏昂萊的「密謀」。塔爾回憶道：「我與中國學者的多次交流中發現，他們還不懷疑敏昂萊當總統的野心，早在二〇二〇年一月，中國學者談論過政變的可能性，以及美國的因應方式。我總是告訴他們，在緬甸現行政治體系內，敏昂萊不可能實現他目標。因此，很明顯，敏昂萊和塔瑪都在內比都會見中國外交部長王毅時，他明確向王毅表達不滿。」然而，塔瑪都不太可能透露具體謀算。故此，塔爾認為該會議上，緬軍未正式表明政變日期，但中國作為既得利益者，會得到相關情報。」

喬杜里對此表示同意，他在新德里和我通話時指出：「我傾向於相信中國知道這次政變，但我不確定北京領導層的取態。敏昂萊是會向『鄰居』，尤其是中國和印度通風報信的人。」

然而，塔爾表示：「我不相信中國開綠燈的說法。若是中國支持政變，他承擔大部分政變成本，包括關閉長達數月的邊境貿易，勢必會在雲南引發騷動，也會引發『習近平和溫敏總統商定的中緬投資是否仍然生效？』的問題。儘管溫敏現在入獄，但他仍然是緬甸流亡政府的總統。此外，中緬邊境不穩，發生多起槍擊事件。對大國來說，讓小國緬甸向中國人房屋開槍，非常有失顏面。此外，中國在緬甸最重要的基礎設施之一的天然氣管道，也受到不同程度襲擊。因此，政變導致中國遭受多方損失。」

然而，儘管中國可能不喜歡政變帶來的不穩定和衝突，但中國的重點是「確保中方利益」。由此，塔爾認為，中國對軍政權的外交支持基於中國不希望西方牽涉其中。中國知道如果聯合國安理會介入事件，西方就會牽涉到緬甸問題中，故此中國竭力阻止上述情況發生。中共政權不願意花費大量政治資本來協助敏昂萊或任何其他政黨，而是選擇「戰略性地利用」緬甸局勢，以東南亞國家聯盟（ASEAN）成員國的「支持」，並與他們達成政治協議。

這也許是為甚麼中國同意聯合國任命緬甸常駐代表覺莫吞（Kyaw Moe Tun）的原因。覺莫吞是昂山素姬政府任命的職業外交官，他在，政變發生僅三週後，他在紐約聯合國大會上發表激動人心的演講，宣布反對政變，支持全國民主聯盟，呼籲世界對緬甸伸出援手。覺莫吞表示：「我們需要國際社會採取進一步且強而有力的行動，立即結束軍事政變，停止壓迫無辜的緬甸人民，將國家權力歸還給人民並恢復民主。」演講後，他隨即被軍政府解除大使職務，但人們努力讓他保留大使職務，並繼續擔任緬甸駐聯合國代表。二〇二一年，關於覺莫吞有否資格續任的爭議發酵，中國最終同意他續任的協議，但他在一段時間內必須保持低調。

對此，塔爾評論：「北京知道全國民主聯盟在緬甸很受歡迎。他們見證選舉結果，看到民眾對中國早期對緬政變聲明的反應。他們知道自己的言論激怒緬甸民眾，使反華情緒發酵，致使中國在緬甸的基礎設施項目、資產和中國公民遭受攻擊。中國希望減少緬甸民眾的怒火。此外，就覺莫吞的資格作出決定的委員會，還包括美國和其他成員國。如果中國想讓它成為一個爭論點，就必須在一些不會給它帶來很多好處的事情上，花費大量的政治資本，長遠而言必然會損害它的利益，因此中國會讓步。」

喬杜里對此表示同意，他指出：「政變後，中國意識到軍政府被西方國家和東盟鄰國孤立，已經陷入困境。這為中國以此為契機和軍政府磋商，發揮他的影響力，以最小代價做最多的事，包括完成一帶一路項目。」

在雙邊貿易方面，中國是迄今為止緬甸最大的進口和出口貿易夥伴。根據二〇一九年的數據，雙邊貿易額約為一百二十億美元，佔貿易總額三百六十億美元的三分之一。根據中國官方數據，自二〇二一年政變以來，中國從緬甸的進口額只增不減，從二〇二〇年的二十四點三億美元和二〇一九年的二十五億美元，增至二〇二一年前五個月的三十三點八億美元。[10]

中國在緬甸最重要的投資是石油和天然氣。中國耗資四十五億美元，建造一條天然氣和石油管道，從若開邦（Rakhine）的皎漂港（Kyakhphyu）延伸到雲南省。此外，中國還在皎漂建港設一座年吞吐力二千二百萬噸的油港。印度學者蘇曼特．薩姆薩尼（Sumanth Samsani）表示，天然氣管道可佔中國天然氣進口總量的百分之十六點三，而石油管道可佔中國石油進口總量的百分之四點三。[11] 此外，中國在緬甸電力領域完全佔據主導地位，並在米朗嘉因（Mee Laung Gyaing）投資二十五點七億美元，建設緬甸最大的液化天然氣項目。[12]

中國在緬甸的直接投資總額超過二百一十億美元，佔緬甸國內生產總值的百分之二十八，最具戰略意義的項目之一是價值十三億美元的皎漂深水港，以及將該地區發展為經濟特區。中國有皎漂港的五十年租用權，正如薩姆薩尼（Samsani）所言，隨著越來越多中國人民解放軍海軍艦艇出現在安達曼海，民眾開始擔心皎漂港可能被用於軍事目的。[13]

二〇二一年八月，中國為湄公河－瀾滄江合作框架內的二十一個項目提供六百萬美元投資，繼續擴大中緬經濟走廊（CMEC）倡議，作為基礎設施項目的保護傘。此外，中國正在向緬甸提供數碼人民幣，幫助緬甸減少在貿易中對美元的依賴，減輕國際制裁，包括限制使用 SWIFT 國際支付信息系統的影響。[14]中國企業在緬甸零售業的主導地位也日益增強，值得注意的是，阿里巴巴的在線平台 Shop.com.mm,[15]而華為正在與 KBZPay 合作開發移動支付平台。

儘管中國企業在緬甸「遍地開花」，但正如塞巴斯蒂安．斯特蘭吉奧（Sebastian Strangio）在其著作《巨龍陰影：中國掌控下的東南亞》（In the Dragon's Shadow: Southeast Asia in the Chinese Century）所言，人們對中國「接管」緬甸第二大城市、文化和宗教中心曼德勒（Mandalay）感到「特別焦慮」。[16]

曼德勒（Myanmar）位於緬甸中部，距雲南邊境約四百五十公里（約一天車程），擁有大量中資酒店、餐館、卡拉ＯＫ酒吧和商業地產。斯特蘭吉奧寫道：「曼德勒商店招牌上到處都是簡體中文，這座城市熙熙攘攘的玉石市場經常有來自邊境小鎮瑞麗，穿著時髦的中國商人光顧。雖然曼德勒與中國的貿易蓬勃發展，但曼德勒是緬甸佛教的『聖地』，同時是緬甸最後一個皇室的所在地，使中國移民和外籍人士到訪成為一個特別敏感的問題。」反華情緒暗潮湧動，隨時會爆發。[17]

幾乎沒有甚麼中國投資項目，比價值近十億美元的萊比塘銅礦更能說明緬甸對中國的敵意，該銅礦由中國萬寶礦產公司與軍方的緬甸經濟控股公司合作營運。二〇一二年底，緬甸中部蒙育瓦附近的礦井湧現大批示威者，抗議者聚集在中國駐仰光大使館外，橫幅上寫著：「德古拉中國滾出我們的國家！」

該投資項目被迫暫停，昂山素姬成立調查委員會，評估該計劃的可行性、對環境的影響、當地社區的不滿以及警方對抗議者的殘酷鎮壓。調查委員會最終得出的結論是，儘管該計劃不受歡迎，但礦山應該繼續營運，她下達礦山恢復開採的命令。

中國與俄羅斯均為緬甸的主要武器供應國。根據斯德哥爾摩國際和平研究所（SIPRI）的數據庫顯示，二〇一〇年至二〇一九年間，緬甸從中國購買武器的花費達十三億美元。二〇一四年至二〇一九年間，中國向緬甸銷售的產品包括雷達、軍艦、戰鬥機和教練機、武裝無人機、裝甲車和導彈，佔緬甸武器進口的百分之五十。此外，緬甸百分之九十的軍事運輸由中國提供。[18]

聯合國緬甸人權問題特別報告員、前美國國會議員湯姆．安德魯斯（Tom Andrews）在二〇二二年二月，向聯合國人權理事會提交的報告中譴責中國向緬甸軍政府出售武器。

安德魯斯說：「毫無疑問，中國不應轉售用於殺害平民的武器予緬甸。制止軍政府的暴行首先要阻止他們獲得武器，我們拖延的時間越長，在緬甸喪生的無辜人民就越多。緬甸人民懇求聯合國採取行動，他們值得安理會投票決議停止出售用於殺害他們的武器。太多緬甸家庭發現自己成為戰爭的瞄準目標。必須結束這一切。」[19] 中國和俄羅斯是聯合國安理會兩個擁有一票否決權的常任理事國，它們否決這項提議，因為它們是緬甸政權的主要武器提供者。

除了出售軍備外，中國還以各種方式幫助緬甸政權加強監控系統。據報導，緬甸國防軍已獲得中國製造的無人機（UAV）的情報、監視和偵察（ISR）能力，[20] 以監視人民的抗議活動，中國電信巨頭華為正在協助緬甸政權建立「安全城市」。內比都引進一套耗資二百九十萬美元，[21] 由三百三十五個採用華為生產的面部識別技術監控攝像頭組成的系統，並於二〇二〇年十二月投入使用。據內比都城市項目高級顧問敏瑞（Myint Swe）稱，這些攝像頭覆蓋八個鄉鎮，可以掃描車牌號碼。他說：「任何有犯罪記錄進入內比都的人都無所遁形，『安全城市』系統能夠偵測，並找到犯罪者。另外，我們只需查看車牌號就可以確定汽車的行蹤。」

緬甸第二大城市曼德勒也推行同樣的監控策略，安裝人工智能和面部識別設備，並將華為列為「智慧城市計劃」的合作夥伴。[22]

此外，緬甸正與中國商討互聯網數碼監控的策略。二〇二一年底，有消息稱緬甸政權尋求中國互聯網技術人員支持，發展緬甸的情報攔截和監控能力，以加強互聯網控制。林納表示：「本質上，中國當局能阻止民眾存取某些特定的外國網站，減緩進出國內的互聯網流量。由此，中國不僅合理關注緬甸的異見人士，還能監控他們緬甸政權的將軍們。」[23]

「緬甸公義」（Justice for Myanmar）是一個防止軍方濫權行為的組織，他們披露包括官方預算在內的數百頁政府文件，詳細說明軍方升級監視技術的計劃。據《紐約時報》報導，這些文件列明數千萬美元用於開發手機和電腦程式，追蹤並實時竊聽民眾對話等提升監控技術的措施。[24]

緬甸向中國支付百分之四點五的借貸利率，據薩姆薩尼稱：「這是它向貸款國支付的最高利率。」[25]人們越來越擔心緬甸無法償還貸款，日漸依賴中國。

對北京而言，在緬甸「投資」的風險不小。正如一九九九至二〇〇二年擔任美國駐緬甸使團團長的傑森・塔爾（Jason Tower）和普里西拉・克拉普（Priscilla Clapp）所言：「政變和緬甸國內的混亂狀態一再影響中緬關係，帶來意料之外的龐大威脅。例如 COVID-19 沿邊境爆發，衝突頻發影響中國的預期收益，民眾的反華情緒日益高漲，針對中國或由中國犯罪網絡組織的犯罪活動激增。」[26]塔爾和克拉普認為上述任一事件，均對中國在緬甸的投資構成挑戰，為有效實施中緬經濟走廊（CMEC）計劃蒙上陰影。

賭博、人口販運和毒品三大領域構成的「犯罪網絡」是中緬關係重要一環，體現在中國對佤邦聯合軍（UWSA）的支持中。正如伯蒂爾・林納在其著作《中緬宏謀：主宰全球》（The War of Myanmar and China's Quest for Global Dominance）中所言：「佤聯軍是亞太地區規模最大，裝備最精良的非國家軍事行動者，中國是他們的『軍火商』，為他們提供 HN-5A 單兵便攜式防空系統（MANPADS）、重機槍、自動步槍、迫擊砲、火砲、地對地無動力飛行導彈、裝甲運兵車、其他戰車、武器化無人機和其他尖端的軍事裝備。」[27]此外，林納觀察到緬軍使用的武器不是「倉底貨」，並非由雲南當地的解放軍部隊提供，而是直接從北京「調撥」的。二〇〇七年，解放軍顧問在邦康以西的爐房山脈為佤聯軍提供一百二十二毫米榴彈砲和一百三十毫米野戰炮訓練，可見兩軍關係匪淺。[28]

林納寫道：「毛澤東時代，中國想要輸出革命共產主義，如今，中國聚焦於經濟擴張，以及隨之提升的政治影響力。[29] 活在緬甸東北部邊境地區且鮮為人知的佤族，正是這項偉大計劃中關鍵的一環。」

佤聯軍是北京「值得信賴和有用的地緣戰略盟友」，它在緬甸境內的影響力巨大，是中國與緬甸中部政權的紐帶，也是中國立足緬甸之本。在佤聯軍控制的領土上，人民幣是唯一流通的貨幣，民眾使用的手提電話和互聯網均連接中國服務器，漢語也逐漸「取代」緬甸語，成為流通語言。[30]

根據林納的說法，佤聯軍與緬甸軍方達成的和平協議中列明他們可以保留地區的控制權，並在境內可從事任何類型的生意，維持自己的生存。[31] 多年來，偏遠山區的主要收入來源是種植作物。因此，二十多年來，佤聯軍及其盟友主要生產和供應鴉片和海洛因。然而，近年來，他們的重點轉向生產興奮劑（甲基安非他命），導致中國各地濫用藥物個案頻生，海洛因廣泛流通。緬甸生產的毒品不僅在昆明、瑞麗和寶山等雲南城鎮流通，甚至中國其他主要城市也非「稀罕物」。[32] 時至今日，佤族憑藉錫礦開採和中緬泰投資中賺取龐大利潤，逐漸將罌粟田改造成橡膠種植園和茶園。[33]

賭博和賣淫也是佤邦經濟的「雙頭馬車」。佤聯軍總部所在的邊境城鎮邦康是一個繁榮的賭場小鎮，擁有酒店、卡拉OK酒吧、保齡球館和一家全天候接待中國顧客的賭場。無獨有偶，由中國出生的吳再林和他的撣邦東部民族民主同盟軍（NDAA）控制的「果敢」地區，及緬甸邊境城鎮勐拉，也是吸引中國賭徒蜂擁而至，臭名昭著的罪惡巢穴。據塞巴斯蒂安・斯特蘭吉奧（Sebastian Strangio）觀察，他們在鎮上的精品店和餐館公開出售瀕危野生動物產品包括穿山甲、象牙和虎骨酒，吸引大批中國顧客非法越境嚐鮮。[34]

中國賭場投資者遍布緬甸，計劃在緬甸克倫邦建設三座大城市作為賭場根據地。據塔爾和克拉普所言，某些賭博團體和中國政府機構勾結，將賭博納入中國「一帶一路」倡議的核心。[35]

塔爾告訴我，佤族是中國的完美盟友，因為佤邦沒有宗教自由，也不關心民主或人權。然而，緬甸緊張局勢日益加劇，中國官員與跨國犯罪分子密切合作活動為人詬病，習近平政權十分不快。同時，中國逐漸從緬北召回國民，佤族也開始感受到來自中國的壓力，因此兩者的關係非常複雜。」

儘管如此，在宗教問題上，佤聯軍聽從中國的指揮，北京正在實施跨境鎮壓基督徒的政策。二〇一八年九月九日，佤聯軍按照中國的命令發表一份聲明，下令讓所有軍官和管理人員查明基督教傳教士在境內的活動及其意圖。[36]隨後，佤聯軍宣布拆除一九九二年以後新建的教堂，並禁止新建教堂。據報導，行動中共有五座教堂被摧毀，五十二座教堂被迫關閉，網上短片也可見佤聯軍官員摧毀十字架，並驅逐和逮捕牧師、神職人員及修女，並關閉宗教學校。[37]據林納稱，這次鎮壓的源頭是中國懷疑外國傳教士利用佤山作為向中國傳播福音的基地，同時美國永久居民華裔牧師曹三強（John Cao）因非法越境被中國法院判處七年徒刑。

中國的「魔爪」也開始伸向其他緬甸民族。「果敢族」由彭家聲創建的緬甸民族民主同盟軍（MNDAA）領導，自一九八九年成立後不久與塔瑪都停火，並與中國結盟。吳再林的撣邦東部民族民主同盟軍（NDAA）則娶了彭家聲長女彭新春。根據與緬甸軍政權的停火條款，果敢人獲得地區的自治和控制權。然而，好景不長，二〇〇九年開始，緬甸政權向「果敢族」施壓，要求他們加入新成立的邊防部隊，並在「果敢族」拒絕後對果敢地區發動大規模攻勢，造成緬甸北部多年來最大規模的難民潮。至少三萬人逃往中國，促使中國當局開設七個難民營並提供食物、飲用水、住所和急救用品。[38]三天衝突導致至少五百人死亡，緬甸軍方控制果敢地區，並迫使彭家聲領導的叛軍逃入中國，緬甸軍政府任命效忠政權的白壽謙擔任果敢地區的新領導。

隨後，中國一反常態召見緬甸駐北京大使。如前所述，北京雖然不關心侵犯人權甚至人道主義的危機，但它在意邊境是否穩定、是否對其經濟利益造成威脅，以及是否會引發襲擊華裔居民等問題。中國外交部發言人就此事發表的言詞也相對強硬，表示中方已就在緬中國公民權益受損，向緬方提出交涉，並重申中方立場，要求緬方迅速調查和懲治違法分子，切實保護在緬中國公民的合法權益，確保類似事件不再發生，並將結果報告中國。中南海狠狠地敲打內比多將軍們。

北京對緬甸其他非華裔族群的態度更為複雜。二〇一八年十一月，我與合作的人權組織全球基督教團結組織（CSW）在倫敦和布魯塞爾接待來自緬甸北部克欽族、撣族和德昂族的社運人士代表團，成員包括克欽浸信會主席、敢言牧師卡拉姆・薩姆森（Hkalam Samson）、緬甸北部三個天主教教區代表保羅・拉派・翁・當（Paul Lahpai Awng Dang）神父，以及婦女組織和民間社運團體代表。代表團在倫敦會見了政府部長和高級議員，並在布魯塞爾向歐盟官員和歐洲議會成員介紹緬甸的情況。儘管他們隨後必須返回緬甸，也明白此舉存在風險，但他們希望世界關注，故此代表團公開接受媒體採訪，並向媒體提供新聞稿。

卡拉姆・薩姆森牧師說：「我們很高興有機會代表緬甸北部所有人民向國際社會發言，祈求緬甸境內的正義與和平。我們希望結束數十年的內戰，我們想要和平，但真正的和平只能通過政治手段解決，最終實現聯邦制和民主化管制模式。我們呼籲昂山素姬及其政府、緬甸軍方和所有少數民族武裝團體，就我國的政治未來進行有意義的對話，伸張正義和施行問責制，結束『有罪不罰』現象，促進緬甸的人權和宗教或信仰自由，為所有衝突和流離失所地區提供人道主義援助。」39

代表團回國後不久，英美兩國大使雙雙訪問克欽邦，會見了薩姆森牧師、克欽民主黨主席貢光翁康（Gumgrawng Awng Hkam）等克欽政教領袖。一周後，中國駐仰光大使館邀請兩人發出會見中國大使洪亮。40

貢光翁康和薩姆森牧師期待與中國代表討論克欽邦局勢，但事與願違，他們遭受譴責和威脅，被中方警告不要與西方外交官建立密切關係，否則將「面臨嚴重後果」。41

他們還被警告不要反對中國在克欽邦的密松大壩項目。密松大壩位於伊洛瓦底江交匯處，項目耗資三十六億美元，由於民眾抗議項目對環境和社會造成嚴重影響，緬甸總統吳登盛於二〇一一年喊停，洪亮則敦促克欽族代表支持重啟大壩項目。

中緬雙方於二〇〇六年簽署密松大壩協議，該項目是伊洛瓦底江沿岸七座大型水壩中的第一座，[42]預計撤離超過一萬名居於兩岸的居民，排洪後淹沒的面積超過一個新加坡還大。此外，大壩產生的百分之九十電力將出口至雲南，克欽邦當地民眾根本無法從中受益，淹沒一個作為克欽神話和詩歌起源，對克欽人具有深遠文化意義的地區，因此反對聲浪不絕於耳。五十五歲的克欽浸信會牧師蒙拉（Mung Ra）說：「密松就像我們的命脈。」[43]

克欽獨立軍，以及克欽社群面臨兩難的境地。他們需要與中國做生意才能生存，但業務沒有讓當地普通民眾受益，反之北京和內比都串通剝奪該地區豐富的自然資源，並將資源送往中國。密支那克欽發展網絡集團（KDNG）的史蒂文·諾·阿恩（Steven Naw Awng）表示：「克欽邦就像一顆被抽空的蛋，克欽人民沒有得到任何好處，反而失去所有資源。」[44]其他克欽人覺得他們的土地正在被中國「強姦」。

此外，克欽人爭取民主和人權使他們與中國政權發生衝突。經濟發展是一把雙刃劍，雖會為你帶來微薄的好處，但過度依賴一個不擇手段的政權所帶來的危險遠超好處，北京政權會榨乾你最後一滴價值。

緬甸北部的年輕女性面臨淪為奴隸、被迫賣淫或賣給中國男人的風險。這種令人髮指的侵犯行為是軍事獨裁政權對經濟管理不善，導致緬甸經濟崩潰，以及中國經濟繁榮的結果。二〇〇六年，當我第一次來到克欽邦時，有人告訴我，幾乎每天都有女性都失蹤，已有數百起案件被記錄在案，涉案女性年齡大多在十五歲至三十歲之間。

因為中國的工資高於緬甸，緬甸女性通常被中國的更佳工作承諾吸引。她們踏入中國邊境後，往往會被帶到數千英里之外，北至北京、湖南、山東，甚至黑龍江賣淫，或作為「妻子」交易給中國男人，並被多次轉售。這些婦女常常遭受暴力剝削和變態遭遇。有人告訴我，一名婦女被十名男子輪姦，後來她的「主人」不喜歡她，便命令她償還「購入」女人的費用。當女人告訴男子沒有工作就無法還債時，男子為她安排一份工作。在隨後二十八天的時間裡，她每天晚上都被輪姦。女子不堪折磨決定逃跑，在後有追兵，糧食匱乏情況下，在森林中徘徊五天，最終找到小鎮的警察局，被救回緬甸。

塔爾與我通話時告訴我，他在中國報紙上看到過「出售緬甸新娘」的廣告，上面，明碼實價地標示價格：「他們以人民幣列明雲南某個城市娶妻的費用。」但塔爾強調，這並非中國政府的政策，儘管這很可能是中國長達數十年實施「一孩政策」的結果。

雖然大多數販運案件涉及婦女，但在某些情況下，兒童也是被綁架和販運的「貨物」。二〇〇八年，拉咱一名五歲男孩失蹤，密支那一名嬰兒被拐賣。二〇〇九年，一名十一歲的男孩被帶到距離邊境三小時車程的雲南省盈江，買家檢查「貨物」時發現小孩身高超標，所以沒有達成交易。最終，一名婦女幫助這名男孩返回緬甸。

因此，中國邊境有一個經歷了七十五年持續內戰的效果，有因戰爭、貧困、經濟崩潰、政變和 COVID-19 綜合影響而引發人道主義危機，面臨毒品販運、人口販運、性奴役和賭博園區等跨國問題。中國支持軍事獨裁，又向緬甸及其他有利害關係的國家發出哪些外交信號？

在喬杜里看來，中國對緬甸的態度是中印關係的「關鍵指標」。喬杜里認為：「中國是印度看待緬甸的參照。許多學者告訴印度政府不能廣泛地參與緬甸的民主運動，因為這會惡化與緬甸軍方的關係，並將緬甸軍政府進一步推入中國環保。印度與緬甸邊境的叛亂組織有既定利益關係。因此，新德里的立場是只有緬甸軍隊能擁有確保邊境安全的戰略能力。

但喬杜里自己的觀點與上述學者不同。他列舉邊境沿線少數民族武裝組織的情況，認為緬甸軍方默許這種不穩定局勢存在。喬杜里認為討好緬甸軍隊遠不利於印度的安全利益。因此，印度應該

「多方押注」，以增強其影響力，中國在皎漂新建深海港口，印度需要找出替代方案，深化印緬關係。

二〇〇九年至二〇一三年擔任英國駐緬甸大使，並於二〇一六年至二〇二〇年擔任駐香港總領事的賀恩德（Andrew Heyn）告訴我，當他抵達仰光時，他認為中國擁有西方沒有的政治聯繫。在二〇一一年吳登盛的改革時代開始之前，西方國家幾乎沒有機會接觸緬甸軍政府。賀恩德回憶道：「農業部長與我們會面，但他連續幾個小時發表精彩的長篇獨白，會見中國時雙方會適當討論，並附有會議記錄。」

然而，當吳登盛暫停密松大壩項目後，中緬關係隨之生變。賀恩德說：「我原以為中國大使早已知曉，但從中方反應看來，他們或許是在公開宣布前一個小時才接獲消息。這顯示兩國關係正在惡化。」

賀恩德認為昂山素姬第一次重返政壇時，中國會非常震驚，因為一個在西方備受讚譽的人，竟然準備成為緬甸政府的首腦。如前所述，昂山素姬最終與北京建立預期外的良好關係。

二〇一二年至二〇一六年擔任美國駐緬甸大使的德里克．米切爾（Derek Mitchell）認為中緬關係是「一個複雜的故事」。儘管緬甸依賴中國在聯合國提供外交和政治保護，緬甸經濟命脈和軍備也被中國抓在手中，但緬軍不喜歡和不信任中國。吳登盛改革背後最重要的動機之一，便是不想過度依賴中國，最後淪為北京的附屬國。

米切爾回憶道：「從二〇一二年到二〇一七年，中國認為它正失去自由地開發緬甸、建設公路和鐵路網絡、石油和天然氣管道，從資源豐富的緬甸北部和西部，進口玉石和各種礦物的特權。據報導，習近平問責處理中緬關係的官員。」

米切爾表示，昂山素姬最初相當警惕中國。二〇一四年入主政府之前，她應中國共產黨的邀請訪問北京，中國共產黨希望與全國民主聯盟發展「黨對黨」的關係，但她對此抱懷疑態度。然而，昂山素姬是一位實用主義者，她讀了我贈與的《論中國》（On China），且羅興亞種族滅絕事件後，西方與緬甸的接觸逐漸減少，她對中國的立場顯然軟化。對北京來說，那是「最好的時代」，他們既得利益有所保障，國家也更加穩定」。

米切爾與三位中國駐緬甸大使共事過，他們的經歷各不相同，反映中國與緬甸及西方關係的動態變化。

米切爾回憶道：「第一位是李軍華，他曾在中國常駐聯合國代表團擔任不同職務多年。我上任後不久，他就離開了。然後是楊厚蘭，他似乎不敢和我說話。當我第一次拜訪他時，我建議探討共同努力幫助緬甸，避免美中緊張局勢發生的策略。我提醒他美國剛剛取消對緬制裁，所以我想看看我們是否可以一起幫助緬甸走向和平。他看起來很害怕，然後就走出去。第三位是與米切爾任期重疊一年的洪亮，米切爾將他描述為「早期戰狼外交的佼佼者」。洪亮曾如斥責克欽邦政治和宗教領袖與西方外交官交談一樣警告米切爾，不要去克欽邦或東部撣邦，請他尊重中方利益。

賀恩德回憶說，他也有過類似的遭遇：「你很難了解中國人在做甚麼。」雖然我可以與美國或新加坡，或日本職能相當的官員，公開談論和平進程等問題，但永遠無法真正與中國大使進行類似對話。他們涉足多個陣營，一切只為渴望穩定和保護自己的利益。」

大多數分析不贊同中國是二〇二一年緬甸政變的幕後黑手，認為中共政權沒有為緬甸「開綠燈」。賀恩德認為中國對政變感到非常不安，盧卡斯・邁爾斯（Lucas Myers）在《外交政策》（Foreign Policy）上撰文表示同意。邁爾斯寫道：「這種混亂在北京不受歡迎，因為它既威脅到其在緬甸的長期利益，又預示著緬甸政權可能全面垮台和崩潰，波及中國。」

然而，北京始終在和緬甸當權者打交道。邁爾斯總結道：「北京不會袖手旁觀，任其利益受到損害，因此它選擇支持明顯佔優塔瑪都，這不太可能是預先安排的『交易』。儘管緬甸軍方事先向中國外交部長王毅通報通報政變行動，但塔瑪都不需要北京的批准，故不太可能提前警告中方，因為軍方對中國仍相當警惕。相反，北京只是簡單地評估緬甸軍隊可能是最後贏家，調整相關策略，中國在緬甸一直是『雙面派』。」

倫敦國王學院劉氏中國研究院（Lau China Institute）的博士生 Anna Tan，在她的論文《中國與緬甸的兩難困境》（China and the Myanmar dilemma）總結道，中國共產黨是「一個自私的機構」，如果它認為該國的政權合法性、區域乃至全球影響力對中國不會構成威脅，則不會干預其內政。[45]

然而，譚認為，這並不意味中國出於自身利益的外交政策，總是理性或有遠見的。她寫道：「中共政權在追求自身利益的過程中，可能會做出非理性的決定。緬甸的動盪對中國產生巨大的地區影響，影響國內經濟。緬甸急劇的經濟萎縮、大規模貧困和衝突使其成為東南亞邊陲的失敗國家，中國身為緬甸最大的進口國，淪為最大輸家。」[46]

最終，北京與緬甸沆瀣一氣，干犯國際法規定的嚴重暴行。

中國通過在聯合國為歷屆軍事政權提供保護，透過開展貿易和投資來維持政權的掌控，以及提供用於殺害平民的武器。正如林納所言，如果沒有中國的援助和貿易，緬甸軍政府可能無法生存。[47]而且，正如安德斯·科爾（Anders Corr）所說，緬甸政權以及世界上大多數種族滅絕政權，都擁有來自北京的頂級掩護。中共支持其他政權壓制人口多樣性的「權利」。因此，中共將「種族滅絕」，一年輸出到其有影響力的獨裁政權中。[48]

一九九三年，中國當局在與緬甸撣邦木姐接壤的姐告邊境貿易區修建一座奇特的紀念碑。根據斯特蘭吉奧的說法：「這座紀念碑描繪四個中國人物，雙眼瞇起，輪廓分明的臉堅定地指向南方，推著一個巨大的圓形物體。紀念碑的底部有六個漢字：『團結、發展、奮進！』[49]這象徵中國在緬甸的雄心壯志。或者如林納所言，這意味著中國征服東南亞的決心。[50]

為甚麼這很重要？對我來說個人和政治原因各半。

在個人層面，中國和緬甸是我成年後大部分時間，投入絕大多數精力和情感的兩個國家。正如第一章所述，中國啟蒙我對亞洲的熱愛。在過去的二十多年裡，我的大部分宣傳工作都集中在緬甸，這個國家長期以來遭受很多苦難，值得更好的發展，值得成為一個美麗而多元的國家。我在青島教英語的日子，我在在二〇一三年聖枝主日，於仰光聖瑪麗大教堂接受緬甸樞機主教查爾斯·貌波主持的洗禮儀式，這兩個國家與我的生活息息相關。我去過這兩個國家五十多次，可悲的是，從事人權工作多年，我被列入兩個國家禁止入境名單中。我在二〇一一和二〇一二年兩次被驅逐出緬甸，因為敏昂萊的軍政府不太可能給我簽證，我也不能再進入中國從雲南邊境偷渡道緬甸。如前所述，我於二〇一七年被拒絕進入香港，二〇二二年又受到香港國家安全法的威脅，大概已無望再訪中國。我深愛這兩個國家，卻無法到訪，這種奇怪的共生關係使它們對我來說更加重要。

在政治層面，中國在緬甸的所作所為是其他國家的前車之鑑。如果中國與犯罪者共謀，不顧道德或人道主義後果，激進地追求狹隘的自身利益，支持一個不喜，而且缺乏互信的殘暴政權，將改變整個世界秩序，導致更多的獨裁者挑戰或推翻脆弱的民主國家。它將導致「叢林法則」取代「國際秩序」，為世界各地的獨裁者「開綠燈」，不僅促進鎮壓，而且促進毒品、賣淫以及人口販運行為。我們必須制定應對措施，認真對待中國在緬甸的所作所為。

註釋

1 緬甸國防軍，自 1962 年尼溫將軍政變上台以來一直以獨裁統治緬甸。

2 Bertil Linter, "China and Myanmar: No Interference?," Irrawaddy, 21 March2021, https://www.irrawaddy.com/opinion/guest-column/china-myanmar-nointerference.html

3 Ibid.

4 Ibid.

5 Jason Tower,"China's High-Stakes Calculations in Myanmar," US Institute ofPeace, 7 April 2021, https://www.usip.org/publications/2021/04/chinas-high-stakes-calculations-myanmar.

6 Ibid.

7 AP, "China to Back Military-Ruled Myanmar Regardless of Situation,"2April 2022, https://apnews.com/article/wang-yi-aung-san-suu-kyi-china-myanmar-diplomacy-d68de69436c1462€647f6475b6315c92.

8 Jason Tower,"China's High-Stakes Calculations in Myanmar. "

9 Ibid.

10 Financial Times, "China Bolsters Ties with Myanmar Junta DespiteInternational Condemnation," 23 Tune 2021, https://www.ft.com/content/ca43da4c-4287-4de6-ad8a-57a2a32fe783.

11 Sumanth Samsani,"Understanding the Relations between Myanmar and China," Observer Research Foundation, 26 April 2021, https://www.orfonline.org/expert-speak/understanding-the-relations-between-myanmar-and-chinal

12 Ibid.

13 Ibid.

14 Amara Thiha,"Revisiting the China-Myanmar Economic Corridor After the Coup," Diplomat, 11 April 2022, https://thediplomat.com/2022/04/revisiting-the-china-myanmar-economic-corridor-after-the-coup/.

15 Ibid.

16 Sebastian Strangio, In the Dragon's Shadow: Southeast Asia in the Chinese Century (Yale University Press, 2020), p. 156.

17 Ibid., p. 149.

18 Sumanth Samsani, "Understanding the Relations between Myanmar and China."

19 UN News, "Stop Weapons Supply to Myanmar, Rights Expert Urges," 22. February 2022, https://news.un.org/en/story/2022/02/1112422#:~:text=Weapons%20exports®20to%20the%20military,had%20been%2Oused%620against%20civilians.

20 Center for Strategic and International Studies,"Tatmadaw Deploys Chinese-Made UAVs," 6 May 2021, https://www.csis.org/analysis/tatmadaw-deploys-chinese-made-uavs#:~:text=Reports/20suggest%20that%20the/20military,surveillance%20in%20northern%20Rakhine20State.

21 Myanmar Now, "Hundreds of Huawei CCTV Cameras with Facial Recognition Go Live in Naypyitaw," 15 December 2020, httos://www.myanmar-now.org/en/news/hundreds-of-huawei-cctv-cameras-with-facial-recognition-go-live-in-naypyitaw#:~:text-Hundreds%20of%20Huawei%20CCTV%20cameras %20with %20facial %20recognition%20go%20live%20

22 Irrawaddy,"Amid Int'l Espionage Concerns, Mandalay to Embrace Huaweifor "Safe City' Project," 19 June 2019, https://www.irrawaddy.com/opinion/analysis/amid-intl-espionage-concerns-mandalay-embrace-huawei-safe-city-project.html#:~:text=The%20public%20has%20questioned%20whether,looking%20to%20access%20citizens%20data.

23 Bertil Linter, "Myanmar Junta Turns to China for Help Policing InternetUse," Irrawaddy, 22 February 2022, https://www.irrawaddy.com/opinion/guest-column/myanmar-junta-turns-to-china-for-help-policing-internet-use.html.

24 Hannah Beech, "Myanmar's Military Deploys Digital Arsenal of Repressionin Crackdown," New York Times, 1 March 2021, https://www.nytimes.com/2021/03/01/world/asia/myanmar-coup-military-surveillance.html.

25 Sumanth Samsani, "Understanding the Relations between Myanmar and China."

26 Jason Tower and Priscilla Clapp,"Chaos in Myanmar Is China'sNightmare," US Institute for Peace, 28 May 2021, https://www.usip.org/Nightmare,publications/2021/05/chaos-myanmar-chinas-nightmare.

27 Bertil Lintner, The Wa of Mvanmar and China's Ouest for Global Dominance(Silkworm Books, 2021), p. 1.

28 Ibid., p. 136.

29 Ibid., p.2.

30 Ibid., p.8.

31 Ibid., p.3.

32 Ibid., p.132.

33 Ibid., p.123.

34 Sebastian Strangio, In the Dragon's Shadow: Southeast Asia in the Chinese Century, p. 164.

35 Jason Tower and Priscilla Clapp, "Myanmar's Casino Cities: The Role of China and Transnational Criminal Networks," US Institute of Peace, 27 July 2020, https://www.usip.org/publications/2020/07/myanmars-casino-citiesrole-china-and-transnational-criminal-networks.

36 Lintner, p. 208.

37 CW, "United Wa State Army Continues Crackdown on Christians," 18 October 2018, https://www.csw.org.uk/2018/10/18/press/4124/article.htm.

38 Lintner, p. 208.

39 Reuters, "China Raps Myanmar after Recent Border Unrest," 25 September 2009, https://www.reuters.com/article/idINIndia-42703120090925.

40 CW, "Northern Burma Delegation Calls for Action," 20 November 2018, https://www.csw.org.uk/2018/11/20/press/4162/article.htm.

41 Irrawaddy, "Analysis: Behind the Threats and Warnings of Chinese Ambassador's Kachin Visit," 9 January 2019, https://www.irrawaddy.com/news/burma/analysis-behind-threats-warnings-chinese-ambassadors-kachin-visit.html.

42 Sebastian Strangio, In the Dragon's Shadow: Southeast Asia in the Chinese Century, p. 143.

43 Ibid., p. 143.

44 Ibid., p. 149.

45 Lucas Myers, "China Is Hedging Its Bets in Myanmar," Foreign Policy, 10 September 2021, https://foreignpolicy.com/2021/09/10/china-myanmar-coupnational-league-for-democracy/.

46 Anna Tan, "China and the Myanmar Dilemma," Lau China Institute, King's College London, Policy Series 2021, https://www.kcl.ac.uk/lci/assets/lci-policy-paper-china-and-the-myanmar-dilemma.pdf.

47 Lintner, p. 190.

48 Anders Corr, "China's Other Genocide: Against the Rohingya in Burma," 24 March 2022, https://www.theepochtimes.com/chinas-other-genocide-against-the-rohingya-in-burma_4352629.html.

49 Strangio, p. 150.

50 Lintner, p. 189.

第十一章

極權盛宴：中國對北韓的支持

某個週日，我們在遼寧與北韓接壤邊界小鎮享用晚餐時，收到中國警方正在尋找我們的消息，隨即收拾好行李，在當地司機的帶領下離開。

我們原訂第二天經瀋陽轉機到北韓，但司機說瀋陽沿途設有檢查站，建議我們改道丹東。同行朋友有多年應對北韓難民問題的經驗，他建議我們不要入住需出示護照的丹東酒店，如果警察認真排查，可能暴露我們的身份。因此，我們當晚借宿一對韓國傳教士夫婦家的地板。第二天，朋友乘船返回首爾，我則乘坐大巴前往瀋陽，乘坐預定航班安全離境。

我後來得知公安當日追捕我們的原因。原訂離境當日，我們在三自愛國運動（TSPM）官方教堂前斗六，朋友想帶我參觀這座歷史建築，以及古老的供暖系統，當我們進入教堂，一位更像共產黨幹部的牧師攔住我們。他不斷地詢問我們為何到訪，顯然不相信我們「參觀教堂舊供暖系統」的說詞。即使朋友解釋他和妻子住在首爾，到東北探親訪友，也無法打消牧師的疑慮。我們離開後，他致電警方，報告有兩名外國人出入教堂，懷疑我們參與非法及未註冊的家庭教會和秘密聚會。這一指控完全是無中生有，與事實相去甚遠。

事實上，我們上週一直在中國北部探訪北韓逃亡者。我們深入農村，會見被拐賣到中國的北韓婦女後裔。這些孩子的母親要麼被強行遣返回北韓，要麼從已經逃出中國丈夫的魔掌，他們本質上與孤兒無異。這些孩子由同行者運營的人道慈善機構 HHKatakombs 提供資助，他們與年邁的祖母同住，每月按時領取學費和衣服津貼。

如果我們被捕，可能只會在中國監獄裡呆一小段時間，隨後被驅逐出境，北韓人則會面臨圍捕，強行遣返北韓，面臨酷刑，甚至處決的後果，人身安全備受威脅。因此，在整個訪問過程中，我們都盡量保持低調。中國警方並未逮捕任何北韓人，只是盤問當地家庭教會的基督徒我們是否在場。一位傳教士夥伴告訴我們，他們最初確實面臨一些壓力，但很快便平息了。

戲劇性逃離中國警方追捕的前幾天，我坐在丹東鴨綠江上的小舟上，眺望另一邊的北韓。對岸北韓新義州的灰暗景緻，與丹東的萬家燈火形成鮮明對比。我在船上只看到新義州境內讚揚金正恩和平壤政權的政治宣傳橫幅，在丹東則到處都是化妝品、珠寶、汽車和其他奢侈品的廣告牌。兩個國家都由罔顧人權的專制政權統治，但中國的奧威爾式（Orwellian nature）獨裁政權是顯而易見的，北韓的獨裁則被「拜金主義」隱藏。

三年前的二〇一〇年，我與兩位英國議員阿爾頓勳爵（Lord Alton）和考克斯男爵夫人（Baroness Cox）一起前往平壤，明確表明與世界上最封閉專制政權對話的意圖。阿爾頓勳爵和考克斯男爵夫人於二〇〇三年首次訪問這個「隱世王國」時，發現北韓政權某些中層和高層顯然希望與自由世界中建立聯繫。

世界上沒有任何一位議員比阿爾頓勳爵和考克斯男爵夫人更致力於人權工作，對北韓罔顧人權的真相，他們毫不諱言。聯合國調查委員則會於二〇一四年發現北韓干犯「危害人類罪」。北韓重新開放寧邊的核反應堆時，阿爾頓勳爵於二〇〇三年三月十三日在上議院辯論中，受一位北韓基督徒啟發，細述平壤政權的人權暴行[1]：「北韓對國際安全構成的威脅，在他們殘暴對待人民的行為中表露無遺。北韓的斯大林主義獨裁政權以令人髮指的方式殘害國民。北韓人民挨餓受凍，沒有足夠的醫療藥品，整整一代人飽受營養不良引致的發育遲緩和智力遲鈍的惡果。」

北韓駐倫敦大使對此表示極度不滿，並要求與阿爾頓勳爵會面。阿爾頓勳爵則稱北韓嚴格外國批評者訪問。大使反駁則：「如果我們邀請你，你會來嗎？」阿爾頓勳爵在自費訪問、不可將訪問作為政治宣傳，以及自由質詢人權問題等三個前提下同意訪問北韓。最初，大使不同意最後一點，但與平壤協商後，北韓「公開邀請」阿爾頓勳爵訪問北韓。幾個月後，阿爾頓勳爵和考克斯男爵夫人接受大使的邀請，於二〇〇九年再次訪問北韓，這次是他們第三次到訪北韓了。

二〇一〇年，我和他們一起飛往北京，然後再轉機平壤。訪問一周前，平壤舉行閱兵儀式，慶祝北韓勞動黨成立六十五週年，廣邀世界媒體訪問北韓。十月初，金正日的兒子金正恩被任命為四星上將和黨中央軍事委員會副主席，表明他正式成為世界上唯一的專政王朝「北韓皇權」的繼任者。

這一年適逢英國與北韓建交十週年，也是導致三百萬北韓人死亡，還有成千上萬軍人喪生，超過一千名英國士兵陣亡的韓戰爆發六十週年紀念日。

我們在北韓半島局勢劍拔弩張之時前往北韓。當年年初，南韓海軍艦艇「天安號」沉沒，導致四十六人喪生，哈佛大學學者格雷厄姆．艾利森（Graham Allison）在其著作《命運之戰：美國和中國能逃脫修昔底德陷阱嗎？》（Destined for War: Can America and China Escape Thucydides Trap?）中指出，這一事件埋下中美多年潛在對抗的伏筆。

艾利森寫道：「首爾堅持要求平壤承擔責任，但中國支持北韓否認參與其中。最終，南北韓及其盟友各退一步。但在當今一籃子背景條件推動下，特別第三方局勢意欲打破南北韓局勢的情況下，尚不清楚是否能輕易地避免戰爭。」[2]事實上，在我們離開北韓的四十八小時內，北韓士兵就在北緯三十八度線（兩韓邊境）開槍，是自二〇〇六年以來的首次小規模衝突。

在北韓的五天是一次超現實經歷。有時我感覺自己直接走進了喬治．奧威爾（George Orwell）的《1984》。北韓街上到處都是金日成和金正日的照片，他們像老大哥一樣俯視著你，對「偉大領袖」或「親愛的領袖」的崇拜無處不在。當音樂會大屏幕上出現父子的電影鏡頭，緊接著出現坦克和導彈發射的鏡頭時，我們坐在原地，拒絕鼓掌，與周圍一排排鼓掌的北韓士兵形成鮮明對比。我們的隨行者問我們為甚麼不鼓掌，阿爾頓勳爵回答說：「我們認為在音樂會期間，或任何其他時間發射導彈都不是一件好事。」

阿爾頓勳爵和考克斯男爵夫人利用一切機會，堅定且微妙地挑戰北韓的政治宣傳。有一天，我們被帶到北韓的「最高法院」參觀。考克斯男爵夫人注意到被告座席，會令其感到不適，請律師展示「無罪假定」原則，不要差別對待未定罪者。當庭律師像吃了「誠實豆沙包」一樣，說道：「不，在我們國家，我們不相信出庭者是無辜的。」阿爾頓勳爵隨後提出訪問戰俘營，但我們的律師導遊否認戰俘營的存在，因此我們點名訪問耀德（Yodok）。

律師導遊表明「耀德」是村莊而非戰俘營，我們向他施壓，他變得煩躁，氣急敗壞地問：「誰告訴你們有『戰俘營』的？是韓國人嗎？是美國人嗎？」

我們告知是從數十名逃亡者那裡詳細了解這些營地。此外，聯合國、國際特赦組織和人權觀察的人權報告也詳細介紹有關問題，我們前幾天已向發言人提供上述報告的副本。

律師聽完後，老羞成怒地說：「這些人都是騙子。他們是從戰俘營逃出來的罪犯。」誰是騙子，一目了然，他幾秒鐘前還聲稱「戰俘營」並不存在。

阿爾頓勳爵隨後提出戰俘營嬰兒申東赫的案例，申東赫與布萊恩．哈登合著的《逃離14號勞改營》（Escape from Camp 14）講述生活在戰俘營的故事。

「怎麼可能有人天生就是罪犯呢？」阿爾頓勳爵問道。

氣氛突然凝結，我們都深吸了一口氣，隨後是無盡的沉默，我們誰都不太確定接下來會發生甚麼事。

律師打破了沉默。

「我們繼續參觀嗎？」他說。

沒有人知道那位律師當下如何，但我相當確定的是，這可能是他一生中唯一一次，公開面對外人質疑其從小接受的教育和政治宣傳。在我看來，僅此一點，這次訪問就值得了，因為我們雖然可能永遠不知道結果，但至少在他思想和心靈中播下懷疑的小種子，這往往是革命之火的起源，永遠不要低估信仰顛覆的力量。

在那次訪問中，我們還為北韓東道主帶了「禮物」，分發了卡爾・波普爾（Karl Popper）的《開放社會及其敵人》（The Open Society and Its Enemies）、英國外交大臣威廉・海格（William Hague）為反奴隸制運動家威廉・威伯福斯（William Wilberforce）撰寫的傳記，以及韓文版《聖經》。我們給平壤留下很多值得思考和閱讀的東西。

但這本書是關於中國的，所以我們現在必須討論「中國與北韓政權的關係」。

首任北韓人權大使的李鐘勛（Jung-Hoon Lee）說過：「中國是少數和北韓交好的國家之一，也是北韓的贊助者。如果沒有中國的支持，北韓政權無法存續超過半年。北韓與外界食品與能源進口貿易，以及金融交易均直接或間接通過中國進行。沒有中國，北韓只有崩潰一途。只要中國繼續『供養』北韓，金氏政權便很難倒台。」

哈佛甘迺迪學院貝爾福中心研究員、《隱秘的北韓革命：地下信息如何改變封閉社會》（North Korea's Hidden Revolution: How the Information Underground Is Transforming）一書的作者白枝恩（Jieun Baek）和人權觀察北韓研究員尹理娜（Lina Yoon）都同意「北韓完全依賴中國」的觀點。蘇聯時期，北韓能夠「挑撥」中國和蘇聯的關係，但自蘇聯解體以來，平壤從莫斯科獲得的支援「枯竭」，使其更依賴中國提供政治支持和燃料、石油以及糧食援助等必需品。

尹理娜進一步指出，北韓市場上銷售的產品百分之七十至九十來自中國，其中百分之八十是走私貿易：「普通北韓人日常生活所需完全依賴中國。從食用油、香料、味精、糖、麵條、香腸、衣服、藥品到電池、殺蟲劑、肥皂、牙膏、鋼筆、紙和衛生紙，無一不是『Made in China』。中國對『走私』視而不見，因為它清楚地知道北韓無法提供人民基本所需。」

據報導，二〇〇〇年至二〇一五年間，中朝雙邊貿易增長十倍，在二〇一四年達到六十八點六億美元。[3] 此外，中國無視國際社會制裁北韓，允許北韓船隻通過寧波舟山地區運輸煤炭，[4] 更收容至少二萬名北韓勞工，讓他們將收入寄回北韓，也違反包括海鮮和機械在內一系列商品制裁。[5] 中國科技巨頭華為和中國國有企業熊貓國際信息技術有限公司，正秘密建設北韓的無線網絡。更甚者，北韓當局一直接受中國公安機關的培訓，共享打擊「犯罪」的專業知識，接收中國的監控技術。[6]

在更宏觀的政治層面上，中國給予平壤政權外交保護。李鐘勛說：「中國是能夠真正影響北韓的國家，而北韓只是中國與美國的霸權戰爭的一枚棋子。」[7] 李大使說。北韓對北京意義重大，中國為甚麼要放棄它呢？

二〇〇二至二〇〇六年擔任英國首任駐平壤大使大衛．斯林（David Slinn）對此表示同意。」他在渥太華與我通話：「中國絕對不希望北韓作為中國邊境和在韓美國人之間緩衝國的角色崩潰，因此中國必須幫助北韓『生存』。除貿易之外，我認為中國也為北韓提供軍事和安全相關設備。如果沒有中國的支持，北韓政權很可能就垮台了。」

斯林回憶說：「我在平壤商店裡看到的東西都是中國貨，所有食品、製成品和消費品都是『MIC』。此外，中國正在將紡織品生產外包給北韓，以確保在北韓佔有一席之地。」

一位英國商人曾參觀北韓的一個煤礦，希望出口相關設備。斯林說：「他真的走進礦井，我認為這非常勇敢，北韓人為他安排一場精彩的『表演』。但他回來後說『中國人為北韓提供一切。』」北韓的中國人會懷疑和威脅的目光看待白人遊客，以確保他們不會影響中國利用北韓謀取利益。」

總部位於華盛頓特區的北韓自由聯盟（North Korea Freedom Coalition）負責人蘇珊・索爾蒂（Suzanne Scholte）將中國共產黨政權定義為北韓的「共謀者」：「二〇一四年，聯合國調查委員會發現中國與北韓合謀，犯下令人髮指的暴行和反人類罪。」

然而，中朝關係既非平等，也非合作無間。李鐘勛認為兩者密切的從屬關係。德克薩斯大學奧斯汀分校林登・約翰遜公共事務學院副教授喜娜・葛來敦（Sheena Chestnut Greitens）表示讚同，她認為「中朝關係」是中國僅有的正式聯盟之一，而且這種地緣政治紐帶雖有摩擦，不會總懷善意，但關係非常持久。

人權組織「自由北韓」（LiNK）的韓國國家主任朴石吉（Sokeel Park）認為，這種關係「比大多數人以為的更糟糕」，比「美韓關係」或「中韓關係」更複雜。他指出南韓總統與中國國家主席會面的次數，遠超北韓領導人，當一九九二年中韓兩國實現關係正常化時，北韓非常憤怒。此外，中國也簽署聯合國安理會，針對北韓核計劃實施制裁的決議。朴石吉認為：「從中朝彼此的信任程度來看，兩者並非健康的聯盟或友好關係。」

然而，朴石吉承認：「北韓勞動黨和中國共產黨同氣連枝，中朝邊界是北韓唯一的『邊界』，因為其與南韓接壤的邊界是戒備森嚴，與俄羅斯接壤的地方並不重要，且百分百依賴中國的貿易和商業，簡而言之，中國是北韓通往世界其他地區的門戶。最終中國簽署制裁協議，拒絕為北韓『核計劃』背書。」

朴石吉還認為，中朝信任度取決於地理位置：「如果你在北京，北韓只是十四個鄰國之一。如果你在丹東，北韓是主要的貿易夥伴，和經濟活動命脈。中國與北韓接壤省份的高級官員，希望當地成為中國通往北韓的主要門戶。」

二〇一一年，斯林在離開平壤五年回到北韓後一個月，發現與他交談的人均「相當公開地表達他們對中國的不滿」。他回憶說：「在一次公路旅行中，物品的車輛碰巧跟在一大批向北韓供貨的中國卡車後面，與我交談人異常激烈地批評中國。實際上，他不滿北韓政府同意中國的附加條款。他的原話是：『我們只有幾輛卡車，他們則得到我們所有礦物。』我從其他幾個人聽到類似話語。中國利用北韓謀取自身利益，掠奪北韓的自然資源。這與中國在緬甸沒有太大差異，中國對北韓和緬甸，都是既支持又利用的關係。」

鄧小平領導的中國經濟改革計劃伊始，北京試圖說服金正日「同行」：「中國人把金正日帶到深圳經濟特區，有相當多的證據表明中國對北韓走上這條路的前景感到興奮。但金正日非常謹慎，認為他們必須小心改革。他們的態度是『看看戈爾巴喬夫（Gorbachev）在蘇聯發生甚麼事』，北韓不確定北京的意圖。但金正日永遠不會在政治舞台上給北京帶來隱憂。因此，中國相當滿意金正日政府。」

根據白枝恩的說法，中朝雙方都存在種族主義現象：「北韓人被教導說，他們是『最乾淨的種族』，必須保持『血統的純潔性』。他們在心理上和社會上將漢族人視為『低等血脈』。這就是北韓政權強迫從中國返回，與中國人成婚生子的北韓婦女墮胎，消滅只有『一半北韓血統』的中國嬰兒之緣由，在北韓，與非北韓男士交往的女士會受到懲罰。北韓的社會規範認為北韓比中國更優越，從北韓境內的政治宣傳來看，他們不希望過於依賴中國，而是希望達致平等的位置。」

與此同時，無論是政府官員還是普通民眾，也都抱持「漢族沙文主義」，認為北韓人低人一等，但中國社會對南韓抱有積極的看法，導致人們模仿韓國的化妝品和時尚潮流，這在平壤不受歡迎。

蒂姆·彼得斯（Tim Peters）是一位美國人道主義工作者和傳教士，於一九七五年首次移居韓國，自一九九四至一九九八年北韓發生飢荒和經濟危機以來，一直致力幫助北韓人民。他於一九九六年創立「北韓援助之手」（Helping Hands Korea）組織，是「地下鐵路」行動的主要參與者之一，幫助北韓逃亡者穿越中國及東南亞，最終抵達南韓的安全地帶。彼得斯認為，中國將北韓視為「與中國有數百英里邊界相連的鄰邊小國」，而且中國「掌控了北韓政權」。此外，彼得斯證實北韓「在經濟、軍事和外交上都非常依賴中國」的事實，指出中國逐漸「架空」北韓。

北京強制遣返北韓逃亡者的政策，完全違反國際人道主義準則和免遣返原則。彼得斯解釋說：「自一九九六年以來，中國一直堅持將所有北韓難民視為非法經濟移民，拒絕他們進入聯合國難民事務高級專員辦事處（UNHCR），並強行遣返被抓獲的北韓人。」索爾蒂指出：「每一個被遣返北韓的難民無一例外，均遭受監禁和酷刑，甚至處決。根據北韓法律，非法越境是叛國罪，可判處死刑。」

索爾蒂點出北韓人在飢荒期間開始大量逃往中國的情形：「早期越境者對中國以電力蓬勃發展的經濟感到震驚。他們認為中國是『天堂』。我曾經遇到一位從平壤逃到中國的醫生，他在中國的一座農舍外發現一碗狗糧，他說『中國的狗比平壤的醫生吃得好。』」

飢荒過後，更多北韓人出於政治原因逃離北韓。二〇〇六年，十五歲的約瑟夫・金（Joseph Kim）從圖們江越過邊境，在中國躲藏整整一年，出版《同一天空下：從北韓的飢餓到美國的救贖》（Under the Same Sky: From Starvation in North Korea to Salvation in America）講述他的故事。某人下午，我在他任職的克薩斯州達拉斯喬治・布什研究所辦公室裡與他線上會談。幾個月前，我們在白雪皚皚的加拿大惠斯勒滑雪勝地舉行的北韓會議上見過面。

約瑟夫回憶道：「我走了大約兩天，來到中國的一個小村莊，我本來去見一位可以幫助我找到妹妹的中間人。但當我到達村子時，得知中間人前一天去世了。我已經完成這段漫長而危險的旅程，但我那時完全迷失，感覺像是失去一切。中國政府不承認像我這樣的北韓逃亡者，如果我被中國當局抓住，我會被遣返北韓。所以我必須非常小心。走在路上的時候，即使是晚上，如果看到遠處有車來，我就會躲起來，直到它過去。我在山上生活和睡覺，有時在廢棄的村屋裡。」

最終，在教會的幫助下，約瑟夫得到非營利組織 LiNK 幫助，於二〇〇七年二月十五日，即他離開北韓整整一年後抵達美國。他回憶道：「我記得很清楚，我到達時在弗吉尼亞州里士滿吃第一頓飯，和社工及翻譯一起吃披薩。如果在中國被捕，我的命運將大不相同。中國政府非常清楚被遣返北韓人所面臨的後果，但他們仍然奉行這一政策。這是公然侵犯人權的行為。」

蒂莫西．曹（Timothy Cho）是我的一位密友，住在曼徹斯特，曾作為保守黨候選人參加地方議會選舉。他在北韓街頭度過童年，中國或北韓監獄度過青少年時期。

蒂莫西回憶道：「我兩次逃離北韓，四次入獄。三次在中國，一次在北韓。二〇〇四年，當我第一次逃跑向蒙古邊境時，中國士兵開始朝我的方向開槍，我們再也跑不動。我們有十八名北韓難民，最小的是一個四歲和六歲的女孩和男孩。我仍然記得他們在槍擊事件中的尖叫聲和淚水。」

蒂莫西和其他十七人首先被關押在靠近蒙古、俄羅斯和北韓邊境的某個地方的監獄。他們從哪裡乘坐三天三夜的大巴前往圖們。據他回憶：「我們全程都戴著手銬，腳也被銬著。北韓人懇求中國警方不要把我們送回去。隨後，中國警察審問我們，並將信息傳遞給北韓人。第二天，我被送回北韓，立即被捕入獄。」

我看到蒂莫西的傷疤，那是在北韓監獄中遭受酷刑的印記。他不僅在酷刑活了下來，而且再次逃脫，這是一個奇蹟。第二次逃跑時，他一路來到上海，找到上海美國學校，蒂莫西說：「我以為那是外國領土，所以我進去請他們幫助。但他們報了警，我被逮捕並轉移到上海國際監獄。」

在上海的監獄裡，蒂莫西和許多北韓逃亡者一樣考慮過自殺，因為被遣返北韓的恐怖場景歷歷在目。蒂姆．彼得斯說，這種心態並不罕見：「我遇到過隨身攜帶剃鬚刀片，在被捕時試圖割腕的北韓婦女，她們非常害怕被遣返。其他人則隨身攜帶毒藥。北韓人在中國被捕時面臨嚴重的心理壓力和恐懼。」

然而，蒂莫西是幸運的。他是最後一起成功幫助中國被捕北韓人的國際干預案例的受惠者，外交官讓他從中國獲釋，通過外交手段將其驅逐到南韓。此後，中國的政策變得更強硬，更多北韓人被強行遣返。

朴智賢（Jihyun Park）在一九九八年，北韓三月飢荒期間「脫北」，並未向忠誠的黨員父親告別。她告訴我：「我的父親已經去世，我的兄弟之前逃走了，但又被送回來。中國不是一個安全的國家，哥哥出逃後被送回北韓，我不知道他是否還活著。他曾在北韓軍隊服役，某天晚上被三個陸軍上尉帶回我們家，被打得渾身是血。遣返三日後，他再次越獄，因為他認為自己可能會面臨多年牢獄之災。」

在中國，朴智賢和許多北韓婦女一樣，被賣給一名中國男子當奴隸。正如索爾蒂所言，百分之九十逃到中國的北韓婦女被販運。這種「貿易」在中國一孩政策期間尤其盛行，導致中國女性人口短缺。人口販子欺騙北韓婦女可以找到一份保姆工作，可以賺很多錢養家糊口，最後卻將她們賣出去。可悲的是，如果她們不被賣給中國男人做妻子，就會被迫在妓院和網絡色情行業工作。

朴石吉點出：「北韓婦女往往經歷被賣、逃跑，再次被賣的過程。」蒂姆．彼得斯表示「購買」北韓女性的中國男性，往往有嚴重的酗酒問題或暴力傾向，有時還會與他人分享女性。女性所面臨的待遇往往是「極其羞辱」，而且對此無能為力。當中國丈夫去世後，有些家庭會「拋棄」北韓妻子，將她們和孩子扔到街上。彼得斯解釋說：「不僅只是年輕漂亮的『郵購新娘』，一些老年北韓女性來到中國，不像新娘那樣對中國男性有吸引力，但她們可以為生病的中國老年人提供護理服務，因而備受追捧。」

彼得斯表示，中國父親和北韓母親所生孩子的權利因省而異，但只要北韓婦女是非法拘留，孩子就沒有證件，也沒有資格接受教育。只有當母親被遣返，或在沒有孩子的情況下逃離時，孩子才能「上戶口」。

朴智賢遭買主毆打且施以酷刑，遂向中國公安報案。她生了一個孩子，但她的非法身分無法入籍中國，所以她從來沒有去過醫院：「中國至少有兩萬名由北韓母親所生的無國籍兒童。」

五年後，朴智賢被捕，被遣返北韓。她痛心疾首地重現當日的情景：「十名中國公安來到我家，在我年僅五歲的兒子面前逮捕了我。他們給我戴上手銬，甚至不允許我和兒子道別。在中國圖們市的監獄裡，警察強迫我脫掉衣服，為我全身搜查，連最私密的身體部位也無法倖免。因為有些北韓婦女為了生存，會把錢藏在陰道裡。」

她入境北韓後旋即被捕，拘留數天後接受審訊，據她回憶：「北韓官員再次搜查我的身體，隨後與我一起遣返的人，被分派至三個小房間內，每個房間關有五十或六十人，沒有窗戶，也沒有陽光。我們只有一個用來洗漱的小碗，導致很多女性無法清洗月經來潮時弄髒的毛巾，因此受到懲罰。我們得到許可後才能去廁所。有時人們等不及，會弄髒衣服，那氣味令人作嘔。」

在審訊過程中，朴智賢被問及是否在中國見過韓國傳教士或參觀教堂。他告訴我：「我去過教堂，但我不會承認這一點，因為那會有更嚴厲的懲罰。所以我說了被賣的事情。」審訊結束後，朴智賢被送到勞教所，並生了一場重病：「我不僅發燒，腿也腫了，差點死在哪裡。後來我被『假釋』，可以在受到嚴密監控的情況下，呆在家裡三個月。」

儘管經歷非人磨難，智賢在幾個月後再次跨越邊境尋找她的兒子。她回憶道：「十一月的某個晚上，我身無分文，拖著病軀，衣衫單薄地在午夜越過邊境。我知道我很可能會死，但我只想見到我的兒子。這是一趟長達十七個小時的『旅程』，當我抵達中國時，我嘗試打電話給兒子，但電話關機，無人接聽。我找到他的時候，他很生氣，不明白我為甚麼丟下年僅五歲的他。他那時穿著髒衣服，渾身是血，如果不為生身父親的家族工作，他根本無以維生，那家人根本不把他當成自己的家人，只給他吃醬油拌飯。」

最終，智賢和她的兒子從中國越過邊境，徒步三天穿越戈壁沙漠逃到蒙古，在烏蘭巴託的南韓大使館尋求庇護。據她回憶：「我們沒有食物和水，也找不到可以幫忙的人，但我們不能死在沙漠裡。最後，一位韓裔美國牧師向我們伸出援手。」二〇〇八年，她和兒子抵達英國。

北韓人為「脫北」付出的努力，反映他們所面臨的絕望。北京政權對人道主義毫不關心，那麼它決心執行非自願遣返北韓的政策，意欲何為？

李大使指出北京有幾個考量因素：「首先，中國是北韓政權而非北韓人民的盟友，金正恩政權將逃亡者視為叛徒，希望中國圍捕和遣返他們。因此，中國要答應盟友金氏政權的要求。其次，哪怕中國有一點點普世人權意識，它也會對脫北者酌情處理。但事實表明北京政權完全缺乏正常的倫理道德。第三，如果中國允許北韓人民在中國避難或過境到第三國，可能會導致脫北者大量湧入中國國境，這將令北京頭疼不已，因此他們必須殺雞儆猴。」

蒂莫西也同意上述觀點：「北韓擔心任何源自中國的叛亂。金氏政權擔心如果逃亡不會被遣返，也沒有任何後果，也許所有北韓人都會逃走，所以他們必須防患於未然。」

近年來，中國的強制遣返政策變本加厲，還加劇打擊向脫北者提供援助的外國傳教士和人道主義團體。

白枝恩回憶道：「九十年代末，從基督教傳教士到幫助北韓人的美國高中『行善者』大行其道，有相對自由的活動空間。如今，中國在習近平的治下，幾乎完全禁止脫北者行動，不僅加強監控、身份證數字化、生物識別測試等科技監控手段，還將『幫助和教唆北韓人』定罪，並懸賞脫北者。過去，北韓人可以頂替死去中國居民的身份，由於生物識別測試日益成熟，這種方法已不再適用。」

喜娜．葛來敦（Sheena Chestnut Greitens）表示同意：「大規模使用面部識別攝像頭，意味著『臉就是身份證』，通過面部識別居民才能購買火車票或飛機票，北韓人更難以使用假身份證從中國逃亡。」

在他的著作《身處北韓》（Being in North Korea）中，安德雷．阿布拉哈米安（Andray Abrahamian）協助創建非營利組織 Chosun Exchange，致力培訓北韓人創業和專注經濟政策，旨在幫助開放世界上最封閉的國家。他承認近幾年從北韓叛逃「已經變得更加困難」。[8] 他寫道：「中國和北韓不僅加強邊境管制，而且中國正在全國範圍內實施各種高科技安全措施，包括在主要城市和鐵路樞紐運行面部識別系統。延吉是其中一個最重要的邊境口岸，也是北韓逃亡活動重鎮。如果當局在延吉部署上述設施，可以完全堵住非法移民的漏洞。」[9]

白枝恩說：「現在前往邊境變得更加困難，中國限制進入農村邊境地區，即使是中國公民，沒有充分理由也寸步難行。」

在朴石吉看來，「邊境控管」已成為習近平治下重要的優先事項，該政權已經發展出更強大的監控能力，北京不希望外國人在邊境地區閒逛的決心昭然若揭。

與此同時，針對基督徒的鎮壓，與習近平對未註冊中國教會和其他宗教鎮壓行為與脫北者監控「三管齊下」，是習近平更廣泛控制大中國地區的例證。

格雷滕斯（Greitens）認為，中國政權鎮壓中國教會，旨在加強打壓任何援助脫北者的行為，削弱脫北者的協作網絡。

領導北韓正義（Justice for North Korea）的韓國社運人士兼傳教士彼得．鄭（Peter Jung）對此表示同意。他在首爾向我致電：「在胡錦濤時期，中國當局已經收緊政策。但從二〇一六到二〇一九年，習近平政權驅逐了大部分傳教士，最大教派韓國長老會約百分之九十的成員已被趕出中國。大部分地下脫北者網絡已經關閉。」

二〇〇三年七月二十六日，鄭在北京火車站被中國警察逮捕，被控幫助非法移民非法越境，以及幫助北韓人進入南韓領事館製作非法護照等罪名，囚禁於吉林省延吉監獄，度過了艱苦的四百六十四天。

據他回憶：「每天從早上八點到下午五點，我必須盤腿坐在牢房裡，期間不能移動。牢房內沒有陽光，也沒有任何光源，不被允許外出。由於缺乏維生素D，我的皮膚變得非常乾燥和緊繃。我無法聯絡律師、給家人寫信，也無法打電話給南韓大使館。兩個月來，我只能靠玉米麵包度日。因為牢房狹窄，囚犯眾多，睡覺也變成一件奢侈的事。」

鄭向我分享三次更換牢房的經歷。他首先被關在一個有二十五名囚犯的房間裡，然後換到一個有三十五名囚犯的房間，最後又被關在一個只有十二名囚犯的牢房裡：「兩個月後，朋友們給了寄錢，我可以在監獄商店購買食物、糖果和藥品等『奢侈品』，我送了一些給其他可憐的囚犯。」直到鄭被捕一年後，才開始審判程序，經過長達四五個月的審判期，最終被驅逐到南韓。

二〇一四年，中國國安人員在吉林省圖們市的辦公室，突襲七十多歲的韓裔美國基督教傳教士和人道主義工作者韓彼得（Peter Hahn），凍結該慈善機構的銀行賬戶，沒收建築物和設備，韓被控貪污和偽造收據，被判入獄九個月，囚禁在龍井監獄內。[10]

加拿大傳教士朱莉婭・加勒特（Julia Garratt）和凱文・加勒特（Kevin Garratt）也有類似經歷。一九八四年來，他們不定期在中國居住，二〇〇八到二〇一四年，他們在丹東經營一家很受歡迎的咖啡店，促進北韓的人道主義援助運動。這對夫婦在他們的書《窗台的兩滴眼淚》（Two Tears on the Window）描述被捕的痛苦經歷。他們最初被關押在所謂的「指定居所監視居住」（RSDL），或「黑監獄」內，被指控從事間諜活動，後轉移至監獄。他們講述近兩年被分開審訊、戴上手銬腳鐐，被綁在「老虎椅」上施行酷刑，遭受心理虐待的痛苦。在審判中，凱文・加勒特被判干犯「間諜罪」和「竊取國家機密」罪，將其提供給海外團體的罪名，判處八年監禁後驅逐出境。他在書中描述得知判決後，頭暈目眩，因為他無法在中國監獄度過八年。[11] 判刑兩天後，他被遣返加拿大。

蒂姆．彼得斯表示：「中國嚴厲的強制遣返政策在新冠病毒大流行期間中斷了，不是因為北京領導層『頓悟』人權，而是金正恩在二〇二〇年初完全關閉北韓邊境，發佈『就地處死』的命令，拒絕接受任何被遣返的北韓人。在疫症大流行和金正恩驚慌失措的情況下，中國才暫停強制遣返政策。金正恩至今（直至二〇二一年）仍未撤回命令。」

朴石吉表示，封鎖邊境對北韓人民造成可怕的影響，導致貧困的北韓人因價格過高而無法獲得食物，面臨飢餓和死亡結局。新冠肺炎疫情來勢洶洶，北韓人民免疫力為零，公共衛生能力為零。尹麗娜表示：「自二〇二〇年夏天以來，北韓一直有人餓死。由於藥品不足，一場小病也可以奪走北韓人的姓名。北韓一半人口因營養不良而缺碘。北韓政權在新冠肺炎大流行採取極端措施，要求抵達北韓的產品須隔離一到兩個月。」

封鎖邊境使脫北更為困難。曹表示，二〇二一年，只有四十八名北韓人成功出境。朴石吉表示，雖然從二〇〇七到二〇一一年，每年抵達南韓的北韓人在二千五百至三千人之間，自二〇一二年習近平和金正恩雙雙上台以來，這數字一直在穩步下降。朴石吉認為：「北韓和中國雙方都加強邊防安全，增加邊境圍欄，廣泛使用監控技術。二〇一二年，逃亡人數下降百分之四十四至一千五百人，而到二〇一九年，只有一千四十七人成功逃亡。」許多人擔心金正恩在疫情過後繼續保持這種狀態，並持續嚴格控制邊境。

然而，儘管北韓境內人道主義問題嚴峻，但對已經逃離北韓的人來說，是一個難得的機會。彼得斯告訴我：「儘管困難重重，我們從二〇二〇年初開始嘗試疏散盡可能多的人。我們在二〇二〇年救援的人數比以往任何一年都多，總共有二百〇三人，而二〇一九年則救出一百五十六人。我們幫助進入中國的殘疾脫北者，將他們安全送到第三國。」

當然，機會之窗是有限的，疫情大流行期間中國封城，中國公共衛生官員突襲東北三省北韓人工作的餐館、農場和工廠，拘留非法入境者。據蘇珊·索爾蒂稱，目前有六百至一千二百名北韓人被拘留在中國，她認為：「這場北韓難民危機很容易解決，因為與世界上任何其他難民不同，他們有地方可去。根據南韓憲法，他們有權來南韓。」然而，正如彼得斯所言，中國當局與北韓安全部門密切合作，不僅阻止北韓人安全抵達他國，而且允許北韓國安人員入境中國，騷擾和威脅難民及其援助人員。」

耶利米（Jeremiah）是一位韓裔美國牧師，多年來一直在統一希望使命組織（Unification Hope Mission）工作，幫助營救北韓難民。他估計中國境內至少有十萬北韓難民，其中大部分是女性，還有十五萬兒童，共「二十五萬北韓僑民」面臨被捕的危險，因為他們被中國當局視為「非法移民」。疫情期間，很多人因為沒有身份證明而無法接種疫苗。中國的不人道政策正在使數十萬人陷入悲慘的命運。如果他們返回北韓，將遭受酷刑、監禁或處決；如果留在中國，便會遭受奴役，陷入無國籍貧窮和恐懼之中。

中朝邊境不僅對於逃離北韓者而言舉足輕重，而且對於北韓傳播信息也至關重要。正如朴石吉指出：「無論是通過廣播、走私 DVD 和 USB 隨身碟還是其他方式進入北韓的絕大多數非法外國信息和媒體，都是通過中國邊境進入北韓的。」此外，北韓人越過邊境貿易，吸收許多在北韓境內無法得知的信息。朴石吉認為：「出入邊境的次數越多，他們就會變得越自信，學會使用互聯網和看電視，還會下載韓劇，還有瑜伽影片、月子護理信息、教育材料等影片帶回北韓。海關官員阻止不了人們攜帶微型 SD 卡入境，他們會將隨身碟藏在火車上，避免隨身攜帶，他們和家人一起觀看隨身碟的內容，與值得信賴的朋友分享資訊，將這些訊息從一個 USB『傳播』到另一個 USB 上。中國是北韓人民獲取額外資訊的重要途徑。」

朴石吉表示，越來越多北韓人使用跨境走私的智能手機，連接中國電話網絡，他認為：「北韓人民使用微信向外界發送照片和影片。如果沒有中國，北韓獲取信息的機會就會大大減少，對外部世界的了解也會相應減少。中國政府對此睜一隻眼閉一隻眼，不會阻止北韓人存取信息或移動網絡，表現善意的『忽視』。」

然而，中國並未「善意忽視」追究北韓反人類罪的責任。正如華盛頓特區北韓人權委員會執行主任格雷格・斯卡拉蒂烏（Greg Scarlatiou）指言：「中國強烈反對設立聯合國調查委員會，從強烈反對針對某一具體國家的機制。」

「中朝關係」與「中緬關係」非常相似，兩段關係都有悠久的歷史，都來自北京的強大戰略和經濟利益，以及弱小國單方面被孤立，只能深度依賴中國政權，均導致人口、毒品販運、武器銷售、難民潮和違反國際法等嚴重暴行。

雖然如此，兩段關係都充滿緊張和相互猜疑。正如丹尼爾・沃茨（Daniel Wertz）所寫：「兩段關係維持表面友誼和意識形態親和力，內在卻存在著緊張局勢。[12] 與內比都的將軍們一樣，北韓領導人一直『小心翼翼地避免屈服於中國』。『中朝』與『中緬』唇齒相依常常掩蓋兩者之間缺乏信賴的現實。」[13]

兩國互相依賴是顯而易見的事實。前大使斯林認為：「我無法想像避開中國解決北韓問題的局面，因為中國不會袖手旁觀。當金正恩與唐納德．特朗普會面，中國突然伸手試圖攪局，表明他們是老大哥，是邊境上的大熊的立場。如今北韓的現狀讓他們很滿意。」

約瑟夫對此表示同意：「中國並不希望北韓改變。在中國的立場，他們不希望看到一個自由或統一的北韓。北韓越被國際社會圍困和忽視，北京和平壤之間的友誼就越有價值。」

朴智賢認為，無論兩國關係如何緊張，兩個政權始終緊密相連。她說：「中國希望北韓政權生存。自由國家的許多年輕人不理解或不關心自由的價值。我們必須讓人們了解共產主義政權如何殺人，摧毀他人的未來。這是北韓和中國政權的共同點。如果北韓政權垮台，中國政權就會垮台，自由就會取得勝利。」

註釋

1 Hansard, "North Korea," 13 March 2003, https://hansard.parliament.uk/Lords/2003-03-13/debates/aaa7bab0-7d92-48d9-890c-b692be56a62b/NorthKorea.

2 Graham Allen, Destined for War: Can America and China Escape Thucydides's Trap? (Scribe, 2017), p. 176.

3 Eleanor Albert, "The China-North Korea Relationship," The Council on Foreign Relations, 25 June 2019, https://www.cfr.org/backgrounder/china-north-korea-relationship.

4 Wall Street Journal, "Covert Chinese Trade with North Korea Moves into the Open,"7 December 2020, https://www.wsj.com/articles/covert-chinese-trade-with-north-korea-moves-into-the-open-11607345372.

5 Ibid.

6 Washington Post, "Leaked Documents Reveal Huawei's Secret Operations to Build North Korea's Wireless Network, " 22 July 2019, https://www.washingtonpost.com/world/national-security/leaked-documents-reveal-huaweis-secret-operations-to-build-north-koreas-wireless-network/2019/07/22/583430fe-8d12-11e9-adf3-f70f78c156e8_story.html.

7 Diplomat,"North Korea's Public Security Gets Lessons from China," 5 August 2021, https://thediplomat.com/2021/08/north-koreas-public-security-gets-lessons-from-chinal.

8 Democratic People's Republic of Korea, the official name for North Korea

9 Andray Abrahamian, Being in North Korea (Walter H. Shorenstein Asia-Pacific Research Center, 2020), p. 152.

10 Tim Peters,"Beset from Within, Beleaguered from Without: North Korea's Catacombs in an Era of Extermination, Freedom of Belief & Christian Mission, Regnum Edinburgh Centenary Series, 28, p. 8.

11 Julia and Kevin Garratt, Two Tears on the Window (First Choice Books, 2018), p. 260.

12 Daniel Wertz, "Issue Brief: China-North Korea Relations, National Committee on North Korea, November 2019, https://www.ncnk.org/resources/briefing-papers/all-briefing-papers/china-north-korea-relations.

13 Ibid.

第十二章

敲響警鐘：自由與極權的對決

二〇一五年十月二十日，習近平於英國進行國事訪問，參觀皇家畫廊，向英國議會上下兩院議員發表講話。當天早上，他乘坐皇室馬車抵達白金漢宮拜訪伊莉莎白女皇。

同日，我參與抗議習近平訪英的示威活動。最初，我很高興看到成千上萬的人舉著中文橫幅，站在通往白金漢宮的必經之路示威和抗議。當我走近聖詹姆斯公園時，發現有一群由中國大使館用大巴接送，揮舞中國國旗，營造歡迎習近平「遠道而來」之假象，徹底掩蓋了藏人、維吾爾人、法輪功學員、中國基督徒和其他中國活動人士組織的小規模抗議活動。

當習近平的馬車駛過，我嘗試擠入人群，一名戴著耳機的中國男子在我面前，舉著巨大的中國和英國國旗，擋住我的視線。我認為他是故意的，隨後他咄咄逼人地回答我：「這不適合你。」我憤怒地指著英國國旗反駁道：「但這是我國家的國旗。」然後我用有限的普通話小聲嘀咕道：「Xi Jinping feichang feichang bu hao!」（「習近平非常不好！」）那人聽完，隨即皺起眉頭。

習近平訪英是中國領導人十年來首次以「國事訪問」形式到訪英國，正值時任首相戴維・卡梅倫（David Cameron）所言中英關係進入「黃金時代」的鼎盛時期。英國政府對習近平禮遇有加，卡梅倫和習近平甚至被拍到在首相契克斯鄉村官邸附近的英國鄉村酒吧裡喝啤酒。政府在公開場合隻字不提中國日益惡化和嚴重的人權危機，反而簽署價值近四百億英鎊，包括中國投資英國核反應堆、牛津大學再生醫學和組織工程研究，和英格蘭北部再生項目的商貿協議。[1]

下議院議長白高漢（John Bercow）是唯一一位在訪問期間，公開挑戰習近平的公職人員。他認為自己「相對保守和老練」。白高漢在介紹習近平的講話中，提到緬甸昂山素姬於二〇一二年在西敏廳的講話，以「民主捍衛者」和「與生俱來的國際人權工作者」來形容她，含蓄地提到中國的民主鎮壓，認為中國應堅守道德底線，指出隨著中國成為世界新興大國，其在經濟和政治上的所作所為，不僅與自己國民息息相關，而且與全球數十億人休戚與共。[2]

白高漢不滿政府以「國事訪問」形式邀請習近平訪英，但決定利用這個機會以擲地有聲的理據，討論人權問題，澄清「習近平並非英國議會發表演講的第一位亞洲人」。白高漢告訴我：「首相說我講了他想說卻不能說的話。如果你擔任總理，你就可以做到，可以找到一種方式談論人權和民主制度。」

兩天後，就在習近平的國事訪問即將結束之前，國會議員暨時任保守黨人權委員會主席菲奧娜·布魯斯（Fiona Bruce）緊急動議關於中國人權的事項，白高漢批准該提議，並惹怒政府。布魯斯詢問英國外交和聯邦事務大臣：「有報導稱人權律師張凱因捍衛公民自由，面臨嚴厲的監禁或被判處死刑，習近平是否會就中國的人權問題發表聲明。」

按照議會程序，部長必須回應議長提出的緊急動議，其他成員也可以參與動議，使之變為一場簡短辯論。布魯斯於十月二十二日上午八點三十分左右提出動議，議長在大約一個小時後批准提問，上午十點二十七分，布魯斯在議會正式提出問題，接下來半小時，至少有十七名其他議員參與這場辯論。[3]

外交部國務大臣雨果·施維爾（Hugo Swire）氣憤不已回應：「尊敬的議員閣下，此乃正式的中英國事訪問，不僅有利於國家和人民，對世界也影響深遠。今昨兩日，總理和外交大臣閣下與習近平主席就兩國議題，包括人權問題交換意見，雙方正在建立牢固的外交關係。我們商定的『中英聯合聲明』也承諾雙方繼續討論人權和法治議題。」[4]

隨後，英國外交大臣夏文達（Philip Hammond）和政府黨鞭怒斥執政黨後座議員，在習近平進行國事訪問期間，提出如此尷尬敏感的議題。夏文達寫信給議長，抱怨他為何通過緊急動議，迫使政府必須公開談論中國的人權問題。自高漢心裡清楚這是正確的做法，並不為此後悔。

二〇一六年，保守黨人權委員會決定調查中國人權狀況。我們收到三十多份書面意見，舉行兩場近三小時的聽證會，聽取和質詢關鍵證人。同年六月，我們發表名為《至暗時刻：二〇一三至二〇一六年中國人權鎮壓狀況》的報告。[5] 標題來自中國流亡異見人士楊建立的證詞，他說：「自一九八九年天安門大屠殺是中國人權最黑暗的時刻」。中國侵犯人權證據確鑿，我們要求中國承擔後果，英國政府勃然大怒。時值卡梅倫首相任期的最後幾週，仍處於「黃金時代」的鼎盛時期，許多議會議員同意我們的報告，但不願意公開責難中國。大衛・布羅斯（David Burrowes）是除菲奧娜・布魯斯之外唯一一位在報告書上署名的國會議員，此外還有上議院和歐洲議會的議員署名。

自那時以來，世界各地關於中國的辯論已經取得頗大進展。二〇二〇年，委員會再次調查和更新中國人權狀況，國會議員們一反常態，大力支持。[6] 內閣部長和唐寧街官員感謝我們為中國人權的努力，正在研究其調查結果，外交大臣也正在閱讀該份報告。

我認為有五個原因使英國政府的態度一百八十度大轉變。第一是二〇二〇年初，關於中國科技公司華為加入英國 5G 電信基礎設施的爭論；第二是 COVID-19 大流行；第三是香港言論自由加速瓦解；第四是中國西部新疆地區針對維吾爾人，穆斯林的種族滅絕和反人類罪證據確鑿。第五是興起「戰狼外交」。中國外交官咄咄逼人，向世界展現他們的醜惡嘴臉。從前只有一小撮勇敢的議員就中國問題發聲，如今已有越來越多議員批評政府對中國卑躬屈膝的態度。

反華為的領頭人之一是前保守黨領袖、內閣部長施志安爵士（Sir Iain Duncan Smith MP）。二〇二一年十一月，我們在羅馬共進早餐時，他對英國日益依賴中國十分擔憂，差點在習近平二〇一五年的議會演講中退席。他回憶道：「我那次差點離開皇家美術館，但我當時是內閣部長，如果離席抗議會引發軒然大波。我雖然忍著聽完全程，但不妨礙我討厭這次演講，討厭習近平訓示我們的傲慢態度，以及政府無所作為，對中國俯首稱臣的應對。」中國在英國電信基礎設施的狼子野心昭然若揭，方便中國間諜活動，成為他採取行動的契機。

他提到：「二〇一九年大選後，我們警告和試圖阻止華為涉足5G。華為專注於外圍技術，可以通過天線偷走任何東西，但約翰遜（Boris Johnson）就是不明白這個道理。他覺得我杞人憂天。但技術人員那時說的是『情況可控』而非『徹底安全』。我發現契頓漢政府通訊總部（GCHQ）情報機構人員和政府顧問之間存在明顯分歧，他們根本不希望我們繼續前進。」

施志安爵士曾在北愛爾蘭和羅德西亞（Rhodesia，現稱津巴布韋 Zimbabwe）服役，從政之前曾在電信巨頭馬可尼電子系統集團（GEC Marconi）工作，因此他頗為了解電信行業。他開始研究華為的替代品，十分詫異只有芬蘭公司諾基亞（Nokia）、瑞典公司愛立信（Ericsson）和韓國三星集團（Samsung）可以提供5G服務。

施志安爵士與議會中的其他人合作，反對政府與華為達成協議。二〇二〇年一月，他獲邀參加政府顧問的會議：「政府顯然認為他們能說服『愚蠢的政客們』同意他們的觀點。他們完全沒料到我會指責並抨擊他們故意誤導與隱瞞華為的威脅。反對聲浪與日俱增，政府最終讓步和改變方針。新冠疫情爆發後兩個月，首相打電話給我指出，政府不會繼續與華為合作，同意我先前提出『允許華為進入5G極度危險』之觀點。」

當然，不僅只是約翰遜一方議員這麼告訴他。美國政府和國會，從唐納德・特朗普（Donald Trump）總統和國務卿邁克・蓬佩奧（Mike Pompeo），一直到美國國會兩黨成員，都對英國甚至考慮與華為達成交易感到憤怒，其他親密盟友如澳洲也是如此。澳洲議員更因此取消訪問英國的計劃，外交大臣藍韜文（Dominic Raab）訪問堪培拉期間也面臨強烈批評。[7] 四十二名美國國會議員收到內容為警告涉及華為的災難性成本之信件。[8] 隨後，美國高級參議員寫信給約翰遜，[9] 蓬佩奧敦促英國三思而行，[10] 特朗普總統又與約翰遜激烈地談論此項議題。[11] 英國與美國、澳洲、加拿大和新西蘭組成「五眼聯盟」情報網絡，盟友們表示，如果華為出現在我們的5G基礎設施中，他們將不得不重新審視「情報共享」的安排。

英國對華為前倨後恭的態度拉開「對華政策」轉變的序幕。鑑於英國與香港的歷史關係及其在《中英聯合聲明》的義務，香港的警察暴力和《國家安全法》迅速摧毀城市自由，均引起西敏寺（英國議會所在地）的高度關注。

自二〇一八年以來，越來越多議員敦促英國政府，放寬香港人的英國國民（海外）（BNO）身份，在必要時為香港人爭取「一線生機」。BNO 身份是香港主權移交之前設立的制度，實際上意義不大，因為它非代代相傳的身分，持有者沒有英國永居的權利，它只是一本護照。香港泛民主派社運人士劉慧卿（Emily Lau）曾將 BNO 形容為「英國說不」（Britian says no）。[12]

二〇一七年十二月，我與其他人共同創立「香港監察」組織，一直致力於爭取革新 BNO 權利的最前線。二〇二〇年七月一日，即北京全國人民代表大會通過《國家安全法》隔天，首相約翰遜宣布為擁有 BNO 身份的香港人提供在英國定居，最終獲得公民身份的機會。[13] 目前有資格獲得公民身份的多達三百萬人，在該計劃實施的第一年，至少有十萬人移居英國。英國終於站起來對抗北京，北京的憤怒自不必言，更揚言「雖遠必誅」。

二〇二二年二月，在「香港監察」的倡導下，政府延長了該計劃，讓一九九七年以後出生，凡父母其中一方擁有 BNO 身分者，可以用個人身分申請 BNO，為二〇一九年抗爭前線弱勢群體提供「救生索」。[14]

英國議會兩黨有志一同地面對中國的挑戰。在保守黨內部，這個問題使右翼和左翼、脫歐派和留歐派聯合起來。除了施志安爵士（被認為是黨內右翼的主要脫歐派人士）以及鮑勃．西利（Bob Seely）、蒂姆．勞頓（Tim Loughton）和努斯拉特．加尼（Nusrat Ghani）之外，其他知名人士還包括現任英國安全大臣暨前英國脫歐委員會主席湯姆．圖根哈特（Tom Tugendhat）議員、下議院外交事務委員會、前副總理達米安・格林（Damian Green）議員，以及最後一任香港總督彭定康勳爵（Lord Chris Patten）。他們都是中間派的保守黨人，在二〇一六年脫歐公投中支持「留歐」一方。上述議題也得到工黨議員的大力支持，尤其是麗莎・南迪（Lisa Nandy）議員、前工黨影子外交事務團隊任職史蒂芬・金諾克（Stephen Kinnock）議員、現任影子亞洲部長凱瑟琳・韋斯特（Catherine West）議員，以及自由民主黨議員萊拉・莫蘭（Layla Moran）和阿利斯泰爾・卡邁克爾（Alistair Carmichael）議員等。

二〇二一年，中國制裁了施志安、湯姆・圖根哈特、蒂姆・勞頓、努斯拉特・加尼和尼爾・奧布萊恩，以及兩名上議院議員奧爾頓勳爵和海倫娜・肯尼迪男爵夫人，以報復英國制裁干犯「維吾爾族種族滅絕」罪行的中國官員和企業。圖根哈特組建的保守黨人權委員會和中國研究小組也在北京的制裁名單上。六個月後，英國議會兩院議長禁止中國駐倫敦大使鄭澤光進入議會大廈，其原定出席議會招待會，但下議院議長林賽・霍伊爾爵士（Sir Lindsay Hoyle）在一份聲明中表示：「當中國制裁英國官員和議員時，中國大使在下議院的會面並不恰當。」

當然，中國導致世界政局發生翻天覆地的變化，美國首當其衝。瑪麗・基塞爾（Mary Kissel）曾擔任蓬佩奧國務卿期間的高級顧問，是美中政策變化的幕後推手。她認為特朗普政府致力推動中國人權進步，為美國近代歷史上執政團隊之最。她認為政府高層決策者非常關心政策的效果，絕非做個樣子。當她向蓬佩奧提出某些觀點，蓬佩奧常常會反問她：「這會產生甚麼效果？」

基塞爾認為他們非常誠實地談論中國共產黨政權的性質，將外交禮節都拋到九霄雲外。她在紐約致電，提及那場談話的細則：「我們稱中國為『極權主義』，這是其本來面目，但我們以前從未這樣反覆提及。這是很重要的一點，因為如果你想促進一地人權，必須認清當地現況。我們不僅改變美國人對中國共產黨的看法，也改變世界的看法。我們揭開中國的遮羞布。」

基塞爾回憶道：「我們制裁侵犯人權的高級官員，警告美國企業不要與侵犯人權者進行貿易，認可勇敢的中國異見者，拒發侵犯人權者的個人簽證，制裁新疆生產建設兵團，最重要的是，我們宣布中國在新疆犯下『反人類罪』和『種族滅絕』罪。」

認定中國干犯「種族滅絕」罪行尤為重要。基塞爾說：「國務卿蓬佩奧是哈佛法學院訓練有素的律師，因此他閱讀這是否構成種族滅絕的所有法律意見，並得出結論認為確實如此。儘管這在他權力範圍內，但它違背國務院的官僚本能，其中絕大部分人並不支持這一決定，所以蓬佩奧做了一件非常勇敢的事。」

前國際宗教自由事務所大使薩姆・布朗巴克（Sam Brownback）告訴我，基塞爾和美國負責全球婦女問題的無任所大使凱利・埃克斯・柯里（Kelley Eckels Currie），決心「推動」種族滅絕定義的兩人，值得褒獎。布朗巴克證實官僚機構內部的鬥爭：「我在世界上見過最糟糕的法律部門是國務院。當我們詢問政府部門該如何做，怎麼做時，無論難易，總會有路可走，但國務院對一切事務的回答始終如一，他們只會說『不』。所以瑪麗和凱利最終在政府任期的最後一天完成這項工作，是值得載入史冊的壯舉。」

蓬佩奧定性「種族滅絕」罪行後的數小時內，他的繼任者，民主黨的安東尼・布林肯（Antony Blinken）確認種族滅絕罪名，清楚表明中國是真正使華盛頓特區的共和黨和民主黨團結一致的政權。布朗巴克認為拜登政府不可能扭轉「種族滅絕」的決定，承受「向中國示弱」的攻擊。政權輪替時不會大刀闊斧地改動上一任政府留下的政策，盡量和平過渡。這是我們一貫的傳統，共和黨和民主黨多次輪替，但都同意我們必須面對蘇聯。

布朗巴克表示，兩黨雖於言詞和行為上有分歧，但在「對抗北京」一事上看法一致。奧巴馬政府時期的前美國駐緬甸大使、現任國家民主研究所（National Democratic Institute）主席德里克·米切爾（Derek Mitchell）對此表示贊同：「總統拜登和國務卿布林肯認為，二十一世紀是獨裁與民主之間的挑戰，而中國被視為最具侵略性、資源最豐富、影響範圍最廣的獨裁政權。習近平團結美國和其他地方的人民，幫助我們認識到中國的真實面貌以及中國共產黨構成的威脅。

他們所施行的『戰狼外交』並未為自己帶來任何好處，相反不斷使自身立於危牆之下。」

米切爾認為：「中國得罪左、中、右三派。當談到人權、安全挑戰、台灣、氣候變化時，各方均受中共政權的傲慢、侵略、非自由必勝主義和擴張主義的影響。習近平越來越朝毛澤東主義和專制靠攏，他越是努力擴大他的奧威爾式統治，越能團結世界，對抗中國。」

眾議院議長南希·佩洛西（Nancy Pelosi）的前幕僚長，暨美中經濟與安全審查委員會（U.S.-China Economic and Security Review Commission, USCC）前主席卡羅琳·巴塞洛繆（Carolyn Bartholomew）認為，「對中政策」已三百六十度轉彎，以至於以前被視為「鷹派」的政治家不再是「異類」。儘管她一生都是民主黨人，但她仍認為特朗普政府顯示中國的狼子野心，儘管她不同意特朗普政府的策略，但其無疑為拜登總統鋪平了道路，遠離克林頓和奧巴馬時代與中國的政治介入條款。

拜登政府的「對中政策」與前政府不同的是其採取多邊行動。巴塞洛繆對此觀點有保留，米切爾則表示同意：「拜登政府正在重建聯盟，特別是重新建立與日本、澳洲和印度的關係。中共政權很樂意將之視為中美的『大國競爭』。美國越是凸顯與中共政權、民主世界與專制世界價值觀的差異，就越能與數十億想要發聲和自由的人結盟。我們關心別人的自由和主權，而中國顯然認為這是無稽之談。北京總是以『雙贏』的說法來掩蓋自己的狼子野心，世界現在已經認清他的真面目。中國所思所想，不惜一切代價，只為從其他國家牟利，供養和壯大自身。」

然而，基塞爾不同意特朗普政府沒有採取多邊做法。她認為特朗普政府採取許多行動，特別是他們與其他數十個國家在日內瓦草擬，譴責對維吾爾人的種族滅絕的信件，聲稱其一直與合作夥伴共享成果和消息。

凱利・埃克斯・柯里（Kelley Eckels Currie）曾擔任美國駐聯合國經濟及社會理事會代表，擔任駐聯合國代理副大使四個月，之後成為全球婦女問題無任所大使。她長期關注西藏問題，熟悉中國的策略，特別是他們在聯合國內的運作方式，她驚訝地發現中國滲透到聯合國所有常設機構，中共政權正在通過各種方式建立自己的「一言堂」。從聯合國秘書處到大會、安理會和人權理事會等成員國機構，再到資助機構、項目和機構，中國都無往不利。他們將「一帶一路」與未來可持續發展目標（sustainable development goals, SDG）掛鉤，以此作為籌碼收買人心。

柯里認為，現任聯合國秘書長安東尼奧・古特雷斯（Antonio Guterres）接受這一提議，更準確的說法是他「被收買」了。二〇一六年，中國宣布向聯合國捐贈十億美元，每年支付二千萬美元，用於聯合國的和平、安全與發展。[15]據柯里稱，其中一千萬美元直接撥入聯合國秘書長辦公室，基本上是供其個人使用，不受任何人監督。

中國「拉攏」了古特雷斯，而他也像許多人一樣認為，與中國在氣候變化、發展和其他關鍵問題上的合作，將會取得成功。柯里說：「美國政府由唐納德・特朗普領導，他與古特雷斯的目標背道而馳。美國退出《巴黎協定》，以及聯合國各個氣候機構，要求聯合國在釐清帳目和提高透明度，批評其浪費和欺詐行為。中國人充分迎合古特雷斯的自尊心，讓他在『一帶一路』論壇上發揮重要作用，還為他們鋪好『為了捍衛多邊主義和全球化』的下台階。」

柯里表示，聯合國經濟和社會事務部（Department of Economic and Social Affairs, DESA）

由中國官員執掌多年，是「中國的領地」，二千萬美元中的另一半都撥給這個部門，以便在聯合國內推廣「一帶一路」倡議。唯一決定如何使用這一千萬美元的人是秘書長、秘書長辦公廳主任、中國常駐聯合國代表、中國商務部和外交部以及審計員，換言之，這一千萬是中國的行賄基金。

此外，多個聯合國機構與中國企業簽署毫無透明度的協議。柯里點出：「我們實際上是在玩『打地鼠』，敵在暗，我們在明，故此必須與聯合國官僚機構鬥爭。」

除此以外，中國還學會了操縱發展中國家的 G77 核心小組。發展中國家小組目前有一百三十四名成員，其中七十七國集團基本上不必向聯合國支付任何費用，而是由大約十二個非七十七國集團國家基本上支付全部費用。中國是他們是大捐助國之一，也是唯一與七十七國集團進行預選的主要捐助國。錢可通神，由此，中國可以將自己的語言納入決議草案中，加入「一帶一路」政策，甚至加入習近平思想。我們開始反擊和反對中國的行為，警告合作夥伴不要認為中文無害。中國所做的一切都是包藏禍心。即使假飾「合作共贏」、「人類命運共同體」之名，也不能掩蓋他們的狼子野心。中國假借「合作共贏」之名，公然攻擊國際人權體系規範框架，試圖將「人權」依附於個人，將國家凌駕於人權至上，授權國家談判個體的人權問題。出乎所有人的意料，贊同這一想法的國家數量驚人。柯里說美國是唯一要求投票表決的國家，也是唯一投反對票的國家。其他十七個則投棄權票。

柯里與美國駐聯合國大使尼基・黑利（Nikki Haley）合作，嘗試傳達「美國希望讓聯合國真正為需要它的人們服務，並使其再次成為世界機構」的訊息。美國認為聯合國的存在舉足輕重，因為有些國家在某些事情上必須依賴聯合國仲裁。

柯里在聯合國進行的最大的「戰鬥」之一是維吾爾人的困境。二〇一八年，她在大會第三委員會（關於社會、人道主義和文化問題）發表聲明，回應消除種族歧視委員會的要求，而古特雷斯「以驚人的方式」向她證明中國人支配了他。柯里回憶道：「我們一直在尋找機會，通過不同的人權機制提出關注新疆局勢的要求。我們開始在日內瓦和紐約舉辦活動，告訴中國我們絕非兒戲，將繼續以各種方式提高人們對人權問題的關注，我們不會善罷甘休。」

當年四月，世界維吾爾代表大會主席多爾昆・伊薩（Dolkun Isa）出席經社部負責聯合國土著問題論壇。中國擔任非政府組織委員會的秘書，因此中國控制著民間社會參與者的認證權。多爾昆・伊薩（Dolkun Isa）以德國非政府組織「受威脅人民協會」代表的身分參加會議，帶著他的委任信來到紐約。

柯里回憶道：「我和多爾昆一起去聯合國徽章辦公室領取他的徽章，然後多爾昆排隊，我則站在一旁滑手機。這是令人錯愕的情況發生了，辦公室的人把他送到其他地方，聯合國的安保人員非常粗魯地對待我，隨後我向他們展示美國代表團大使的徽章。隨後他們告訴我，多爾昆被聯合國辦公室標示為『危險人物』。」

柯里立即採取行動，致電美國代表團的安全團隊和聯合國安全辦公室。聯合國聲稱國際刑警組織「出於政治動機」向他發出紅色通緝令，但已在兩個月前解除。據柯里回憶：「秘書長隨後介入，但聯合國安全部門拒絕退讓，直到秘書長告訴他們，他被中國人謾罵大吼。中國常駐代表似乎每小時都給古特雷斯辦公室打電話，中國已經完全失去理智。我們告訴聯合國，已經給多爾昆·伊薩簽發十年多次入境美國的簽證，換言之他不會有恐怖主義嫌疑。但古特雷斯拒絕維護多爾昆·伊薩的權利。他一直都是個懦弱的人，一千萬美元能夠買斷他的人格。

三個月後，時任國際刑警組織主席孟宏偉失蹤了。兩年後，他在中國被判十三年半監禁，[16]柯里相信未能阻止撤銷多爾昆·伊薩的紅色通緝令，是他「被失踪」的原因。

最終，多爾昆·伊薩獲得認證，但中國繼續試圖撤銷他的與會資格。柯里沒有被嚇倒，反而抓住這個機會：「我告訴他們，如果他們撤銷多爾昆的非政府組織代表身分，我們將在隨後的媒體採訪中，告知世界這件事的始末。我不希望這件事鬧得太難看，於是我給了中國一個下台階。中國負責人仍不死心，問如果夏威夷試圖退出，我會怎麼做。我說，德克薩斯州和波多黎各也會緊隨其後。讓我給你一點建議，不要把世界花費在一些旁枝末節的小事上，你看起來真的很沒有安全感。」中國最終讓步。柯里認為那是非常有趣的談話，也是他有史以來最好的談判之一。

新澤西州共和黨眾議員克里斯．史密斯（Chris Smith）是一位努力不懈的人權捍衛者，他於一九八〇年，時年二十七歲時首次當選為眾議院議員。一九八四年，他第一次修訂「停止資助中國強迫墮胎」的法案。一九八四年五月九日，他在眾議院演講開始時說道：「我提出這項修正案，是為了洗清我們與中國的野蠻，和徹底野蠻的人口政策（包括強制墮胎）共謀嫌疑，以及糾正過往的無心之失。」[17] 他的修正案高票通過，由此開啟他為自由和人類尊嚴進行的終生鬥爭。四十年後，他仍在前行。

克里斯．史密斯是我的朋友、導師和英雄。二〇二二年三月，他在國會山雷伯恩大廈的辦公室，對我回顧過去四十年裡的所有抗爭。他不僅關注強迫墮胎法案，還為了宗教自由和迫害基督徒、維吾爾族、西藏、法輪功和香港發聲。當今自由世界很少有政治家能像克里斯．史密斯那樣持之以恆的決心。從他主持的無數聽證會（可能多達七十六場）、起草的法案和發起的決議來看，遠在我們尚未認清北京的狼子野心之前，他早已「透過現象看本質」，對中共政權的惡行直言不諱。

史密斯認為，世界完全「誤解」習近平，習近平是終極暴徒，中國共產黨政權「走到哪裡都是惡霸」。

史密斯和另一黨的南希・佩洛西比許多人由先見之明。蓬佩奧和副總統邁克・彭斯（Mike Pence）在任職期間也嘗試闡明此論點。基塞爾表示，蓬佩奧向哈德遜研究所、全國州長協會和尼克松圖書館發表一系列演講，加上國家安全顧問羅伯特・奧布萊恩（Robert O'Brien）和聯邦調查局局長克里斯・雷（Chris Wray）的演講，嘗試揭露中共政權的性質、意識形態以及目前面臨的挑戰。基塞爾說，這四個演講均來自重要的政府人物，從不同的角度看待共產主義中國的掠奪行為，是史無前例且強而有力的。「中國民主運動之父」魏京生受邀出席尼克遜圖書館演講。二〇一九年六月四日，正值天安門廣場大屠殺三十週年，蓬佩奧在國務院會見天安門倖存者，首次發表聲明，呼籲追究一九八九年大屠殺的責任。

加拿大第三代華人記者黃明珍（Jan Wong）親眼目睹天安門廣場大屠殺。她認為儘管中國共產黨政權試圖抹去和扭曲中國和香港的歷史，但無法抹去世界的記錄。她認為：「我們有書籍和紀錄片，還有當時還活著的人，你無法抹去其存在的痕跡。」但她確實擔心後代可能會忘記這件事。

黃明珍是文化大革命期間的中國學生，在八十年代初任記者，定期往返中國，寫了兩本感人的回憶錄：《悲傷中國》（Red China Blues）和《私語中國》（Chinese Whispers）。一九八九年六月四日，她在俯瞰天安門廣場的北京飯店，與《泰晤士報》和 BBC 共用一間辦公室。

六月初，黃明珍看到普通民眾向士兵們打招呼，告訴他們：「你們是我們的戰友，我們的兄弟。我們熱愛軍隊，軍隊也熱愛人民。」她沒有預料到隨後發生的鎮壓，以及隨後發生嚴重暴力事件。六月四日之前，已有不少記者離開小鎮。黃明珍回憶道：「自戈爾巴喬夫訪問北京以來，我們一直馬不停蹄地工作。所以我的一些競爭對手去了度假。我們都很累。」然而，她堅持下來，看到軍隊進城，氣氛發生變化，士兵們「被人群趕出北京」。

那天是黃明珍的休息日，所以她決定去機場附近游泳。然而她在途中看到一卡車的士兵進城，遂決定折返。黃明珍回憶道：「我覺得最好不要去游泳，因為這些士兵看起來和其他士兵不一樣，不僅很嚴肅，還穿著軍靴。這聽起來雖然很荒謬，但我見過其他士兵都穿著綠色帆布跑鞋。狀況看上去有點糟。」

她先去通知各個外媒新聞編輯室，然後又去廣場：「那天傍晚，我和丈夫一起去了天安門廣場，我有預感我們會見證歷史。我丈夫是唯一願意和我一起去的人。那晚，廣場上人頭攢動，伴隨著期待、謠言、帳篷和踩踏。」

凌晨時分，黃女士回到北京飯店，在陽台上目睹中國人民解放軍進入廣場。據她回憶：「解放軍在開槍，人們逃跑和試圖營救其他人，槍口逃生的人把屍體放在自行車座和三輪車上運出廣場。我差點被射中，我當下沒有意識到陽台也是他們的射程範圍，隨後有人指出我們頭頂的混凝土上有一個彈孔。我們能聽到槍聲。」

黃明珍在她的陽台上目睹「坦克人」站在解放軍鐵甲前的時刻。「六月五日星期一，丈夫和我站在陽台，我看著軍隊的坦克碾過人民，丈夫則指著站在坦克前的那個人說：『天哪！他會被碾死的。』我看到『坦克人』和坦克之間的互動。他像足球守門員一樣阻止坦克前進，然後爬上坦克，嘗試和解放軍對話，然後又爬下來。看到這一幕，我不禁熱淚盈眶。」

「坦克人」被帶走了，沒有人知道他去了哪裡、他是誰、被誰帶走了。但黃明珍相信他被抗爭者救了出去：「如果一個人被秘密警察帶走，公安會毆打他，然而解放軍並沒有傷害『坦克人』，只是任由別人把他帶走。我花了很長時間才意識到那輛坦克的駕駛員才是真正的英雄，因為他拒絕碾壓站在坦克面前的人。」

在所有西方民主國家中，加拿大可能是最卑躬屈膝，允許中國共產黨滲透，且未能就對抗習近平達成在野兩黨共識的國家。與華盛頓和倫敦不同，加拿大的「對華政策」是一個按黨派劃分的問題，賈斯汀．特魯多（Justin Trudeau）領導的自由黨政府傾向與北京「維持現狀」，而反對黨保守黨則採取更為鷹派的立場。

兩名加拿大公民康明凱（Michael Kovrig）和邁克爾．斯帕弗（Michael Spavor）在中國被綁架並被監禁近三年，直至二〇二一年九月獲釋，事件導致兩國關係略為轉差。儘管北京方面否認，但兩位公民被捕明顯是為了報復華為創始人任正非之女暨華為首席財務官孟晚舟被指控違反美國對伊朗的制裁而被捕。直到溫哥華政府釋放孟晚舟，返回中國後，中國政府才釋放兩位邁克爾（Michael）。

加拿大保守黨議員兼影子外交部長莊文浩（Michael Chong）表示，從「兩個邁克爾」事件中，汲取的教訓是不能屈服於人質外交，因為這只會讓北京政權更加囂張。他補充說，這宗案件敲響「真正的警鐘」，看到中國對兩名加拿大公民採取如此惡毒的行為，確實使加拿大認清中國構成的威脅，擺脫對中政策舉棋不定的困境。

莊文浩指出目前有一百多名加拿大人被中國非法拘留，包括維吾爾族的玉山江（Huseyin Celil）、法輪功學員孫茜、台加雙國籍釀酒師張忠楠（John Chang）和他的妻子呂蘭芬（Allison Lu）以及中國親民主異見者王秉章（Wang Bingzhang），他雖無加拿大公民身份，但妻子和四個孩子都是加拿大人。[18]

二〇二一年受到北京制裁的莊表示：「我們不會中國肆意囚禁加拿大公民。然而，加拿大自由黨高層在中國有非常密切的商業利益和大量投資，而且加拿大政界潛在的反美主義，因此有部分加拿大政體不願加入美國主導的反中行動。有鑑於此，我們未能像其他國家那樣達成兩黨共識。」

莊文浩的父親來自香港，他認為加拿大應該對中國採取更強硬的態度。「我希望加拿大遵循多邊政策，與我們的民主盟友保持一致。例如加拿大應該成為澳洲、日本、印度和美國之間四邊安全對話的一部分，以應對中國對印太地區安全構成的威脅。加拿大本應成為澳洲、美國和英國之間（AUKUS, 澳英美三邊安全夥伴關係）防務協定的一部分。此外，特魯多政府早就應該禁止華為進入加拿大電信網絡，向大學資助委員會發出指令，禁止與華為建立合作夥伴關係。」

中國共產黨勢力早已滲透加拿大。出生於香港的加拿大保守黨政治家趙錦榮（Kenny Chiu）完成一屆任期後，於二〇二一年失去議會席位，他認為北京令他的選舉失敗。今年早些時候，他因在國際人權小組委員會中的角色，而受到北京制裁，因此無法返回香港。他向我坦言：「我之所以成為攻擊目標，是因為我被北京視為『麻煩製造者』。我在議會中直言不諱地支持香港，還嘗試在議會中提出一項私人議員法案，它是以澳洲的外國影響力透明度計劃為藍本，要求加拿大與外國實體的關係保持透明。但北京在加拿大華人社區中散播很多有關此事的虛假信息。」

趙錦榮被親中的微信和 WhatsApp 群組，以及加拿大的一些中文媒體定為「反華者」，中共政權伴稱他所推出的法案將要求所有在加拿大與中國大陸有聯繫的華人登記，否則將被處以最高二十萬加元的罰款。中國憑空揑造的「假新聞」攻擊不僅針對趙錦榮，而且還針對他的政黨。北京希望摧毀加拿大保守黨組建政府的任何機會。向華人社區傳遞保守黨領袖艾琳・奧圖爾（Erin

O'Toole）正在針對中國，並被美國人利用來阻止中國發展成為超級大國。中共喉舌《環球時報》還發表文章警告，如果保守黨籌組政府，便不會坐以待斃。

此外，趙錦榮還發現自己成為一家位於溫哥華史蒂夫斯頓 - 列治文東（Steveston-Richmond East）選區的粵語廣播電台中，一個親北京廣播電台主持人梁燕城博士的攻擊目標。據其回憶：「梁燕城多次說我犯下『三項罪行』。首先，他指責我在二〇一九年參加香港國際選舉觀察團時干涉香港區議會選舉。他將選舉中親北京陣營的失敗歸咎於選舉觀察團，並說當我已干涉香港政治時，不應指責中國勢力干涉加拿大。其次，他認為我在沒有去過新疆的情況下，投票支持一項宣布新疆對維吾爾人進行種族滅絕的動議。最後一項當然是提出不利中國透明度草案，他在節目中不斷重複有關草案的虛假信息和不實指控，並火上澆油。」

史蒂夫斯頓 - 列治文東選區至少有百分之四十七的人口是華裔，因此以某人「討厭中國人」為由煽動對他的敵意易如反掌。二〇一九年，趙首次當選時，他獲得約百分之四十一點六的選票，但到了二〇二一年，他只贏得了百分之三十三點五，下降百分之八點一。他在兩年前以二千七百四十七的多數票贏得席位，但在隨後的選舉年以三千四百七十七票的優勢，輸給自由黨候選人。

二〇二二年一月，麥基爾大學（McGill University）的兩名研究人員李紫楓（Sze-Fung Lee）和 Benjamin C. M. Fung 發表一篇論文，點名趙錦榮的經歷清楚地表明「加拿大仍然容易受到外國干涉，影響國家安全。」[19]

莊文浩認為加拿大政府需要在維護民主、言論、結社和表達自由的同時，反擊北京政府在加拿大推行的顛覆、脅迫恐嚇和影響力運動。

莊文浩指出：「我們在上次選舉中失去某些華人社區的席位。有證據表明，失去這些席位不是因為我們對北京共產黨領導層的政策，而是因為北京代理人散佈錯誤信息，外國勢力前所未有地干預我們的民主進程。中國駐渥太華大使館在競選期間發表評論，警告候選人和政黨，如果他們在中國問題上採取與北京相悖的立場，就會產生後果。我們沒有制定強而有力的計劃來監控中文虛假信息，也沒有反駁這些錯誤信息。民主國家對獨裁國家或其代理人的虛假信息反應遲緩，但我們逐漸意識到必須正視這個問題。」

除了美國之外，澳洲也一直站在對抗北京的最前線，其政策轉變招致習近平政權的憤怒。首先，它已採取措施應對中國共產黨的影響和滲透。克萊夫・漢密爾頓（Clive Hamilton）二〇一八年的著作《無聲的入侵：中國在澳洲的影響》（Silent Invasion: China’s Influence in Australia–spoken）中詳細介紹政府的措施。此外，澳洲公開反對中國剝奪香港的自由，並延長了「救生艇計劃」，幫助希望離開這座城市的香港人。最後，澳洲戰略政策研究所（Australian Strategic Policy Institute, ASPI）發表一系列開創性的報告，內容涉及中國企業在新疆省共謀對維吾爾人的暴行，和中國在全球供應鏈中強迫勞動的情形，更呼籲對COVID-19大流行的原因進行國際調查。

上述種種導致北京日益咄咄逼人，其好戰的政權憤怒地四處施壓。在「五眼聯盟」國家中，澳洲對中國的貿易依賴程度最高，近百分之四十的出口都流向中國，還在五百九十五種不同類別的商品，戰略性地依賴中國。

有鑑於澳洲的行為，中國變本加厲的打壓澳洲經濟，在二〇二〇年，中國對澳洲大麥進口徵收百分之八十的關稅，限制煤炭進口，並暫停從澳洲四個最大生產商進口肉類，完全違反中國與澳洲的自由貿易協定，及世界貿易組織成員資格。然而，中國凌駕於國際協議之上，可以違規而不受罰，澳洲葡萄酒行業成為惡霸的最新目標，向其徵收超過兩倍的關稅。二〇二〇年十二月，我參加一項敦促英國人民只購買澳洲葡萄酒的國際運動，聲援我們的盟友。時任英國外交大臣卓慧思（Liz Truss）在二〇二二年四月的官邸演講中，呼籲自由世界建立更強大的聯盟：「七國集團應該充當經濟北約，共同捍衛我們的繁榮。如果合作夥伴的經濟成為侵略政權的目標，我們應該採取行動支持他們。人人為我，我為人人。」[20]

最近，一直置身事外，對中國反應遲緩的北約聯盟也逐漸覺醒。立陶宛和捷克共和國早已反對中國，隨後北約其他親中成員國，也越來越認識到北京政權構成的危險。歐盟針對維吾爾族種族滅絕事件對中國官員實施制裁，促使中國採取報復措施，制裁歐洲議會的五名議員、議會人權小組委員會、歐盟理事會某個委員會和幾個歐洲非政府組織。歐洲議會主席戴維．薩索利（David Sassoli）表示，歐洲不會成為中國的「出氣袋」，[21]議會暫停批准《中歐全面投資協定》（EU-China Comprehensive Agreement on Investment, CAI）。[22]歐盟外交事務事務和安全政策高級代表約瑟夫．博雷爾（Josep Borrell）將中國稱為「系統性競爭對手」，並將二〇二一年的中歐峰會描述為「與聾人的對話」。[23]

日本和韓國的政策制定者和顧問對中國的觀點也值得關注。在東京，北京的行為正引起政府、議會、學術界和媒體中重新思考，儘管這種轉變可能不如其他地方強烈，但顯示覺醒的跡象。

東京大學講師井形彬（Akira Igata）表示，日本的「對中政策」存在兩種流派。「在精英層面，人們雖然不滿中國對待本國人民，以及少數民族的方式，明白中國的行為乃是軍事威脅，但他們更擔心來自中國的經濟報復。許多官僚一直非常謹慎，盡量不激怒中國。此外，日本還有一些與北京關係密切的政黨，例如與執政自民黨結盟的公明黨，試圖淡化日本政府的對中政策或言論。」

然而，井形彬認為，政黨和利益相關者組成的新興聯盟日漸壯大。過去不批評中國，但現在感到有必要採取行動的自由派，和對中國日益增強的侵略感到震驚的保守派，均意識到他們必須為中國人權問題發聲。

然而保守派試圖淡化一切，而新聯盟則嘗試挑戰陳規陋習，兩者之間存在衝突。井形彬認為這是日本最終採取某些奇怪新政策的主因。例如，當日本宣布不會派任何內閣大臣參加二〇二二年北京冬奧會時，日本奧委會同時表示這並非「外交抵制」，會派員出席。事實上，這是一種折衷的辦法。井形彬批評道：「美國人、澳洲人、英國人都在幾天之內就表態，但日本直到聖誕節以一種非常軟弱的方式表態，明顯是官僚體系內部派系鬥爭的結果。」

日本國會於二〇二二年二月通過一項關於中國的決議，但井形彬指出，該決議實際上並未提及中國：「它本來應該批評中國侵犯人權的行為，但如果你看一下文件本身，它談到了新疆、香港和西藏，但沒有使用『中國』這個詞語。這不是真正的批評，因為它只是談論日本政府調查新疆和西藏局勢的重要性。它名為『譴責』決議，但文件沒有『批評』或『譴責』一詞。值得慶幸的是，日本議會不再像過去一樣保持沈默，向前邁出一小步，但還遠遠不夠。」

此外，井形彬指日本議員正推動日本版的馬格尼茨基制裁立法，即《侵犯人權制裁法案》，再次有人對這一舉措持非常批判的態度，目前，岸田文雄政府表示法案尚在考慮階段，尚未將其列入議程。據井形彬所言，日本政府沒有實施制裁的途徑，若是通過制裁法律，便會迫於國際壓力不得不制裁中國，導致日本失去外交靈活性，所以他們不做立法。

井形彬承認，日本在台灣問題上已經變得更加嚴厲和咄咄逼人。政界人士談論需要與台灣更密切地合作，在台灣被中共入侵時嚴陣以待，但一切都是紙上談兵，若看實際的政策，就會發現甚麼都沒變。話雖如此，如果台灣海峽爆發戰爭，日本將不可避免地捲入其中，不可能袖手旁觀。日本有美國基地，中國可能會攻擊這些基地，這意味著日本將受到攻擊。綜上所述，日本似乎表面上處於願意做出更多犧牲，與台灣合作對抗中國的立場。但實際上其基本立場並沒有真正改變。

日本經濟安全促進法案（EconomicSecurity Promotion Act, ESPA）出台，允許政府識別對日本重要的戰略資產，要求企業告知供應鏈所在地。日本政府收到報告後，若認為有潛在威脅，可以資助企業轉移。儘管中國是潛在的最大威脅，但「中國」這個詞在這部長達一百三十頁的法律條文中消聲匿跡，顯然日本政府正在考慮是否過度依賴中國供應鏈，和是否需要實現多元化供應的問題。井形彬認為這項法律顯示日本出於經濟安全、地緣政治和人權風險的原因，已經開始慢慢與中國脫鉤。

在韓國，尹錫悅（Yoon Suk-yeol）於二〇二二年當選新總統，預計首爾也將對北京採取更強硬的立場。韓國前人權大使李鐘勳指出：「韓國不能對中國懷有敵意。因為兩者商業關係太複雜，我們的企業和經濟不堪一擊。前任政府非常親中，韓國的左翼分子仍然非常忠於中國和反美，前總統文在寅的政策只是向習近平卑躬屈膝，但新政府將與前任政府的立場相左，所以情況會截然不同。」

二〇一七年，韓國接受美國在韓國領土上部署末段高空區域防禦導彈系統（薩德系統），旨在攔截和擊落短程、中程和中程彈道導彈。北京遂報復性驅逐樂天市場（Lotte Mart）。據李鐘勳所言：「文在寅總統根本沒有提出抗議。相反，他向習近平懇求，承諾『不再部署薩德』、『不再加入美國導彈系統』以及『不再建立美韓日三邊聯盟』等喪權辱國的承諾。我們是一個主權國家嗎？薩德是一種防禦性武器系統；它之所以存在，是因為北韓正在製造針對南韓的導彈，所以韓國需要最低限度的防禦能力。然而，北京試圖控制他國如何防禦和保衛自己的國家，簡直荒謬至極。」

李大使認為很多人對中國幻想破滅：「我年輕的時候，南韓的天空很藍。如今每天醒來，入目均是一片灰濛濛。科學家估計至少百分之三十的污染來自中國，但沒有人提出抗議。文在寅總統訪中，等待『朝見』習近平，但習近平沒有見他。隨後，中國警察毆打報導此次訪問的韓國記者。如果我是文在寅總統，我會收拾行李回家，或者至少要求中方嚴正道歉。但他甚麼也沒做。所以韓國民眾，尤其是年輕一代，一點也不喜歡中國的傲慢。他們不喜歡看到發生在香港、維吾爾人和藏人身上的事情。」

李大使續稱：「南韓新總統當選後，在就職前會派代表團訪問美國、日本、俄羅斯和中國。然而尹總統沒有派代表團前往中國、日本或俄羅斯，而是前往美國和歐洲，表明自己的態度。尹總統的政府可能不會直接對抗中國，但它肯定會尋找加強聯盟的方法，或是參加亞太安全聯盟四國，或是與美國更加密切合作，加強『薩德』部署。這些事情會激怒中國，加劇緊張局勢，但我們是一個主權國家。從長遠來看，韓國將慢慢脫離中國，努力減少對中國的依賴。」

近年來，倫敦、華盛頓特區、渥太華、堪培拉、布魯塞爾、東京、首爾等地的「對中政策」逐步變化。自二〇二〇年五月五日起，中印士兵在兩國邊境再發生衝突，導致新德里對中立場更強硬。習近平政權對內加劇鎮壓加劇，對外不斷侵略的行為，是全球改變對中態度的主因，但對中國人權運動的不滿，也推動各國改變「對中政策」。

多年來，非政府人權組織們堅持不懈地揭露中國的人權記錄，嘗試推動政策變革。從國際特赦組織和人權觀察等大型組織，到中國人權、對華援助協會和中國公民力量倡議等較小的專家團體，從國際聲援西藏運動和自由西藏等關注西藏的社運組織，到全球基督教團結聯盟等宗教自由倡導團體，無不長期致力於中國人權活動，但在過去幾年發生的兩件事，促使更多人權組織成立，連結更多組織協作，推動中國人權活動的進程。

二〇一七年十二月，我意識到沒有專門倡導香港自由和法治的組織，嘗試在工餘時間以個人身份為香港發聲。然而，人們對香港現狀所知甚少，我們需要一個能夠教育、告知和影響立法者、政策制定者、媒體和公眾的組織。我和當時正在為自由西藏工作的朋友格雷・薩金特、出生於香港，現居倫敦的加拿大公民艾琳・卡爾弗利（Aileen Calverley）、薩里大學德國學者馬爾特・凱丁博士（Dr. Malte Kaeding）、以及剛從牛津大學畢業，正在倫敦經濟學院攻讀碩士學位的約翰尼·帕特森（Johnny Patterson）等，共同創辦「香港監察」。他們都是我在各種人權工作中認識，有志於推動人權發展的志同道合者。

香港監察成立以來，不斷增強自身能力和影響力。首先讓約翰尼在攻讀研究生學位，同時兼職工作，其他人則在業餘時間做志願者。如今，我們擁有一支由十名員工組成的團隊，在倫敦、柏林、華盛頓特區和渥太華工作，定期前往布魯塞爾和日內瓦，與遠至堪培拉和亞太其他地區，接觸議員和政策制定者。此外，我們擁有一群來自各個領域的贊助人，以及一個由前香港立法會議員、經驗豐富的社運人士和政策顧問組成的高素質顧問委員會。儘管我們暫時未能爭取香港自由，但我們推動英國政府通過 BNO 救生艇計劃，影響加拿大和澳洲推出類似計劃。此外，我們動員美國制裁北京和香港官員，而且曝光中國持有的環境、社會和治理領域（Environmental, social, and governance, ESG）公司基金，上述公司參與維吾爾人的種族滅絕行為，引發一場涉及香港，還涉及自由世界如何應對中國和整個中共政權的辯論。

「香港監察」成立後，其他關注香港的團體包括「Fight for Freedom Stand With Hong Kong」、「攬炒團隊」（Hong Kong Liberty Team）、「香港民主委員會」（Hong Kong Democracy Council）和「香港自由委員會」（Committee for Freedom in Hong Kong）應運而生，每個組織各有側重，我

們也會與他們合作，一起香港推動民主進程。

充滿活力的維吾爾活動家和歌手拉希瑪．馬哈茂特（Rahima Mahmut），匯集來自不同政治和宗教背景的各階層活動人士，於二〇二〇年發起「制止維吾爾族種族滅絕運動」（Stop Uyghur Genocide Campaign），旨在停止進口維吾爾奴工製造的產品、制裁維吾爾族種族滅絕負有責任的中國共產黨政權官員、外交抵制北京冬奧會，承認中國對維吾爾人犯下的暴行是種族滅絕。

兩個英國學生組織一直走在這場運動的最前線。Yet Again UK 是一個主要由大學生和應屆畢業生組成，反對現代暴行犯罪，特別是種族滅絕的組織；Burst the Bubble 則是高中生創立和營運，和 Yet Again UK 有類似願景。我定期與這兩個組織接觸，不斷受到這些年輕人的啟發，他們部分人只有十六或十七歲，願意將空餘時間，用於提高認識和動員政治家關注人權問題。

跨黨派中國問題聯盟（Inter-Parliamentary Alliance on China, IPAC），由我的好朋友裴倫德（Luke de Pulford）倡議，與世界各地的跨黨派議員團體於二〇二〇年創立，擁有來自二十三個不同立法機構的二百五十多名議員，是一場真正的全球性跨黨派運動。

IPAC 非常獨特，能把來自廣泛司法管轄區、信仰迥異的政客聚集在一起，在極短時間內產生積極影響。用裴倫德的話說，IPAC的目標是利用議會和其他競選手段改革民主國家對中國的態度。

裴倫德表示：「基於人權秩序面臨巨大壓力，我們需要共同應對，立法者可要求政府審視對華政策，重新構建對華立場。多位政治家討論建立一個跨黨派的國際立法者團體，合作處理中國問題，我和施志安爵士努力促成這件事。最初，我們只通過五眼國家建立網絡，隨後將之擴展到日本、印度、歐洲和非洲。但我們很清楚，此倡議必須避免政黨政治，因此我們起草章程，制定標準，並取得議員們的許可。在此制度下，每個立法機構有一名來自執政黨，一名來自主要反對黨的聯合主席，他們在各自政黨內有足夠影響力，有跨黨派合作的歷史，願意『投入』人權項目。時機成熟後，招募會員並非難事。」

施志安爵士對此表示同意。工黨同僚、著名人權律師海倫娜・肯尼迪男爵夫人（Baroness Helena Kennedy KC）與他一起擔任英國小組聯合主席，共和黨參議員馬可・盧比奧（Marco Rubio）和民主黨參議員鮑勃・梅南德斯（Bob Menendez）領導華盛頓特區小組，自由黨歐文・科特勒（Irwin Cotler）和保守黨議員加內特・吉尼斯（Garnett Genuis）主持加拿大小組，德國綠黨政治家萊因哈德・布蒂科費爾（Reinhard Bütikofer）與斯洛伐克保守黨議員米里亞姆・萊克斯曼

（Miriam Lexmann）一起擔任歐洲議會小組的聯合主席。施志安爵士回憶道：「我就清楚地知道必須『左右開弓』，實際上，許多人與我們結論一致。維吾爾種族滅絕暴行、香港急速倒退的自由均為各地敲響警鐘。中共政權正在破壞國際協議，也讓我們這些來自世界各地左派和右派人士，奇妙地團結一起。」

IPAC 主導了世界各國政府外交抵制二〇二二年北京冬奧會的舉措，其在十一個立法機構提出了動議並進行辯論，儘管許多人懷疑外交抵制是否可行，但在組織的努力下，最終由七個國家宣布外交抵制中國。此外，IPAC 還提出承認針對維吾爾人的暴行是種族滅絕。各國議員提出了承認暴行的立法動議，現已有七個不同的立法機構通過了這些動議，其政府因此面臨巨大壓力。

在英國，IPAC 成員發起了一場「種族滅絕修正案」運動，差點擊敗政府。二〇二一年初，議員們在《貿易法案》中提出該修正案，授權英格蘭和威爾士高等法院在收到案件後判定種族滅絕，要求政府審查與已證實存在種族滅絕行為的國家，簽訂任何貿易協定。雖然法案未獲通過，但確實促使政府在重大政策上讓步，迫使英國改變對維吾爾人的政策。此外，IPAC 成員與香港監察合作，確保暫停英國與香港的引渡協議。最後，除了強調中國的人權記錄外，IPAC 還一直站在反對中國經濟脅迫的最前沿，主張在關鍵基礎設施領域，減少對中國的依賴，目前已對華為和海康威視等公司已經採取相關行動。

除成功改變政策和立法外，IPAC 還團結了政治家們。許多新興經濟體嚴重依賴中國，提出擔憂的議員常常被孤立和忽視。IPAC 內匯集大量反中立場的議員，作為他們強大的後盾，使這些聲音不被忽視和淹滅。過往反中派為少數派的立陶宛和新西蘭便是例證。IPAC 的四位前聯合主席，包括現任捷克外交部長的捷克議員揚·利帕夫斯基（Jan Lipavsky）已晉升為國家部長級別，足以影響一國政策制定，這歸功於 IPAC 網絡的影響力。未來，裴倫德希望 IPAC 組織能擴展到「一帶一路」國家。鑑於中國支持普京入侵烏克蘭，迫切需要接納烏克蘭加入 IPAC 網絡。

現任 IPAC 工作的香港社運人士鄺頌晴（Chung-Ching Kwong）認為：「近年來，我們看到來自不同社區人士之間的協調程度大大提高，組成一個中國共產黨受害者聯盟極其重要。香港、台灣、維吾爾人和西藏問題，針對中國異見者的迫害，均源於中國共產黨的專制政權。我們代表同一問題的不同維度，一起向世界發出一個非常重要的信息，即有一大群無法忽視的受害者。我們沒有人會拒絕民主中國，因為只有這樣，我們可以擺脫苦難，團結是如此重要。」

綜上所述，就是我們目前已經完成的人權工作，接下來會討論兩個問題：一是自由世界還應該採取哪些措施來解決中國的人權危機？二是中國共產黨政權是否日益威脅我們的人身自由？

第一件應該做的事是更好地了解目前的挑戰性質和規模。人們對中國狀況一知半解。儘管華盛頓特區和堪培拉的外交政策團體遙遙領先於其他任何地方，但內部中國問題專家十分短缺。艾薩克・斯通・菲什（Isaac Stone Fish）的《美國第二：美國精英如何讓中國更強》（America Second: How America's Elites Are Making China Stronger）和喬什・羅根（Josh Rogan）的《天下混亂：特朗普、習近平和二十一世紀之戰》（Chaos Under Heaven: Trump, Xi and the Battle for the 21st Century）均清楚地表明，中國共產黨的滲透從國會山到華爾街，從哈佛和耶魯到好萊塢和矽谷，可謂無孔不入。

如果華盛頓特區仍是「長路漫漫」，那麼倫敦、布魯塞爾和渥太華便是「道阻且長」。專門研究中國問題的前英國外交官查爾斯・帕頓（Charles Parton）認為倫敦缺乏對中國的關注。他認為政府沒有人員，也沒有清晰的政治方向，全面應對這一挑戰，既無資源，也未能全盤掌握問題核心。

他建議國家安全委員成立中國問題工作小組，專責處理中國問題：「國家安全委員會多久召開一次關於中國問題的會議？它如何積極地解決這些問題？英國中央政府應該召開會議，以確保制定和實施跨部門政策。英國的對華政策只有雛形沒有明確戰略，但中國不會就此消失。」

布魯金斯中國研究院（Brookings China Institute）創始主任杜如松（Rush Doshi）在其著作《長期博弈：中國削弱美國、建立全球霸權的大戰略》（The Long Game: China's Grand Strategy to Displace American Order）闡明中共政權的意圖。杜如松仔細分析中國共產黨的文件和講話，點出中共政權的目標：「北京企圖主導全球治理和國際機構，分裂西方聯盟，並以犧牲自由主義為代價施行極權統治。由此削弱支撐美國霸權的優勢，奪取從人工智能到量子計算的『第四次工業革命』制高點，美國將淪為『去工業化』的英語版的拉丁美洲共和國。同時，人民解放軍將部署一支世界級的軍隊，在世界各地設立基地捍衛中國在大多數地區，甚至在太空、極地和深海領域的利益。[24] 換言之，中國的野心不限於台灣或主宰印太地區，而是著眼於全球秩序及其未來」。杜如松的研究和分析並非隨口胡謅，值得我們認真對待。[25]

易明（Elizabeth Economy）對此表示同意，她的著作《中國秩序下的世界》（The World According to China）也應該成為必讀之作。她寫道：「習近平的野心，正如他過去十年的言行所表明的那樣，是重塑世界秩序。[26] 他呼籲實現『中華民族偉大復興』，設想一個在全球舞台上佔據中心地位的中國。中國收復有爭議的領土，在亞太地區佔據主導地位，確保其他國家的政治、經濟和安全利益與中國利益相牽。中國不僅為二十一世紀的世界提供技術基礎設施，還在國際法中嵌入自己的規範、價值觀和標準。」我們決不能讓中共政權得逞。但為了阻止中國的邪惡意圖，我們必須更了解習近平和他統治的制度，不要對他懷有任何仁慈或良善的想法。

生於上海，現居澳洲的中國藝術家巴丟草比大多數人更了解中國共產黨的危險性，其祖父母是電影先驅，在百花運動期間受中共迫害，悲慘的家族史塑造巴丟草對中國的理解。二〇一一年以來，巴丟草將自己的藝術用於政治活動，繪制描繪中國人權危機的漫畫和繪畫，為維吾爾族、西藏和香港以及中國大陸對異見的鎮壓發聲。二〇二一和二〇二二年初，他利用自己的海報發起抗議北京冬奧會的運動，他認為：「這是一個突顯中國陰暗面，或是揭露政權侵犯本國民眾人權惡行的契機。同時證明藝術在社會運動中的重要性，其以一種有趣的方式傳達嚴厲的信息。」

由此，巴丟草成為北京的死亡威脅、網絡攻擊和定期騷擾的目標。據他回憶：「二〇二一年，我在意大利參加展覽時，中國駐羅馬大使館給布雷西亞（Brescia）市長寫了一封威脅信，敦促我取消展覽，並警告羅馬，若不按照他們的意願行事，中國將取消中意之間所有文化項目。然後，當地受政權操縱和控制的華人社區，在微信上組織了一場野蠻的運動，並派人到我的活動現場擾亂。在意大利逗留期間，我甚至收過死亡威脅。人們走過來對我說：『意大利有很多黑手黨成員，他們隨時會殺你，你應該馬上離開這裡。』這些是我每天必須面對的事情，但我每次舉辦展覽或全球巡演等大型活動時，就會變本加厲。」

巴丟草認為，自由世界應該解決中國政府對海外華人社區、特別是海外中國學生的控制問題：「中國學生學者聯合會（Chinese Students and Scholars Association, CSSA）和孔子學院正在監視學生和威脅人們。西方社會必須非常清楚地認識這一點，設法剷除這些團體。此外，他們應該採取行動，阻止中共政權對中文社交軟體的控制。中國的政治宣傳十分複雜，與中國人日常使用的應用程序如微信、TikTok和抖音交織一起。中國政府對它們擁有百分百的控制權。如果你在微信上發佈有關天安門大屠殺的內容，它很快就會被刪除，你的帳戶將被凍結，你在中國的家人可能會遇到麻煩。它們不僅只是娛樂或通訊應用程序，還是中共政權的喉舌。為甚麼民主社會要容忍這種對言論自由的威脅？西方社會應該告訴這些公司，如果他們想在西方營運，就必須堅持言論自由的原則。如果他們幫助中國政府進行審查，就不應該允許他們在自由世界營運。」

流亡華盛頓特區的中國異見人士楊建利負責管理社運組織「公民力量」。楊建利是共產黨官員的兒子，他也加入共產黨，晉升至中層階級，於一九八六年移居美國，在加州大學伯克利分校求學。據楊所言：「習近平當時只比我高一級，黨內甚至稱我為後起之秀。作為一名黨官，我本來應該向中國大使館匯報行蹤，但自從我踏足美國以來，我從未踏入過中國大使館。」一九八九年，楊看到天安門廣場的民主運動，決定回國爭取民主。六月四日凌晨，楊建利和同事騎自行車來到廣場：「我們看到軍隊開火，坦克高速行駛，催淚氣體、機槍聲和尖叫聲混雜，許多人無辜喪生。這是我成為一名社運人士的原因。」

楊建利設法離境，從北京一直哭到三藩市。幾天後，他受邀到美國國會為「天安門事件」作證，隨後組織示威，開始宣傳和倡導中國的民主。二〇〇二年，他決定返回中國，拜訪參與中國東北遼寧省勞工權利抗議活動的下崗工人，為他們提供意見。他最終在昆明機場被捕，被監禁五年，期間至少十五個月被單獨監禁。

楊建利以其一貫對共產黨的認知和獄中經歷，明白當前局勢的嚴重性：「一九八九年六月四日早上，是我人生的最黑暗時刻。我親眼目睹坦克在北京街頭碾死學生，我在中國監獄裡被單獨監禁的十五個月，我從未想過中國共產黨的暴政仍舊肆虐。很多人問他們應該做甚麼？我建議大家改變思維方式，使獨裁政權轉為崇尚民主自由和尊重獨立個體，我們必須用盡所有方法達成這個期許。」

為此，楊建利提出四個變革條件：「首先，人民強烈不滿，要求改變政治現狀；其次，有一個不會輕易放棄，能夠顛覆政權的反對派出現。過去三十年來，中國出現很多反對派，但沒有任何一個反對派足以改變政權。第三，中國共產黨政權內部嚴重分裂；最後，國際社會必須相信，承認和支持中國的民主反對派。如果我們想要改變中國，這四個條件缺一不可。」

楊建利認為習近平領導下的中國公民社會空間近乎歸零，所以我們的首要問題是如何幫助中國人「重建」公民社會空間。

楊建利認為重建公民社會的第一步是「解放互聯網」：「如果我們能夠幫助中國人利用互聯網更自由地交流，組織相關民主活動，將中國民間社運人士與技術專家、資助者和政策制定者聚集一起，也許能夠催生新力量改變現狀，但這個設想仍遙不可及，任重道遠。」

為撰寫本書，我採訪八十多人，閱讀了四十多本有關中國的書籍，不包括我閱讀、加亮和歸檔的報告、論文、觀點社論和報紙文章的數量。我把它們堆放在家中閒置房間的床上，以便隨時引用和參考。然而，我最終只引用其中一小部分，若把全部資料羅列出來，這本書的厚度不下於百科全書。綜合我閱讀過的材料，我腦海中有十項關於未來行動計劃的建議，它們並不完美，只是一個雛形。

這十個想法可以分為三個主題：一是結束有罪不罰現象，確立問責制，對政權不當行為施加懲罰性後果；第二是為那些需要逃離中國的異見者提供「救生艇計劃」，保障中國境內外異見人士的權利；第三是基於國際秩序，捍衛和加強個人自由和價值觀。

首先，我認為我們必須精準制裁嚴重侵犯人權的人，即繼續維持北京、新疆、西藏和香港個別官員的馬格尼茨基式制裁已經開始，與中國共產黨政權的鎮壓和監視工具同謀的商業實體實施制裁。天安門抗爭領袖王丹認為：「錢對中國共產黨官員來說是最重要的。只有當他們受到經濟打擊時，才會感到緊張。西方國家必須禁止中共官員及其家屬移民，凍結他們在海外的財產和資產。」中國民主運動之父魏京生也贊同必須繼續制裁相關人士和組織。

此外，無論多麼困難，我們都應該針對暴行罪和嚴重違反國際條約的行為，訴諸國際司法和問責機制。然而，中國不可能被帶到國際刑事法院或國際法院，因此必須設立一個專案法庭，但知易行難，法律界人士應該齊心協力，將這個政權繩之以法。或可參照本書稍早章節所討論的「中國強摘器官法庭」和「維吾爾法庭」。

此外，國際社會還必須調查 COVID-19 的成因。正如魏京生所言：「如果中國不允許進行國際獨立調查，那就表明它有難言之隱，並會在未來製造新的災難。」

其次，我們應該為維吾爾人、香港人、藏人、中國異見者、中國基督徒和法輪功學員在自由世界中提供庇護和發聲平台，不僅要實施「救生艇計劃」和推動更好的庇護程序，還必須公開認可和支持他們。戴卓爾夫人（Margaret Thatcher）和羅納德・裡根（Ronald Reagan）曾經會見蘇聯異見者，喬治・布殊也曾會見幾位緬甸和朝鮮流亡活動人士。西方政治領導人應該會見維吾爾族、西藏和香港活動人士和中國異見者。

此外，世界領袖應恢復接觸達賴喇嘛尊者，繼續訪問台灣高層議會和部長級。瑪麗・基塞爾告訴我，她特意確保每當特朗普政府談論台灣時，都會出現「民主」一詞：「我們使用『世界上良善的力量』、『蓬勃發展的民主』和『充滿活力的經濟』等短語來形容台灣。將『台灣』與『民主』掛鈎，隱含區分台灣與共產主義中國的重要意義。台灣代表中國繁榮和自由的未來。」

蓬佩奧還加強美國與台北互動。據基塞爾回憶：「我們向台灣出售的武器位列榜首。同時，美國主張台灣成為世界衛生大會的成員，幫助他們盡可能建立廣泛的非官方關係。在蓬佩奧國務卿發佈備忘錄，取消與台灣人互動的所有限制致歉，國務院有權決定與華盛頓特區台灣官員交談的人選。國務院與各類機構人員都維持良好的非官方關係。例如不會限制國務院官員國際特赦組織人員共進午餐。因此，如果想與台灣更緊密合作，我們必須打開對話之門。」

正如楊建利所提議的那樣，我們要規避或打破中國的防火牆，增強互聯網自由，並以其他方式繼續支持和建構公民社會。

最後，自由世界必須保證多元化供應、減少對中國的戰略依賴、撤回不道德投資、確保北京不會輕易侵略台灣、捍衛我們大學的學術自由、減少依賴中國的學術和研究資助，關閉中國共產黨設立的孔子學院，加強應對中共政權滲透，加強民主國家之間的聯盟。

英國、美國、加拿大、澳洲、新西蘭、日本和韓國以及歐洲各地的一些主要養老基金，大量投資直接參與或共謀對維吾爾人和穆斯林進行種族滅絕，以及監控設施的中國公司。二〇二一年，香港監察發佈一份新報告《ESG、中國和人權：為何投資者採取行動的時候到了》（ESG, China and Human Rights: Why the time has come for investors to act），發現西方養老基金、主權財富基金和其他基金持續投資中國。[27]

全球最大資產管理公司貝萊德（BlackRock）等公司營運的基金不斷增加中國股票的份額，幾乎所有養老基金都持有大量中國股票。例如，英國最大的私人養老金計劃「大學養老金計劃」（Universities Superannuation Scheme, USS），騰訊是第二大持倉股票，阿里巴巴是第五大持倉股票。基金購入二百五十億英鎊上市股票，上述兩家公司便佔數億英鎊，此外，基金公司還持有超過一億英鎊的中國建設銀行股票。

騰訊和阿里巴巴等中國科技公司的人權記錄很少受到關注，因為這種規模的中國科技公司無法脫離中國政府。阿里巴巴開發面部識別軟件，中國政府則利用相關軟體來監控、壓迫和針對境內的少數群體，目前有超過一百萬維吾爾人受害。此外，它們還開發私人營運的社會信用應用程序「芝麻信用」，納入中國政府的反烏托邦社會信用體系。另外，騰訊旗下的通訊軟體「微信」也被人權觀察組織指控審查和監視用戶，上報中國政府。其他中國科技公司也有類似舉措。

我們不僅關心人權，也關注中國的機構投資對國家安全的影響。中國國有銀行是中國石油天然氣集團公司、中國廣核集團或北京建工集團等，被美國列入黑名單的國有企業最大資金提供者，而中國利用國有企業，在過去十年大量購買基礎西方戰略設施，是「一帶一路」最大的貸款人，也是剝削發展中國家和中國「債務外交」的工具。

最後，習近平持續監管和打壓人權之際，我們應該質疑國際機構是否仍能在中國做生意。中國根本不存在法治，總是玩著相同的把戲。共產黨先扶植企業，隨後指控他們貪腐，最後收回一切。沈棟（Desmond Shum）關於共產黨內部運作的《紅色賭盤》（Red Roulette）詳細說明這一點。現在看來精明的投資，誰也無法保證他們能在下一次的「俄羅斯輪盤」中逃過一劫。

現在是要求我們的養老基金停止注資中國的時候了。金融家喬治・索羅斯（George Soro）在《金融時報》和《華爾街日報》上撰文批評貝萊德，稱「現在向中國注入數十億美元是一個悲劇性錯誤。」[28]索羅斯指出，習近平將所有中國公司視為經濟工具，[29]英國著名金融家海倫娜・莫里西男爵夫人（Baroness HelenaMorrissey）呼籲投資者撤出中國。[30]美國前副國家安全顧問馬特・波廷格（Matt Pottinger）則指責投資基金的行為虛偽至極，因為它們表面上關注環境和社會，卻同時投資劣跡斑斑的中國公司。[31]

此外，儘管中國迄今為止經濟增長令人矚目，但人們越來越擔心未來與中國開展業務的風險。習近平發起一場針對私營企業的運動，控制權力過於強大的公司和個體企業家。[32]馬雲等企業家或范冰冰等電影明星的經歷，均表明中國危險的投資環境。[33]隨著房地產巨頭恆大集團幾近倒閉，房地產行業的危機揭露中國更深層次的問題。亞洲最大私募股權投資者管理超過五百億美元的資產，其創始人兼董事長單偉建表示正在遠離中國，轉向多元化投資，因為中共政權的政策引發「嚴重的經濟危機」。[34]

查爾斯・帕頓認為，不應讓中國投資關鍵的國家基礎設施，以保護國家免受日益增長的間諜活動影響。英國秘密情報局（Secret Intelligence Service, SIS）局長理查德・摩爾（Richard Moore）在二〇二一年十一月的演講中強調這一點，他在演講中將中國描述為軍情六處「最重要的優先事項」：「事實上，中國是與我們價值觀差異甚大的獨裁國家，我們看到來自中國政府的威脅。中國情報部門能力很強，持續大規模滲透在英國及盟國政府、行業或中國政府特別感興趣的研究領域工作的人，甚至監視，試圖影響海外華人。」[35]

知己知彼，百戰百勝，了解中國統戰部的運作方式對打擊中國至關重要。中國統戰部是共產黨的「法寶」之一，負責協調中共政權在商業、政治、學術、文化和媒體領域以及海外華人中的對外影響力。新西蘭學者安妮-瑪麗・布雷迪（Anne-Marie Brady）認為：「習近平比胡錦濤更熱衷利用外國輿論影響外國政府和社會的決策，習近平時代的政治影響力活動，在很大程度上借鑒毛澤東時代制定的方法，以及揉合鄧小平、江澤民和胡錦濤的政策，將它們提升到一個新水平。」[36]

最近，中國統一戰線特工英籍華裔律師李貞駒（Christine Lee）被曝光的時間應為我們敲響警鐘。多年來，她一直活躍在英國政治的核心領域，能夠接觸所有主要政黨的高級政客。二〇二二年，軍情五處揭穿她北京間諜的身分。正如帕頓在二〇一九年於皇家聯合三軍研究所（Royal United Services Institute, RUSI）發表，[37] 和二〇二〇年於倫敦國王學院發表的兩篇論文所言，[38] 英國政府和其他國家政府需要調查中國的統戰活動，制定政策應對。

最重要的是，我們應該加強民主國家之間的聯盟。拜登總統在二〇二一年民主峰會上開始這項工作；鮑里斯·約翰遜（Boris Johnson）呼籲成立一個由世界十大民主國家組成的「D-10」小組；英國新任首相卓慧思也談到「自由網絡」。但我們還需要做更多事。如果各國同心協力，例如共同制裁中國，中國的反擊就會變得更加困難，若是各自為政，中國便能夠將它們逐個擊破，或令其相互推諉，製造分裂。為了捍衛自由，自由世界需要聯合一起對抗北京。

我們應該大聲、反覆、充分明確地表明我們並非「反中國」或「反中國人」，而是「反威權主義」。我非常支持中國，熱愛中國及其人民和文化，我憎惡的是殘酷政權。

巴丟草認為這是一個「非常非常重要」的信息。他認為：「弱勢西方或所謂的『自由世界』

真心幫助中國人民，有可能讓中國走向更好，那麼每一個批評中國政府的人，都必須區分『中國共產黨』和『中國人民』。幫助中國人民改變中國的最好辦法，就是為海外華人賦權。然而，我們並非盲目支持任何有中國背景的人，因為我們必須警惕中共政權滲透，必須反駁北京方面批評共產黨即種族主義的言論。中國政府將我的藝術描述為『反華種族主義』是荒謬至極。我們必須打擊種族主義和批評北京政權之間取得適當平衡。具備良好知識和道德的人，應該不難辨別批評是針對政府，還是針對普通民眾。」

莊文浩指出：「我們必須承認，中國人民數千年古老文明歷史的一部分，其發明紙張、火藥、書法和其他東西，為人類進步貢獻甚大。然而，我們需要譴責反亞裔的仇恨和歧視，譴責那些利用亞裔人持有偏執和種族主義觀點作為藉口，攻擊我們的北京政權。我們並非針對中國人民，而是批評北京共產黨領導層，他們嚴重侵犯人權，嚴重威脅國際秩序構成的行為。如果我們不正視來自北京的威脅，將等同於我們拋棄亞裔同胞，因為他們是共產黨的目標。」

莊文浩是對的，上述原則不僅適用於渥太華和整個加拿大，也適用於英國和美國、澳洲、歐洲和其他地區。這是一場爭取自由的鬥爭，在中國境內最為激烈，由於北京政權的行為，這場鬥爭並不止於中國邊境。

瑪麗・基塞爾指出：「你必須考慮習近平本人所說的話。他深受馬克思列寧主義學說的薰陶，非常明確地表示，他相信自己正在與西方鬥爭。習近平的策略類近蘇聯，但中共政權更加危險和先進。因為中國與全球經濟的聯繫緊密，深深植根於社會，『拉攏』華爾街、好萊塢和矽谷的遊說團體。這是一個複雜和艱鉅的挑戰。中國的威脅就在美國、英國、加拿大、澳洲、新西蘭裡。因此，這是一個與蘇聯在冷戰期間截然不同的狀況。但我們必須面對這個問題，相信自己的能力。」

二〇二一年，前任香港總督彭定康與我回顧習近平希望被世界不同國家視為「可愛、可信、受尊重」的說法。彭定康對這個想法嗤之以鼻：「中國共產黨『可愛』嗎？西藏不行，新疆不行，香港不行。中共政權所說『可信』嗎？[39]當他們拒絕公開計算新冠病毒是如何開始的，不斷阻止其他人這樣做時，他們早已誠信破產。中國『尊重』他人嗎？他們只會遵守有利自己的國際規則。儘管習近平承諾不會這樣做，但中國一直在南海問題上發揮影響力。可信、可愛、受尊重？我想他們永遠不會做到。」或者，正如二〇二一年美中經濟與安全審查委員會報告所言，中國共產黨政權是一個邪惡的龐然大物，其決心終結數十億人民安全與繁榮的經濟和政治自由。」[40]

伊恩・威廉姆斯（Ian Williams）在他的著作《每一次呼吸：中國新暴政》（Every Breath

You Take: China's New Tyranny）中指出：「中國無止境地欺凌弱小，是因為他們能夠逃脫懲罰。」他是完全正確的。我們長期向北京卑躬屈膝，使中共政權更大膽地踐踏他人。威廉姆斯寫道：「中共政權常常會讓步，表示悔罪，就像帝國時代的進貢一樣。」他補充道，現在需要的是承認習近平治下的中國，已是一個侵略性和擴張性的國家，它不僅鎮壓自己的人民，威脅西方民主國家及其志同道合的盟友，和一般的民主價值觀。習近平政權是一個侵略性的民族主義政權，和數字極權國家。對抗習近平、維護自由民主價值觀、減少經濟上對中國的依賴，均迫在眉睫。

正如吾爾開希所言：「國會議員克里斯．史密斯在天安門廣場大屠殺三十週年時說『在坦克和坦克人之間，你必須選擇一邊，沒有中間。』今天，超過一百萬維吾爾人被關在集中營，一場席捲全球的大流行病導致生靈塗炭，香港自由急速瓦解，台海危機日益加劇，我們需要結束『戰略模糊』的外交政策，明確表示自身的立場，告訴北京『紅線』到底在哪裡。」[41]

正如異見者許志永在其著作《堂堂正正做公民——我的自由中國》（To Build a Free China: A Citizen's Journey）所言：他追求的目標是「一個民主法治的自由中國，一個公正繁榮的公民社會，一個『自由』的新民族精神。」

如果我們能夠幫助中國人民、香港、西藏和東突厥斯坦人民實現這一目標，世界將變得更美好、和平和安全。

註釋

1 Gov.uk, "Chinese State Visit: Up to £40 Billion Deals Agreed," 23 October 2015, https://www.gov.uk/government/news/chinese-state-visit-up-to-40- billion-deals-agreed

2 Daily Mail, "John Bercow Takes a Second Swipe at China," 20 October 2015, https://www.dailymail.co.uk/news/article-3280895/Bercow-takes-extraordinary-swipe-state-visit-Communist-Chinese-President-hails-great-democracy-India.html.

3 Guardian, "Minister Ordered to Address Chinese Human Rights Issue in Commons," 22 October 2015, https://www.theguardian.com/uk-news/2015/oct/22/minister-ordered-address-chinese-human-rights-issue-commons.

4 Hansard, China (Human Rights), 22 October 2015, https://hansard.parliament.uk/commons/2015-10-22/debates/cb69cdb6-6527-428c-9881-41c3c28d6793/CommonsChamber.

5 The Conservative Party Human Rights Commission, The Darkest Moment:The Crackdown on Human Rights in China 2013-2016, 2016, https://conservativepartyhumanrightscommission.co.uk/reports.

6 The Conservative Party Human Rights Commission, The Darkness Deepens: The Crackdown on Human Rights in China 2016-2020, 2021, https://conservativepartyhumanrightscommission.co.uk/reports.

7 BBC,"Huawei Row: Australian MPs Cancel UK Trip amid Tensionsover Leak,"15 February 2020, https://www.bbc.co.uk/news/world-australia-51513886.

8 Daily Mail, "US Congressmen Send Letter to MPs Warning Britain of the 'Catastrophic Cost' of Allowing Chinese Firm Huawei to Build the UK's 5G Networks," 2 February 2020, https://www.dailymail.co.uk/news/article-7957085/US-congress-warn-MPs-cost-allowing-Huawei-build-UKs-5G-networks.html.

9 Senator Marco Rubio, "Rubio, Cotton, Cornyn Urge Members of the United Kingdom's National Security Council to Reject Huawei in 5G Infrastructure; 27 January 2020, https://www.rubio.senate.gov/public/index.cfm/2020/1/rubio-cotton-cornyn-

urge-members-of-united-kingdom-s-national-security. council-to-reject-huawei-in-5g-infrastructure.

10 BBC,"Huawei: Pompeo Urges UK to 'Relook at Decision Ahead of UK Visit,"30 January 2020, https://www.bbc.co.uk/news/uk-politics-51290646.

11 Hill, "Trump 'Apoplectic' in Phone Call with UK's Johnson about Huawei Decision: Report," 6 February 2020, https://thehill.com/homenews/administration/481869-trump-apoplectic-in-phone-call-with-uks-johnson-about-huawei-decision/.

12 Politico, "Hong Kong Activists Urge UK to Give Ex-Colony's Residents Real Citizenship," 23 November 2019, https://www.politico.eu/article/hong-kong-activists-urge-uk-on-residents-citizenship/.

13 BBC, "Hong Kong: UK Makes Citizenship Offer to Residents," 1 July 2020, https://www.bbc.co.uk/news/uk-politics-53246899.

14 South China Morning Post, "Britain Plans Extension of BN(O) Visa Scheme to Allow Hong Kongers Aged 18 to 24 to Apply Independently of Parents, 24 February 2022, https://www.scmp.com/news/hong-kong/society/article/3168295/emigration-wave-continues-about-100000-hongkongers-apply-bno.

15 Reuters, "China Takes First Step in $1 Billion Pledge to UN to Fund Peace, Development," 6 May 2016, https://www.reuters.com/article/us-china-un-idUSKCNOXX1YI.

16 BBC, "Meng Hongwei: China Sentences Ex-Interpol Chief to 13 Years in Jail," 21 January 2020, https://www.bbc.co.uk/news/world-asia-china-51185838.

17 Congressional Record--House, 9 May 1984, H.R.5119, p. 11604.

18 Toronto Star, "The 'Forgotten' Canadians Detained in China," 20 December 2018, https://www.thestar.com/vancouver/2018/12/20/the-forgotten-canadians-detained-in-china.html.

19 Policy Options, "Misinformation and Chines Interference in Canada's Affairs,' 4 January 2022, https://policyoptions.irpp.org/magazines/january-2022/misinformation-and-chinese-interference-in-canadas-affairs/.

20 Gov.uk,"'The Return of Geopolitics: Foreign Secretary's Mansion House Speech at the Lord Mayor's 2022 Easter Banquet," 27 April 2022, https://www.gov.uk/government/speeches/foreign-secretarys-mansion-house-speech-at-the-lord-mayors-easter-

banquet-the-return-of-geopolitics.

21 Politico,"David Sassoli to China: Europe Is No Punching Bag', 23 March 2021, https://www.politico.eu/article/david-sassoli-to-china-europe-is-not-a-punching-ball/.

22 European Parliament, "MEPs Refuse Any Agreement with China Whilst Sanctions Are in Place," 20 May 2021, https://www.europarl.europa.eu/news/en/press-room/20210517IPR04123/meps-refuse-any-agreement-with-china-whilst-sanctions-are-in-place.

23 European Parliament, "EU China Summit Was a 'Dialogue of the Deaf"," 5 April 2022, https://www.youtube.com/watch?v=JyskvN7VNpo.

24 Rush Doshi, The Long Game: China's Grand Strategy to Displace American Order (Oxford University Press, 2021), p. 5.

25 Ibid., p. 6.

26 Elizabeth Economy, The World According to China, (Polity Press, 2022), p. 2

27 Hong Kong Watch,"New Report: ESG, China and Human Rights,"2021, https://www.hongkongwatch.org/all-posts/2021/9/22/new-report-esg-china-and-human-rights-why-the-time-has-come-for-investors-to-act.

28 George Soros,"BlackRocks China Blunder,99 Wall Street Journal, 6 September 2021, https://www.wsj.com/articles/blackrock-larry-fink-china-hkex-sse-authoritarianism-xi jinping-term-imits-human-rights-ant-didi-global-national-security-11630938728.

29 George Soros, "Investors in Xi's China Face a Rude Awakening," Financial Times, 30 August 2021, https://www.ft.com/content/ecf7de34-e595-48149cbd-4a5119187330.

30 Times, "Helena Morrissey Calls on Investors to Ditch China Because of Rights Abuse," 5 October 2021, https://www.thetimes.co.uk/article/helena-morrissey-calls-on-investors-to-ditch-china-because-of-rights-abuse-rtfnwvmtq.

31 Matt Pottinger, "Beijing's American Hustle: How Chinese Grand Strategy Exploits US Power," Foreign Affairs, September/October 2021, https://www.foreignaffairs.com/articles/asia/2021-08-23/beijings-american-hustle.

32 Wall Street Journal, "Xi Jinping Aims to Rein in Chinese Capitalism, Hew to Mao's Socialist Vision,"20 September 2021,

https://www.wsj.com/articles/xi-jinping-aims-to-rein-in-chinese-capitalism-hew-to-maos-socialist-vision-11632150725.

33 Financial Times, "The Chinese Control Revolution: The Maoist Echoes of Xis Power Play," 5 September 2021, https://www.ft.com/content/bacf9b6a-326b-4aa9-a8f6-2456921e61ec.

34 Financial Times, "China in Deep Crisis', Says Hong Kong Private Equity Chief," 28 April 2022, https://www.ft.com/content/6bf52409-fe31-4857-ae24-f2bd9146a698.

35 Gov.uk, "C's Speech to the International Institute for Strategic Studies," 30 November 2021, https://www.gov.uk/government/speeches/cs-speech-to-the-international-institute-for-strategic-studies.

36 Anne-Marie Brady, "Magic Weapons: China's Political Influence Activities under Xi Jining," Wilson Center, 18 September 2017, https://www.wilsoncenter.org/article/magic-weapons-chinas-political-influence-activitiesunder-xi-jinping.

37 Charles Parton, "China-UK Relations: Where to Draw the Border Between Influence and Interference," RUSI, 20 February 2019, https://www.rusi.org/explore-our-research/publications/occasional-papers/china-uk-relations-where-draw-border-between-influence-and-interference.

38 Charles Parton, "Towards a UK Strategy and Policies for Relations with China,"King's College London, June 2020, https://www.kcl.ac.uk/policy-institute/assets/towards-a-uk-strategy-and-policies-for-relations-with-china.pdf.

39 BBC, "Xi Jinping Calls for More 'Loveable' Image for China in Bid to Make Friends," 2 June 2021, https://www.bbc.co.uk/news/world-asia-china-57327177.

40 U.S.-China Economic and Security Review Commission,"2021 Annual Report to Congress," https://www.uscc.gov/annual-report/2021-annual-report-congress.

41 Ian Williams, Every Breath You Take: China's New Tyranny (Birlinn, 2021), p.283.

1841
一八四一

有形之手的管治

我與中共周旋三十年

作　　者　羅傑斯（Benedict Rogers）
譯　　者　梁思嘉
責任編輯　陳雅宏
執行編輯　關煜星
文字校對　王子晴
封面設計　虎稿・薛偉成
內文排版　王氏研創藝術有限公司
出　　版　一八四一出版有限公司
印　　刷　博客斯彩藝有限公司

2024 年 2 月　初版一刷
定價　530 元
ISBN　978-626-98202-0-7

一・八・四・一

社　　長　沈旭暉
總 編 輯　孔德維
出版策劃　一八四一出版有限公司
地　　址　臺北市大同區民生西路 404 號 3 樓
發　　行　遠足文化事業股份有限公司
（讀書共和國出版集團）
郵撥帳號　19504465 遠足文化事業股份有限公司
電子信箱　enquiry@1841.co
法律顧問　華洋法律事務所 蘇文生律師

有形之手的管治：我與中共周旋三十年 / Benedict Rogers 作；梁思嘉譯. – 初版. – 臺北市：一八四一出版有限公司出版：遠足文化事業股份有限公司發行，2024.2

面；　公分

譯自：China nexus : thirty years in and around the Chinese communist party's tyranny.

ISBN 978-626-98202-0-7（平裝）

1.CST: 政治權力 2.CST: 政治發展 3.CST: 中國

574.1　　113001141

香港文庫

1841

一八四一